JN210134

一度読んだら
絶対に忘れない

JAPAN HISTORY
TEXTBOOK

日本史
の教科書

山﨑圭一

日本史には、"1つ"の ストーリーがある!

　2019年8月現在、私が高校の社会科目の動画授業を配信しているYou Tubeチャンネル「Historia Mundi」は、登録者数4万5千人、動画の総再生回数1200万回を超えるまでになりました。

「先生の授業をいつでも受けられるようにしてほしい!」という教え子たちの要望からスタートした動画授業が、いまでは高校生だけでなく、大学生や教員、ビジネスパーソンなど多くの方々に視聴いただくまでになり、大変驚いています。2018年に出版した、私の世界史の動画授業「世界史20話プロジェクト」のエッセンスを詰め込んだ『一度読んだら絶対に忘れない世界史の教科書』は、おかげさまで15万部を超えるベストセラーにもなりました。

　そして、今回、シリーズ第2弾として、私の日本史の動画授業「日本史ストーリーノート」の内容を一冊に凝縮した日本史編を出版することになりました。

　日本史は、世界史に比べて身近な存在の科目といえます。巷には、日本史を題材にした書籍やドラマ、映画、ゲームがあふれています。特に、戦国時代や幕末を扱った映画や書籍、ゲームに一度も触れたことがないという人を探すほうが難しいくらいでしょう。

　それにもかかわらず、学校の現場では、「日本史が苦手」という生徒の声をよく耳にします。社会人でも、「学生時代、日本史が苦手だった」という方が数多くいるようです。

　なぜ、学生時代に日本史が苦手という人が多く生み出されてしまうので

しょうか？

　本書で改めて詳しく解説しますが、その理由の１つとして、一般的な教科書の「わかりにくい」構造があると私は考えています。

　その問題により、日本史を苦手に思う人をたくさん生み出している可能性があるのです。

　日本史には、戦国時代や幕末以外にも、奈良時代や大正時代など興味深いストーリーがたくさんあります。奥深い日本の歴史に触れる機会がせっかく身近にあるのだから、日本史に興味を持ち、教養の幅を広げてほしい——。そんな思いから、日本史の教え方について試行錯誤を重ねた結果、１つのストーリーに基づいて日本史を解説するという本書の形にたどり着きました。本書の特徴を具体的に申し上げると、以下の３つになります。

---

① 一般的な教科書とは違い、すべてを数珠つなぎにして
　「１つのストーリー」にしている

② ストーリーの主役は「政権担当者（天皇・将軍・内閣総理大臣など）」

③ 年号や年代を使わない

　この本には「年号」や「西暦」のような、年代を示す表現がありません。「年号を使わない歴史の本なんて……」と思う方がいるかもしれませんが、この３つの工夫により、高校で学ぶ日本史のストーリーを一度読むだけで理解できるようになります。

　本書が、日本史の教養をこれから身につけたい、日本史を学び直してみたいという方々の少しでもお役に立てば幸いです。

　特に、学生時代に習ったはずの日本史の流れをもう一度復習してみたい社会人の方や「なかなか点数が上がらず、まずは平均点を目指したい」という大学受験生には最適な一冊になるかと思います。

山﨑 圭一

公立高校教師YouTuberが書いた

一度読んだら絶対に忘れない 日本史の教科書

CONTENTS

序章

日本列島と日本人

第1章
縄文時代・弥生時代・古墳時代

第2章
飛鳥時代・奈良時代

第3章 平安時代

第5章
建武の新政・室町時代

第6章
戦国・安土桃山時代

第7章
江戸時代

第8章
明治時代

第9章
大正時代・戦争への道

第10章
戦後の日本

なぜ、日本史を苦手とする人が多いのか？

 ## じつは、全体のストーリーが頭に入っていない

　街の書店を覗いてみると、日本史をテーマにした本がたくさん並んでいます。書籍だけでなく、ドラマや映画、ゲームの題材としてもよく見かけます。日本の歴史は、じつに多くの人に様々な形で親しまれているのです。

　私は学校で世界史と日本史の両方を教えていますが、では、日本史の授業を受ける生徒たちの成績は、世界史を学んでいる生徒と比べて良いかと言えば、答えは、残念ながらノーです。学校現場で日本の歴史を教えていると、「日本史はなかなか覚えられないので苦手です……」という生徒の声をよく聞きます。社会人の方にも「学生時代、日本史が苦手だった」という人が数多くいます。なぜ、広く親しまれているはずの日本史を苦手だと思う人がこれほど多いのでしょうか？

　日本史の学習において大切なのは、世界史と同様、最初に全体の流れ、つまりストーリーを頭に入れることです。私は、前著のまえがきで、世界史と比較して「日本史は小学校から高校まで繰り返し学び、あらすじぐらいは多くの人が知っている」と書きました。しかし、実際に把握しているのは戦国時代や幕末などのごく限られた部分のあらすじだけで、奈良時代や大正時代などのあらすじは知らない人が圧倒的に多く、弥生時代や平安時代という「時代区分」を知っていたとしても、それ以上の「ストーリー」が頭に入っていないのです。つまり、**全体の流れがつかめていないので、脈絡もなく用語や人名をひたすら暗記することになってしまった結果、日本史が苦手になる**ということなのです。そして、このような事態に陥る原因の１つが、学校の教科書にもあるのです。

この時代で一番
偉い人は誰なんだ？

幕府…将軍…
大名？？？

あの戦で勝ったのは
誰だっけ？

もう～、誰が
重要人物なの？

徳川…家…
なんだっけ？

なぜ、小学校から繰り返し習う日本史を苦手な人が多いのか？

それは…

じつは、学校の教科書に"原因"がある!?

「苦手な人」を生み出す中高の教科書の問題点

話が"飛び飛び"な中学校の教科書

　高校から本格的に習う世界史と違い、日本史は小学校から繰り返し習っているはずなのに、なぜ、多くの人が全体のストーリーを掴むことができないのでしょうか?

　しかも、膨大な数の国が登場する世界史に比べ、日本史は日本という1つの国のストーリーを頭に入れればよいだけにもかかわらず、です。

　1つの要因として、中学校の歴史的分野の教科書と高等学校の日本史の教科書の「ギャップ」にあるのではないかと私は考えています。

　簡単に言えば、**中学校の教科書は「簡潔すぎ」、高校の教科書は「細かすぎ」**なのです。

　右の図のように、中学校の教科書は時代ごとの要点を「紹介」するにとどめており、**時代と時代の間をつなぐストーリーについて詳しく述べられていません。**

　そのため、読み手側は、時代が突然"飛んで"いるように感じてしまいます。

　また、中学校の教科書の特殊な事情として、**世界史の情報が日本史の中に唐突に「挿入」されている**ことも、日本史の全体のストーリーを見えにくくさせている1つの原因です。

　中学3年間で歴史・地理・公民の3分野を終わらせなければならないため、やむを得ずこのような形式になっていることは理解できます。

　しかし、結果的に、中学校の歴史の学習は「脈絡をあまり考えず、前から順に用語をとにかく覚えていく」という事態になりがちなのです。

図 H-2　一般的な中学校の教科書の2つの問題点

- 建武の新政（後醍醐天皇）
- 室町幕府の発展（足利尊氏・足利義満）

問題点❶

時代をつなぐ
説明が少ない

- 応仁の乱（足利義政）
- 戦国大名の登場

問題点❷

世界史の用語が
唐突に「挿入」
されるため、
日本史の流れが
分断されてしまう

- 十字軍
- ルネサンス
- 宗教改革
- 大航海時代

- 織田信長の統一活動
- 豊臣秀吉の統一活動

**前後のつながりがわからないまま、
脈絡なく用語や人名を覚える学習になりがち**

"脱線" が多すぎる高校の教科書

　では、高校の教科書はどうでしょうか？

　右の図を見てください。高校で使われる、一般的な『日本史Ｂ』の教科書の構成です。

　多くの国が登場する世界史と違い、日本史は、時間軸の縦の流れが明確で、"一直線のストーリー"だという印象を持っている人が多いと思います。

　ところが、**高校の教科書は、じつは、時代区分ごとに「政治」「社会」「経済」「文化」のコーナーに分かれ、"行きつ戻りつ"記述されている**のです。

　高校の教科書は、中学校の教科書に比べて「経済史」や「社会史」などの比重が大きく、用語数もかなりの量にのぼります。

　授業においても、経済史や社会史で数時間分のボリュームがあるので、歴史の「タテの流れ」にあたる政治史に戻ったときに、前のことを思い出せないまま、次の時代の流れを学習することになってしまうのです。

　それでも、日本史が得意な生徒は、頭の中で自分でストーリーをつなぎながら理解することができます。

　しかし、日本史が苦手な生徒はストーリーがわからないまま、中学校で身に付けた「とりあえず前から覚える」学習法を続けるので、高校に入ってつまずいてしまうのです。

　もちろん、教科書を制作している側も、意地悪をするためにこのような構成にしているわけではありません。きちんと狙いはあるのですが、結果的に、**歴史の「幹」や「枝」となる「つながり」がよくわからないままに、「葉」にあたる経済や社会、文化の用語ばかりに目がいくような構成になってしまっている**のです。

　局所的には理解できても、全体としてどのように展開しているかがわからない、つまり、「話そのものは面白いのだけれど、脱線が多すぎて全体像がまったく理解できない人の話」のような教科書なのです。

一般的な教科書の構成

① 天皇A〜天皇Cの時代の政治史

② A〜Cの時代の経済

③ A〜Cの時代の社会

④ A〜Cの時代の宗教

⑤ A〜Cの時代の文化

時間が行ったり来たりするので、タテの流れが理解しづらい

⑥ 天皇D〜天皇Fの時代の政治史

⑦ D〜Fの時代の経済

⑧ D〜Fの時代の社会

⑨ D〜Fの時代の宗教

⑩ D〜Fの時代の文化

問題点❶

「経済」と「社会」の解説の比重が大きい

問題点❷

各時代の解説の時間経過が一直線になっていない

全体のストーリーを掴むために最も重要な日本史の「タテ」にあたる「政治史の流れ」が理解しにくい

日本史は「政治史」を"数珠つなぎ"にして学べ！

 「政権担当者」ごとに日本の歴史を「輪切り」に

このように、一般的な日本史の教科書は"一直線"にストーリーが展開されているように見えて、じつは読み手に**「ストーリーの再構築」を強いる構造になっている**のです。

私たち現場の教員は、歴史科目を「ただ受験に合格すればよいだけの暗記科目」と思っているわけではありません。

教員たちも、歴史ファンの一員として、生徒たちにロマンあふれる歴史のストーリーに触れてほしい、郷土の歴史を愛してほしいと願っています。

しかし、日本史は大学受験を目指す生徒の半分以上が選択する科目であり、受験には政治・経済・社会・文化の細かい知識が必要になります。

すべての内容を端折らずにきちんと授業をしようと教員が思えば思うほど、ストーリーが読みにくい授業になってしまうのです。

そこで私は、この問題のひとつの解決策として、**天皇や将軍、内閣総理大臣など「政権担当者」をストーリーの主役にして、古代から現代まで時間軸を一直線にして解説する**という手法で授業を展開しています。

YouTubeによる私の動画授業でも、この手法は「歴史の流れがわかりやすい」と多くの受験生や、現場の教員の支持をいただいています。

これまで、日本史がさっぱり理解できなかったり、用語の暗記作業を修行のように繰り返したりしていた方は、本書を一度読んでいただければ、これまでと違って、内容が自分の頭の中に驚くほど残っている状態になっているはずです。

図 H-4 「政権担当者」を「主役」にして、時間軸を一直線に解説

本書の構成
天皇Aの時代
Aの政策に関連した経済の状況
Aの政策に関連した社会の状況
天皇Bの時代
Bの政策に関連した経済の状況
Bの政策に関連した社会の状況
天皇Cの時代
Cの政策に関連した経済の状況
Cの政策に関連した社会の状況
天皇Fの時代
Fの政策に関連した経済の状況
Fの政策に関連した社会の状況
政権担当者(天皇や将軍など)を主役にして、
経済や社会を紐づけながら一直線に解説

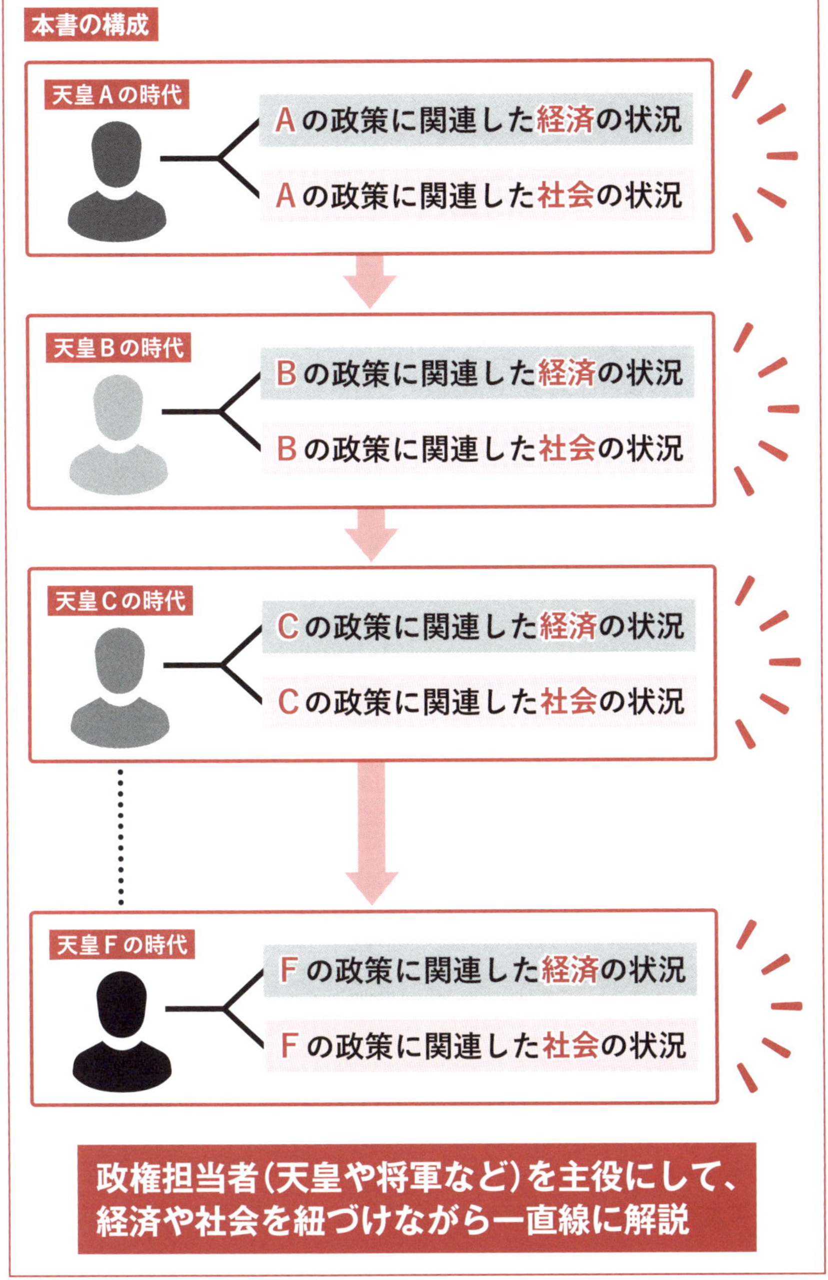

日本史は「年号」を使わずに学べ！

 「年号がない」ほうがストーリーは際立つ

本書には、もう1つ大きなしかけがあります。それは、**年号や西暦のような、年代を示す表現を一切用いない**ということです。年号を用いずに解説している日本史の教科書や学習参考書は、私が知る限りでは、ほとんどないと思います（「寛政の改革」「明治時代」など、用語の一部となっているものは使用しています）。

なぜ、私が年号を使わないかというと、**"数珠つなぎ"にするときに、年号は"ノイズ（雑音）"になってしまうから**です。

私の授業では、学生たちによく昔ばなしの「桃太郎」を例に出して説明します。「桃太郎」は、「おじいさん」「おばあさん」「柴刈り」「洗濯」「桃」「きび団子」「キジ」など、50ぐらいの用語で構成されています。日時や年号は出てきません。それでも、多くの人が、子供の頃に読んだ桃太郎の話を大人になっても覚えていると思います。昔ばなしのように、**数珠つなぎにされたシンプルなストーリーは、頭に残りやすい**のです。

しかも、年号を用いないほうが、かえって事件や人物の「関係性」「つながり」「因果関係」がより際立ってくることを実感してもらえるはずです。

右の図は日本史の天皇、将軍、内閣総理大臣などを順に挙げた政権担当者一覧です。中には実際の政権担当者ではない場合もありますが、「数珠つなぎ」にするために便宜的にこれらの人名をとりあげています。

この順番を時間軸にして「連続ドラマ」のように切れ目なく学習を進めることによって、年号を用いることなく歴史の「行間」が埋まり、ストーリーがつかめるようになるのです。

図 H-5　日本史に登場する政権担当者（天皇、将軍、内閣総理大臣）

ホームルーム

第1章

旧石器時代

縄文時代
弥生時代
古墳時代

第2章

飛鳥時代

継体天皇
欽明天皇
敏達天皇
用明天皇
崇峻天皇
推古天皇
舒明天皇
皇極天皇
孝徳天皇
斉明天皇
天智天皇
天武天皇
持統天皇
文武天皇

奈良時代

元明天皇
元正天皇
聖武天皇
孝謙天皇
淳仁天皇
称徳天皇
光仁天皇

第3章

平安時代

桓武天皇
平城天皇
嵯峨天皇
藤原良房
藤原基経
宇多天皇
醍醐天皇
藤原忠平
村上天皇
藤原実頼
藤原道長
藤原頼通
後三条天皇
白河上皇
鳥羽上皇
後白河天皇
平清盛

第4章

鎌倉時代

源頼朝
北条時政
北条義時
北条泰時
北条時頼
北条時宗
北条貞時
北条高時

第5章

建武の新政・室町時代

後醍醐天皇
足利尊氏
足利義満
足利義持
足利義教
足利義政
足利義尚

第6章

戦国・安土桃山時代

戦国大名たち
織田信長
豊臣秀吉

第7章

江戸時代

徳川家康
徳川秀忠
徳川家光
徳川家綱
徳川綱吉
徳川家宣
徳川家継
徳川吉宗
徳川家重
徳川家治
徳川家斉
徳川家慶
阿部正弘
堀田正睦
井伊直弼
薩摩・長州の動き
大政奉還

第8章

明治時代

(新政府による改革)
新政府の発足
留守政府による政治
大久保利通中心の政治
大隈重信中心の政治
伊藤博文中心の政治
(内閣制度発足以降)
伊藤博文
黒田清隆
山県有朋
松方正義
伊藤博文②
松方正義②
伊藤博文③
大隈重信
山県有朋②
伊藤博文④
桂太郎
西園寺公望
桂太郎②
西園寺公望②

第9章

大正時代・昭和①

桂太郎③
山本権兵衛
大隈重信②
寺内正毅
原敬
高橋是清
加藤友三郎
山本権兵衛②
清浦奎吾
加藤高明
若槻礼次郎
田中義一
浜口雄幸
若槻礼次郎②
犬養毅
斎藤実
岡田啓介
広田弘毅
林銑十郎
近衛文麿
平沼騏一郎
阿部信行
米内光政
近衛文麿②③
東条英機
小磯国昭
鈴木貫太郎

第10章

昭和②・平成

東久邇宮稔彦
幣原喜重郎
吉田茂
片山哲
芦田均
吉田茂
鳩山一郎
石橋湛山
岸信介
池田勇人
佐藤栄作
田中角栄
三木武夫
福田赳夫
大平正芳
鈴木善幸
中曽根康弘
竹下登
宇野宗佑
海部俊樹
宮澤喜一
細川護熙
羽田孜
村山富市
橋本龍太郎
小渕恵三
森喜朗
小泉純一郎
安倍晋三
福田康夫
麻生太郎
鳩山由紀夫
菅直人
野田佳彦
安倍晋三

ただし、大学受験生の場合は、年代の知識もある程度必要になります。社会人の中にも、年代をおさえたいという方がいると思います。

　私が学校で受け持つ生徒たちには、まずは年代なしで日本史を学ばせたあと、大学受験の2か月前ぐらいに、本書の巻末付録に掲載しているセンター試験に必要な96の年代を覚えさせています。

　ほとんどの生徒は、4〜5日程度で年代を完璧に覚えてしまいます。すべての知識を数珠つなぎに身に付けたあとであれば、年代も簡単に頭に入れることができるようになるのです。

 ## 地域の名称について

　本書ではストーリーを理解しやすくするため、年代を用いていませんが、地域名を表現するのに、現在の都道府県ではなく、「武蔵国」や「越後国」などの旧国名を使用しています。本書で初めて日本史を学習する方は、やや読みづらいかもしれませんが、現在の県とは違う意味合いを含む場合が多いため、旧国名を使用することにしました。

 ## 取り上げていない内容について

　ホームルームの最後に、もう1つ皆さんにお伝えしておきたいことがあります。本書では、できる限り平易に記述するために経済・社会などを中心に割愛した用語が多く、特に文化史については歴史の流れを重視するために、巻末にまとめて記すにとどめています。

　私はけっして、これらを日本史において学ぶ必要がないと考えているわけではありません。できるだけコンパクトな本にしたいという意図があり、紙面に限りがある中で、みなさんに「数珠つなぎにした日本史」をよりわかりやすい形で解説することを重視した結果、本書の構成になりました。

　今回取り上げなかった文化史は、改めて別の機会でご紹介したいと考えています。

日本列島と
日本人

大陸とつながっていた「更新世」の日本

大昔、日本は「列島」ではなかった

　私には2人の息子がいます。中学生になった長男はゲームが好きで、いつも小さな画面とにらめっこをしながらゲームをしているのですが、ふと息子のしているゲーム画面をのぞき込むと、様々なモンスターのキャラクターに混じって「伊達政宗」や「ジャンヌ・ダルク」などの歴史上の人物、中にはなんと「イザナギ」や「イザナミ」というキャラクターがいることに驚きました。私自身もゲームや漫画を通して歴史に興味を持ったので、このような形で歴史を身近に感じることができ、歴史を知ろうとするきっかけができるのはとても良いと思います。それにしてもゲームの中に『古事記』の神々がいる、というのも面白いことだと思います。

　さて、この「イザナギ」と「イザナミ」という神は『古事記』の中で多くの島々を生み出していますが、その生み出した島々がすなわち「日本列島」ということになっています。日本のみならず、様々な国や地域が、このような『創世記』のような「神話」を持っています。

　では、実際には、日本列島が何によって生み出されたかというと、**約1万年前の気候変動と推測されています。**その前の日本列島はユーラシア大陸とひと続きになっており、「列島」の形をとっていなかったのです。

　この、1万年より以前の日本列島ができる前の時代を、地質年代（理科の世界の用語）では「更新世」といい、それ以後、現在に至るまでの地質年代を「完新世」といいます。

「氷河時代」の日本にやってきた大型動物

「旧石器時代」にあたる「更新世」という言葉を聞いたことがある人は少ないかもしれませんが、この時代につけられた通称、「氷河時代」という言葉を知っている人は多いと思います。更新世は、世界的に気温が低下した時代であり、その中でも4回の特に寒冷な「氷期」が確認されています。

この「氷期」には、降り積もった雪が氷河となって地上に固定されるため、世界全体の海面が低下します。現在より100mほども低い海面だったこともあったようです（「温暖化」が「海面上昇」を引き起こす、といわれることと逆の動きになります）。**海面が低いため、日本は大陸と地続きとなり、北海道とユーラシア大陸はつながり、九州も大陸にほぼつながった形になりました。**北からは太く長い体毛で覆われた**マンモス**、南からは現在のアジアゾウに近い種の**ナウマンゾウ**や大型のシカであるオオツノジカなどの大型獣が大陸から日本にわたってきました。日本に初めて住みついた

図 0-1　大陸とつながっていた日本

マンモス
ヘラジカ

ナウマンゾウ
オオツノジカ

約2万年前の海岸線

野尻湖遺跡（長野県）
ナウマンゾウの牙と打製石器が出土

岩宿遺跡（群馬県）
相沢忠洋が関東ローム層から打製石器を発見

浜北人（静岡県）
新人段階の化石人骨が出土

港川人（沖縄県）
1万8000年前の化石人骨が出土

人類はこうした大型獣を追ってやってきたと考えられています。

日本の「原点」を動かしたアマチュア考古学者

　この「更新世」と「完新世」という「理科」の用語の年代の分け方を道具、すなわち文化のあり方という「社会科」の用語で分けると、「旧石器時代」と「縄文時代」になります。

　日本の歴史を語るとき、私たちはよく「縄文、弥生、古墳……」などと唱えて覚えます。このように、現在でも「縄文時代」は日本の歴史の「原点」のようにいわれることが多く、長い間、日本の歴史は今から約1万3000年前ごろに始まった「縄文時代」からと考えられており、それ以前の「旧石器時代」に、日本には人が住んでいなかったと考えられていました。更新世の日本の地層には関東ローム層に代表される厚い火山性の堆積物の層があり、火山活動が盛んで人類が生活できる環境ではなかったとされていたのです。そのため、長らく更新世の関東ローム層を発掘して人の痕跡を探す活動が行われませんでした。

　しかし、太平洋戦争が終わった翌年、納豆などの行商をしながら独学で考古学を勉強していた群馬県の相沢忠洋という人物が、偶然、道沿いの崖の関東ローム層から明らかに人が加工した形跡のある石を発見したのです。

　当初、このアマチュア考古学者のこの発見をまともにとりあう学者はいませんでした。そこで、相沢忠洋は群馬から東京まで何度も自転車で往復しては説明して回り、ようやく本格的調査が始まったのです。

　その結果、多数の打製石器が出土し、更新世の地層から旧石器文化の痕跡が認められ、日本に縄文時代より古い「旧石器時代」が存在することが判明しました。

　この遺跡には岩宿遺跡という名前が付けられ、古いものでは約3万5000年前の打製石器が発見されています。

　アマチュア考古学者の熱意が日本の「原点」を縄文時代よりもさらに2万年以上も前に動かしたのです。

大型動物を狩って暮らしていた人々

 ## わずかに残る「新人」の痕跡

この時代の石器や大型獣の骨の化石がいくつも見つかっているため、更新世の日本に人類がいることはわかっています。ただ、肝心の人の骨そのものは、ほとんど見つかっていません。日本は酸性の土壌が多いため、人骨は土の中で消滅しやすいのです。

化石になった人骨が見つかった例としては、沖縄県の港川人や静岡県の浜北人など、数例にとどまっています。

また、**日本で発見された化石人骨は猿人・原人・旧人・新人の順に出現した人類の中では新人段階のもので、それより古い段階の化石人骨はまだ発見されていません。**

 ## 打製石器を使い、移住しながら暮らしていた

「旧石器時代」といわれた更新世の人々は、「旧石器」、すなわち石を打ち欠いてつくる打製石器を使っていました。最も古いものとしては、石を打って刃をつけた石斧や、石を打ってつくり出すナイフのような石器があります。

時代が進むと、尖った石器を棒の先に取り付けて槍先にした尖頭器、さらには小型の細石器が用いられました。細石器は木の棒や動物の骨に並べて取り付けられ、切れ味が鈍ると刃こぼれした部分を取り替えて使いました。打製石器の材料は天然のガラスである黒曜石や、割れると角が鋭くなる性質のあるサヌカイト（讃岐岩）が用いられました。

「打製石器」といえば、「原始人が使う道具」という印象がありますが、現

在でも黒曜石は手術用のメスとして使われることがあるほど切れ味が鋭く、十分に実用性があるのです。

　良質な黒曜石の産地は限られるため、交換や分配が繰り返されており、長野県で採れた黒曜石が関東や中部地方の至るところで見られることから、広い範囲で交換や分配がなされていたことがわかります。

　出土した旧石器時代の道具の多くは狩猟に使っていたと考えられ、大型の動物を狩って生きていたと推定されています。

　また、狩猟で得た肉を、焼いた石で肉に熱を加えて調理した跡も見つかっています。

　彼らは洞穴の中や、テント状の小屋で暮らしていました。中央の広場をいくつかの小屋で取り囲むような集落の跡も発見されています。

　ただし、**のちの縄文時代と比較すると、生活の痕跡を示すものが少ないため、旧石器時代の人々は一か所に定住することなく、頻繁に移動を行っていたと考えられます。**

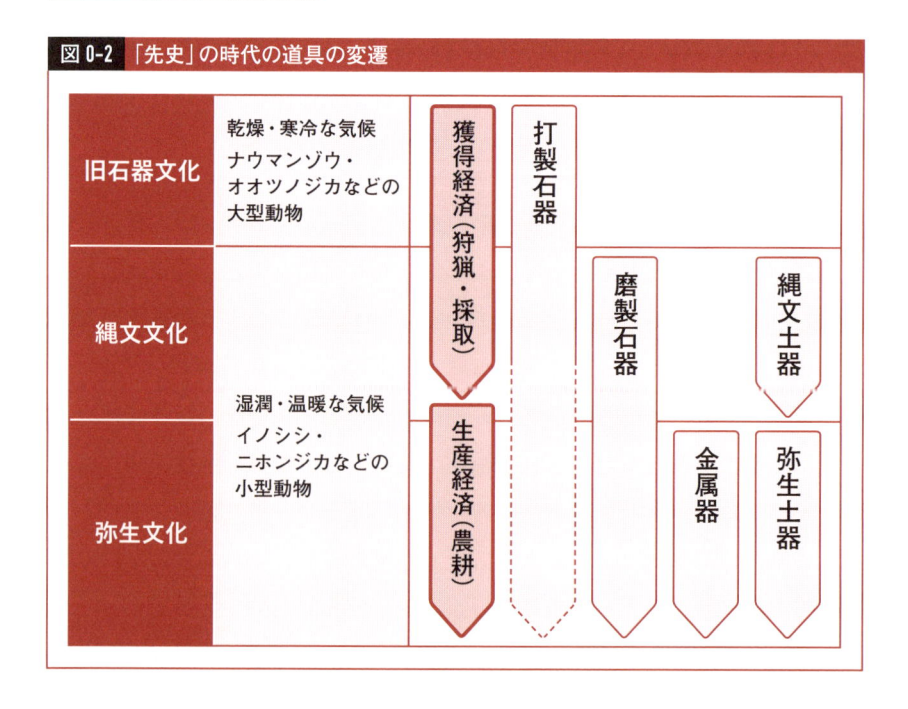

図 0-2　「先史」の時代の道具の変遷

旧石器文化	乾燥・寒冷な気候 ナウマンゾウ・オオツノジカなどの大型動物	獲得経済（狩猟・採取）	打製石器		
縄文文化				磨製石器	縄文土器
弥生文化	湿潤・温暖な気候 イノシシ・ニホンジカなどの小型動物	生産経済（農耕）		金属器	弥生土器

第1章

縄文時代・
弥生時代・
古墳時代

第1章 縄文時代・弥生時代・古墳時代

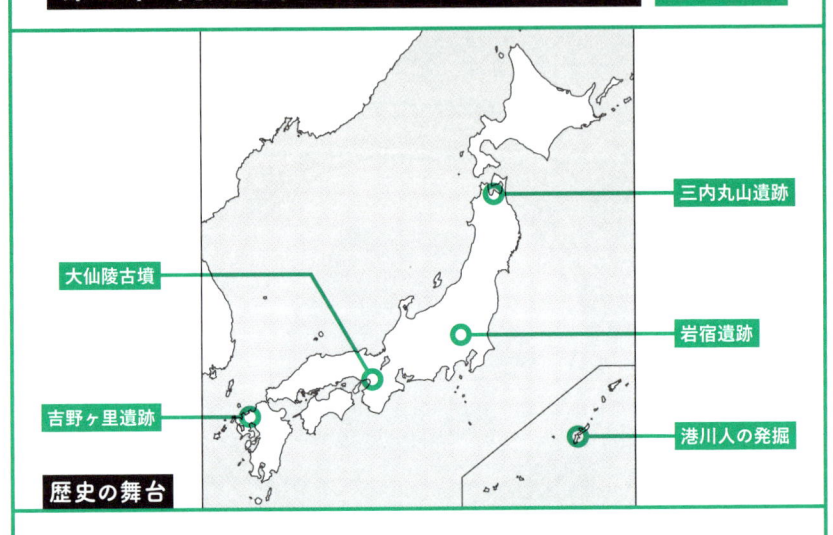

- 三内丸山遺跡
- 大仙陵古墳
- 岩宿遺跡
- 吉野ヶ里遺跡
- 港川人の発掘

歴史の舞台

ロマンあふれる
「日本のあけぼの」

　本章の舞台は、「日本のあけぼの」ともいわれる縄文時代、弥生時代、古墳時代です。文字の資料が少ないため、発掘した物から当時の暮らしを推定する「考古学の時代」といえます。現在も、多くの考古学ファンを魅了してやまないロマンあふれる時代です。

　縄文時代の狩猟・採取が中心の生活から、弥生時代に入ると、稲作が広く行われました。すると、蓄えられた生産物をめぐる戦いの歴史が始まり、各地にクニとしてのまとまりが生まれていきました。

　そして、古墳時代に入ると、大型の前方後円墳が各地につくられ、大王を中心とするヤマト政権が成立するのです。

政治

縄文時代に身分の差はありませんでしたが、弥生時代に入ると権力者が登場し、多くの小国が誕生します。そうした国々の中から大和地方に一大勢力を築いたヤマト政権が誕生し、関東から九州まで勢力を拡げました。

経済

縄文時代は狩りと採取の「獲得経済」が中心でしたが、弥生時代に入ると、稲作を中心とした「生産経済」に移行します。物々交換による交易は、縄文時代から広い範囲にわたって行われていました。

社会

縄文時代から、定住、そして弓矢と土器の使用が始まります。弥生時代には、大陸から伝わった稲作が生活を変えていきました。また、貧富・身分の差が発生し、古墳時代に豪族と民衆の暮らしがはっきりと分かれました。

外交

弥生時代の小国の王は、中国に使者を送って関係を深め、他の勢力より優位に立とうとしました。古墳時代には、ヤマト政権が朝鮮半島に影響を及ぼすようになります。また、渡来人の伝えた技術は日本に大きな影響を与えました。

第1章 縄文時代・弥生時代・古墳時代

第2章 飛鳥時代・奈良時代

第3章 平安時代

第4章 鎌倉時代

第5章 建武の新政・室町時代

第6章 戦国・安土桃山時代

第7章 江戸時代

第8章 明治時代

第9章 大正時代・戦争への道

第10章 戦後の日本

自然環境の変化が もたらした縄文の暮らし

 ## 地球の「温暖化」で出現した土器と弓矢

　更新世末期、**今から約1万3000年前ごろから気候の温暖化が始まり、今から約1万年前に日本は大陸から切り離されて日本列島が形成されました。**「更新世」に代わる、ここから現代までの地質年代を「完新世」といいます。気温が温暖化されたことにより、動物や植物などの自然環境が変わり、ナウマンゾウなどの大型哺乳類が絶滅してニホンシカやイノシシなどの**小型動物が増加します。**また、植物もブナやカシなど、**食べられる実をつける森が広がるようになりました。**

　こうした自然環境の変化が、道具にも変化を生みました。代表的なものが、土器と弓矢です。

　土器は、カシなどの実を煮てアクを抜くために使われ始めました。この時代に用いられた土器は、低温で焼かれ、厚手で黒ずんだものが一般的で、より合わせたひもを転がして文様を付けたものが多く、「縄文土器」と名付けられています。ひとくちに「縄文土器」といっても時代と地域によって形態も様々で、すべてに縄の模様がつけられているわけではありません。中でも、縄文中期の「火炎型土器」は最も装飾的で複雑な文様で知られます。

　弓矢は、小型で動きの速い動物を仕留めるために使われ始めます。この**「土器」と「弓矢」の使用を特徴とする文化を縄文文化といいます。**また、石をこすって鋭くする磨製石器の使用も始まりました。打製石器は動物を狩るための矢じりや肉を切り裂くためのナイフとして使われ、磨製石器は、斧にして木を切り倒したり、木の実をすりつぶしたりするために使われました。動物の骨や角でつくった骨角器も使用され、釣り針などに使われま

した。

暖かい気候が「定住生活」を可能にした

　縄文時代の人々は、地面に直径5m、深さ70cmほどの穴を掘り、そこに柱を立てて屋根をふいた半地下式の**竪穴住居**に住みました。**気候が温暖化して多様な食料が獲得できるようになったので、一か所に長く住み続けることができ、定住的な生活が始まりました。**ひとつの集落は20〜30人程度の人々によって形成されていました。中には大きな集落もあり、青森県の**三内丸山遺跡**のような数百人規模の集落の跡も見つかっています。また、海岸線には縄文人が食べた貝殻などのゴミ捨て場の跡である**貝塚**が多く残されています。これらの遺跡から、縄文人の暮らしは、狩猟や採取を中心とし、一部ではクリやクルミの栽培なども行われていたことがわかっています。集落の間では盛んに交易が行われ、打製石器の素材となる**黒曜石**などは数百kmの範囲で交易されていたことがわかっています。

自然を畏れ敬った縄文時代の宗教観

　縄文時代の人々の暮らしは自然環境に大きく影響されたため、人々はあらゆる自然現象に霊魂が宿ると考え、それを畏れ敬う信仰がありました。この原始的な信仰を**アニミズム**といいます。人々は呪術によって災いを避け、自然の恵みを得ようとしました。女性をかたどった**土偶**や、男性の象徴である**石棒**は、こうした自然の恵みや集団の繁栄を祈ったものだと考えられています。人が死ぬと、縄文時代の人々は死者の手足を強く折り曲げて埋葬することが多くありました。この理由には死者の霊魂が生者に危害を及ぼさないようにするためや、胎児の姿勢に死者を戻すことで再びこの世に生まれてくるようにするためなどの説があります。

　縄文土器や土偶など、縄文人が生み出したものを現在の視点から見ると原始的に思えますが、生命力にあふれる力強い造形は、岡本太郎が大阪府に建てた「太陽の塔」のように、多くの芸術家を魅了しています。

第1章　縄文時代・弥生時代・古墳時代

第2章　飛鳥時代・奈良時代

第3章　平安時代

第4章　鎌倉時代

第5章　建武の新政・室町時代

第6章　戦国・安土桃山時代

第7章　江戸時代

第8章　明治時代

第9章　大正時代・戦争への道

第10章　戦後の日本

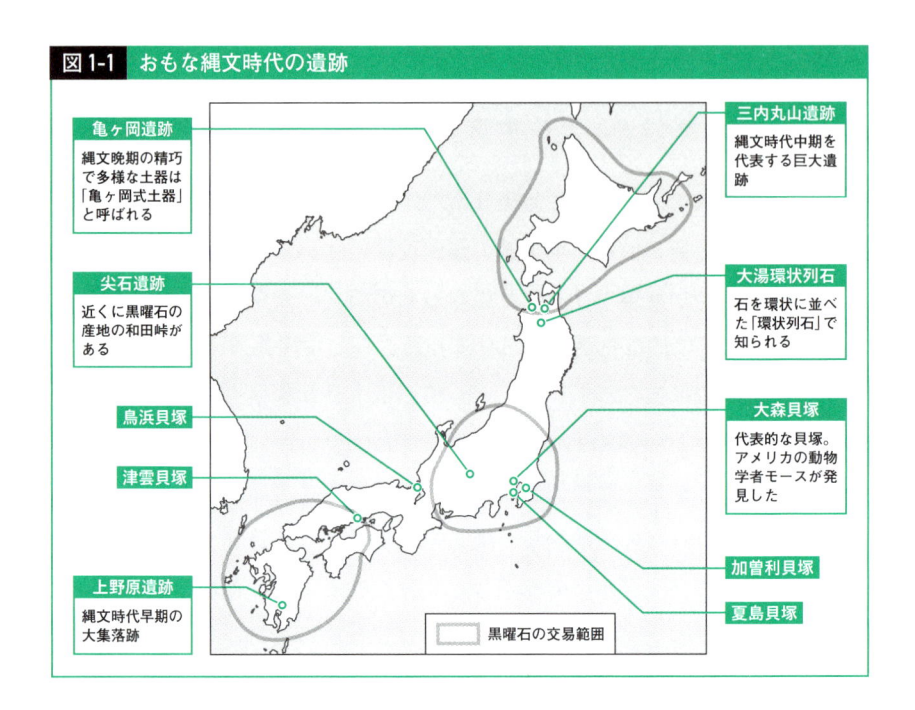

図 1-1　おもな縄文時代の遺跡

亀ヶ岡遺跡
縄文晩期の精巧で多様な土器は「亀ヶ岡式土器」と呼ばれる

尖石遺跡
近くに黒曜石の産地の和田峠がある

鳥浜貝塚

津雲貝塚

上野原遺跡
縄文時代早期の大集落跡

三内丸山遺跡
縄文時代中期を代表する巨大遺跡

大湯環状列石
石を環状に並べた「環状列石」で知られる

大森貝塚
代表的な貝塚。アメリカの動物学者モースが発見した

加曽利貝塚

夏島貝塚

黒曜石の交易範囲

稲作の歴史と重なる「日本の歴史」

　縄文時代の終わり頃、大陸の中国や朝鮮半島から米づくりの技術が伝わり、佐賀県の菜畑遺跡や福岡県の板付遺跡など、九州の北部で水田がつくられ始めました。この時代が縄文時代から弥生時代の移行期とされています。縄文時代に、自然にある動物や果実などをとって食べていた「獲得経済」から、自分たちで稲を育てて食べる「生産経済」に移行しました。

　日本の歴史は「稲作の歴史」ともいえます。米をつくり始めた頃から現在まで、米はずっと日本人の主食です。**民衆は「米をどのようにつくるか」、また、政治を行う者は、「米をどのように税としておさめさせるか」。この問いを長い間考え続けてきたのが、日本の歴史なのです。**そのため、日本の歴史にとって、米は単なる作物以上の存在感を持っているのです。

　そして、米づくりを始めた日本人は、新たな文化の段階に移行します。

稲作が始まり、戦いの歴史が始まった弥生時代

第1章 縄文時代・弥生時代・古墳時代

第2章 飛鳥時代・奈良時代

第3章 平安時代

第4章 鎌倉時代

第5章 建武の新政・室町時代

第6章 戦国・安土桃山時代

第7章 江戸時代

第8章 明治時代

第9章 大正時代・戦争への道

第10章 戦後の日本

 ## 稲作がもたらしたメリットとデメリット

　縄文晩期に始まった水田稲作がすぐに定着し、西日本では「水田で米をつくる」という水稲耕作を基礎とした新しい文化が生まれました。これを弥生文化といいます。計画的な食糧生産が可能になり、人々に食糧の不安がなくなったことはよかったのですが、米は生の肉や果実よりも長期間の貯蔵ができるため、貯蔵された米の量によって貧富の差が生じ、貯蔵された米を奪い合うという、戦いの歴史も同時に始まります。ほかに、金属器が伝来し、使用されるようになったのも弥生時代からです。

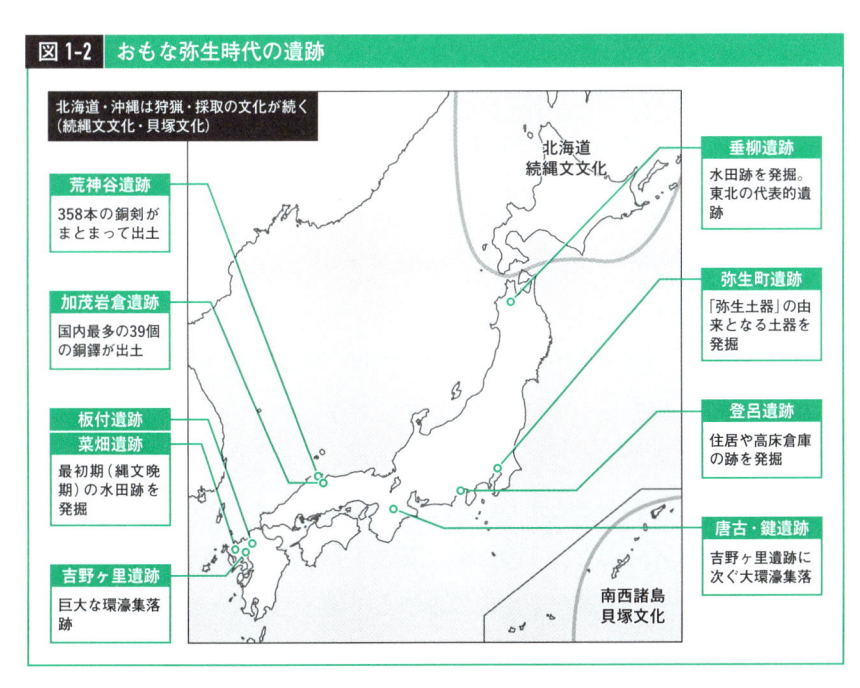

図 1-2　おもな弥生時代の遺跡

北海道・沖縄は狩猟・採取の文化が続く
（続縄文文化・貝塚文化）

北海道
続縄文文化

垂柳遺跡
水田跡を発掘。東北の代表的遺跡

荒神谷遺跡
358本の銅剣がまとまって出土

加茂岩倉遺跡
国内最多の39個の銅鐸が出土

弥生町遺跡
「弥生土器」の由来となる土器を発掘

板付遺跡
菜畑遺跡
最初期（縄文晩期）の水田跡を発掘

登呂遺跡
住居や高床倉庫の跡を発掘

吉野ヶ里遺跡
巨大な環濠集落跡

唐古・鍵遺跡
吉野ヶ里遺跡に次ぐ大環濠集落

南西諸島
貝塚文化

暮らしが多様化し、金属器が登場した

　弥生時代に入ると土器の形状が多様化し、貯蔵や煮炊き、盛り付けなど様々な用途に対応した形状が見られるようになります。東京本郷の弥生町からつぼ型の土器が発見されたことから、「弥生土器」といわれます。弥生時代の住居は、縄文時代と同じように竪穴住居に住むことが一般的でした。生産物は湿気やネズミの害を防ぐために床を高くした高床倉庫などにおさめられました。ところが、その蓄えられた生産物をめぐってしばしば争いが起きたため、倉庫や住居を濠や土塁で囲って守った環濠集落がつくられることも多くありました。

　金属器のうち、青銅器は美しい光沢をもつものの、壊れやすいため、実用というよりは、神にささげる祭りに使われるようになりました。また、銅剣や銅矛、銅鐸など地域によって異なる形状の青銅の祭器が出土しています。これに対し、鉄器は実用品として農具や工具に使われました。墓も地域によって様々な形状のものが見つかり、貧富の差によって規模にも変化が生まれました。

 ## 一本ずつ手摘みで収穫していた初期の稲作

　稲作の様子を見てみると、当初は、水に浸かった低湿地である湿田で稲を育てていましたが、次第に、水に浸かっていない土地に水路で水を引き入れる乾田で稲を育てるようになりました。乾田は必要に応じて水の出し入れができるため、土地の養分の流出が防げ、作業の効率を高められたのです。木の鍬や鋤を使って作業していましたが、弥生時代の中期から後期にかけて先に鉄製の刃をつけた鍬や鋤が使われるようになりました。

　収穫は、稲の生育がまちまちだったため、現在のように一斉に刈り取ることはできませんでした。そのため、石包丁という三日月形の磨製石器を使い、ひとつひとつの穂先を手で摘み取る、穂首刈りが一般的でした。

　弥生時代の後期には、苗を育成して植え付ける田植えが始まりました。

中国の歴史書に記述された「弥生の日本」

歴史書にデビューした日本の名は「倭」だった

　弥生時代も中期になると、戦いの痕跡を示す出土品が多く見つかっています。佐賀県の吉野ヶ里遺跡、奈良県の唐古・鍵遺跡など、大規模な環濠集落も登場しました。こうした強大な集落は周辺の集落をしたがえ、クニと呼ばれる政治的なまとまりをもつようになります。この時代の日本の様子を表したものに、中国の前漢王朝の歴史書、『漢書』の一部である、『漢書』地理志の中の19文字の記述があります。その中には日本が当時「倭」と呼ばれていたこと、百あまりの小国に分かれていたことが記されています。あくまで中国の歴史書の中の「ちょい役」としての登場ですが、これが文字による日本の記録の初デビューとなったのです。

奴国王が授かった「金印」

　続いて日本が中国の歴史書に登場するのは、中国の後漢王朝の歴史書の一部の『後漢書』東夷伝です。ここには「倭」の「奴国」の王の使者が後漢の都に行き、後漢の光武帝から印綬（印鑑と紐のセット）を授かったこと（この「印綬」は福岡県の志賀島から出土した金印とされています）、その50年後に倭国王の「帥升」という人物らが「生口」160人を後漢の皇帝に献上したことなどが書かれています。「生口」とは、奴隷身分の人間と推測されており、贈った物が物なだけに微妙な感じもしますが、今のところわかっている最も古い日本人の名前の持ち主である「帥升」が、大使節団を中国に送り込めるだけの力を持っていたことがうかがえます。その後、日本に争乱が起きたことが記されています。

女王卑弥呼は呪術で邪馬台国をおさめていた

　次に日本が中国の歴史書に登場するのは、いわゆる中国の『三国志』の一部である「魏志」倭人伝です。日本の「邪馬台国」についての記述があることで有名です。ここには邪馬台国の卑弥呼が、30あまりの諸国の連合体の長にたてられて倭の争乱をおさめ、呪術を用いて国をおさめたことなどが書かれています。卑弥呼は魏の皇帝に使いを送り、魏の皇帝から「親魏倭王」という称号と金印、多数の銅鏡が贈られました。邪馬台国には身分差があり、それなりの統治機構も整っていたようです。卑弥呼の死後、男の王が立てられたものの安定せず、再び安定をもたらしたのは壱与という女王でした。邪馬台国は、呪術的な力をもつ「巫女」たちの国だったのです。魏志倭人伝には中国から邪馬台国への行き方も書いてありますが、**その行程が近畿地方とも、九州地方とも読めるため、邪馬台国があった場所に様々な説が生まれ、「古代史の謎」の代表的存在となっています。**

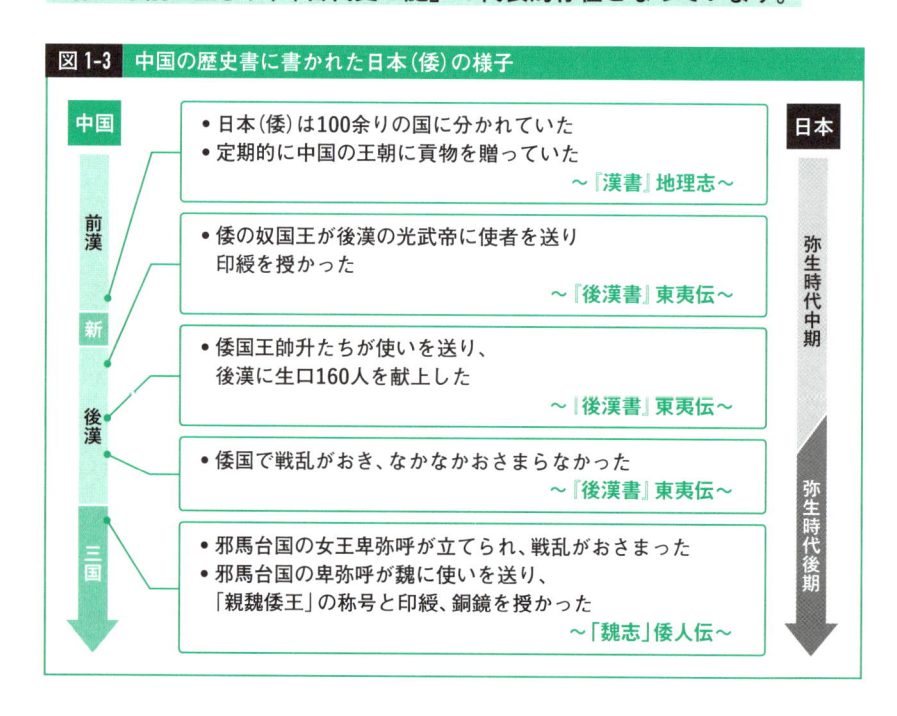

図1-3　中国の歴史書に書かれた日本（倭）の様子

中国 — 前漢 — 新 — 後漢 — 三国

- 日本（倭）は100余りの国に分かれていた
- 定期的に中国の王朝に貢物を贈っていた
　〜『漢書』地理志〜

- 倭の奴国王が後漢の光武帝に使者を送り印綬を授かった
　〜『後漢書』東夷伝〜

- 倭国王帥升たちが使いを送り、後漢に生口160人を献上した
　〜『後漢書』東夷伝〜

- 倭国で戦乱がおき、なかなかおさまらなかった
　〜『後漢書』東夷伝〜

- 邪馬台国の女王卑弥呼が立てられ、戦乱がおさまった
- 邪馬台国の卑弥呼が魏に使いを送り、「親魏倭王」の称号と印綬、銅鏡を授かった
　〜「魏志」倭人伝〜

日本 — 弥生時代中期 — 弥生時代後期

大きな前方後円墳が
つくられ始めた

第1章
縄文時代・弥生
時代・古墳時代

第2章 飛鳥時代・奈良時代

第3章 平安時代

第4章 鎌倉時代

第5章 建武の新政・室町時代

第6章 戦国・安土桃山時代

第7章 江戸時代

第8章 明治時代

第9章 大正時代・戦争への道

第10章 戦後の日本

国々がまとまり、畿内に強い王権が生まれる

『漢書』地理志から『後漢書』東夷伝、そして「魏志」倭人伝とみていくと、弥生時代の中期から後期にかけて小さな国同士が徐々に統合し、強い権力をもつ王のもとにまとまったことがわかります。弥生時代の末期には、邪馬台国のような強い王権を持つ国家が登場し、その墓も巨大になっていきます。こうした巨大な墓は「古墳」と呼ばれるようになります。

特に、大和地方を中心とした畿内に、鍵穴のような形をもつ前方後円墳がつくられ始めます。この時代が「弥生時代」の末期と重なる「古墳時代」の最初の時期にあたります。

古墳とともにヤマト政権の支配も広がった

邪馬台国以後、しばらく中国の歴史書に日本のことが書かれていないため、詳細はわかっていません。ただし、大和地方を中心に前方後円墳が増加し、規模が大きなものも増えてきたこと、地方にも同じような前方後円墳が見られるようになったことなどから、**畿内を中心に、大和地方の王である「大王」を盟主とした「ヤマト政権」という連合体が成立し、東西にその影響力を及ぼすようになったと推測されています。**この時代の大規模な古墳はいずれも前方後円墳であり、遺体をおさめるスペースである石室には銅鏡や玉製品などの呪術的な道具がおさめられていました。古墳に葬られた権力者たちは政治的な支配者であると同時に、司祭者的な性格をもっていたことがわかります。古墳には「埴輪」という供え物の土器が並べられました。古墳時代前期の埴輪は、円筒形が中心でした。

巨大古墳は大王の権力の象徴だった

 古墳づくりの最盛期

　古墳時代も「中期」といわれる時代になると、古墳づくりが最盛期を迎えます。大阪の百舌鳥古墳群にある、日本最大の大仙陵古墳をはじめとする壮大な前方後円墳がつくられるようになり、地方にも巨大な古墳が見られるようになります。副葬品が武具や馬具が中心になったことから、**埋葬された権力者が司祭者的な性格から、武力で豪族を従え、勢力を拡大していく武人的な性格に変わったことを示しています。**埴輪も円筒形の埴輪から、盾や武具など様々な道具をかたどった埴輪へと変化が見られます。

図1-4　おもな古墳

	古墳名	時期	説明
1	稲荷山古墳	中期	「ワカタケル」の文字が彫り込まれた鉄剣が出土
2	箸墓古墳	前期	卑弥呼の墓とも推定される出現期古墳の代表
3	高松塚古墳	後期	鮮やかな壁画が発見された
4	大仙陵古墳	中期	墳丘の長さ486m。日本第一位の規模をもつ巨大古墳
5	誉田御廟山古墳	中期	墳丘の長さ425m。日本で第二位の規模をもつ
6	岩橋千塚古墳群	後期	500余りの古墳がまとまった群集墳
7	造山古墳	中期	吉備地方の代表的古墳
8	竹原古墳	後期	横穴式石室の壁に絵画が描かれた装飾古墳
9	江田船山古墳	中期	「ワカタケル」の文字が彫り込まれた鉄刀が出土

前方後円墳

朝鮮半島の古代国家たち

　日本が古墳時代の前期から中期にさしかかっていた頃、中国は分裂状態にありました。朝鮮半島を支配していた中国の支配力が一歩後退したため、朝鮮半島の国々に自立の動きがみられ、まとまった国家が成立するようになったのです。朝鮮半島北部から中国の東北部にかけては高句麗という国が勢力を伸ばします。朝鮮半島南部には小規模な国家が分立し、その結果、西南部の馬韓といわれた国々を統一した百済、東南部の辰韓といわれた国々を統一した新羅という国家が登場します。最南端の弁韓の国々には統一的な国家が成立せず、小国が分立した状態（加耶諸国）が続きます。

高句麗の石碑でわかるヤマト政権の成長

　日本はこのうち、弁韓地方の「加耶諸国」に強い影響をもっており、ある種の「勢力圏」にしていました。また、百済とも交渉をもち、比較的良

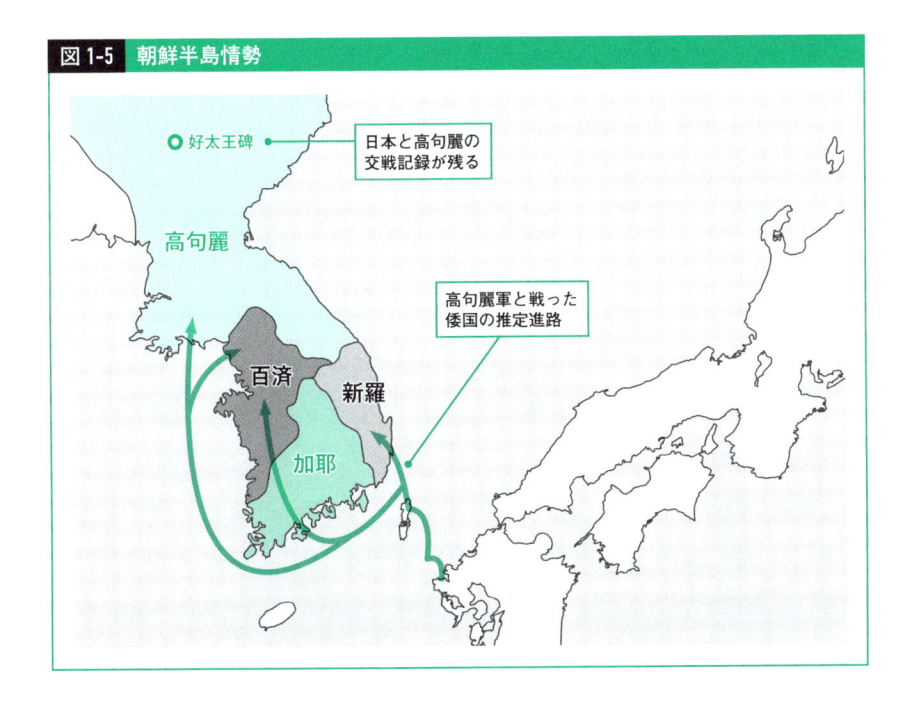

図 1-5 朝鮮半島情勢

○ 好太王碑
日本と高句麗の交戦記録が残る

高句麗

高句麗軍と戦った倭国の推定進路

百済　新羅
加耶

第1章
縄文時代・弥生時代・古墳時代

第2章 飛鳥時代・奈良時代
第3章 平安時代
第4章 鎌倉時代
第5章 建武の新政・室町時代
第6章 戦国・安土桃山時代
第7章 江戸時代
第8章 明治時代
第9章 大正時代・戦争への道
第10章 戦後の日本

好な関係にありました。北方の高句麗は南下策をとっており、百済やその南の加耶諸国が高句麗によって圧迫されると、加耶諸国から供給されていた鉄資源の供給が途絶える恐れがあるため、ヤマト政権も百済や加耶諸国とともに高句麗と戦うようになります。

日本が朝鮮半島に出兵したことを示すものとして、高句麗の「好太王碑（こうたいおうひ）」という石碑の碑文があります。この碑文には、ヤマト政権が派遣した軍が高句麗と直接交戦したことが書かれています。

騎馬軍団を備えた高句麗と交戦する中で、日本は騎馬技術を習得し、馬の育成を始めたとされています。また、このように**日本の軍隊を朝鮮半島に送り込んだことは、「よそに打って出る」ことができるほど日本国内におけるヤマト政権の地位が安定していたことを示しています。**

ヤマト政権の支配が関東から九州に及ぶ

さらに時代が進むと、「倭の五王（わのごおう）」といわれる「讃（さん）・珍（ちん）・済（せい）・興（こう）・武（ぶ）」の5人の大王たちが登場します。倭の五王のことは、中国南朝の歴史書『宋書（そうじょ）』倭国伝（わこくでん）の中に記されており、日本が久々に中国の歴史書に書かれた例となりました。倭の五王たちは中国の「南朝」の国々に次々と使者を送り、貢物を贈るとともに臣下の礼をとりました。この時期の中国は、分裂状態から南北ごとにまとまった国家を成立させていたので、日本は、「南朝」の国に使いを送って称号や地位をもらい、同じように中国に使いを送っていた朝鮮半島の国々よりも高い地位を占めることで、外交や軍事を優位に進めようとしたのです。

この「倭の五王」のうち、最後の「**武**」王は古墳時代の中で最も有名な大王である**雄略天皇（ゆうりゃく）**と考えられています。武王は中国の宋王朝などから日本と新羅や加耶の軍を束ねる将軍としての称号を得ています。日本国内でも埼玉県と熊本県に「**ワカタケル**」という雄略天皇の名を示す文章が彫り込まれた鉄剣と鉄刀が出土しており、雄略天皇が率いたヤマト政権の勢力が関東から九州にまで及んだことがわかります。

朝鮮半島に勢力を伸ばすだけでなく、日本は朝鮮半島からの渡来人により伝えられた大陸の技術や文化も活用します。鉄器や硬質の土器である須恵器の制作、機織りや金属工芸などの技術、漢字や儒教などの学術が伝えられます。ヤマト政権はこうした渡来人技術者たちをグループ化し、鉄器づくりの「韓鍛冶部」、須恵器づくりの「陶作部」などに組織しました。

豪族たちが「氏」という単位にまとめられた

ヤマト政権は、従えた豪族の統治に「氏姓制度」を用います。豪族たちの「氏」といわれた血縁関係を中心とするグループに、「姓」といわれるその豪族の地位や政権内の立ち位置をしめす称号を与えて統治したことが特徴的です。たとえば、大和盆地の南のほうの有力豪族の一族の「蘇我氏」に「きみたち蘇我氏は重要な政治決定に関わる立場だよ」という「臣」という「姓」を与えたのです。そして、その「蘇我臣」は実際に「大臣」という国政を担当する重臣の役割が与えられる、というしくみでした。

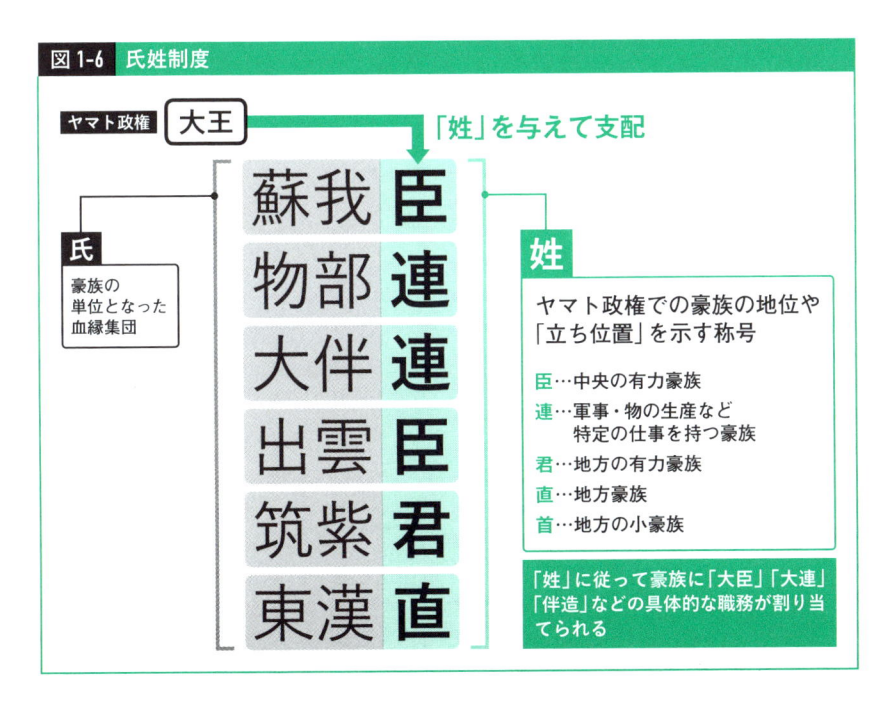

図1-6 氏姓制度

ヤマト政権 大王

「姓」を与えて支配

蘇我	臣
物部	連
大伴	連
出雲	臣
筑紫	君
東漢	直

氏
豪族の単位となった血縁集団

姓
ヤマト政権での豪族の地位や「立ち位置」を示す称号

臣…中央の有力豪族
連…軍事・物の生産など特定の仕事を持つ豪族
君…地方の有力豪族
直…地方豪族
首…地方の小豪族

「姓」に従って豪族に「大臣」「大連」「伴造」などの具体的な職務が割り当てられる

小型化し、権力の象徴ではなくなった古墳

 古墳は民衆の「ステータス」に

　古墳時代後期になると、近畿地方にそれなりに大規模な古墳が見られるものの、地方豪族の古墳は小規模になります。また、有力農民層がつくった群集墳といわれる小規模な古墳の密集が見られるようになります。埋葬方法にも変化が生まれ、後から新たな遺体を追加できる「横穴式石室」がつくられるようになります。日用品なども副葬品となり、**古墳が次第に身近な「ファミリー」のものへと変化し、「権威の象徴」とされた時代は終わりを告げるのです。**

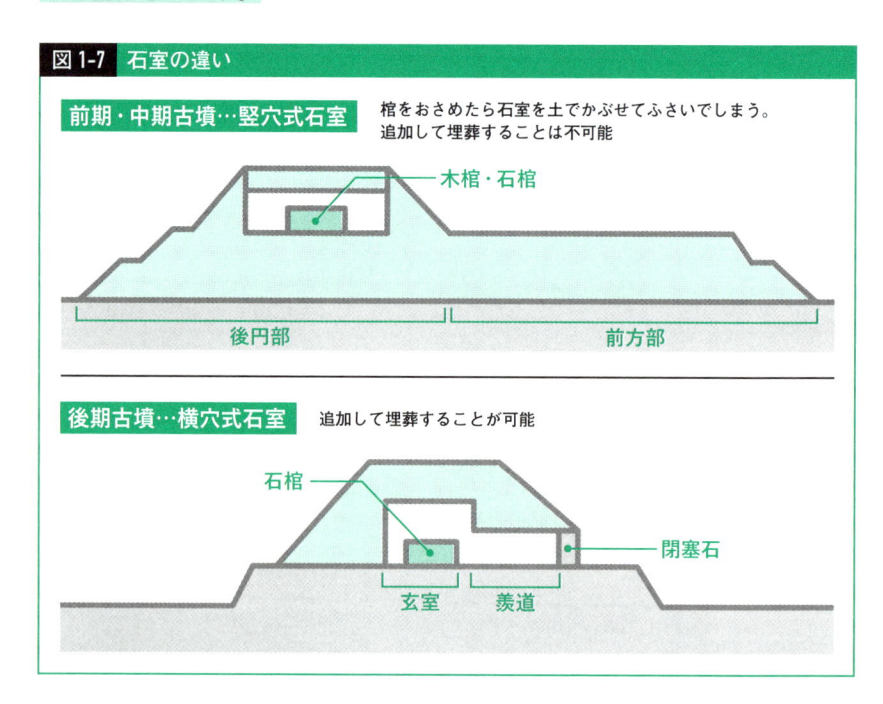

図 1-7　石室の違い

前期・中期古墳…竪穴式石室　棺をおさめたら石室を土でかぶせてふさいでしまう。追加して埋葬することは不可能

木棺・石棺

後円部　　　前方部

後期古墳…横穴式石室　追加して埋葬することが可能

石棺

閉塞石

玄室　　　羨道

第2章

飛鳥時代・奈良時代

第2章 飛鳥時代・奈良時代　あらすじ

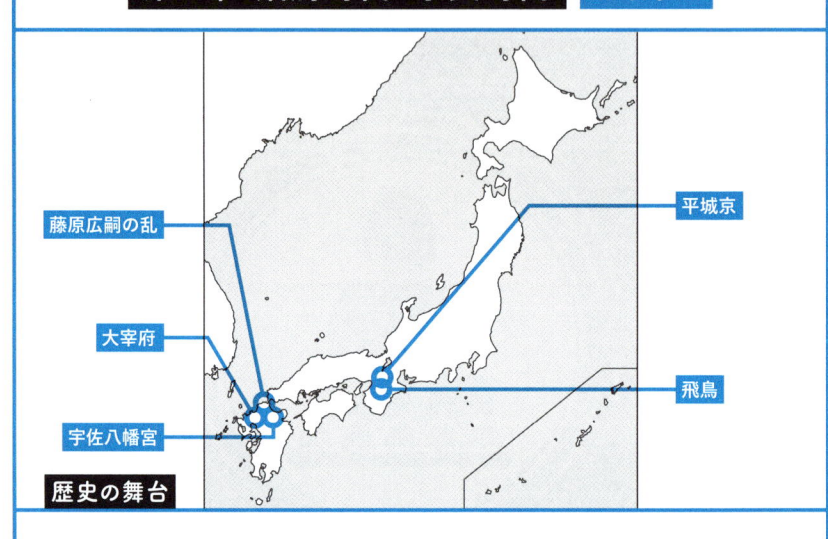

藤原広嗣の乱

平城京

大宰府

飛鳥

宇佐八幡宮

歴史の舞台

隋、唐の影響を受けた「仏教」と「律令」の時代

　この時代は、中国から伝わった「仏教」と「律令（りつりょう）」によって、政治に大きな変化が起こります。

　まず、遣隋使や遣唐使として派遣された僧や役人が、帰国後に国の政治を動かすようになります。

　そして、飛鳥（あすか）時代に国家を動かすための律令がまとめられ、豪族たちによる政治から、天皇と「官僚」によって組織された中央集権が目指されました。土地や人民を国の所有とし、戸籍によって全国の人々を把握した上で、税を集めたのです。

　しかし、次第に土地不足に陥るようになり、貧富の差が拡大して公地公民制は崩れていきました。

政治

厩戸王の政治や大化改新により、豪族中心の政治から天皇を中心とした政治が目指されました。奈良時代には立て続けに政争が起こり、政治的混乱が続きます。その中で律令の制定や運用の中心的役割を果たした藤原氏が力をつけていきました。

経済

律令制が整うと、口分田の支給と租税の徴収が行われましたが、次第に政府は土地不足という課題に直面します。また、奈良時代には和同開珎など、本格的な貨幣が発行されますが、地方では物どうしの交易が続きました。

社会

農業の進歩に伴い、生産力が向上したものの、税を納める農民の負担は重く、飢饉や疫病などの発生もあり、生活は不安定でした。班田収授は次第に崩れ、農民の貧富の差が拡大します。

外交

遣隋使や遣唐使が持ち帰った文化や制度は日本に大きな影響を与えました。中国や朝鮮半島との関係は時に緊張が生じ、白村江の戦いでは唐・新羅の連合軍に日本が敗れ、防衛政策が進められました。

第1章 縄文時代・弥生時代・古墳時代
第2章 飛鳥時代・奈良時代
第3章 平安時代
第4章 鎌倉時代
第5章 建武の新政・室町時代
第6章 戦国・安土桃山時代
第7章 江戸時代
第8章 明治時代
第9章 大正時代・戦争への道
第10章 戦後の日本

日本に大きな影響を与えた仏教の伝来

 ## 王統断絶の危機に即位した継体天皇

　推古天皇の頃から持統天皇まで、おおむね奈良県中部の飛鳥の地に皇居がおかれたため、この時代を「飛鳥時代」と呼びます。多くの教科書では推古天皇の少し前、推古天皇の祖父にあたる継体天皇から飛鳥時代の章が始まりますので、本書も継体天皇の時代から新たな章を始めることにします。というのも、先代の天皇に子がいなかったことから、豪族たちは王統の断絶を防ごうとして、少し離れた家系から継体天皇を天皇に迎え入れたため、皇位継承の「区切り」がここでつくからです。

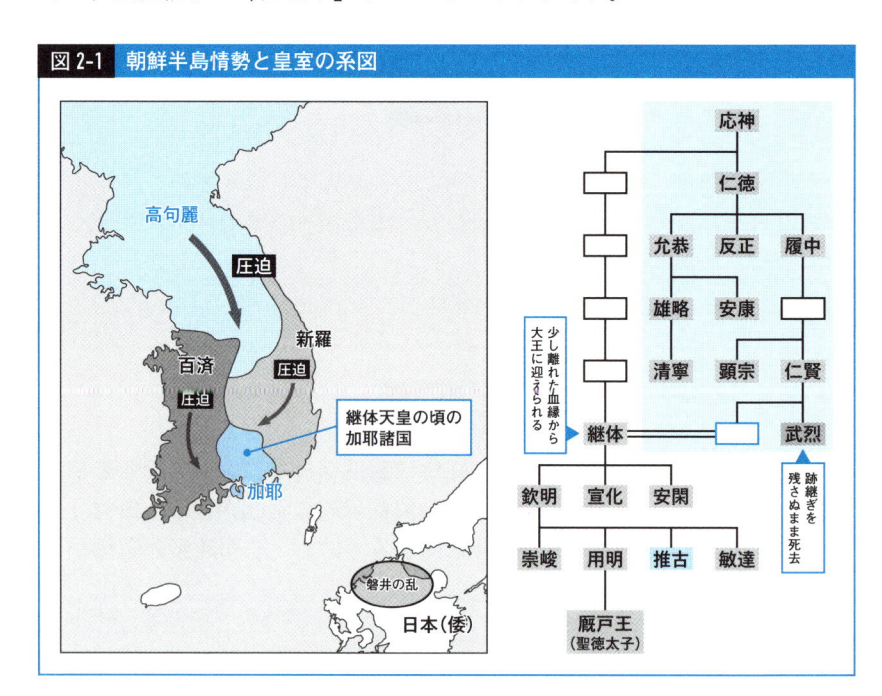

図 2-1　朝鮮半島情勢と皇室の系図

北部九州で起きた大反乱

　継体天皇の即位の頃、朝鮮半島では北方の高句麗が強大化していました。南西の百済、南東の新羅は、南下してくる高句麗を警戒して国力を増強し、さらに南の加耶諸国を圧迫します。百済は加耶の西部を併合し、新羅は百済と同じように加耶の東部の併合を狙っていました。**ヤマト政権は、加耶諸国に影響力を及ぼしていたため、「加耶諸国がなくなると、朝鮮半島南部への影響力が大きく後退してしまう」と考えました。**

　そこで、継体天皇は新羅への出兵を試みますが、これに反対したのが新羅と関係が深かった筑紫国の豪族、磐井でした。磐井は北部九州の豪族と協力し、新羅への遠征軍が海を渡ることを妨害したのです。継体天皇は兵を送り込んでこの磐井の乱を鎮圧します。継体天皇が王統断絶の危機や地方の反乱をしのいだことで、王権は次第に安定しました。ヤマト政権の政治機構も整い、その組織は朝廷といわれるようになります。

 ## 百済から仏教がもたらされた

　継体天皇の後、2代の天皇を挟んで**欽明天皇**が即位した頃、2つの大きな変化が訪れます。

　1つは、それまで最有力の豪族だった大伴氏の大伴金村が、「朝鮮半島におけるヤマト政権の影響力低下の原因をつくった」と非難されて失脚したことです。

　もう1つは仏教の伝来です。朝鮮半島南部では、加耶諸国が新羅に滅ぼされ、百済と新羅の対立が激化していました。そこで、百済の王は日本と関係を深め、新羅との戦いを有利に進めようとしたのです。この中で百済の王からもたらされた文物の1つが、仏教でした。**仏教を受け入れるかどうか、大伴氏に代わって二大豪族となった蘇我氏と物部氏が対立します。** 財政を担当し、渡来人とも関係が深い蘇我氏は、仏教を受け入れるべきだと考え、軍事を担当していた物部氏は仏教を排除する側に回りました。

第1章 縄文時代・弥生時代・古墳時代

第2章 飛鳥時代・奈良時代

第3章 平安時代

第4章 鎌倉時代

第5章 建武の新政・室町時代

第6章 戦国・安土桃山時代

第7章 江戸時代

第8章 明治時代

第9章 大正時代・戦争への道

第10章 戦後の日本

豪族の争いを制し、力をつけた蘇我氏

 ## 蘇我氏が勝利し、仏教が根付く

　深まっていく蘇我氏と物部氏の対立関係は、欽明天皇の死後の**敏達天皇**、**用明天皇**の時代に持ちこされます。用明天皇の死後、**蘇我馬子**と**物部守屋**が別々の皇位継承者をおしたてると対立は頂点に達し、軍事衝突に至ります。これに勝利した蘇我馬子は物部守屋を滅ぼし、自らがおしたてた**崇峻天皇**を即位させます。この戦いにおいて、仏教を受け入れようとした蘇我氏が勝利したことで、仏教が本格的に日本に根付くことになりました。

 ## 天皇の地位をも左右できた馬子の権力

　蘇我馬子のおかげで天皇になった崇峻天皇ですが、実権は蘇我馬子にあり、崇峻天皇は力をふるえませんでした。蘇我馬子はこうした状況に不満を漏らすようになった崇峻天皇を暗殺し、代わりに欽明天皇の娘であり、自身の姪でもある**推古天皇**を次の天皇にたてました。**蘇我馬子が自らたてた天皇を殺害したことは、天皇の地位をも左右できるほどの実力を馬子が持っていた**ことを示しています。

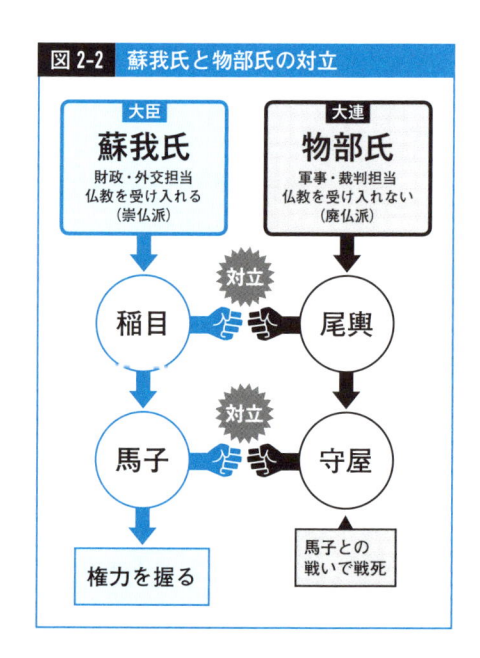

図 2-2　蘇我氏と物部氏の対立

大臣		大連
蘇我氏 財政・外交担当 仏教を受け入れる （崇仏派）	対立	**物部氏** 軍事・裁判担当 仏教を受け入れない （廃仏派）
稲目		尾輿
馬子	対立	守屋
権力を握る		馬子との戦いで戦死

推古天皇を補佐した厩戸王の政治

第1章 縄文時代・弥生時代・古墳時代

第2章 飛鳥時代・奈良時代

第3章 平安時代

第4章 鎌倉時代

第5章 建武の新政・室町時代

第6章 戦国・安土桃山時代

第7章 江戸時代

第8章 明治時代

第9章 大正時代・戦争への道

第10章 戦後の日本

豪族の「官僚化」をすすめた厩戸王の改革

　初の女性の天皇になった**推古天皇**は、自身の甥にあたる**厩戸王**（聖徳太子）に補佐をさせ、叔父にあたる**蘇我馬子**と協力しながら政治を行うという３人の協力体制のもとで政治を運営します。

　推古天皇や厩戸王は豪族たちのなわばり争いの場であった政治を、王権のもとに安定させるため、国の運営を豪族組織から「官僚」組織に近づけるための２つの政策を行いました。それが「冠位十二階」と「憲法十七条」です。「冠位十二階」は、**それまで「蘇我氏」「物部氏」「大伴氏」など、豪族ごとに地位と役割が与えられていた氏姓制度を改め、個人単位で「冠位」を与えるようにしたものです。**低い地位の豪族であっても個人に能力があれば、才能や功績に応じて昇進させ、「適材適所」に人材を配置することを狙ったのです。冠位に応じて冠の色を決め、身分の序列を見た目にもはっきりさせることで、朝廷における上下関係を常に意識させ、秩序ある統治を可能にするという効果もありました。

　また、「憲法十七条」は、天皇の権威を絶対的なものとして説き、「各々の仕事をきちんと行うように」という官僚としての心構えや、「協調を重んじよ」という道徳的な規範を説いたもので、これも「豪族」から「官僚」へという流れを推し進めようとしたものです。また、仏をあつく敬うように説き、仏教を国家の精神的なよりどころにしようとしたことも特徴的です。

「暴君」に求めた対等外交

　推古天皇時代の外交では、遣隋使の派遣が行われます。この頃、中国で

図 2-3　推古天皇の政策

憲法十七条 (抜粋)

- 和を大切にし、人に逆らうことのないようにしなさい
  (和をもって貴しとなし、さかふることなきを宗とせよ)

- 仏教〈仏とその教え、僧侶〉を敬いなさい
  (あつく三宝を敬え、三宝とは仏、法、僧なり)

- 天皇の命令には必ず従いなさい
  (詔を承りては必ずつつしめ)

冠位十二階

紫	①	大徳
紫	②	小徳
青	③	大仁
青	④	小仁
赤	⑤	大礼
赤	⑥	小礼
黄	⑦	大信
黄	⑧	小信
白	⑨	大義
白	⑩	小義
黒	⑪	大智
黒	⑫	小智

は新しく隋王朝が成立していました。朝廷は遣隋使を派遣して中国の政治や文化を学ばせ、隋と関係を深めることで、朝鮮半島の国々に対する立場を優位にしようとしていたのです。

　初回の遣隋使は不調に終わりますが、2回目の遣隋使では**小野妹子**(おののいもこ)が派遣され、国交を結ぶ交渉が行われました。この外交は、それまでの「倭の五王」の外交姿勢と異なり、**隋の皇帝に臣下として従属しない方針だったため、当初、無礼であると隋の皇帝、煬帝(ようだい)の怒りを買いました。**煬帝は「中国史上最大の暴君」といわれることもある人物で、彼を怒らせるとは日本もなかなか危ない橋を渡ったものですが、隋は朝鮮半島の高句麗に遠征しようとしており、「日本との不要な関係悪化は得策ではない」と考え、国交を結ぶことを認め、返事の使者を日本に送っています。

　遣隋使として留学生や留学僧も派遣され、彼らが学んだ中国の文化がのちの律令国家の形成に大きな影響を与えることになります。

初の遣唐使を派遣した舒明天皇

第1章 縄文時代・弥生時代・古墳時代

第2章 飛鳥時代・奈良時代

第3章 平安時代

第4章 鎌倉時代

第5章 建武の新政・室町時代

第6章 戦国・安土桃山時代

第7章 江戸時代

第8章 明治時代

第9章 大正時代・戦争への道

第10章 戦後の日本

律令国家づくりを学んだ遣唐使

　隋は短命に終わった王朝で、推古天皇の在位中に滅亡しました。かわりに成立した唐王朝に対し、推古天皇の死後即位した**舒明天皇**は初の遣唐使を派遣し、中国との関係を継続しています。

　遣唐使はここから平安時代に至るまで、19回予定されて15回の渡航が行われました。遣唐使は2隻、のちには4隻の船団を組み、1隻に100人ほどの使節が乗り込んだので、多いときには500人ほどの大きな使節団となりました。当初、航路は朝鮮半島の沿岸を経由する安全な北路をとっていましたが、朝鮮半島の新羅と関係が悪化すると、九州から直接大陸を目指す危険な南路をとるようになります。

　唐にわたった代表的な留学生や留学僧としては、奈良時代には聖武天皇から重く用いられた**吉備真備**や**玄昉**、平安時代には仏教を学び、日本で新しい宗派をひらいた**最澄**や**空海**などがおり、唐の先進的な制度や文化を日本にもたらすという重要な役割を果たしました。

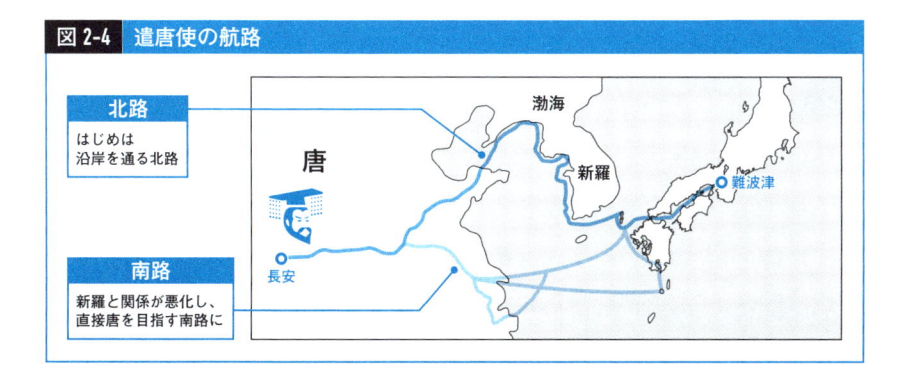

図 2-4　遣唐使の航路

北路
はじめは沿岸を通る北路

南路
新羅と関係が悪化し、直接唐を目指す南路に

唐　長安　渤海　新羅　難波津

クーデターから始まった「大化改新」

 皇極天皇の目の前で起きた権力交代劇

　舒明天皇の次に天皇にたったのは、女性の**皇極天皇**です。推古天皇の死去の前に、すでに厩戸王や蘇我馬子は相次いで亡くなっており、政治の実権を蘇我馬子の子だった**蘇我蝦夷**、次いで蘇我馬子の孫の**蘇我入鹿**が握るようになります。蘇我入鹿はライバルだった厩戸王の子、山背大兄王を滅ぼし、蘇我氏による政治を推し進めます。厩戸王らの改革は「豪族から官僚へ」という方向を模索していましたが、蘇我蝦夷、入鹿の時代に再び豪族中心の政治に戻っていったのです。

　一方、皇極天皇の子の**中大兄皇子**とその腹心の**中臣鎌足**は、隋や唐から戻ってきた留学生や留学僧から中国が律令制度にもとづく強力な国家づくりを行っていることを学んでいました。そのため、**彼らは豪族政治を続けようとする蘇我氏を倒し、王族を中心とした新しい国づくりを進めたいと考えるようになります。**こうして起きたクーデターが、乙巳の変です。中大兄皇子と中臣鎌足らが皇極天皇の目の前で蘇我入鹿を殺害し、蘇我蝦夷も自殺に追い込んだのです。

 日本の元号は「大化」から始まった

　蘇我入鹿の殺害後、皇極天皇は弟の**孝徳天皇**に位を譲ります。そして、皇太子の地位についた中大兄皇子と、内臣という地位についた中臣鎌足を中心に政治改革が進められます。彼らによる一連の政治改革を「大化改新」といいます。このとき、中国にならって元号が制定されました。ここで制定された「大化」という元号が日本の元号の始まりです。半年後には、都

も飛鳥から難波に移され、大規模な宮殿が営まれ、新しい政治の権威付けが図られました。

公地公民を示した改新の詔

　大化改新の基本姿勢を示すために発布された文書が「改新の詔<ruby>改新の詔<rt>かい しん みことのり</rt></ruby>」です。ここでは豪族支配から脱却し、律令制度への準備となる新しい4つの主要な方針が打ち出されました。1つ目は、皇族や豪族が持っている土地や人民を国家のものとする「公地公民制<ruby>公地公民制<rt>こう ち こう みん せい</rt></ruby>」の実施と、豪族たちには給与を支給し「官僚」のようにすること、2つ目は都をつくり、地方の行政制度を整えようということ、3つ目は戸籍をつくり、民衆に土地を割り当てて耕作にあたらせ、死後その土地を返納させる「班田収授<ruby>班田収授<rt>はん でん しゅう じゅ</rt></ruby>」を開始すること、4つ目は新しい税制を実施することです。ただし、『日本書紀』の「改新の詔」はあとで書き加えられた部分も多く、本当にこの通りの内容であったかは疑いがもたれています。

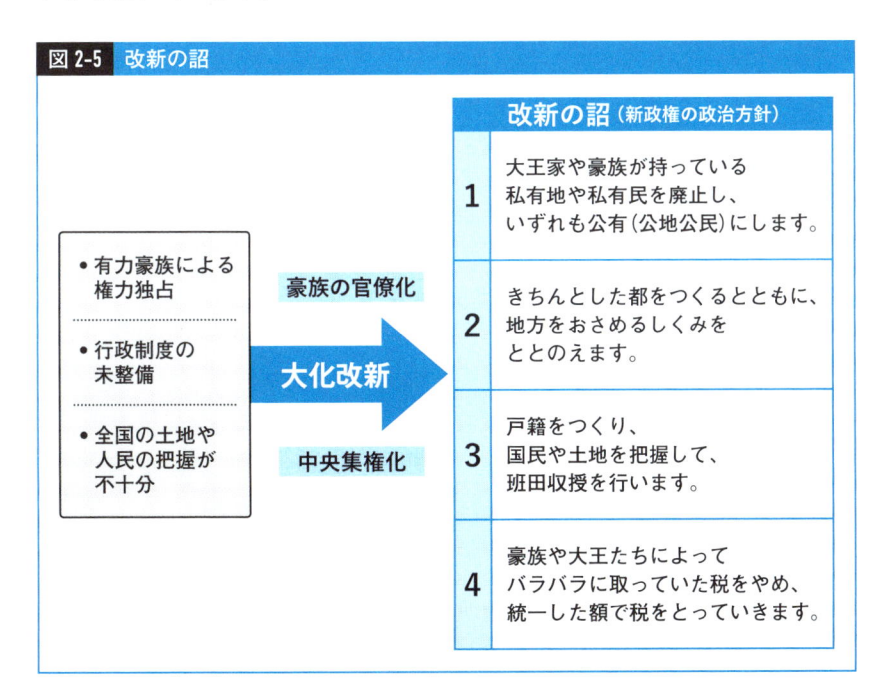

図 2-5　改新の詔

改新の詔（新政権の政治方針）

- 有力豪族による権力独占
- 行政制度の未整備
- 全国の土地や人民の把握が不十分

豪族の官僚化

大化改新

中央集権化

1	大王家や豪族が持っている私有地や私有民を廃止し、いずれも公有（公地公民）にします。
2	きちんとした都をつくるとともに、地方をおさめるしくみをととのえます。
3	戸籍をつくり、国民や土地を把握して、班田収授を行います。
4	豪族や大王たちによってバラバラに取っていた税をやめ、統一した額で税をとっていきます。

第1章　縄文時代・弥生時代・古墳時代

第2章　飛鳥時代・奈良時代

第3章　平安時代

第4章　鎌倉時代

第5章　建武の新政・室町時代

第6章　戦国・安土桃山時代

第7章　江戸時代

第8章　明治時代

第9章　大正時代・戦争への道

第10章　戦後の日本

朝鮮半島情勢が変化し、大国との戦争が近づく

二度目の天皇となった斉明天皇

　やがて孝徳天皇は実権を握る中大兄皇子と対立したため、中大兄皇子は難波の都をひき払い、飛鳥に移ります。臣下の大半は中大兄皇子に従い、孝徳天皇は難波に取り残された格好になり、そこで亡くなります。孝徳天皇の死によって皇極天皇が再び天皇になりました。これが**斉明天皇**です。皇太子だった中大兄皇子がすぐに天皇にならなかったのは、クーデターを起こし、豪族から土地を取り上げるという政策を打ち出した中大兄皇子には政敵が多く、天皇になると自身に不満が集中するかもしれないと考え、母だった皇極天皇に「肩代わり」してもらったという説が有力です。

　斉明天皇の時代、まだ朝廷に従わない東北の「蝦夷」や南九州の「隼人」の勢力に対して盛んに征服活動が行われますが、こうした遠征に加えて、海外への遠征軍派遣の必要性も生じてきました。それが、朝鮮からもたらされた百済救援の要請でした。

百済滅亡！　変化する朝鮮半島情勢

　朝鮮半島では、新羅が中国の唐と結び、急速に勢力を増大していました。唐と新羅の連合軍は百済に出兵し、日本と友好関係にあった百済も滅ぼしてしまいました。滅ぼされた百済の旧家臣たちは、日本に百済復活のための遠征軍派遣を要請します。すでに加耶諸国は新羅と百済による朝鮮半島南部の争奪戦の中で滅びており、加耶諸国が滅ぼされた上に、百済が滅びてしまうと日本の朝鮮半島への足がかりが失われてしまうため、斉明天皇と中大兄皇子は百済救援の遠征軍を派遣することにしたのです。

攻めから守りへ、政策を転換した天智天皇

第1章　縄文時代・弥生時代・古墳時代

第2章　飛鳥時代・奈良時代

第3章　平安時代

第4章　鎌倉時代

第5章　建武の新政・室町時代

第6章　戦国・安土桃山時代

第7章　江戸時代

第8章　明治時代

第9章　大正時代・戦争への道

第10章　戦後の日本

大敗を喫した白村江の戦い

　百済救援の遠征の途上、斉明天皇が亡くなり、中大兄皇子は正式に即位せぬまま、唐・新羅との戦争の指揮を行うことになります。

　遠征軍は白村江の戦いにおいて唐・新羅の連合軍と戦いますが、大敗を喫します。『日本書紀』には「勢いよく攻め込めば、敵は勝手に負けるだろう」という意味の記述があり、作戦計画の内容も甘かったようです。戦後、唐・新羅の連合軍は高句麗も滅亡させ、新羅は朝鮮半島を統一しました。

　中大兄皇子は、**日本も百済や高句麗のように唐・新羅の連合軍に攻め滅**

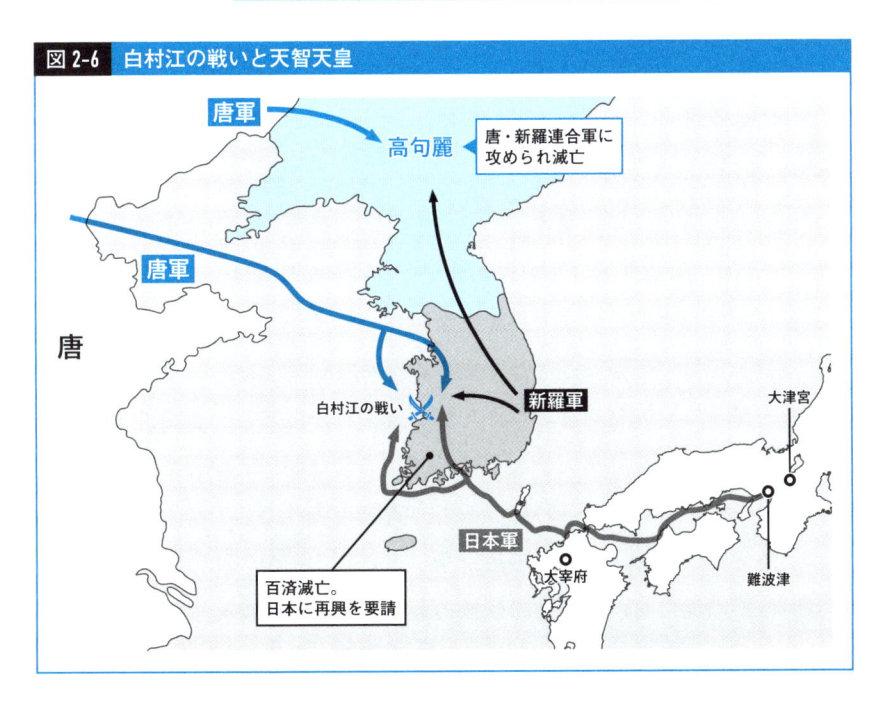

図2-6　白村江の戦いと天智天皇

唐軍

高句麗

唐・新羅連合軍に攻められ滅亡

唐軍

唐

白村江の戦い

新羅軍

大津宮

日本軍

百済滅亡。日本に再興を要請

大宰府

難波津

61

ぼされるのではないかと恐れ、**防衛を固めることに専念しました。**九州北部に防人という兵士を置き、九州統治の拠点だった大宰府（だざいふ）を守るため、水城（みずき）といわれる長大な堀と土塁をつくり、多くの山城を築いて唐・新羅軍の来襲に備えました。

初の戸籍をつくった天智天皇

中大兄皇子は琵琶湖のほとりの大津宮（おおつのみや）に遷都し、ようやく天皇に即位します。これが天智天皇（てんじ）です。大津宮に遷都した理由は海から遠く、外敵からの防衛に適しており、国内の交通の便もよいからという地理的側面や、敵が多かった中大兄皇子が、反対派の豪族がより少ない近江の地を選んだという政治的側面からの理由が考えられています。

天智天皇は内政の充実に取り組み、それまでに出された法令の整理や編集を行うとともに、全国を対象とした初の戸籍、庚午年籍（こうごねんじゃく）を作成します。戸籍の作成により徴税や徴兵がスムーズに行えるようになった一方、地方豪族の所有する民衆や土地を取り上げることにもつながり、豪族たちの不満は、より高まることになりました。

天智天皇の死が新たな対立を招く

天智天皇の時代は4年間で終わりますが、その死が新たな対立を生みました。それが、天智天皇の子の大友皇子（おおとものみこ）と、弟の大海人皇子（おおあまのみこ）の対立です。天智天皇は、はじめ弟の大海人皇子を後継者にしていましたが、晩年には子の大友皇子に皇位を譲ろうという意向を見せていました。

大海人皇子は兄の意向に沿う形で、天智天皇が生きている間は吉野に退いて皇位への意欲を見せないようにしていましたが、天智天皇の死によって大友皇子との対立があらわになると、吉野を抜け出して挙兵します。これが、古代朝廷における最大の継承争いとされる壬申の乱（じんしんのらん）です。大海人皇子はいったん東に向かい、地方豪族の協力により兵を集めて大津宮の大友皇子を倒して飛鳥浄御原宮（あすかきよみはらのみや）で即位し、天武天皇（てんむ）となりました。

強力な力で中央集権化を進めた天武天皇

 ## 豪族の官僚化が一段と進む

　天武天皇は、武力で大友皇子を破って天皇になりました。壬申の乱で大友皇子についた豪族たちを一掃したのち、味方についた豪族たちの上にたって天皇になったため、「オール与党」状態で、天皇に強大な権力を集中することができました。

　天武天皇は、大臣を置かずに皇后や皇子たちを重く用いる「皇親政治」を行います。この天武天皇のときに、これまで「大王」といわれていた統治者の呼び名が正式に「天皇」と呼ばれるようになりました。また、この

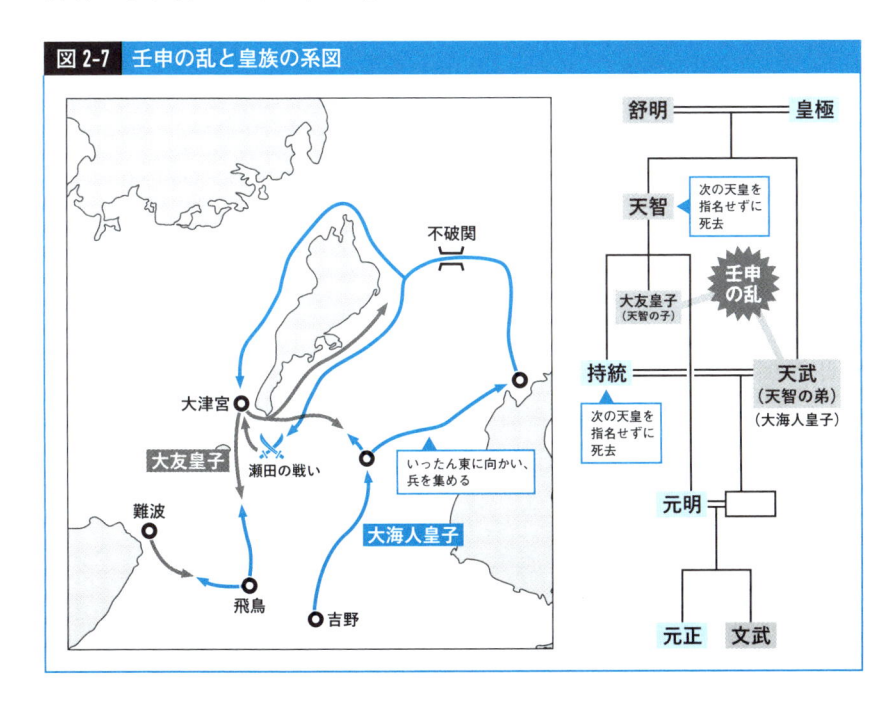

図 2-7　壬申の乱と皇族の系図

第1章 縄文時代・弥生時代・古墳時代

第2章 飛鳥時代・奈良時代

第3章 平安時代

第4章 鎌倉時代

第5章 建武の新政・室町時代

第6章 戦国・安土桃山時代

第7章 江戸時代

第8章 明治時代

第9章 大正時代・戦争への道

第10章 戦後の日本

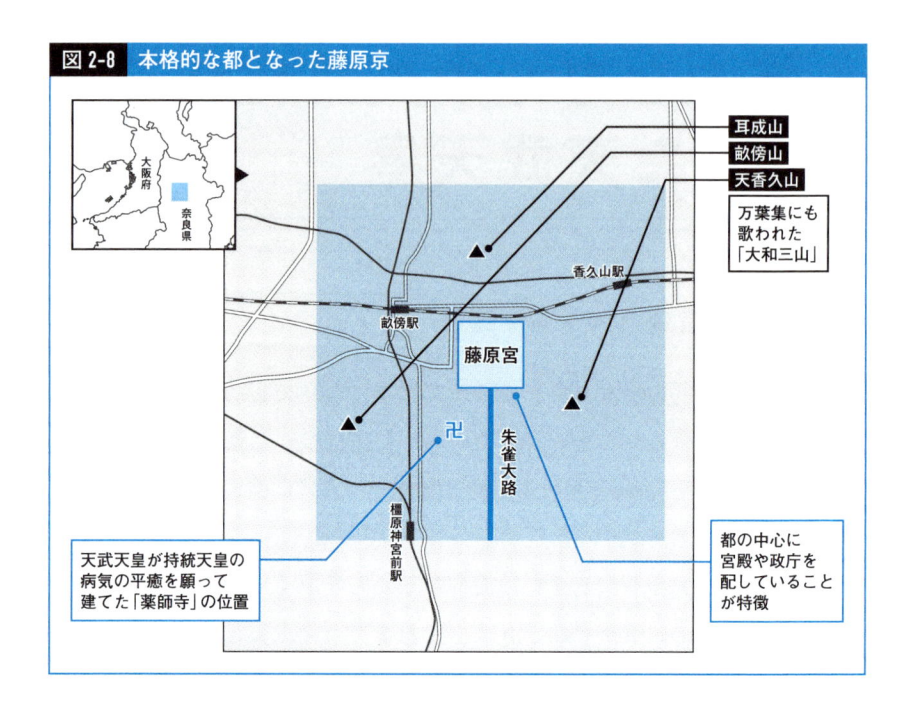

図 2-8 本格的な都となった藤原京

耳成山
畝傍山
天香久山

万葉集にも歌われた「大和三山」

藤原宮

朱雀大路

天武天皇が持統天皇の病気の平癒を願って建てた「薬師寺」の位置

都の中心に宮殿や政庁を配していることが特徴

頃から国号を「日本」と称するようになったとされます（本書では、便宜的に、大王を示す「天皇」という言葉や地域名としての「日本」という言葉をすでに使用しています）。

　天武天皇は律令の編成に着手し、飛鳥浄御原令（あすかきよみはらりょう）の編纂を開始します。また、強大な天皇権力を利用して豪族の再編成を図り、豪族の官僚化がさらに推し進められました。新たな身分制度として「八色の姓（やくさのかばね）」を制定し、天皇を中心とする身分秩序をつくり、権力を天皇に集中させる形での中央集権国家の形成を図ります。また、それまでは天皇ごとに「なんとかの宮」という皇居の場所が変わり「遷都」が行われることが多かったのですが、大武天皇は新たな都である藤原京（ふじわらきょう）の造営に取り組み、天皇が変わっても政治の中心を動かさないようにしました。天武天皇のもとで、富本銭（ふほんせん）という貨幣がつくられたり、のちに『古事記』や『日本書紀』の完成につながる歴史書の編纂事業が始まったりと、さまざまな新しい試みが行われました。

夫の政策を引き継いだ持統天皇

 ## 深いつながりだった天武天皇と持統天皇

　天武天皇が亡くなったあとに天皇に即位したのが、皇后であった**持統天皇**です。持統天皇は13歳で天武天皇の后となり、壬申の乱でも天武天皇に従い、天武天皇の即位後は皇親政治を支えています。天武天皇は持統天皇が病にかかったときには薬師寺を建立し、病気の治癒をいのりました。天武天皇と持統天皇のお墓も同じ古墳ですから、天武天皇と持統天皇には「愛情」と呼べる夫婦としての非常に深いつながりがあることがうかがえます。

 ## 夫の政策を完成させた持統天皇

　このように**天武天皇と深いつながりがあった持統天皇は、天武天皇がやり残した事業を継ぎ、発展させます。夫の業績を妻が継いだのです。**

　天武天皇のやり残していた事業とは、飛鳥浄御原令の施行と藤原京への遷都です。天武天皇によって制定された飛鳥浄御原令は、制定までされていたものの「施行待ち」になっていたため、持統天皇がこれを施行します。この法令には戸籍の実施や地方行政制度のしくみ、班田収授の実行などの行政についての規定があり、持統天皇はこの令に基づいて庚寅年籍という戸籍をつくり、全国的な班田収授を開始しました。

　藤原京は飛鳥の北方につくられた縦、横5.3kmに及ぶ大規模な都でした。道を碁盤の目のように直交させる条坊制をとり、中央に天皇の住まいである宮が置かれ、周囲を官僚や民衆の住居が取り囲んでいました。規模だけならば、のちの平城京や平安京をしのぐ、日本初の本格的な都となりました。

第1章 縄文時代・弥生時代・古墳時代

第2章 飛鳥時代・奈良時代

第3章 平安時代

第4章 鎌倉時代

第5章 建武の新政・室町時代

第6章 戦国・安土桃山時代

第7章 江戸時代

第8章 明治時代

第9章 大正時代・戦争への道

第10章 戦後の日本

日本初の律令「大宝律令」が完成

 ## 持統天皇は初の「上皇」に

　持統天皇が政治を行っていた頃、すでに子の草壁皇子は亡くなっていたため、持統天皇の次に孫の**文武天皇**が即位することになりました。持統天皇が位を譲ったときに、文武天皇は15歳と年少だったため、持統天皇は天皇を退いた「太上天皇」として文武天皇の補佐を行いました。これが初の「上皇」です。

 ## 初めて「律・令」がそろい踏み

　この文武天皇の時代の、朝廷の最大の業績は**大宝律令**の完成です。「律令」とは現在の刑法にあたる「律」と、政治のしくみを定めた「令」の法令ひとセットであり、この**大宝律令は「律」と「令」を両方揃えた日本初の法令となりました。** 大宝律令作成にあたったのは皇族の**刑部親王**と、政府の中心にあった中臣鎌足の子の**藤原不比等**です（中臣鎌足は死の前日、天智天皇から藤原の姓を与えられていました）。

 ## 刑法にあたる「律」の内容

　刑法にあたる「律」は、唐の刑罰の制度が導入され、木の棒で叩く「笞」や「杖」、懲役刑の「徒」、流刑の「流」、死刑の「死」といういわゆる「五刑」が実施されることになりました。貴族や役人の罪は軽くなることがありましたが、天皇に対する罪や目上の者に対する罪は「八虐」といわれ、貴族や役人でも刑が軽くなることはなく、特に重く罰せられることとなりました。

行政法にあたる「令」の内容

第1章 縄文時代・弥生時代・古墳時代

第2章 飛鳥時代・奈良時代

第3章 平安時代

第4章 鎌倉時代

第5章 建武の新政・室町時代

第6章 戦国・安土桃山時代

第7章 江戸時代

第8章 明治時代

第9章 大正時代・戦争への道

第10章 戦後の日本

「令」に定められた政治のしくみは多岐にわたります。政治体制については神々の祭りをつかさどる神祇官と政治を統括する太政官の二官といわれる組織を設け、太政官の下に現在の省庁にあたる八省をおきました。重要な政策については太政大臣、左大臣、右大臣や大納言といった「公卿」といわれた高級官僚の協議によって国が運営されました。役人には「正一位」から「少初位」まで、30段階の官位が与えられ、その官位に応じた役職を与えられました。

地方には国・郡・里の行政単位を置き、国司や郡司が任命されて統治にあたりました。畿内・七道という国をまとめた広い行政区画も置かれました。九州には大宰府が置かれ、外交や九州の統括にあたりました（本書ではこの「旧国名」を使うことが多いので、どの地域を示すかは次ページの地図で確認してください）。

民衆は戸籍に登録され、6歳以上は男女ともに口分田が与えられ、そこでの収穫の一部を「租」という税として地方の役所におさめ、死後口分田を国に返すという班田収授法が行われました。植え付け用の種もみは国から貸し出され、秋に利子をつけて返すのですが、律令制のもとでは強制貸し付けのようになり、その利子は実質的な租税となりました。

男性にはこの上に、都での10日の労役の代わりに布をおさめた「庸」という税と各地の特産物をおさめる「調」という税、地方の国司のもとで年60日以下の労働を行う「雑徭」という税などがかかり、3〜4人にひとり、兵役として徴兵を受け、諸国の軍団などに所属して辺境の防衛や治安維持にあたりました。この他にも中央に大学、地方に国学という役人の養成機関を置くことや、役人の給料のしくみなど、驚くほど細かい決まりごとが定められています。

大宝律令が成立した翌年、持統上皇は亡くなり、その5年後に25歳の若さで文武天皇が亡くなります。

図 2-9 旧国名と大宝律令

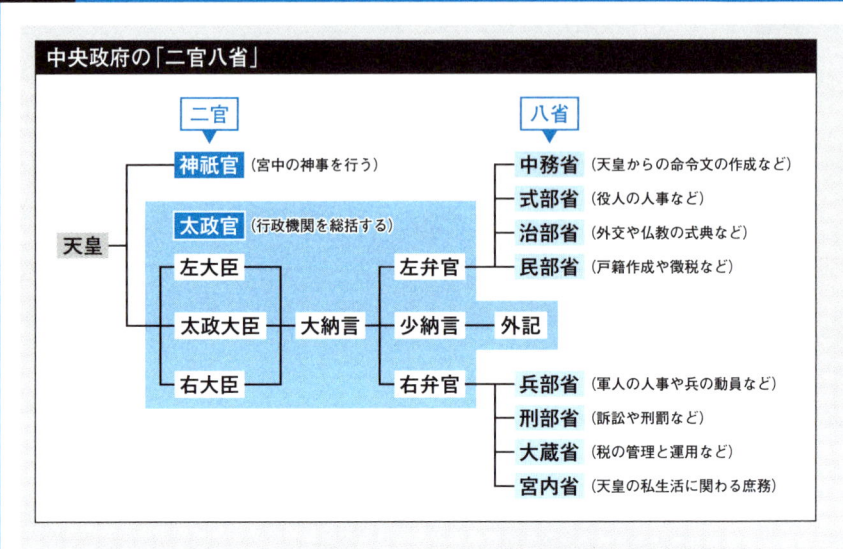

中央政府の「二官八省」

二官

- **神祇官** (宮中の神事を行う)
- **太政官** (行政機関を総括する)

天皇 — 神祇官・太政官

太政官：
- 左大臣 — 左弁官
- 太政大臣 — 大納言 — 少納言 — 外記
- 右大臣 — 右弁官

八省

- **中務省** (天皇からの命令文の作成など)
- **式部省** (役人の人事など)
- **治部省** (外交や仏教の式典など)
- **民部省** (戸籍作成や徴税など)
- **兵部省** (軍人の人事や兵の動員など)
- **刑部省** (訴訟や刑罰など)
- **大蔵省** (税の管理と運用など)
- **宮内省** (天皇の私生活に関わる庶務)

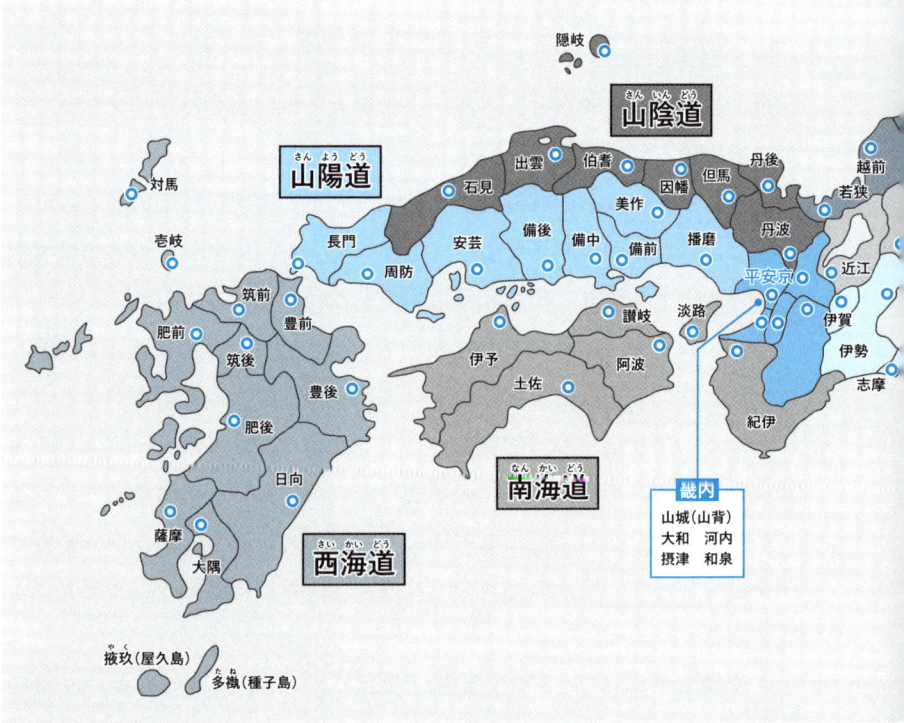

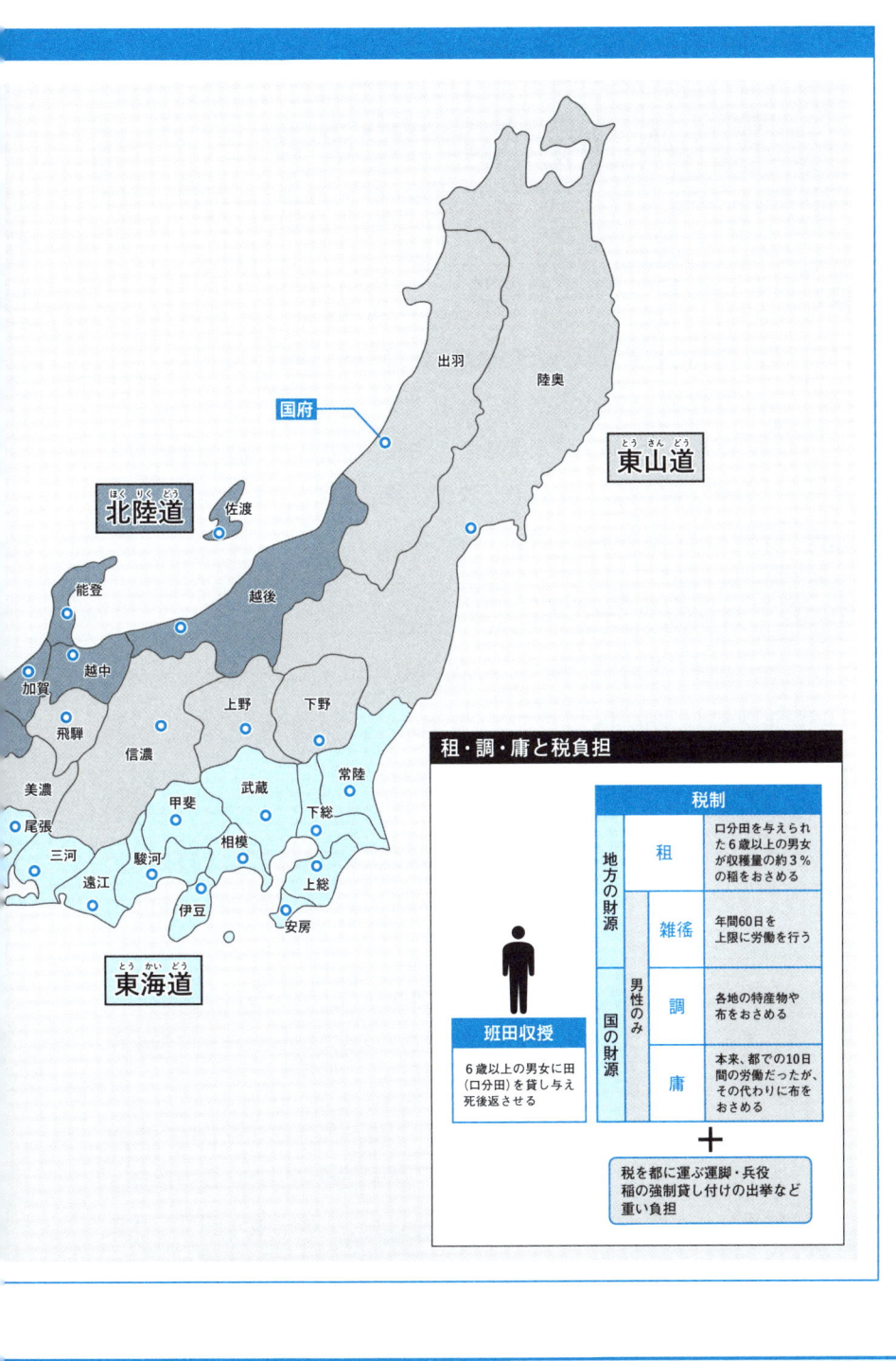

租・調・庸と税負担

出羽

陸奥

国府

東山道（とう さん どう）

北陸道（ほく りく どう）

佐渡

能登

越後

越中

加賀

飛騨

信濃

上野

下野

常陸

武蔵

美濃

甲斐

下総

尾張

相模

三河

駿河

上総

遠江

伊豆

安房

東海道（とう かい どう）

税制			
地方の財源		租	口分田を与えられた6歳以上の男女が収穫量の約3％の稲をおさめる
		雑徭	年間60日を上限に労働を行う
国の財源	男性のみ	調	各地の特産物や布をおさめる
		庸	本来、都での10日間の労働だったが、その代わりに布をおさめる

班田収授
6歳以上の男女に田（口分田）を貸し与え死後返させる

+

税を都に運ぶ運脚・兵役
稲の強制貸し付けの出挙など
重い負担

第1章 縄文時代・弥生時代・古墳時代

第2章 飛鳥時代・奈良時代

第3章 平安時代

第4章 鎌倉時代

第5章 建武の新政・室町時代

第6章 戦国・安土桃山時代

第7章 江戸時代

第8章 明治時代

第9章 大正時代・戦争への道

第10章 戦後の日本

平城京遷都が行われ、新しい時代が始まる

 ## 藤原不比等による政権運営

文武天皇のあとに天皇になったのは文武天皇の母、**元明天皇**です。

文武天皇が亡くなったとき、のちの聖武天皇になる7歳の皇子がいましたが、幼少のため、彼が成人するまでの「中継ぎ」として文武天皇の母が天皇にたてられたのです。この時代、文武天皇の時代から引き続き、**藤原不比等**が政権の中心にありました。

 ## 初の本格的貨幣がつくられた

元明天皇が即位した翌年、喜ばしい知らせが入ります。武蔵国で純度の高い銅が発見されたのです。このことを記念して年号が和銅と改められ、**和同開珎**という貨幣がつくられています。

それまでも富本銭のような貨幣の例はあるものの、広く流通した本格的な貨幣がつくられたのは初めてのことです。この和同開珎をはじめとして、平安中期までに12種類の貨幣が発行されますが、それらの貨幣をまとめて「**本朝十二銭**」と呼んでいます。

しかしながら、まだ貨幣の使用という習慣がなく、稲や布などを貨幣の代わりにして、モノどうしのやり取りで経済が回っている世の中に貨幣を流通させるのは至難の業でした。

そのため、政府は一定量の銭を貯めた者の官位を昇進させるという**蓄銭叙位令**を定めたのですが、**「使ってほしいから貯めさせる」というのはまったくの逆効果で、かえって銭を使わずに貯めこもうとする者が多く、うまくいきませんでした。**

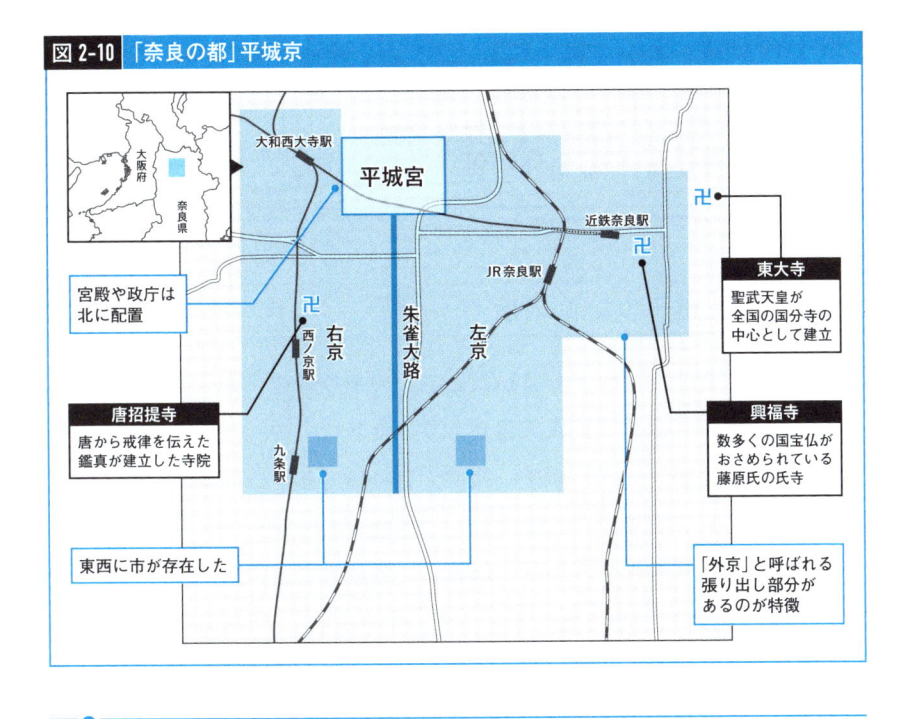

図 2-10 「奈良の都」平城京

大和西大寺駅

平城宮

近鉄奈良駅

JR奈良駅

宮殿や政庁は
北に配置

右京

西ノ京駅

朱雀大路

左京

九条駅

唐招提寺
唐から戒律を伝えた
鑑真が建立した寺院

東西に市が存在した

東大寺
聖武天皇が
全国の国分寺の
中心として建立

興福寺
数多くの国宝仏が
おさめられている
藤原氏の氏寺

「外京」と呼ばれる
張り出し部分が
あるのが特徴

第1章
縄文時代・弥生時代・古墳時代

第2章
飛鳥時代・奈良時代

第3章
平安時代

第4章
鎌倉時代

第5章
建武の新政・室町時代

第6章
戦国・安土桃山時代

第7章
江戸時代

第8章
明治時代

第9章
大正時代・戦争への道

第10章
戦後の日本

「奈良の都」への遷都

　元明天皇の時代に、藤原京から平城京への遷都という、大規模な遷都が行われます。本格的な都だった藤原京ができてわずか15年ほどで新しい都への遷都が行われたのはもったいないような気もしますが、遣唐使の報告から、宮殿が都の中央にある藤原京の姿が、宮殿が北に位置する唐の都、長安の姿と大きく異なっているのを知ったことと、繁栄を極めていた長安の様子を知ったことで、長安をモデルにしたさらに立派な都をつくろうとしたのではないかと考えられています。この平城京の遷都から長岡京や平安京へ遷都されるまでの時代を奈良時代といいます。

　朝廷に従わない東北の蝦夷、九州の隼人に対する征服活動も続けられ、支配領域が拡大します。

　また、歴史書の編纂事業の1つである、日本の神話や伝承、天皇たちの物語をまとめた『古事記』が完成しています。

土地不足への対応に追われる朝廷

 ## 母から娘への皇位継承

　元明天皇が引退しようとしていたとき、のちの聖武天皇はまだ若かったため、元明天皇に続いて**元正天皇**がもうひとりの「中継ぎ」として即位します。元正天皇は元明天皇の娘、文武天皇の姉であり、母から娘に天皇が継承された唯一の例です。政権の中心は引き続き**藤原不比等**でした。

　藤原不比等は大宝律令を加筆・修正した**養老律令**を作成し、娘をのちの聖武天皇に嫁がせるなど、権力固めを行いました。この頃、『古事記』に続くもう1つの歴史書、『**日本書紀**』が完成します。こちらは中国の歴史書をモデルにして年代順に出来事が書かれている編年体の形をとっています。

 ## 土地不足に苦心した長屋王政権

　藤原不比等が亡くなると、政界のリーダーは皇族の**長屋王**になります。この長屋王をはじめとする朝廷を悩ませたのが、「口分田が足りない」という問題でした。

　農民には口分田が与えられていましたが、米以外にも布や特産物、労働など様々な税負担が重く、土地を捨てて逃げ、有力者の小作人になるということが多々ありました。また、税をごまかすために戸籍の年齢や性別を偽ったり、勝手に僧侶になったりすることでなんとか税を逃れようとすることも多くありました。一方、人口は増加していたため、口分田を新しく割り当てていかなければなりません。

「与えた土地は捨てて逃げられる一方、人口が増えて新たな土地を割り当てなければならない」状況で、土地不足という問題が発生したのです。

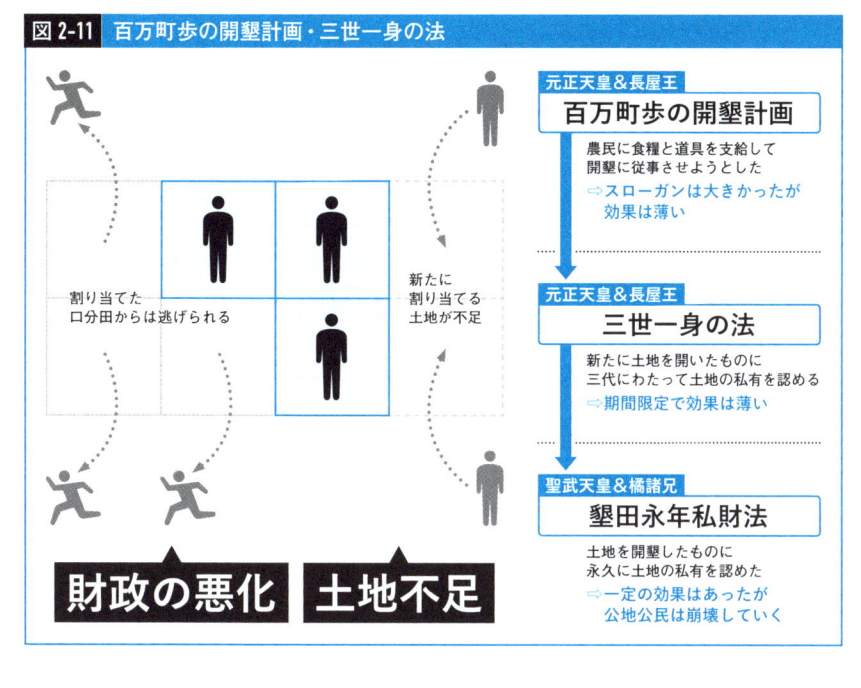

図 2-11　百万町歩の開墾計画・三世一身の法

元正天皇＆長屋王
百万町歩の開墾計画
農民に食糧と道具を支給して
開墾に従事させようとした
⇨ スローガンは大きかったが
　効果は薄い

元正天皇＆長屋王
三世一身の法
新たに土地を開いたものに
三代にわたって土地の私有を認める
⇨ 期間限定で効果は薄い

聖武天皇＆橘諸兄
墾田永年私財法
土地を開墾したものに
永久に土地の私有を認めた
⇨ 一定の効果はあったが
　公地公民は崩壊していく

割り当てた
口分田からは逃げられる

新たに
割り当てる
土地が不足

財政の悪化　土地不足

 ## 具体的な展望に乏しかった土地改革

　次第に悪化していく財政に対し、政府は新たに土地を開き、口分田を増やして税収を確保しようと考えます。まず、百万町歩の開墾計画を立てました。農民に食糧、道具を渡して開墾作業を行わせますが、現在でいえば100万ha以上の土地を開こうという大きすぎるスローガンに対して、具体的な計画性が乏しかったことからうまくいきませんでした。

　そこで政府は、三世一身の法を定めます。土地を開いた者に三代、もしくは一代にわたって土地の私有を認めたのです。この土地の収穫からも租は納めなければなりませんが、残りの収穫は自分の手にすることができます。水田で最も困難なのは水路をつくることなので、水路から自分で開いた土地は三代、既存の水路を利用して開いた土地はその人一代の私有を認めたのです。この命令は一定の効果があったものの、期限後は土地を国に渡さなければならず、開墾地は十分に広がりませんでした。

第1章　縄文時代・弥生時代・古墳時代

第2章　飛鳥時代・奈良時代

第3章　平安時代

第4章　鎌倉時代

第5章　建武の新政・室町時代

第6章　戦国・安土桃山時代

第7章　江戸時代

第8章　明治時代

第9章　大正時代・戦争への道

第10章　戦後の日本

権力闘争・疫病・反乱
相次ぐ聖武天皇の時代

 ## 奈良の都は権力闘争の場に

　文武天皇が若くして亡くなったことにより、元明天皇、元正天皇という女性の「中継ぎ」天皇を２人挟みましたが、いよいよ成人した**聖武天皇**が天皇に即位します。

　しかし、この聖武天皇のときから平城京が権力闘争の舞台になります。元正天皇から引き続き**長屋王**が政権を握っていましたが、藤原不比等の子であった藤原武智麻呂・房前・宇合・麻呂のいわゆる「**藤原四子**」が長屋王の手から政権を奪い返すべく、策謀をめぐらせたのです。彼らは左大臣の位にのぼった長屋王に謀反の疑いをかけて自殺に追い込みました。これを**長屋王の変**といいます。

　長屋王を排除した藤原四子は、聖武天皇に嫁いでいた異母妹の**光明子**を皇后（天皇の最上位の妻）にたて、実権を握ることに成功しました。それまでは皇族の女性が皇后になるという伝統がありましたが、皇族以外がはじめて皇后になる先例をつくったのです。ところが、全国的に天然痘という疫病が広がってしまい、藤原四子は全員相次いで病死してしまったのです。人々はこれを「長屋王の祟り」と噂しました。

　その次に政権を担当したのは皇族出身の**橘諸兄**です。皇族の長屋王から藤原氏、そして皇族と政権担当者が代わったことから、奈良時代の政権担当者は藤原氏と皇族が交互に政権を担当した格好になります。橘諸兄は遣唐使から帰国していた**吉備真備**と僧の**玄昉**の補佐をうけ政治を行いました。

　一方、藤原四子の三男であった藤原宇合の子、藤原広嗣は藤原四子の死後、自らの地位の低さに不満を持っていました。大宰府に赴任していた藤

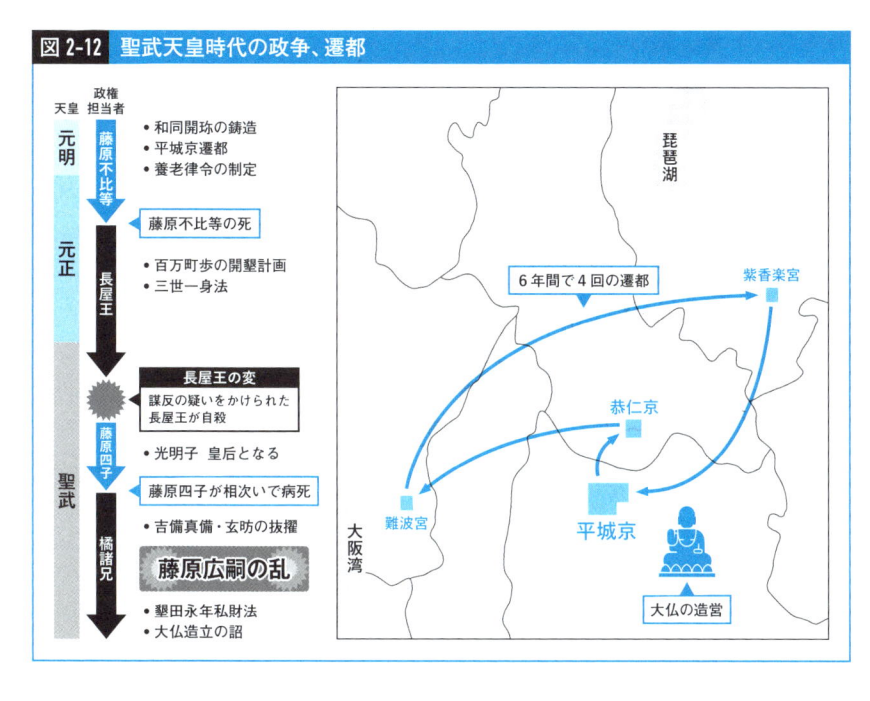

図 2-12　聖武天皇時代の政争、遷都

天皇	政権担当者	
元明	藤原不比等	・和同開珎の鋳造 ・平城京遷都 ・養老律令の制定
		藤原不比等の死
元正	長屋王	・百万町歩の開墾計画 ・三世一身法
		長屋王の変 謀反の疑いをかけられた長屋王が自殺
聖武	藤原四子	・光明子　皇后となる
		藤原四子が相次いで病死
	橘諸兄	・吉備真備・玄昉の抜擢 **藤原広嗣の乱** ・墾田永年私財法 ・大仏造立の詔

地図内の表記：
琵琶湖、大阪湾、紫香楽宮、恭仁京、難波宮、平城京、大仏の造営、6年間で4回の遷都

第1章 縄文時代・弥生時代・古墳時代
第2章 飛鳥時代・奈良時代
第3章 平安時代
第4章 鎌倉時代
第5章 建武の新政・室町時代
第6章 戦国・安土桃山時代
第7章 江戸時代
第8章 明治時代
第9章 大正時代・戦争への道
第10章 戦後の日本

原広嗣は橘諸兄の政治を批判し、吉備真備や玄昉を政治からおろすことを聖武天皇に訴え、大規模な反乱を起こしました。この乱は鎮圧され、藤原氏の勢力はさらに一歩後退することになりました。

　ここまでが、聖武天皇の治世の前半です。

　天皇に即位して約15年間、最高権力者が自殺に追い込まれ、世の中に病気が流行った上に、政権担当者4人がその病気で相次いで亡くなり、さらに大規模な反乱まで起きます。飢饉も発生し、社会が大きく動揺しました。

　聖武天皇はそうした状況から人々の目をそらそうとし、自身も「安住の地」を求めて、都を平城京から山背国の恭仁京、摂津の難波宮、近江の紫香楽宮と頻繁に移しました。しかし、世の中の動揺は収まらず、結局、都は平城京に戻されました。

国家の安定を仏教の力に求める

　相次ぐ遷都と並行して、聖武天皇は世の中の安定を仏教の力によっても

たらそうと考えました。こうした「仏教の力で国を安定させよう」という考えを鎮護国家思想といいます。聖武天皇は全国に国分寺と国分尼寺を建て、巨大な廬舎那仏の造立を命じます。当初、この奈良の大仏は、紫香楽宮でつくられ始めましたが、遷都によって中止になり、平城京に戻った後、東大寺の本尊としてつくられることになります。

 ## 土地不足に対する1つの「解決策」

　元正天皇の時代からの「宿題」だった土地不足と税収不足を、聖武天皇は墾田永年私財法を制定することで解決しようとします。身分に応じた一定の範囲内ならば、自分で開墾した土地を自分のものにでき、土地を国におさめることはしなくてよい、としたのです。

　収穫の一部は「租」として国に納税しますが、残りは取り分になるので、民衆にとっては「副収入」が増えたことになります。「公地公民」の原則は破られますが、国にとっては税収の確保、民衆にとっても「副業」の収入が増えるという効果が期待されました。

　しかし、この法令は、「貧富の差」を生んでしまうことにもなりました。開墾できる余裕があるのは、貴族や豪族などの豊かな階層になります。彼らは人を雇って開墾し、多くの土地を自分のものにすることができました。そして、土地を捨てて逃げだしてきた農民を小作人として耕作させたり、農民に貸して収穫をおさめさせたりして、ますます豊かになっていきます。こうした「公地公民の枠から外れた私有地」のことを「荘園」といい、奈良時代から平安時代初期の荘園を「初期荘園」と呼んでいます。

　また、民衆の中において「土地を開墾して副収入を得る余裕のある者」と、「税の支払いに耐えきれない貧しい者」に分かれるようになります。**「余裕がある者は副収入を得てますます豊かになり、余裕がない者は土地を手放し、雇われ人になって貧困に苦しむ」という構図が生まれ**、朝廷が律令の施行によって目指していた、公地公民と班田収授は次第に崩れることとなりました。

「叔母の七光り」で藤原仲麻呂が力を握る

独裁的権力をふるった仲麻呂

聖武天皇が退位して娘の**孝謙天皇**が即位しても、聖武天皇がしばらく上皇として政務を助けました。奈良の大仏はこの頃完成したものです。大仏の完成の4年後に聖武天皇が亡くなり、翌年に橘諸兄が亡くなると、朝廷は再び権力闘争の場となってしまいます。

孝謙天皇の母の光明子は、藤原氏の出身です。聖武天皇の死後、天皇の母として影響力を増した光明子は甥の**藤原仲麻呂**を重く用いるようになります。実権を握った藤原仲麻呂は、祖父の藤原不比等が作成し、「施行待ち」になっていた養老律令を施行し、藤原氏の権力の復活を印象付けます。

こうした藤原氏の権勢の拡大に対し、橘諸兄の子、橘奈良麻呂は藤原仲麻呂に対立する大伴氏などの協力を得て藤原仲麻呂打倒の兵をあげようとしたのですが、計画が事前に漏れ、厳しい取り調べの末に殺されてしまいます。この橘奈良麻呂の変ののち、藤原仲麻呂は独裁的な権力を獲得し、あらたに**淳仁天皇**をおし立てて天皇とします。

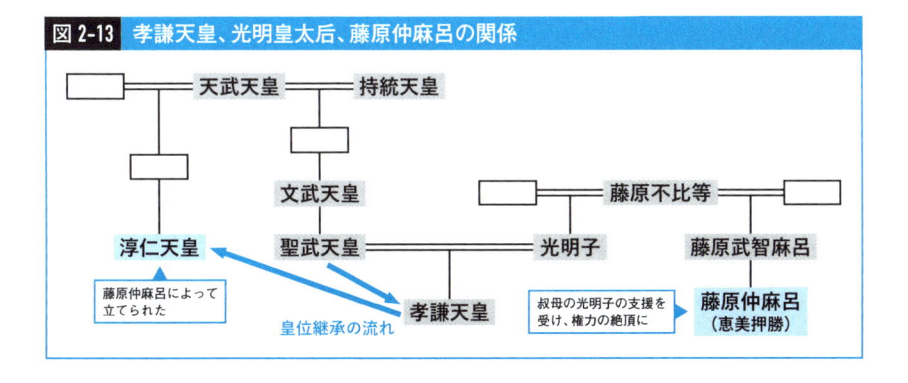

図 2-13　孝謙天皇、光明皇太后、藤原仲麻呂の関係

- 天武天皇 ── 持統天皇
- 文武天皇
- 藤原不比等
- 淳仁天皇（藤原仲麻呂によって立てられた）
- 聖武天皇 ── 光明子
- 孝謙天皇
- 藤原武智麻呂
- 藤原仲麻呂（恵美押勝）（叔母の光明子の支援を受け、権力の絶頂に）

皇位継承の流れ

第1章 縄文時代・弥生時代・古墳時代
第2章 飛鳥時代・奈良時代
第3章 平安時代
第4章 鎌倉時代
第5章 建武の新政・室町時代
第6章 戦国・安土桃山時代
第7章 江戸時代
第8章 明治時代
第9章 大正時代・戦争への道
第10章 戦後の日本

朝廷を2つに割った戦いを制した道鏡

 ## 光明子の死により孤立する恵美押勝

　淳仁天皇は天武天皇の孫でしたが、皇族の中であまり目立った存在ではなく、藤原仲麻呂のおかげで天皇になることができたため、実際の権力は藤原仲麻呂にありました。権力を思うままにふるうことができた藤原仲麻呂は淳仁天皇から「**恵美押勝**」という名をもらい、太政大臣の位にのぼり、権力を独占しました。

　ここまで好調だった恵美押勝ですが、途端に雲行きがあやしくなってしまいます。それまで恵美押勝を支援していた光明子が亡くなってしまい、貴族社会の中で急速に孤立を深めたのです。

 ## 「悪僧」といわれた道鏡の登場

　一方、天皇の位を譲った孝謙上皇は、病気の際に自分の看病にあたった僧の**道鏡**を寵愛するようになります（「恋仲」だった、ともいわれます）。孤立を深めていく恵美押勝と、恵美押勝のあと押しを受けている淳仁天皇の権威が低下していく一方、孝謙上皇と道鏡は権威を高めつつあり、この両者の対立は深まっていきました。

　先に動こうとしたのは恵美押勝です。道鏡の排除を訴えて挙兵したのです。しかし、孝謙上皇側が迅速に兵を動かし、恵美押勝軍を破り、乱戦の中で恵美押勝は殺されます。

　淳仁天皇は天皇から降ろされて淡路国に流されてしまいました。この**恵美押勝の乱**に勝利した孝謙上皇は再び天皇に即位し、**称徳天皇**となりました。当然、権力をふるうことになるのは僧の道鏡です。

失敗に終わった道鏡の天皇即位計画

第1章 縄文時代・弥生時代・古墳時代

第2章 飛鳥時代・奈良時代

第3章 平安時代

第4章 鎌倉時代

第5章 建武の新政・室町時代

第6章 戦国・安土桃山時代

第7章 江戸時代

第8章 明治時代

第9章 大正時代・戦争への道

第10章 戦後の日本

愛する道鏡に皇位を与えたかった称徳天皇

称徳天皇の寵愛を受けた道鏡は天皇の信任をもとに太政大臣禅師、その次に法王と、政界のトップと仏教界のトップにのぼりつめることになりました。道鏡の弟や一族の者、弟子の僧なども高い位につきます。大寺社の造営なども行われ、仏教と政治が密接に結びついた時代でもありました。

こうした中、ある1つの事件が起こります。大宰府からもたらされた使いが、豊前国の宇佐八幡宮において「道鏡を天皇にすれば世の中はおさまる」という神のお告げがあったと報告したのです。

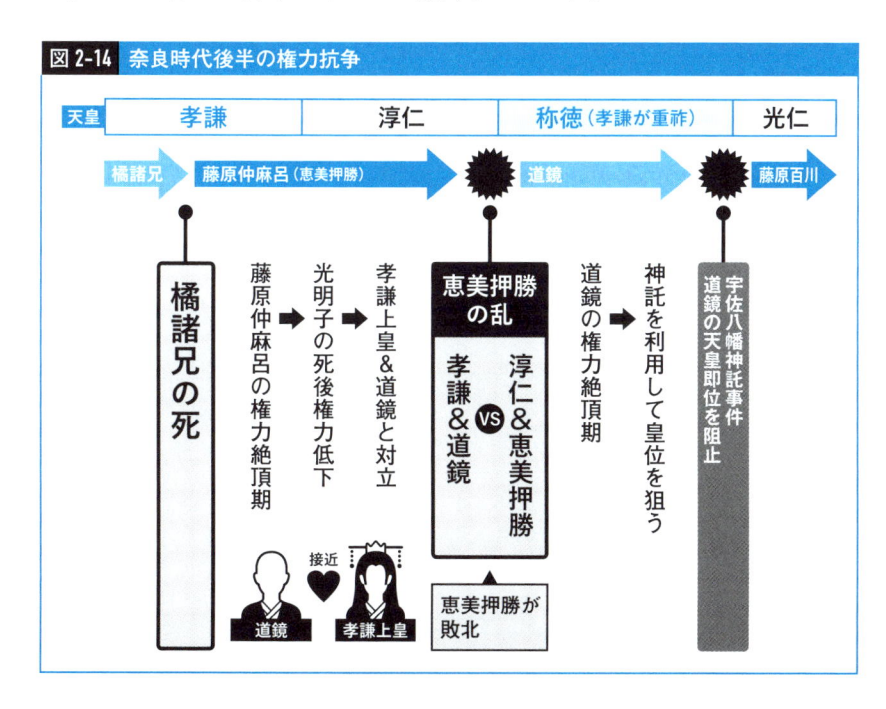

図 2-14　奈良時代後半の権力抗争

天皇	孝謙	淳仁	称徳（孝謙が重祚）	光仁
	橘諸兄　藤原仲麻呂（恵美押勝）		道鏡	藤原百川

橘諸兄の死 → 藤原仲麻呂の権力絶頂期 → 光明子の死後権力低下 → 孝謙上皇＆道鏡と対立

恵美押勝の乱　孝謙＆道鏡 VS 淳仁＆恵美押勝　恵美押勝が敗北

道鏡の権力絶頂期 → 神託を利用して皇位を狙う → 宇佐八幡神託事件　道鏡の天皇即位を阻止

接近 ❤　道鏡　孝謙上皇

宇佐八幡宮は朝廷と関係が深く、そのお告げには一定の権威がありました。称徳天皇には、「愛する道鏡に天皇の位を与えたい」という意向があったものの、藤原氏など、道鏡に反対する勢力も多かったため、もう一度宇佐八幡宮に行き、神の意志をたしかめようということになりました。

その使者となったのが、**和気清麻呂**という人物です。彼は都に戻ると、「皇族以外の者が天皇になったことはなく、天皇には必ず皇族をたてるべき」という報告を行い、道鏡の天皇即位に反対したのです。愛する道鏡の即位を反対され、怒った称徳天皇は和気清麻呂を流罪にします。ただし、この報告によって道鏡の天皇即位が頓挫したので「痛み分け」の形になりました。この「宇佐八幡神託事件」の翌年に**称徳天皇が亡くなると、天皇の寵愛こそが権力のもとであった道鏡の立場は急速に悪化し**、下野国の薬師寺に追放されました。

現在につながる天智天皇系の皇統

奈良時代は「仏教によって国を安定させたい」という鎮護国家思想のもと、仏教と政治が深く結びついた時代でした。それだけに道鏡のように、政治に口を出す僧が政治を混乱させることもしばしばありました。

結果的に称徳天皇は独身のまま過ごし、後継者も定めていなかったため、藤原百川らの協議により、それまで続いていた天武天皇の系統の天皇に代わって天智天皇の孫である**光仁天皇**が即位し、奈良時代最後の天皇となります。

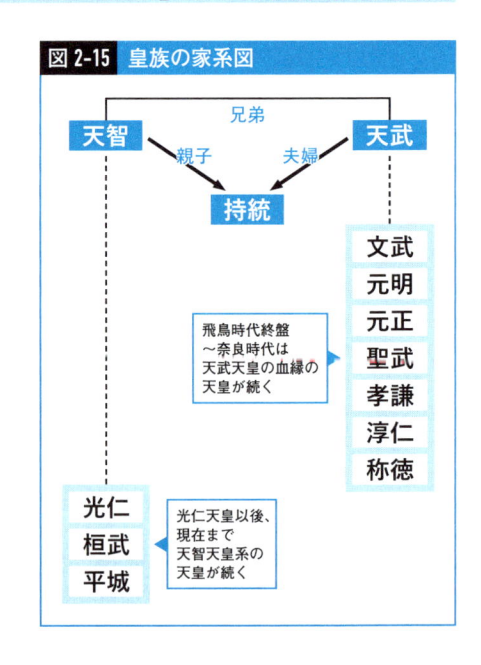

図 2-15 皇族の家系図

兄弟

天智 ← 親子 / 夫婦 → 天武

持統

飛鳥時代終盤〜奈良時代は天武天皇の血縁の天皇が続く

文武
元明
元正
聖武
孝謙
淳仁
称徳

光仁
桓武
平城

光仁天皇以後、現在まで天智天皇系の天皇が続く

第3章

平安時代

第3章 平安時代 あらすじ

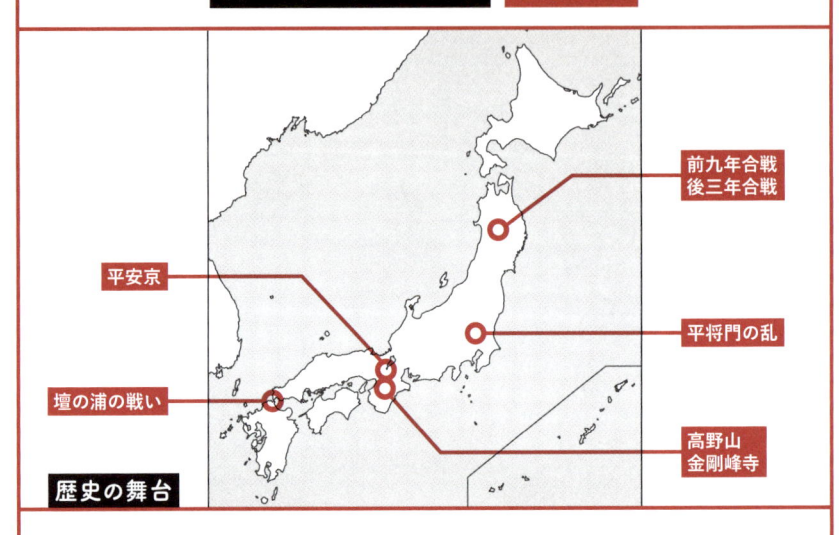

前九年合戦
後三年合戦

平安京

平将門の乱

壇の浦の戦い

高野山
金剛峰寺

歴史の舞台

貴族から武士の時代へ変化した
「京の都」の時代

「平安時代」は、前期、中期、後期で性格が大きく異なります。

平安時代前期には、成立して100年ほど経った律令制度が時代に合わなくなり、公地公民や班田収授が大きく崩れたため、政権担当者たちは立て直しに苦労することになりました。中期は藤原氏の北家が他氏の勢力を政界から追い落とし、多くの荘園をもって栄華の極みを迎え、天皇に代わって政治の実権をふるいます。

後期には上皇が政治権力を握る院政が始まりました。上皇たちは新しい階層である武士と結びつき、次第に武士が中央政界に進出します。そして、武士は皇室や貴族の勢力争いに決着をつけるほどになり、末期になると、平氏による政権が出現するのです。

政治

初期の天皇たちは律令制の立て直しを図りましたが、その動きの裏では藤原氏が権力を拡大し、摂関政治が始まります。地方政治の乱れから武士団が成長し、武士は院政と結びつき次第に中央政界に進出しました。

経済

実態にそぐわなくなった律令制に合わせるように、土地と税のしくみが変化しました。「人」単位の課税から「土地」単位の課税になり、荘園が増加しました。のちに荘園が整理され、公領と荘園が並び立つ荘園公領制が成立します。

社会

都では華やかな貴族文化が花開くものの、地方政治は乱れ、武士が絡んだ紛争が各地で起こるようになりました。社会不安の増大に伴い、末法思想の流行から、新しい仏教である浄土教が広まります。

外交

平安初期に唐風の文化が重んじられ、唐から伝わった密教が流行します。唐が衰退すると、遣唐使の派遣が中止され、政治や文化に日本風の要素が加わります。のちに、平氏政権と宋の商人との間で日宋貿易が行われました。

第1章 縄文時代・弥生時代・古墳時代

第2章 飛鳥時代・奈良時代

第3章 平安時代

第4章 鎌倉時代

第5章 建武の新政・室町時代

第6章 戦国・安土桃山時代

第7章 江戸時代

第8章 明治時代

第9章 大正時代・戦争への道

第10章 戦後の日本

「二大事業」を行った桓武天皇

うまくいかなかった長岡京への遷都

　光仁天皇の次に即位した桓武天皇は、平城京に代わる新たな都の建設を始めます。それまでの都だった**平城京はヤマト政権から続く豪族や仏教の勢力が強かったため、政治に「横やり」が入りやすく、天皇が強いリーダーシップを発揮しにくかった**からです。

　しかし、桓武天皇の新しい都づくりはすんなりといきませんでした。桓武天皇がまず遷都したのは、長岡京という都です。長岡京は淀川の水運の便が良い一方で、度々水害に見舞われていました。また、造営長官の藤原種継が暗殺されたことで、造営途中で放棄され、より淀川の上流にある平安京に都が移されました。ここからいわゆる「平安時代」が始まります。

初の「征夷大将軍」、坂上田村麻呂の活躍

　都づくりに並ぶ桓武天皇のもう1つの事業に、蝦夷の征服がありました。朝廷に従わない東北の勢力である蝦夷は、族長の阿弖流為のもと強大化していたのです。桓武天皇は、征夷大将軍に坂上田村麻呂を任命して（この頃の征夷大将軍は「蝦夷」を征服する「将軍」という、本来の意味があったのです）大軍を送り、阿弖流為を服属させ、岩手県の北部まで朝廷の支配が及ぶ地域を拡大させました。

二大事業を中止した桓武天皇の「徳政」

　こうした「都づくり」と「蝦夷征服」の事業は桓武天皇の二大事業である「造作・軍事」として知られます。しかし、この2つの事業には莫大な

費用と民衆への負担がかかります。都づくりの労働力や兵役に人手をとられて耕作に手が回らず、肝心の税収は安定しませんでした。そのため、朝廷内において「民衆の負担を軽くするために、二大事業を中止にするべき」という意見と「二大事業は完成まで継続させるべき」という意見が対立します。そこで、桓武天皇はできる限り民衆が耕作に専念できるように、二大事業の中止を決定します。その結果、平安京はいわば「未完成」の都となってしまったのです。**平安京の復元模型を見ると、西南の区画の中は荒地のようになっており、「未完成」に終わったことがよくわかります。**

そのほかにも、桓武天皇は国司の交代のときに不正を働かないように監視する「勘解由使」の職を設け、また、郡司などの「生活に困っていない層」の子弟などを「健児」といわれる兵にして民衆からの徴兵を廃止しました。国司の不正を防ぎ、民衆の負担を軽くして農耕に集中できるようにした**桓武天皇は、税収の安定のため、という側面があるものの、「徳政」を行った人物というイメージがある天皇です。**

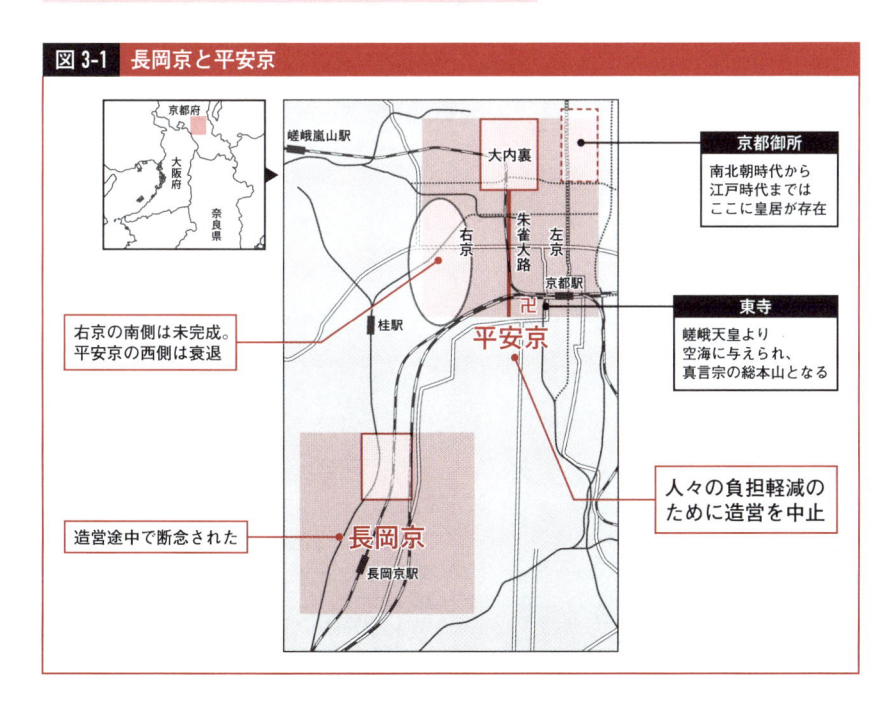

図 3-1　長岡京と平安京

京都御所
南北朝時代から江戸時代まではここに皇居が存在

東寺
嵯峨天皇より空海に与えられ、真言宗の総本山となる

右京の南側は未完成。平安京の西側は衰退

人々の負担軽減のために造営を中止

造営途中で断念された

日本最大の「兄弟喧嘩」は弟の勝利に終わる

 ## わずか3年で弟に位を譲った平城天皇

　桓武天皇の子、平城天皇と嵯峨天皇は、日本最大の「兄弟喧嘩」をした2人かもしれません。**平城天皇**は桓武天皇の後を継いで天皇に即位したものの、病気がちになり、わずか3年で弟の**嵯峨天皇**に皇位を譲り、自らは平城京に退いてしまいました。

 ## 「二所朝廷」の争い

　しかし、嵯峨天皇に位を譲って平城京に退くと、平城上皇（平城太上天皇）は元気を取り戻し、愛人の**藤原薬子**とその兄、藤原仲成とはかりごとをめぐらせて、譲った天皇の位を取り戻し、天皇の位に返り咲こうとします。そして、平城京に再び都を戻すように要求したのです。

　平安京の嵯峨天皇は、兄に「天皇の位を返せ」といわれたからといって、天皇の位を簡単に返すわけにはいきません。**平安京の嵯峨天皇と平城京の平城上皇、二か所の朝廷が争うように見えたので、この対立を「二所朝廷」といいます。**

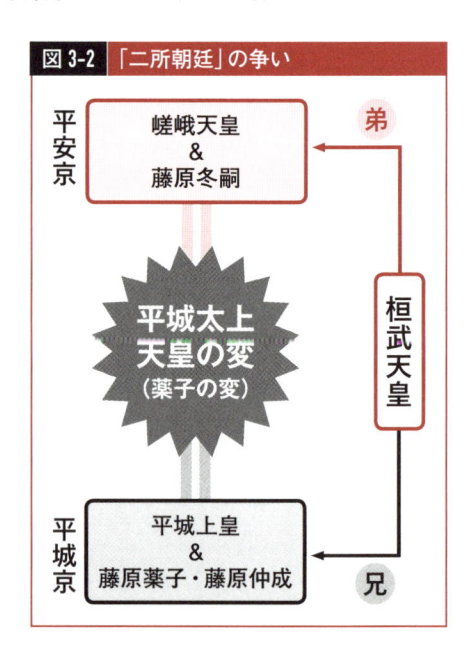

図 3-2 「二所朝廷」の争い

平安京
嵯峨天皇 ＆ 藤原冬嗣

平城太上天皇の変（薬子の変）

桓武天皇　弟

平城京
平城上皇 ＆ 藤原薬子・藤原仲成　兄

この争いは、平城上皇が挙兵をしようとしたところに、先手を打って兵を動かした嵯峨天皇が勝利します。この争いを平城太上天皇の変（薬子の変）といいます。藤原仲成は逮捕され射殺、藤原薬子は毒を飲んで自殺、そして平城上皇は出家することになりました。

藤原北家の成長がここから始まる

この平城太上天皇の変にあたって、嵯峨天皇は「蔵人頭」という新たな役職を設置します。「天皇の秘書長官」ともいえる役職で、天皇の命令を速やかに保持・伝達することを目的にした天皇の側近中の側近です。天皇から政治を担当する太政官への太いパイプ役を設けることで、天皇が政治の中心であると強くアピールしたのです。この蔵人頭に任命されたのが藤原冬嗣という人物です。もちろん、天皇の秘書長官なので絶大な権力をもつことになります。以後、平安中期にかけて**藤原氏が政治の実権を握りますが、中でもこの藤原冬嗣の子孫である藤原氏の「北家」がいちばんの権力をもつ家系となるのです。**

平安時代の基礎をつくった桓武天皇と嵯峨天皇

桓武天皇の頃「勘解由使」ができたように、嵯峨天皇も「蔵人頭」を置き、また、都の警備をつかさどる「検非違使」という役職も置きました。こうした役職は、その時々の実情の変化によって置かれた、大宝律令ができた頃には存在しなかった役職で「令外官」といわれます。

また、これまで国を動かすルールになっていた大宝律令や養老律令は、飛鳥時代末期や奈良時代初期にできたものなので、次第に現状にそぐわなくなっていました。そのため、これまでに出された律令の補足や修正を「格」、具体的に国を動かす細目を「式」にまとめ、以後はこの「格式」に沿って国を運営していくことになりました。嵯峨天皇が編纂させた「弘仁格式」のほか、以後の天皇も格式を編纂させました。**律令そのものは大きく入れ替えず、実状とのギャップを新たな役職の設置や、律令の補足や追加によ**

第1章 縄文時代・弥生時代・古墳時代

第2章 飛鳥時代・奈良時代

第3章 平安時代

第4章 鎌倉時代

第5章 建武の新政・室町時代

第6章 戦国・安土桃山時代

第7章 江戸時代

第8章 明治時代

第9章 大正時代・戦争への道

第10章 戦後の日本

って補いながら、律令体制が維持されていったのです。

 ## 平安前期は「空海の時代」だった

　この頃、宗教界にも大きな変化が起きています。僧の**空海**が唐から帰国し、本格的な**密教**を持ち帰って「**真言宗**」をひらいたのです。

「密教」とは、秘密の呪文を唱え、お祈りすることで現世利益を追求しようという仏教です。「現世利益」とは、「長生きをしたい」とか、「病気を治したい」とか「不自由のない暮らしがしたい」というような「この世での災いを避けたい」という意味です（現代でも、密教系の寺院に行くと、お願い事を「護摩木」という木ぎれに書いてお祈りをしてもらうことができます）。

「秘密の呪文とお祈り」は、「お経を習い、読む」という仏教の一般的なイメージと一見離れたことのように見えます。しかし、密教の立場は、「仏教の真理は言葉では表せない深い部分にあり、文字に書かれた『お経』だけではどうしてもその真理に迫れない」と考えているのです。その真理にアクセスするには、師が弟子に修行を課し、秘密の呪文やお祈りの方法を「秘伝」として伝える必要がある、という立場の仏教なのです。

　こうした「秘伝」や「現世利益」という要素により、**密教は、これまでの飛鳥時代や奈良時代の「国家仏教」よりも政治に関与する傾向が薄い性格があります**。仏教は、天皇が国家や社会の安泰を祈りたいときに、必要に応じてお祈りをしてもらう、という役割になりました。現世利益を求め、災いを避けたいという要素は貴族の間での密教の流行にもつながります。

　もう一人、空海と同時代の人物であり、同じ頃に唐にわたった**最澄**も、自ら開いた**天台宗**に次第に密教の考え方を取り入れ、さらに、最澄の後を継いだ弟子たちによって天台宗の密教化がいちだんと進められました。

　空海の開いた**高野山金剛峰寺**や京都の**東寺**（教王護国寺）、最澄の開いた**比叡山延暦寺**が密教の寺院としてよく知られています。

ライバルを追い落とし 権力を握る藤原北家

第1章 縄文時代・弥生時代・古墳時代

第2章 飛鳥時代・奈良時代

第3章 平安時代

第4章 鎌倉時代

第5章 建武の新政・室町時代

第6章 戦国・安土桃山時代

第7章 江戸時代

第8章 明治時代

第9章 大正時代・戦争への道

第10章 戦後の日本

 ## 藤原氏が権力を持った理由とは

　藤原氏は飛鳥時代から律令の作成に深く関わり、いちはやく律令が示した「豪族」から「官僚」としての性格に転換し、国を動かす中心的な役割を果たすようになった一族です。その中でも「北家」と呼ばれる家系は嵯峨天皇の時代に藤原冬嗣が蔵人頭に任命されて以来、藤原氏の中でも中心的な存在でした。平安時代の中期にさしかかると、藤原北家はライバルを次々と蹴落とし、その権力がいよいよ高まっていきます。

 ## ライバルを次々と排除した藤原良房

　藤原北家がライバルを政治の世界から追放・排除していった事件を「他氏排斥」事件といいます。平安時代の他氏排斥事件は**藤原良房**による「承和の変」から始まります。皇室の「ボス」であった嵯峨上皇が亡くなったことで、嵯峨上皇の甥と孫の間に皇位継承争いが起こり、皇位継承に関連した謀反の疑いがかかった伴健岑、橘逸勢という橘氏・伴氏のライバルたちを流刑に追い込んだ事件です。

　そして藤原良房は、妹の子（甥）の文徳天皇、娘の子（孫）の清和天皇と、血縁関係にある天皇を次々と即位させたのです。清和天皇はわずか9歳で天皇に即位したため、清和天皇の外祖父（母方の祖父）の藤原良房が皇族以外では初めて、幼少の天皇の代わりに政治をみる摂政となりました。

　摂政となり、実権を握った藤原良房に、平安宮にある応天門が焼け落ちたという知らせが入りました。調査の結果、大納言の位にあった**伴善男**がライバルの左大臣、源信に罪をかぶせようとして放火したことがわかりま

した。この「応天門の変」で伴善男は流罪になり、結果的に良房はここでもライバルであった伴氏を没落させることになったのです。

若い天皇の「クレーマー」となった藤原基経

　藤原良房の次に実権を握ったのは良房の養子、**藤原基経**です。清和天皇の次に即位した陽成天皇も幼少だったため、藤原基経はその摂政となり権力をふるいました。成長した陽成天皇が乱暴な行いをすると退位を迫り、光孝天皇という、陽成天皇からはひいおじいさんの子という、55歳にもなる天皇をかついで即位させ、成人後の天皇の補佐を行う、実質的な「関白」の地位につくことになりました。光孝天皇は即位後3年で亡くなり、かわりに21歳の**宇多天皇**が即位しました。藤原基経はこの新しい天皇から正式に「関白」という地位に任命されますが、この任命文書の文言にわざとクレームをつけて意地悪し、任命文書を「再提出」させて若い天皇に対しての主導権を握ろうとする事件が発生しています。

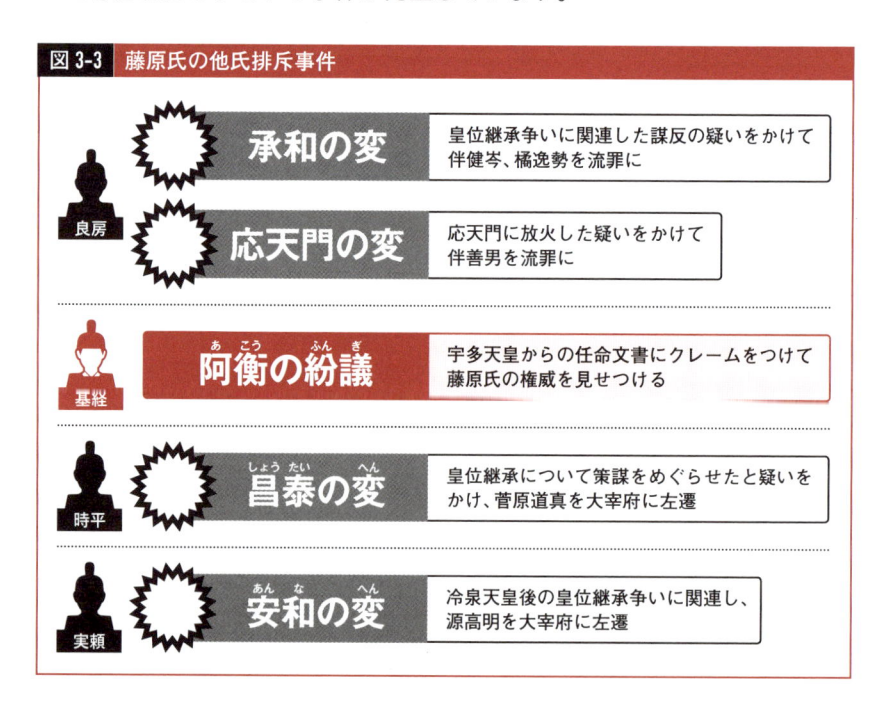

図 3-3　藤原氏の他氏排斥事件

良房	承和の変	皇位継承争いに関連した謀反の疑いをかけて伴健岑、橘逸勢を流罪に
	応天門の変	応天門に放火した疑いをかけて伴善男を流罪に
基経	阿衡の紛議	宇多天皇からの任命文書にクレームをつけて藤原氏の権威を見せつける
時平	昌泰の変	皇位継承について策謀をめぐらせたと疑いをかけ、菅原道真を大宰府に左遷
実頼	安和の変	冷泉天皇後の皇位継承争いに関連し、源高明を大宰府に左遷

菅原道真を信任した宇多天皇

第1章 縄文時代・弥生時代・古墳時代

第2章 飛鳥時代・奈良時代

第3章 平安時代

第4章 鎌倉時代

第5章 建武の新政・室町時代

第6章 戦国・安土桃山時代

第7章 江戸時代

第8章 明治時代

第9章 大正時代・戦争への道

第10章 戦後の日本

藤原氏を遠ざけた宇多天皇

藤原基経の死によって、**宇多天皇**の親政が始まります。宇多天皇はもとから藤原氏に批判的であったことに加え、即位のときに藤原基経に「意地悪」をされているので、藤原基経の死後は藤原氏を遠ざけるようになり、かわりに学者であった**菅原道真**を蔵人頭に任命して重く用います。

遣唐使の中止は菅原道真の合理的判断だった

この菅原道真が宇多天皇に提案したのが、遣唐使の中止でした。日本が平安時代に入った頃から唐は衰退し続けており、宇多天皇の頃には滅亡目前といった状況でした。そんな滅亡寸前の国に危険をおかしてまで行くことに疑問を感じた菅原道真は、遣唐使の中止を提案し、以後に遣唐使は派遣されませんでした。実際、派遣中止の13年後に唐は滅亡してしまったので、この読みは正しかったといえます。以後、唐やその後の宋王朝と正式な国家間の交渉はなくなり、**政治や文化において唐の政治や文化をベースにしながらも日本風の要素が強まる、「国風化」が進みました。**

武士の存在が認知され始める

また、この頃から各地で有力農民や豪族、地方に赴任した下級貴族の子孫が武装化した、武士たちの存在が認知され始めました。宮中では滝口の武士という警護の役割が設置されました。貴族も身辺警備のために「侍」といわれた武士を使用するようになります。**本来、「侍」とは「人に仕える者」という意味をもつ言葉です。**

のちの天皇の「理想」となった醍醐天皇の時代

 菅原道真が失脚し、主導権は再び藤原氏に

　宇多天皇が皇位を譲り、次に**醍醐天皇**が皇位につきます。醍醐天皇は摂政・関白をおかず、自分で政治をみる親政を行い、その政治は「**延喜の治**」としてのちの天皇からも理想とされました。

　当初、醍醐天皇は、父の宇多天皇の意思により、学者の**菅原道真**を右大臣、藤原氏から**藤原時平**を左大臣と、両者を並べて重く用います。しかし、この両者の関係はうまくいかず、「菅原道真が謀反を企んでいる」と藤原時平が醍醐天皇に密告し、菅原道真は大宰府に左遷されてしまいました。この事件は「**昌泰の変**」といわれており、藤原北家の「他氏排斥事件」の一環としてとらえられています。

 班田収授は完全に崩壊

　政治的には**延喜格式**を作成して法令の整備を行い、文化的にも**古今和歌集**を編纂させるなど、多くの実績を残している醍醐天皇ですが、その政策の中心は、班田収授の立て直しにありました。

　班田収授は戸籍に登録した班田農民に土地を与え、課税をし、死後返還させる制度でしたが、その「戸籍」が醍醐天皇の頃に完全に崩壊していたのです。「戸籍が崩壊する」とは、重い税負担に耐えきれずに戸籍に登録した農民が逃げてしまったり、男性が、調・庸・雑徭などの義務がない女性と偽ったりすることで、実際の役には立たない戸籍になってしまっていたということです（現在の徳島県のある地域の戸籍では、男性が59人、女性が376人という極端に女性が多い「ゴマカシだらけ」の戸籍が残っていま

す）。このような農民の逃亡や戸籍のゴマカシが増えてしまったら、税がまともに集まらなくなります。

財政難に陥った政府は、有力農民を直接指定して土地を耕作させ、そこからの税を財源とする、いわば、「直営方式」に変えていたのです。この方式は「班田収授」のルールに反しますが、税の「取りっぱぐれ」がないため、それなりに有効でした。そうすると、政府の様々な役所や皇族、貴族たちもそれぞれ有力農民を指定して、「直営」の田を経営するようになります。平安時代初期から始まったこの流れが醍醐天皇の頃にかなり広がって、班田収授は崩壊していきました。

そこで、醍醐天皇は律令のルールを無視した直営方式をやめさせ、班田収授がきちんと行われるようにするため、延喜の荘園整理令を出し、土地の違法な運用を禁止したのです。

しかし、戸籍や班田収授の崩壊はとどまりませんでした。そして、**醍醐天皇の時代を最後に班田収授は行われなくなってしまったのです。**

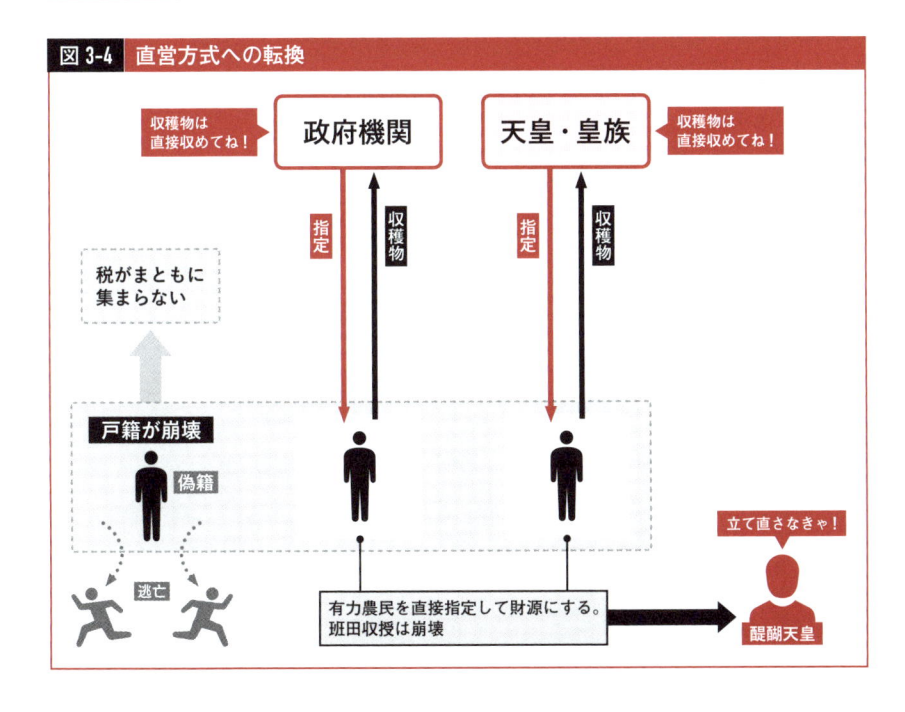

図 3-4　直営方式への転換

第1章 縄文時代・弥生時代・古墳時代
第2章 飛鳥時代・奈良時代
第3章 平安時代
第4章 鎌倉時代
第5章 建武の新政・室町時代
第6章 戦国・安土桃山時代
第7章 江戸時代
第8章 明治時代
第9章 大正時代・戦争への道
第10章 戦後の日本

東西で起きた大反乱が朝廷を揺るがす

 ## 社会の新しい階層として武士が定着

　班田収授の崩壊や律令制の行きづまりは、社会の新しい階層である「武士」の成長を招きます。税負担に耐えかね、逃亡した農民が盗賊になったり、朝廷が土地を管理しきれず、土地のトラブルが頻発したりする中で、農民たちが自衛のため武装し、集団化し始めたのです。そこに、皇位継承権を失って「平」や「源」の姓を与えられた皇族の子孫や、藤原氏の中でもどちらかといえば「下っ端」の貴族が、国司や盗賊などを鎮圧・逮捕する役職の「押領使（おうりょうし）」や「追捕使（ついぶし）」などの職について地方に赴任した際に、土着の武装集団と結びつき、武士団を形成するようになったのです。

 ## 平将門と藤原純友の野望

　醍醐天皇の子、朱雀（すざく）天皇の時代は、藤原忠平（ふじわらのただひら）が摂政・関白に続けて任じられた時代です。この時代に朝廷を揺るがす2つの事件が起きます。それが、関東と西日本でほぼ同時に起きた、平将門の乱（たいらのまさかど　らん）、藤原純友の乱（ふじわらのすみとも　らん）という、武士による大規模な反乱です。この2つの反乱を合わせて、「承平・天慶の乱（じょうへい・てんぎょう　らん）」といいます。

　平将門は、関東に勢力をもつ武士団で、桓武天皇の流れをくむ「桓武平氏」の一族です。平氏一族の争いに勝利して関東で地盤を広げると、国司や豪族の争いの調停依頼が平将門のもとに持ち込まれるようになります。平将門はこのような調停に積極的に介入しているうちに、常陸国の国府を襲ってしまうのです。朝廷への反逆者となった平将門は次々に勢力を拡大し、関東のほとんどを支配します。平将門は「新皇（しんのう）」と称し、親類や従者たち

を関東一円の国司に任命して地域を支配する構えを見せました。

　朝廷は大軍を差し向けてこの反乱を鎮圧しようとしますが、平将門は朝廷軍が到着する前に、将門のいとこであった**平貞盛**と、押領使に任命されていた**藤原秀郷**に討たれてしまいます。

　一方、伊予国の国司だった**藤原純友**は任期終了後も伊予にとどまり、1000隻あまりを動かす海賊の親分となりました。藤原純友は瀬戸内周辺の国々を襲い、西は大宰府を襲って占領し、東は淡路島までを襲撃します。「藤原純友が都に攻め上る」という噂も広がり、朝廷は大いに動揺しました。この藤原純友の乱は、清和源氏の祖として知られる、清和天皇の孫の**源経基**と、追捕使に任命されていた**小野好古**によって鎮圧されました。

　この承平・天慶の乱は、**武士たちの初の大規模反乱になります。朝廷がこうした反乱を鎮圧するにも地方の武士団の力を借りざるを得なくなった点で、武士の存在感を見せつけた事件となりました**。地方の大規模な反乱に対して、朝廷は力不足であることが明るみに出たのです。

第1章 縄文時代・弥生時代・古墳時代

第2章 飛鳥時代・奈良時代

第3章 平安時代

第4章 鎌倉時代

第5章 建武の新政・室町時代

第6章 戦国・安土桃山時代

第7章 江戸時代

第8章 明治時代

第9章 大正時代・戦争への道

第10章 戦後の日本

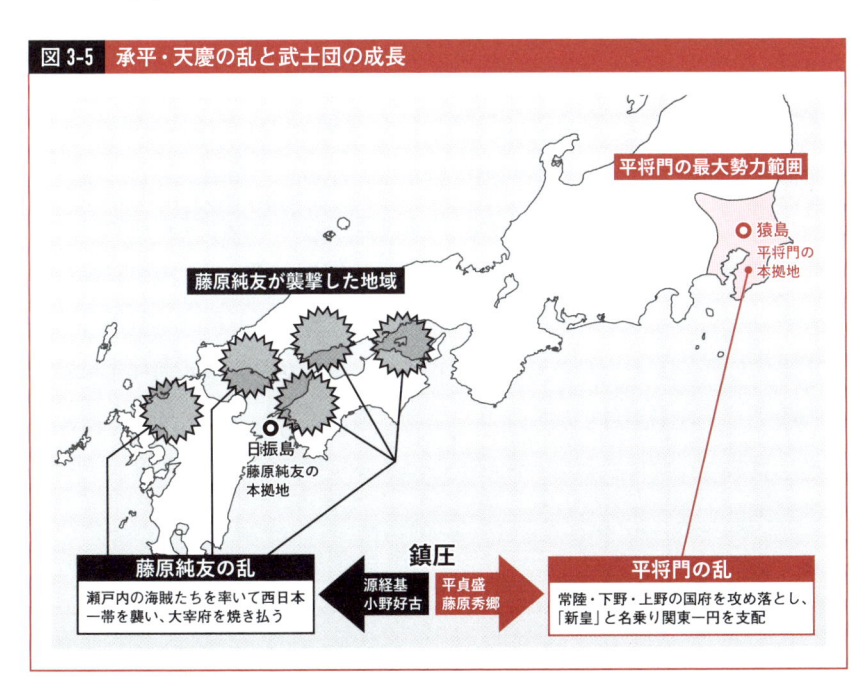

図 3-5　承平・天慶の乱と武士団の成長

平将門の最大勢力範囲

○ 猿島
平将門の本拠地

藤原純友が襲撃した地域

○ 日振島
藤原純友の本拠地

鎮圧
源経基
小野好古
平貞盛
藤原秀郷

藤原純友の乱
瀬戸内の海賊たちを率いて西日本一帯を襲い、大宰府を焼き払う

平将門の乱
常陸・下野・上野の国府を攻め落とし、「新皇」と名乗り関東一円を支配

「欲張り国司」から 自分の土地を守る開発領主

再び親政を行った村上天皇

朱雀天皇の後の**村上天皇**は、醍醐天皇と同じく摂政・関白を置かず、天皇自ら政治をみる「親政」を行います。村上天皇の親政は「天暦の治」といわれ、醍醐天皇の「延喜の治」とまとめて「延喜・天暦の治」と並び称されています。村上天皇の主要な業績は、「本朝十二銭」の最後となる「乾元大宝」という貨幣をつくったことです。しかし、このお金は質が低く、流通も広がりませんでした。これ以降、貨幣は中国から輸入したものを使うことが一般的となり、日本の政府が公に発行した貨幣は豊臣秀吉が発行した金貨までありませんでした。

藤原北家が他氏の排斥を完成した

摂政・関白を置かなかった村上天皇が亡くなると、藤原実頼ら、藤原忠平の子孫たちによる摂関政治が再び始まります。彼らのライバルとなったのが醍醐天皇の子で、左大臣だった源高明でした。彼らは源高明に謀反のたくらみがあるという疑いをかけて大宰府に左遷しました。これが「他氏排斥事件の完成」といわれる安和の変です。**これから先に藤原北家に並ぶ他氏のライバル候補はいなくなり**、以後、藤原伊尹・兼通・頼忠・兼家・道隆・道兼と、藤原北家から摂政・関白が常に就任するようになり、藤原北家が実権を握り続ける状態となりました。

税のかけ方は「人」から「土地」へ

班田収授が行われなくなった醍醐天皇以降の土地制度のありかたを見て

みましょう。すでに班田収授や戸籍という律令のしくみは崩壊し、朝廷は満足に税を集められる状況にありませんでした。**戸籍に「人」を登録して土地を割り当て、税を徴収するのが、それまでの律令制に基づく班田収授でした。しかし、「人」は逃げてしまったり、性別や年齢をごまかしたりできます。**そのため、戸籍に登録した人がいなくなったり、戸籍に書き込まれた情報が誤ったものだったりすると、きちんと税を徴収できなくなり、班田収授は機能不全に陥っていくのです。

そこで、平安中期ごろから「土地」に税をかけて、そこを耕している人と契約を結んで納税を請け負わせ、税を徴収するようになりました。もし、**その「人」が逃げたとしても、「土地」は逃げないので、土地を管理しておき、次にその土地を耕しに来た人と契約を結べば税の「とりっぱぐれ」がおきません。**こうした耕作を請け負った農民を「田堵」といいます。税がかけられる土地は「名」または「名田」といわれます（広い土地を持った人のことを「大名」というのはここからきているのです）。「田堵」が「名」

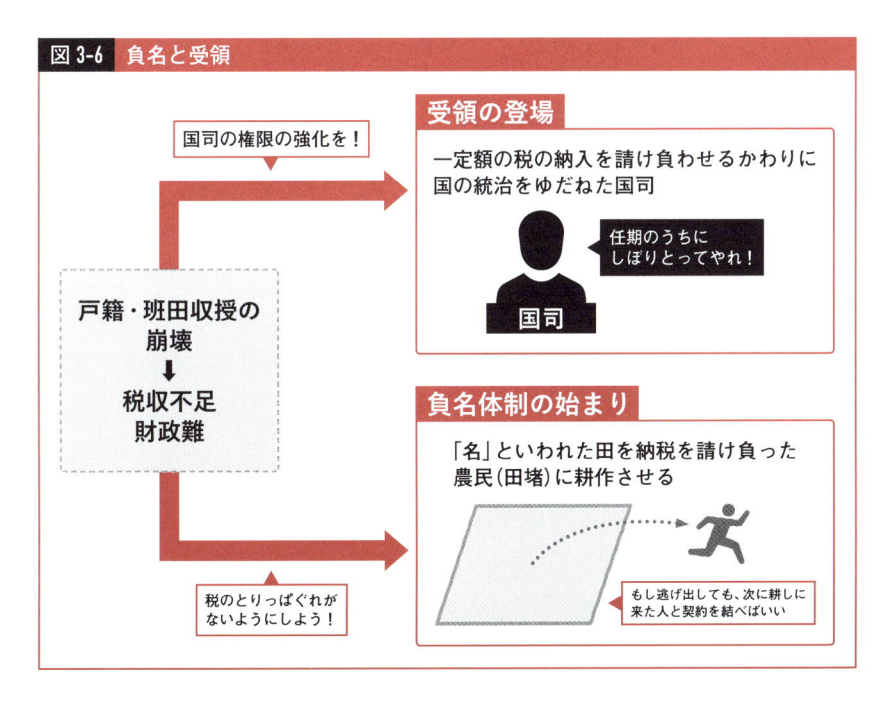

図 3-6　負名と受領

国司の権限の強化を！

受領の登場

一定額の税の納入を請け負わせるかわりに国の統治をゆだねた国司

任期のうちにしぼりとってやれ！

国司

戸籍・班田収授の崩壊
↓
税収不足
財政難

負名体制の始まり

「名」といわれた田を納税を請け負った農民（田堵）に耕作させる

税のとりっぱぐれがないようにしよう！

もし逃げ出しても、次に耕しに来た人と契約を結べばいい

第1章　縄文時代・弥生時代・古墳時代
第2章　飛鳥時代・奈良時代
第3章　平安時代
第4章　鎌倉時代
第5章　建武の新政・室町時代
第6章　戦国・安土桃山時代
第7章　江戸時代
第8章　明治時代
第9章　大正時代・戦争への道
第10章　戦後の日本

の耕作を請け「負い」、税を納めるこの体制は「負名体制（ふみょうたいせい）」と呼ばれています。

大名田堵と開発領主の登場

　負名体制では、班田収授のように決まった広さの土地を農民に与えるのではなく、請負契約なので、**納税することを条件に、たくさんの土地の耕作を請け負ってもよくなりました。**もし「2倍の税を納めるので、2倍の広さの土地を耕したい」ということであれば、それでもよいわけです。また、「税を納めるので、自分で新たに土地をひらきたい」ということであれば、自分で開墾して、そこで耕作してもいいわけです。広い土地の耕作を請け負った有力農民は「大名田堵（だいみょうたと）」、土地を開発した有力農民は「開発領主（かいはつりょうしゅ）」といわれました。

国司は「欲張り国司」へと変化

　民衆にとっての土地のありかたが変わったように、国司のありかたも変化します。それまでの国司は朝廷から派遣された、いわば「公務員」として国の「管理」をしていたのですが、税収が滞るようになると、朝廷も方針を転換します。**税を確実に取れるように国司の権限を強化し、「任地の国から一定額の税を集めれば、あとはお任せ、何をしてもよい」ということにしたのです。**実質、「その地の"支配者"のようにふるまってもよい」ということになり、税を多めに徴収して、残りを懐に入れることも「アリ」ですし、民衆を労働に使うのも「アリ」ですし、逆に、赴任した国に行かず、代理を派遣して税を徴収させ、自分は都に居続けるのも「アリ」でした。

　こうしたことから、国司たちはその立場を利用して私財を蓄えようとします。任国へ赴任する国司は受領（ずりょう）と呼ばれ、多くは「欲張り国司」となり、任期中にしぼり取れるだけしぼり取ろうとしました。

　また、任国に行かずに「目代」といわれる代理を派遣して自らは都にとどまる「遙任（ようにん）」を行う国司も多くなりました。

土地を守る方法は有力者の「名義貸し」だった

「負名体制」の中で大土地所有を行うようになった**「大名田堵」や「開発領主」**たちと**「欲張り国司」の受領たちとの利害は完全に対立します。**大名田堵や開発領主たちは、せっかく開発した土地なのに、欲張り国司たちからしぼり取られるのはガマンできないことでしょう。そこで、大名田堵や開発領主たちは上級貴族や大寺社に土地を寄進し、その名義の荘園にしてもらい、収穫の一部を差し出すかわりに保護をしてもらうのです。**受領たちは自分たちよりも上級の貴族や大寺社の名義になっている土地から税の徴収ができなくなり、受領たちの使者も立ち入りができなくなるのです。**これを「寄進地系荘園」といいます。

　藤原氏、とりわけ摂政や関白に就任した「摂関家」の人々は絶大な権力を持っていたために寄進地系荘園が集中しました。**こうした荘園から得られた財力が藤原氏の栄華を支えたのです。**

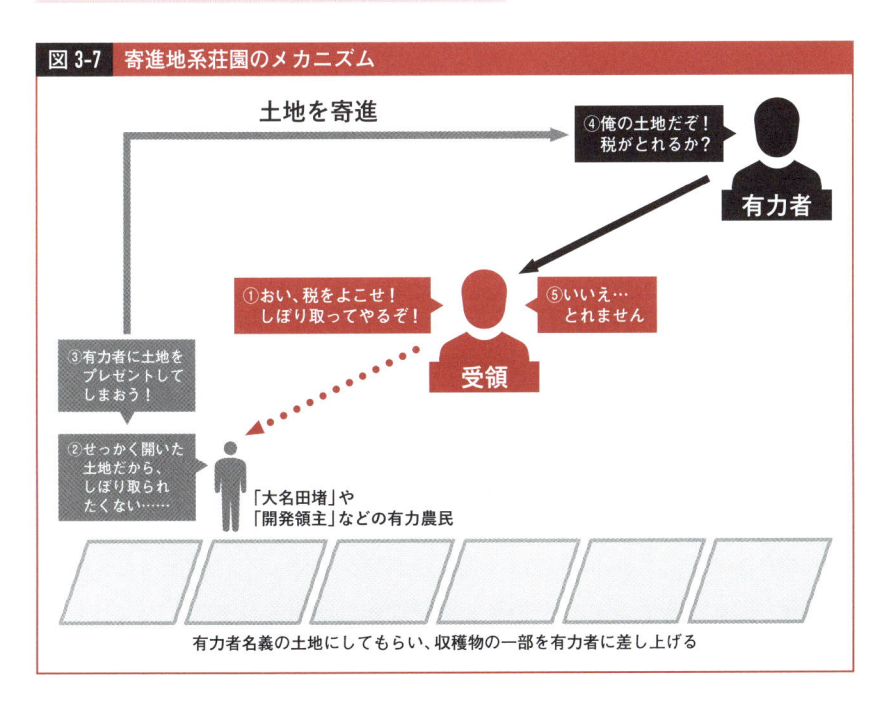

図 3-7　寄進地系荘園のメカニズム

土地を寄進

④俺の土地だぞ！
税がとれるか？

有力者

①おい、税をよこせ！
しぼり取ってやるぞ！

⑤いいえ…
とれません

受領

③有力者に土地を
プレゼントして
しまおう！

②せっかく開いた
土地だから、
しぼり取られ
たくない……

「大名田堵」や
「開発領主」などの有力農民

有力者名義の土地にしてもらい、収穫物の一部を有力者に差し上げる

第1章
時代・縄文時代・弥生

第2章
飛鳥時代・奈良時代

第3章
平安時代

第4章
鎌倉時代

第5章
建武の新政・室町時代

第6章
戦国・安土桃山時代

第7章
江戸時代

第8章
明治時代

第9章
大正時代・戦争への道

第10章
戦後の日本

栄華をきわめた藤原道長・頼通の時代

 ## 娘と孫に恵まれ権力を握った藤原道長

　安和の変以降、藤原北家が摂政・関白を独占しましたが、かわりに増えたのが藤原北家の中での権力争いです。この権力争いを勝ち抜き、平安中期にその権力の頂点に達した人物が**藤原道長**です。藤原道長はいわゆる「摂関政治」の代表格の人物として知られていますが、政治の表舞台にある時期の大部分は「内覧」という、天皇が決裁する文章に先に目を通す役職でした。内覧自体も強大な権力を持つ役職ですが、「摂関」の位にあったのはわずか1年間のことです。摂政に任じられた翌年に息子の藤原頼通に権力を譲り、関白に任じられたことはありません。

　藤原道長が絶大な権力を持てたのは、天皇家に嫁いだ藤原道長の娘に次々と男子が生まれたからです。娘のうち、4人を天皇に嫁がせ、3人の天皇の祖父として背後から政治を支配したのです。

 ## 藤原頼通は権力を握ったが娘と孫に恵まれず

　藤原道長の子、**藤原頼通**は3人の天皇にわたって、約50年間も摂政・関白の位にありました。この藤原頼通が建てた有名な寺院建築に**平等院鳳凰堂**があります。この時期の政治は藤原道長・藤原頼通親子の絶大な権力のもと「例年通り」で何も変化がないことが重視され、決まった儀式や行事を滞りなく行うことや、どの貴族をどの役職につけるかという人事がおもな政治の役割でした。藤原頼通は父の藤原道長と同じく、娘を天皇に嫁がせて権力固めを行おうとしますが、娘がなかなか生まれません。ようやく生まれた実の娘と養子にとった娘の2人を天皇に嫁がせますが、いずれも

第1章 縄文時代・弥生時代・古墳時代

第2章 飛鳥時代・奈良時代

第3章 平安時代

第4章 鎌倉時代

第5章 建武の新政・室町時代

第6章 戦国・安土桃山時代

第7章 江戸時代

第8章 明治時代

第9章 大正時代・戦争への道

第10章 戦後の日本

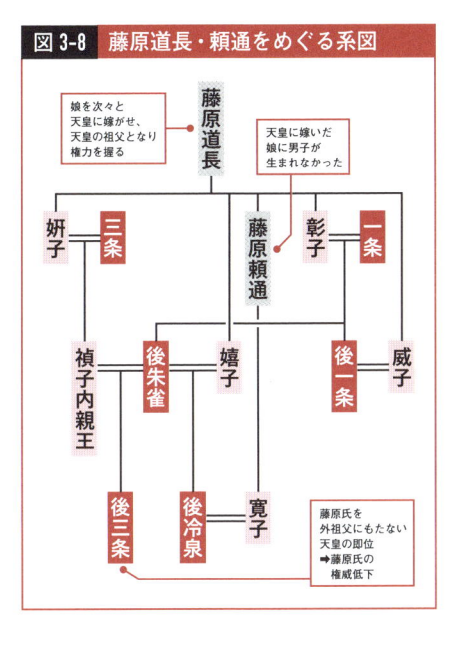

図 3-8 藤原道長・頼通をめぐる系図

藤原道長

娘を次々と天皇に嫁がせ、天皇の祖父となり権力を握る

天皇に嫁いだ娘が男子が生まれなかった

妍子 — 三条

藤原頼通

彰子 — 一条

禎子内親王 — 後朱雀 — 嬉子 — 後一条 — 威子

後三条 — 後冷泉 — 寛子

藤原氏を外祖父にもたない天皇の即位
➡藤原氏の権威低下

男子が生まれませんでした。そして、藤原頼通が政界から退くと、藤原氏の権力が急速に低下することになったのです。

浄土教の流行

藤原道長や藤原頼通がいた政治の世界には、藤原氏の繁栄と優雅な貴族文化がありました。ところが、宮中という彼らの世界を離れると、世の中は乱れがちになっていました。地方の政治は受領（ずりょう）といわれた国司たちに「お任せ」になっていたので、私財を蓄えようとする国司たちは民衆に厳しい税を課すようになっており、また、都市部では盗賊が群れをなして乱暴をはたらくようになっていました。武士どうしの紛争が絶えず、さらに疫病などの流行も加わり、社会に不安が満ちていました。

そこにもう１つ不安をもたらす要素が民衆の間に広がります。それが「末法思想（まっぽうしそう）」という考え方です。仏教を始めたお釈迦様が亡くなって2000年間ののちに「末法」といわれる世の中がやってきて、釈迦の教えは正しく行われなくなり、世の中は乱れると信じられていたのです。そして、その「末法」の元年がこの藤原頼通の時代にやってくるとされていました。

こうした思想を背景に民衆に広がった仏教が、この100年ほど前に空也（くうや）という人物が都で広めていた「浄土教（じょうどきょう）」です。**この世の中が乱れ、どうせ「末法」の世の中になるのならば、せめて「あの世」で「極楽浄土」に行くこと（「往生」すること）を願おうという仏教です。**極楽浄土に人々を導く阿弥陀仏（あみだぶつ）が信仰の対象となり、「南無阿弥陀仏（なむあみだぶつ）」という阿弥陀仏にすがるための念仏（ねんぶつ）を唱えることが民衆に広まりました。そして、浄土教は摂関家を

はじめとする貴族の中にも広まっていきました。

　彼らは阿弥陀仏を安置するための阿弥陀堂を盛んに建設し、その代表が「平等院鳳凰堂」というわけです。

着々と基礎を固める源氏

　この時代、武士の存在感もいよいよ高まります。中国東北部の民族である女真人に九州北部を襲撃された、刀伊の入寇という事件では、藤原隆家という人物が九州の武士団を率いて撃退しました。その後、武士の主役となったのは源氏です。源頼信は房総半島一帯で反乱を起こした平忠常の乱を鎮圧し、東日本に源氏が進出するきっかけをつくりました。

　源頼信の子である源頼義は陸奥の国司に任命され、東北地方で半独立勢力をつくり朝廷に従わなかった安倍氏の反乱を、東北の豪族清原氏の助けを得て息子の源義家とともに鎮圧しました。これを「前九年合戦」といいます。

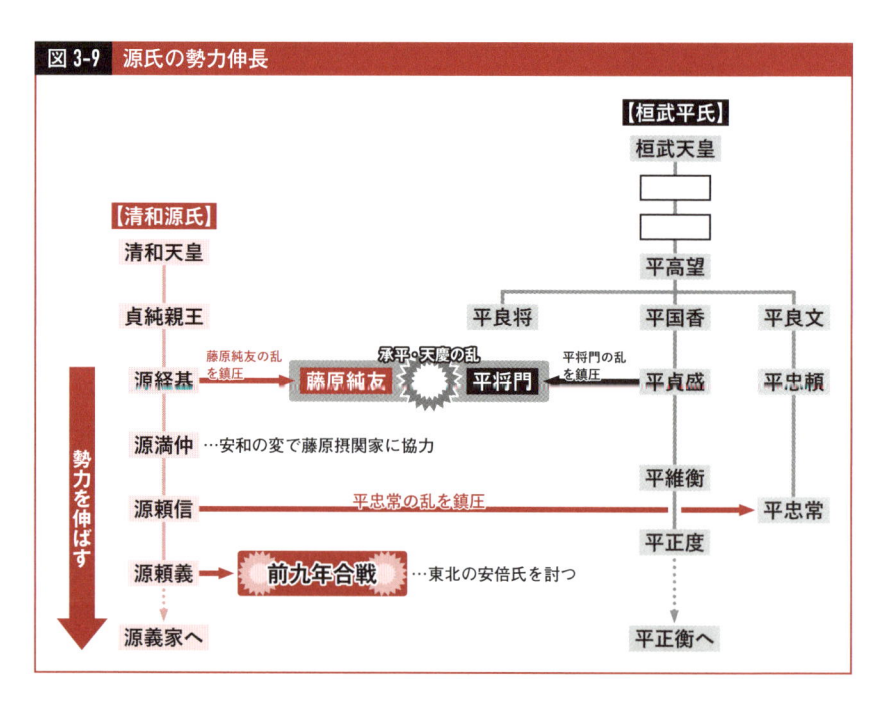

図 3-9　源氏の勢力伸長

【桓武平氏】
桓武天皇

【清和源氏】
清和天皇

貞純親王

平高望

源経基　←藤原純友の乱を鎮圧　承平・天慶の乱　藤原純友　平将門　平将門の乱を鎮圧　平貞盛　平良将　平国香　平良文　平忠頼

源満仲　…安和の変で藤原摂関家に協力

源頼信　平忠常の乱を鎮圧　→　平維衡　平忠常

源頼義　→　前九年合戦　…東北の安倍氏を討つ　平正度

勢力を伸ばす

源義家へ　平正衡へ

時代の転換点となった後三条天皇の即位

第1章 縄文時代・弥生時代・古墳時代

第2章 飛鳥時代・奈良時代

第3章 平安時代

第4章 鎌倉時代

第5章 建武の新政・室町時代

第6章 戦国・安土桃山時代

第7章 江戸時代

第8章 明治時代

第9章 大正時代・戦争への道

第10章 戦後の日本

藤原氏を祖父にもたない天皇の即位

　藤原頼通が孫に恵まれなかったため、**後三条天皇**は、藤原氏を祖父にもたない天皇として即位したことから、藤原氏に遠慮しないで政治を行えました。そのため、**後三条天皇は藤原氏の財力のもとになった荘園にメスを入れ、「荘園」と「公領」の仕分けを行えたのです。**

　「欲張り国司」たちとはいえ、受領は朝廷のために税を集める人々です。一方、**寄進地系荘園は、開発領主たちが徴税逃れのために藤原氏などの有力者に土地を寄進したものなので、見方によっては「脱税」にほかなりません。**税を納めたくない開発領主たちは、荘園でなくても「自称」荘園を名乗ったり、武士を味方につけ納税を拒否したりしました。そこで後三条天皇は**延久の荘園整理令**を出し、**記録荘園券契所**という役所で荘園を審査させ、「自称」や「駆け込み」で成立した荘園を廃止する「仕分け」を行います。

　その結果、朝廷の収入となる「公領」と、大貴族や寺社の収入となる「荘園」が並び立って混在するようになったのです。

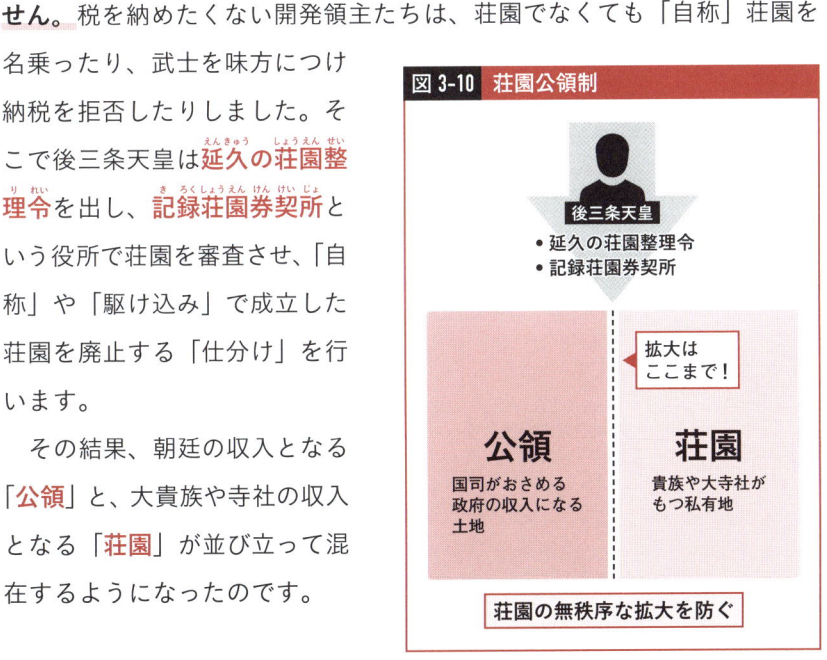

図 3-10　荘園公領制

後三条天皇
- 延久の荘園整理令
- 記録荘園券契所

拡大はここまで！

公領	荘園
国司がおさめる政府の収入になる土地	貴族や大寺社がもつ私有地

荘園の無秩序な拡大を防ぐ

「治天の君」上皇たちが政治を行う

自分の子孫に皇位継承をさせた白河上皇

　後三条天皇の在位は約4年間と、それほど長いものではありませんでしたが、**親政が行われたことにより、以後の藤原氏による摂関政治は急速に無力化します。**後三条天皇は、子の**白河天皇**に天皇の位を譲りますが、その後は自分のもう2人の息子、すなわち白河天皇の弟に皇位を継がせたいと考えていました。しかし、白河天皇に譲位した翌年、後三条天皇は亡くなってしまいます。

　そこで白河天皇は父の後三条天皇の意に反し、子の**堀河天皇**に位を譲り、

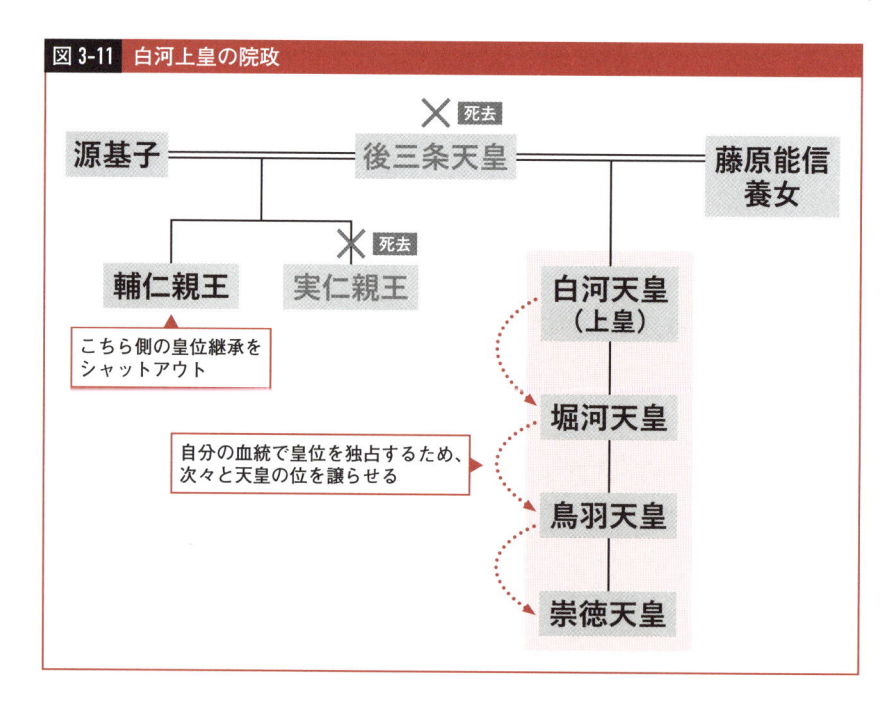

図 3-11　白河上皇の院政

こちら側の皇位継承を
シャットアウト

自分の血統で皇位を独占するため、
次々と天皇の位を譲らせる

自ら**上皇**（じょうこう）となったのです。堀河天皇が亡くなると、その子**鳥羽天皇**（とば）に後を継がせ、その鳥羽天皇にも皇位をその子の**崇徳天皇**（すとく）に譲らせます。こうして自分の子・孫・ひ孫に継承させ、弟の家系を皇位からシャットアウトしたのです。その過程で、**天皇の位を退いた上皇が天皇になりかわって実権を握り、政治を行う「院政」が始まったのです。**

　上皇たちは「国を治める君主」という意味の「治天の君」といわれ、儀式などの表向きの役割は天皇に任せ、自身は自由な立場で政治をみました。上皇たちは院庁という役所で政治を行い、院宣という上皇の命令文で政治を動かしました。院には「**北面の武士**（ほくめんのぶし）」という武士たちを置き、源氏や平氏らの武士団を仕えさせて院の武力を強化しました。

　上皇は比較的下級・中級の貴族たちを仕えさせ、彼らを国司の地位につけて支持基盤とし、その収入を院の収入としたり、広大な荘園を持ったりして財政基盤としました。白河上皇をはじめとする上皇たちは仏教をあつく信仰し、出家して**法皇**（ほうおう）と名乗ることもよくありました。

「源氏の英雄」が登場した後三年合戦

　一方、武士の世界では、前九年合戦で源頼義に協力した東北の豪族、清原氏が内部分裂を起こし、源頼義の子で陸奥の国司であった**源義家**（みなもとのよしいえ）がこの清原氏どうしの争いに介入して鎮圧するという事件が起きました。これを「**後三年合戦**」といいます。この戦いは源義家が「朝廷の反逆者を討った」のではなく、勝手に「清原氏一族の仲間割れに首をつっこんだ」だけだとみなされ、朝廷から恩賞が出ませんでした。しかし、源義家は自分の財産をさいて家来に恩賞を分け与えたので、武士団の結束はますます深まります。そして、源義家は一躍「源氏の英雄」となり、源氏の名声がさらに高まったといわれています。源義家の協力により清原氏の内部対立に勝利した**清原清衡**（きよはらのきよひら）は「藤原清衡」と名乗り、**奥州藤原氏**（おうしゅうふじわらし）の祖となります。

　その頃、都では、僧侶が武装した「**僧兵**（そうへい）」たちが暴れ回り、白河上皇を悩ませていました。大寺院は多数の荘園をもつ大領主でもあったため、国

第1章 縄文時代・弥生時代・古墳時代

第2章 飛鳥時代・奈良時代

第3章 平安時代

第4章 鎌倉時代

第5章 建武の新政・室町時代

第6章 戦国・安土桃山時代

第7章 江戸時代

第8章 明治時代

第9章 大正時代・戦争への道

第10章 戦後の日本

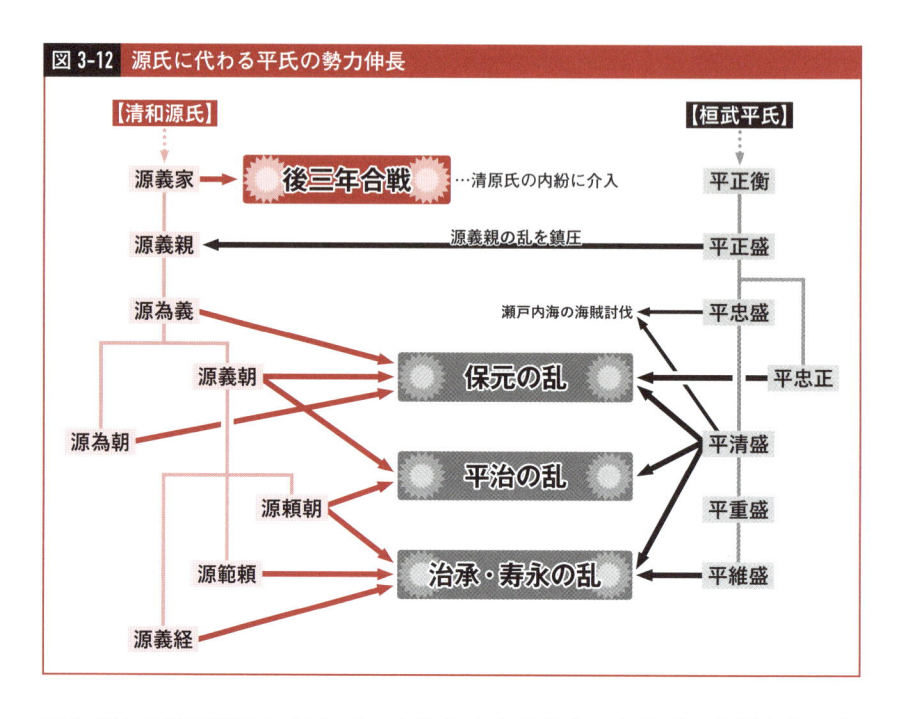

図 3-12　源氏に代わる平氏の勢力伸長

【清和源氏】 ／ 【桓武平氏】

源義家 → 後三年合戦 …清原氏の内紛に介入 ／ 平正衡

源義親 ← 源義親の乱を鎮圧 ← 平正盛

源為義　瀬戸内海の海賊討伐 ← 平忠盛

源義朝 → 保元の乱 ← 平忠正

源為朝

源頼朝 → 平治の乱 ← 平清盛

源範頼 → 治承・寿永の乱 ← 平重盛

源義経　平維盛

司やほかの荘園領主に対して、土地をめぐる多くのトラブルを引き起こしていました。そのため、武装した僧侶を都にのぼらせ、朝廷に武力を見せつけて要求を押し通そうとしたのです。そこで白河上皇は源義家を都に呼びよせ、僧兵たちの横暴を抑えようとしました。白河上皇に引き立てられたことで、源氏の地位はますます向上することになります。

武士の主役が平氏に「交代」

　しかし、源義家の子で対馬守に任命された**源義親**（みなもとのよしちか）は乱暴者で、九州で略奪をはたらいてしまいます。源義親はこの罪によって隠岐に流されますが、そこを脱出して出雲国で大きな反乱を起こしました。これを鎮圧する命令を受けたのが、桓武平氏の一族だった「**伊勢平氏**（いせへいし）」の棟梁、**平正盛**（たいらのまさもり）です。**それまで地位を高めてきた源氏が反逆者となり、平氏が鎮圧する側に回ったことで、武士の主役の座が源氏から平氏に「交代」したのです。**

さまざまな勢力に撒かれた「争いの種」

第1章 縄文時代・弥生時代・古墳時代

第2章 飛鳥時代・奈良時代

第3章 平安時代

第4章 鎌倉時代

第5章 建武の新政・室町時代

第6章 戦国・安土桃山時代

第7章 江戸時代

第8章 明治時代

第9章 大正時代・戦争への道

第10章 戦後の日本

 鳥羽上皇・後白河天皇 VS 崇徳上皇

　白河上皇が亡くなった直後、上皇は鳥羽上皇、天皇は崇徳天皇という関係でした。鳥羽上皇と崇徳天皇は関係が悪く、鳥羽上皇は崇徳天皇に、弟の近衛天皇に皇位を譲らせます。この近衛天皇が亡くなったのち、鳥羽上皇は崇徳上皇のもう一人の弟、**後白河天皇**に皇位を与えました。皇位が弟のほうに遠ざかってしまったことで、当然、**鳥羽上皇と崇徳上皇の関係はさらに悪化し、鳥羽上皇の影響力によって皇位についた後白河天皇と崇徳上皇の関係も悪化しました。**

　ここに、平氏、源氏、藤原氏の思惑が絡みます。平氏は**平忠盛**と**平清盛**のもと、瀬戸内の海賊を討伐してさらに地位をあげ、地位が低下していた源氏は棟梁の**源為義**のもと、復活を求めて貴族社会に接近しました。後三条天皇以後、権力を押さえられていた藤原氏も、地位の向上を求めていました。**それぞれの勢力の内部において、「鳥羽上皇・後白河天皇に接近する者」と「崇徳上皇に接近する者」に分かれ、複雑な対立構造ができ上がりつつありました。**

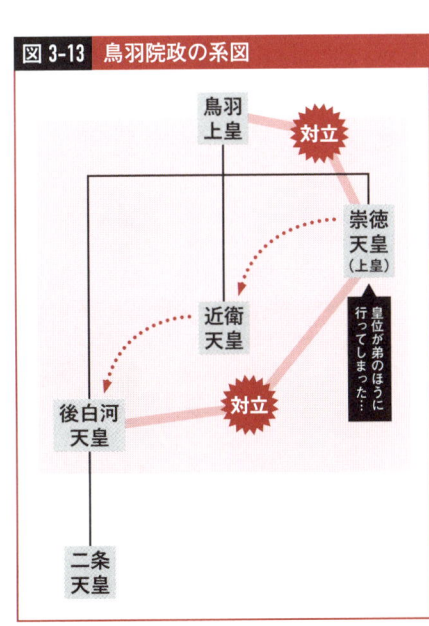

図 3-13　鳥羽院政の系図

2つの大乱を経て
時代は完全に武士のものに

 一族が敵味方に分かれた保元の乱

　こうした対立構造の中、鳥羽上皇が亡くなり「抑え」がきかなくなったことで、事態は一気に武力衝突に発展します。兄弟で対立していた藤原摂関家では、鳥羽上皇と関係が悪かった弟の**藤原頼長**が崇徳上皇につき、兄の**藤原忠通**が後白河天皇に接近しました。そして、この双方が決着をつけるために武士の召集を行い、保元の乱が起きたのです。

　崇徳上皇の召集に、源氏の中では父の**源為義**、弟の**源為朝**が応じましたが、兄の**源義朝**は妻の父のいとこが鳥羽上皇の乳母だったため、崇徳上皇

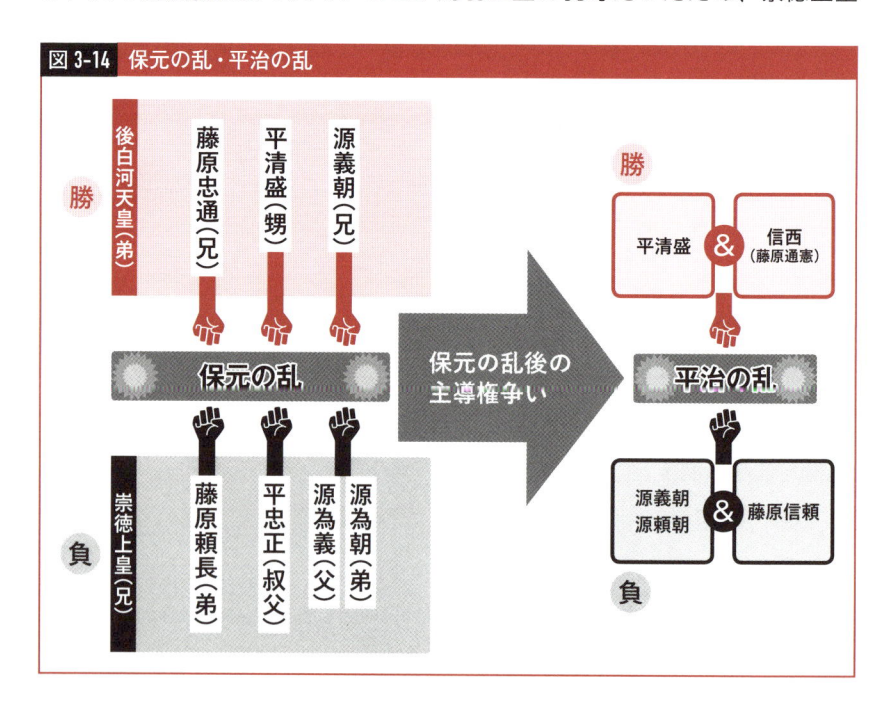

図 3-14　保元の乱・平治の乱

のもとに行かず、後白河天皇のほうにつきました。平氏の中では鳥羽上皇に重く用いられていた**平清盛**が後白河天皇につき、藤原頼長との警護をつとめたことがあった清盛の叔父の**平忠正**は、崇徳上皇につきました。一族どうしで敵味方に分かれたのがこの乱の特徴です。

　戦いは先手を打った後白河天皇のほうが勝利します。崇徳上皇方は源為朝を中心によく戦いましたが敗北し、源為義は子の源義朝の手で処刑され、平忠正は甥の平清盛によって処刑されるという残酷な結末に終わりました。

 ## 平氏が勝ちをおさめた平治の乱

　保元の乱に勝利した後白河天皇は、位を子の二条天皇に譲り、院政を開始します。ここで政治の主導権を握ったのが、「**信西**」という僧としての名前で知られる**藤原通憲**という人物です。

　藤原氏の中であまり高い地位ではなかった信西は、出世をあきらめていったん出家するのですが、信西の妻が後白河天皇の乳母をしていたことがきっかけで、後白河天皇の「参謀」のようになっていきます。この信西に接近したのが**平清盛**です。武力で信西を支援しつつ、瀬戸内海交易の拠点である播磨の国の国司や、中国との貿易の玄関口である大宰府の次官に任命され、官職とともに財力を高めていきます。

　これに不満をもったのが、**藤原信頼**と**源義朝**です。高い家柄であった藤原信頼は自分より低い家柄の信西が重く用いられることに不満を持っていましたし、源義朝も、保元の乱でともに勝ったのに平清盛の出世ばかりが目立ち、自分は十分に報われていないと思っていました。ここに「反信西・反清盛」で一致した藤原信頼と源義朝が結びついて挙兵し、信西を捕らえて自殺に追いこみ、**平治の乱**が起こりました。平清盛は反撃の兵をあげると、藤原信頼と源義朝を破り、藤原信頼を斬首、源義朝を殺害し、源義朝の子、源頼朝を伊豆の国に流しました。**皇族や貴族の争いの決着を武士がつけた保元・平治の２つの乱は、武士の存在感を大きく高め、その後の武士の世の中が訪れる転機となりました。**

第1章　縄文時代・弥生時代・古墳時代

第2章　飛鳥時代・奈良時代

第3章　平安時代

第4章　鎌倉時代

第5章　建武の新政・室町時代

第6章　戦国、安土桃山時代

第7章　江戸時代

第8章　明治時代

第9章　大正時代、戦争への道

第10章　戦後の日本

「おごれる平氏」の 絶頂期は短いものとなった

 ## 朝廷の最高位に登りつめた「武家の棟梁」

保元の乱、平治の乱の両方に勝利した**平清盛**はもはや並ぶものがいない権力と財力を持ちました。平清盛は貴族的性格を強め、昇進を重ねて朝廷の最高位である太政大臣にのぼりつめます。そうして、娘の**徳子**を高倉天皇に嫁がせ、その子**安徳天皇**を即位させて、自らはその祖父として権力を握るという、摂関政治のような婚姻政策をとりました。武家の棟梁としても西日本を中心に各国の武士を**地頭**に任命し、土地の管理と治安維持を行わせるとともに、平氏一門を国司として全国に配置し、東日本にも勢力を伸ばします。平氏政権の経済力を支えたのが**日宋貿易**による収入です。現在の神戸港にあたる**大輪田泊**という港を修築して停泊船の安全を確保し、宋の商人を盛んに招き、貿易を推進します。しかし、平氏に反感をもつ者は多く、特に後白河上皇と近臣たちは、信任をしていたはずの平清盛が逆に自分たちをないがしろにしているという不満がありました。平氏打倒計画も練られましたが、察知した平清盛に逆に後白河上皇は屋敷に閉じ込められ、多数の貴族が処分されました。

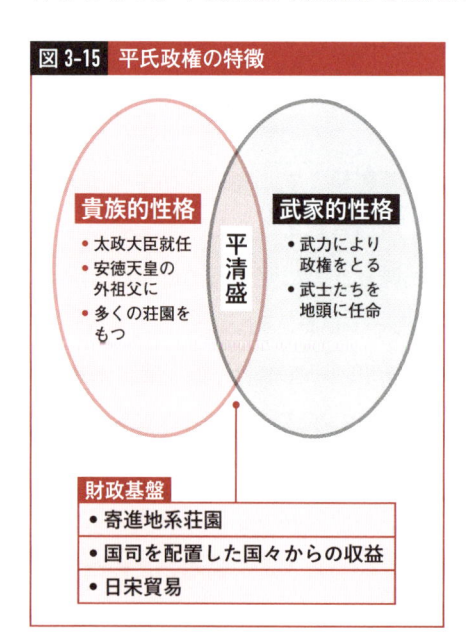

図 3-15　平氏政権の特徴

貴族的性格
- 太政大臣就任
- 安徳天皇の外祖父に
- 多くの荘園をもつ

平清盛

武家的性格
- 武力により政権をとる
- 武士たちを地頭に任命

財政基盤
- 寄進地系荘園
- 国司を配置した国々からの収益
- 日宋貿易

再起を図った源氏を動かした以仁王の令旨

平氏政権に対する不満は日に日に高まっていきます。後白河天皇の子、以仁王と源氏の一族の源頼政が寺院勢力と結んで挙兵しますが、すぐに鎮圧されてしまいます。以仁王の挙兵は失敗に終わりますが、その命令文である「以仁王の令旨」は全国の武士に行き渡り、これを読んだ武士たちが次々と平氏打倒の兵を挙げることになります。中でも、平治の乱によって滅亡寸前にまで追い込まれ、再起を図っていた源氏が挙兵の中心になっていきました。こうしていわゆる「源平の合戦」といわれる「治承・寿永の乱」が始まるのです。

源頼朝がついに動き出す

伊豆に流されていた源頼朝も、以仁王の令旨を受け取った一人です。挙兵した源頼朝は、緒戦に勝ったものの、続く石橋山の戦いでは平氏方の軍に大敗し、命からがら戦場から脱出します。しかし、平氏に不満をもつ関東の武士たちが続々と源頼朝のもとに集まり、源頼朝は態勢を立て直すことができました。根拠地の鎌倉で態勢を立て直す源頼朝に対して平清盛は軍を差し向けますが、富士川の戦いにおいて平氏は敗北します。「平氏軍は水鳥の羽音を敵の襲撃だと思い、戦わずに敗北した」と伝えられており、「平氏が『貴族化』して軟弱になった」というエピソードとして語られます。この敗北後、平清盛は源頼朝への憎悪を口にしながら病死します。

いくさ上手の乱暴者、源義仲の挙兵

源頼朝の挙兵の1カ月後、信濃国では源頼朝のいとこだった源義仲が挙兵しています。いくさ上手の源義仲は倶利伽羅峠の戦いで平氏軍を破り、勢いに乗って京都を奪い、平氏を京都から追い出します。しかし、京都での源義仲軍の兵は統率がとれておらず、京都で乱暴や略奪をはたらきます。

第1章 縄文時代・弥生時代・古墳時代

第2章 飛鳥時代・奈良時代

第3章 平安時代

第4章 鎌倉時代

第5章 建武の新政・室町時代

第6章 戦国・安土桃山時代

第7章 江戸時代

第8章 明治時代

第9章 大正時代、戦争への道

第10章 戦後の日本

平氏を滅ぼした作戦の天才義経

　源義仲が都で乱暴をはたらき、「厄介者」となったため、後白河上皇は源頼朝に源義仲を討つように命令します。源頼朝はいくさ上手の源義仲を討つため、さらにいくさ上手という評判のある弟、**源義経**を大将とし、もう一人の弟（源義経の兄）の**源範頼**とともに源義仲を討たせました。

　源義仲が戦死したのち、後白河上皇は源頼朝に平氏打倒の命令を与えます。「官軍」になった源氏は源義経の指揮のもと、**一の谷の戦い**、**屋島の戦い**と次々と勝利し、ついに**壇の浦の戦い**で平氏を滅ぼしました。

　源氏が平氏を滅ぼすと、今度は、後白河上皇は源氏の勢力拡大を警戒し始めました。源氏を割こうとして源義経を重く用い、源頼朝と対抗させようとしますが、武士たちは源義経のもとにつかず、源義経は孤立します。源義経は奥州藤原氏に身を寄せますが、身を寄せた藤原泰衡に殺害されます。そして、その奥州藤原氏自体も源頼朝に滅ぼされて戦乱は終結しました。

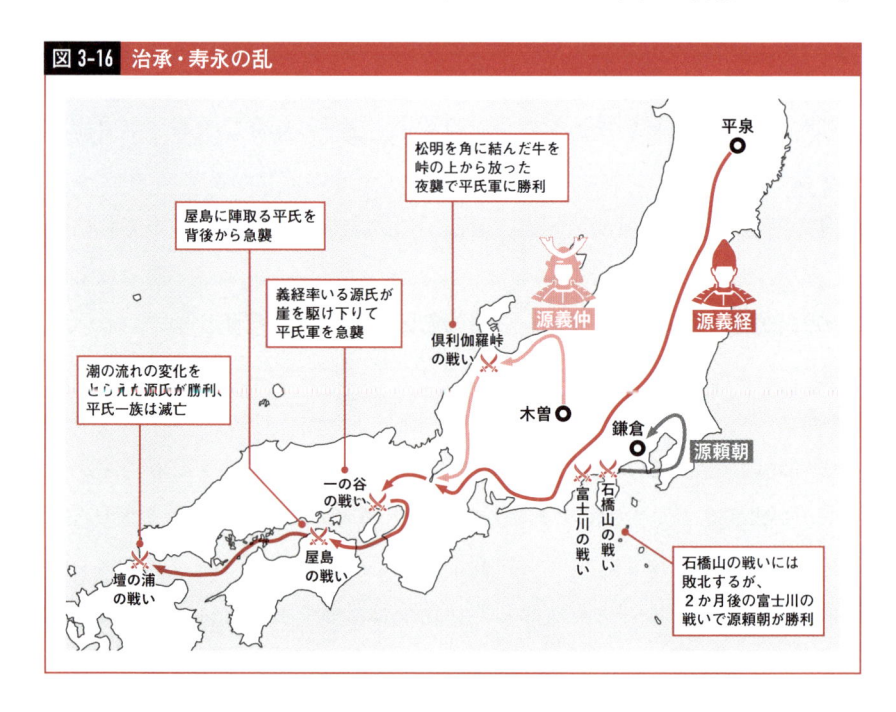

図 3-16　治承・寿永の乱

第4章

鎌倉時代

第4章 鎌倉時代 あらすじ

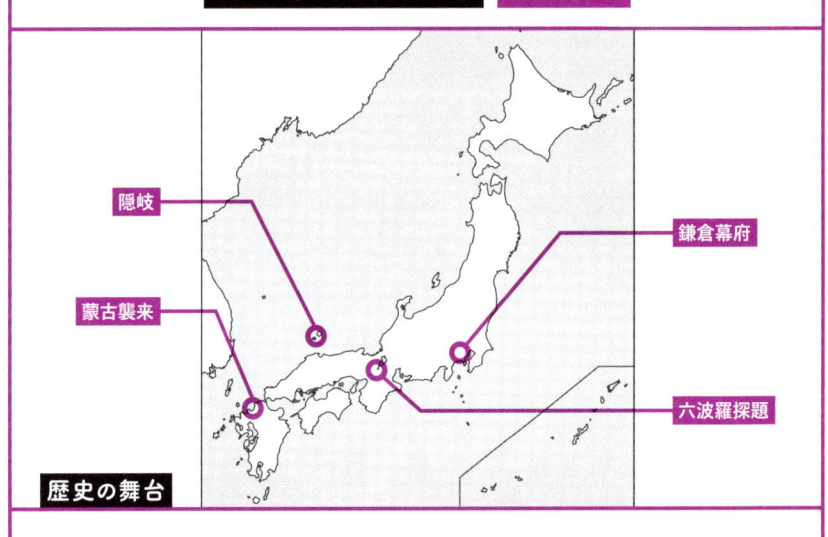

隠岐

蒙古襲来

鎌倉幕府

六波羅探題

歴史の舞台

「No.2」の執権が実権を握った
初の本格的な武家政権

　源平の争乱後、初の武家政権となった鎌倉幕府が、京都の朝廷と並び立つようになります。

　幕府の権力は承久の乱後に朝廷をしのぐようになり、明治維新までの長きにわたって武士が日本の政治を支配します。

　源頼朝が開いた鎌倉幕府は、わずか3代で源氏の将軍が途絶え、有力御家人の北条氏が執権という立場で幕府を運営します。そして、北条氏は独裁的な権力を握りました。鎌倉時代の後半に、モンゴル軍の二度の来襲という大きな危機をなんとかしのぎますが、御家人たちは恩賞が得られず、困窮してしまい、次第に幕府は衰退しました。

政治

幕府は将軍と御家人という主従関係を基礎とし、全国の軍事警察権を朝廷から与えられます。次第に、幕府は政治的支配力や土地に対する支配力を強めていきました。

経済

全国の荘園の管理と治安維持を行う地頭に任命された武士は、次第に土地支配を強めます。蒙古襲来後、御家人たちが困窮したため、困窮した御家人を救済する目的で徳政令が出されました。

社会

武士という新しい階層が社会に定着します。武士たちは武芸を磨き、先祖伝来の所領を大切にしました。鎌倉仏教という新しい仏教が武士や庶民に広がっていきました。

外交

ユーラシア大陸では、チンギス＝ハンによってモンゴル帝国が成立しました。チンギス＝ハンの孫であるフビライ＝ハンは、二度の日本遠征を行いましたが、二度とも幕府は撃退に成功しました。

鎌倉に誕生した日本初の幕府

 ## 段階的に誕生した武家政権の姿

　源平が争っている間、源頼朝は、平氏との戦いを源義経らに任せ、自身は本拠地の鎌倉を中心に新しい政権づくりに集中します。侍所や公文所（のちの政所）、問注所などの政府機関を置き、関東の公領（国司を通して朝廷がおさめる公有地）や荘園（貴族や大寺社がおさめる私有地）などの支配を強化しました。壇の浦の戦いで平氏を滅亡させたあと、後白河上皇に迫って守護と地頭を設置する権利を得て実質的な武家政権を成立させました。奥州藤原氏を滅亡させた源頼朝は征夷大将軍に任命され、役職の上でも武

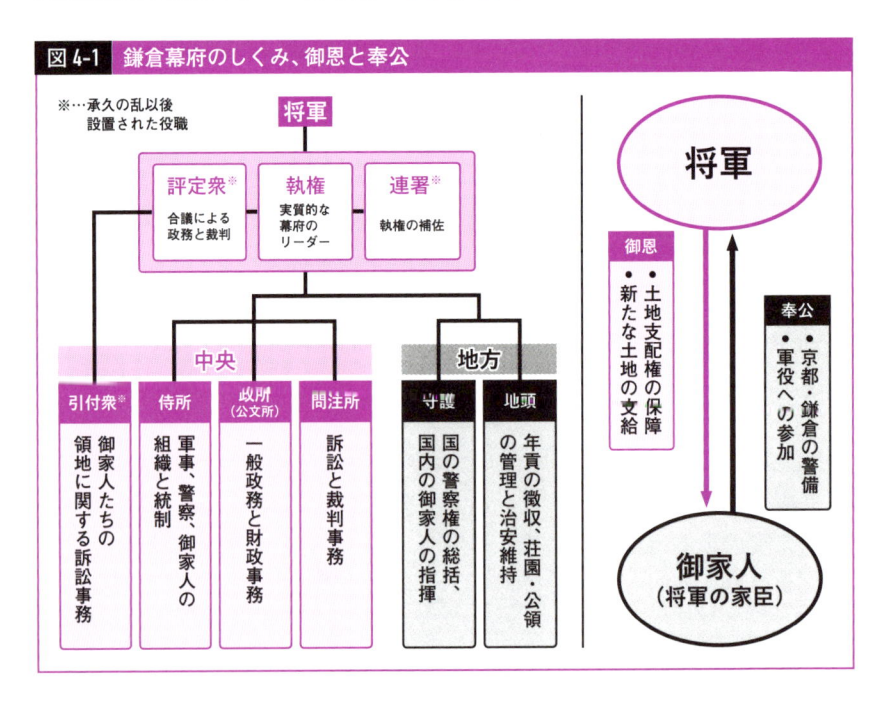

図 4-1　鎌倉幕府のしくみ、御恩と奉公

※…承久の乱以後
　設置された役職

将軍

評定衆※
合議による
政務と裁判

執権
実質的な
幕府の
リーダー

連署※
執権の補佐

中央

引付衆※
御家人たちの
領地に関する
訴訟事務

侍所
軍事、警察、
御家人の
組織と統制

政所（公文所）
一般政務と
財政事務

問注所
訴訟と裁判
事務

地方

守護
国の警察権の
総括、
国内の御家人
の指揮

地頭
年貢の徴収、
荘園・公領
の管理と治安
維持

将軍

御恩
・土地支配権の保障
・新たな土地の支給

奉公
・京都・鎌倉の警備
・軍役への参加

御家人
（将軍の家臣）

家政権の長となり、名実ともに鎌倉幕府が成立したのです。

 ## 鎌倉幕府のしくみと「御恩・奉公」

「幕府」とは一般的に「征夷大将軍」がつくった政権のことをいいます。「征夷大将軍」とは「朝廷の敵を討つ将軍」というような意味で、幕府は「天皇が治めている世の中の治安が悪いので、軍事政権を設置し、『朝敵』を退治して治安を守る」という位置づけの政権なのです。

そのための治安維持要員として全国に置かれたのが、「守護」や「地頭」といった存在です。

将軍の家臣のことを「御家人」といいますが、守護は有力御家人の中から任命されて国に一人ずつ置かれました。謀反人や殺害人を逮捕し、京都の御所の警備役に国内の御家人たちを取りまとめて派遣する、いわば、「県の警察長官」のような役割です。

一方、一般の御家人の中から任命される地頭は、各地の公領や荘園の治安維持を行います。その業務の一部として土地の管理や、年貢を徴収して国司や荘園領主に納める役割を与えられました。武装した地頭が土地の安全を守り、年貢を徴収するのが一番「安全・確実」というわけです。地頭には地域の治安を守るかわりに、その土地からの取り分を得ることが認められました。地頭は日本中すべての土地に設置、というわけではなく、将軍家がもっていた荘園などにまず設置され、のちに幕府の力が拡大するにつれて地頭の設置地域が増えていきます。

鎌倉幕府の役割は基本的に「治安維持」です。摂関家や院、国司などの朝廷のしくみも同時に残っており、見た目は朝廷と幕府がともに日本をおさめている形になっているのが特徴です。

将軍と御家人は、土地を仲立ちとしたいわゆる「御恩と奉公」の主従関係で結ばれていました。将軍から先祖代々の土地の所有の承認や、新しい土地の支給をしてもらう「御恩」に対し、御家人は幕府の軍事動員や京・鎌倉の治安維持要員として応じるという「奉公」でこたえました。

第1章 縄文時代・弥生時代・古墳時代

第2章 飛鳥時代・奈良時代

第3章 平安時代

第4章 鎌倉時代

第5章 建武の新政・室町時代

第6章 戦国・安土桃山時代

第7章 江戸時代

第8章 明治時代

第9章 大正時代・戦争への道

第10章 戦後の日本

鎌倉幕府の主導権が「執権」にうつる

 ## 北条氏が幕府の実権を握る

源頼朝の亡き後を継いだのが、**源頼家**です。しかし、源頼家は人望がなかったため、将軍の権威は次第に衰え、源頼朝の妻だった**北条政子**の実家の北条氏が力を握ります。北条政子の父、**北条時政**は源頼家を引退させ、その弟の**源実朝**を将軍にたてました。北条時政にとっては源頼家も源実朝も孫にあたるため、将軍の地位をも左右することができたのです。

北条時政は政治事務や財政を行う政所の長官となって政治の実権をふるい、その地位は「**執権**」といわれるようになりました。北条時政はこの源実朝も引退させようとしますが、北条政子の反対にあい、今度は北条時政が引退させられます。**北条政子は「尼将軍」と呼ばれ、大きな影響力を幕府に及ぼしていたのです。**

 ## わずか3代で終わった「源氏」の将軍

北条時政の後は**北条義時**が継ぎます。北条義時は御家人を統率する侍所の長官だった**和田義盛**を滅ぼし、その職を兼ねました。**政所と侍所という、政務と軍事の役所のトップを兼任したことで、「執権」の地位はいよいよ不動のものとなったのです。**

一方、将軍家のほうでは、源実朝が源頼家の子の公暁という人物に暗殺されてしまいます。しかも、公暁も暗殺されたため、源氏の征夷大将軍はわずか27年で断絶しました。次の将軍には、藤原氏から源氏との血のつながりがある藤原頼経が迎えられ、「藤原将軍」と呼ばれますが、わずか2歳の将軍だったので、実権を北条氏に完全に握られることになりました。

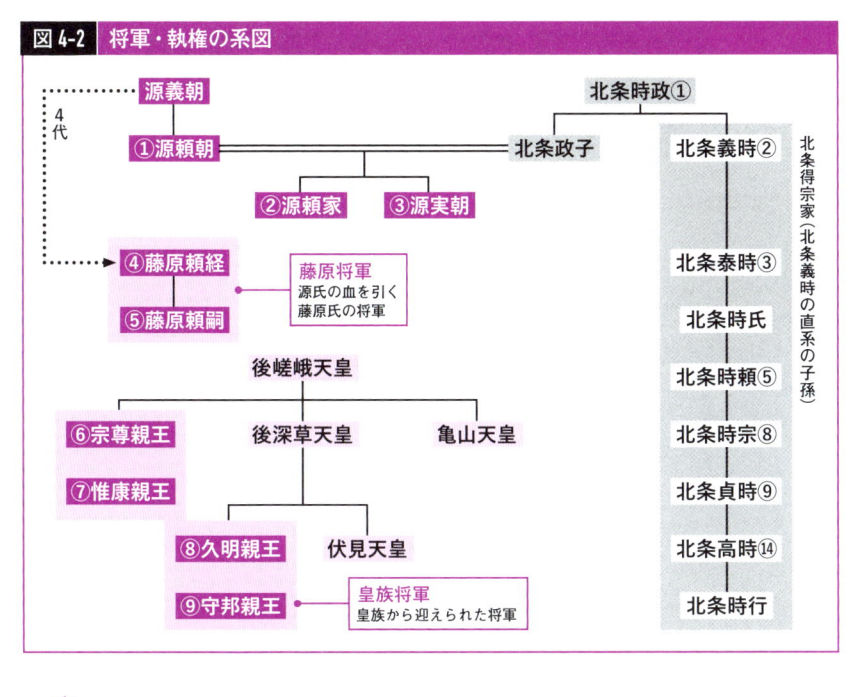

図 4-2 将軍・執権の系図

- 源義朝 ── 4代
- ①源頼朝 ── 北条政子
  - ②源頼家
  - ③源実朝
- ④藤原頼経
- ⑤藤原頼嗣
  - 藤原将軍：源氏の血を引く藤原氏の将軍
- 後嵯峨天皇
  - ⑥宗尊親王
  - ⑦惟康親王 ── 後深草天皇 ── 亀山天皇
  - ⑧久明親王 ── 伏見天皇
  - ⑨守邦親王
    - 皇族将軍：皇族から迎えられた将軍

北条時政① ── 北条政子
- 北条義時②
- 北条泰時③
- 北条時氏
- 北条時頼⑤
- 北条時宗⑧
- 北条貞時⑨
- 北条高時⑭
- 北条時行

北条得宗家（北条義時の直系の子孫）

第1章 縄文時代・弥生時代・古墳時代
第2章 飛鳥時代・奈良時代
第3章 平安時代
第4章 鎌倉時代
第5章 建武の新政・室町時代
第6章 戦国・安土桃山時代
第7章 江戸時代
第8章 明治時代
第9章 大正時代・戦争への道
第10章 戦後の日本

「尼将軍」北条政子に後鳥羽上皇は完敗

　力を伸ばす幕府に対し、衰えた朝廷権力の復活を図ったのが**後鳥羽上皇**です。後鳥羽上皇は**西面の武士**という武士団を設置して軍事力の増強を行うとともに、将軍源実朝を優遇し、高い位を与えることで手なずけ、幕府に影響力を行使しようとしました。しかし、その源実朝が暗殺され、実権が北条義時に移ると、この機会をとらえて、北条義時の追討を訴え挙兵し、**承久の乱**が起こります。御家人たちは「源氏」の将軍と主従関係を結んだのであって、「北条氏」とは主従関係にありません。**後鳥羽上皇は御家人たちの多くが北条氏を見限り、自分のほうにつくと考えていました。しかし、「源頼朝の恩に今こそ報いるべき」という北条政子の説得に御家人が結束し、幕府の勝利に終わります。**戦後、北条義時は子の北条泰時を、朝廷を監視し西日本を統括する**六波羅探題**に任命します。そして、幕府の影響力は西日本にも広がっていったのです。

次第に強化された鎌倉幕府の支配

 ## 幕府政治のリニューアル

　承久の乱が終わった3年後に北条義時が亡くなると、六波羅探題だった子の**北条泰時**が執権になります。その翌年には北条政子も亡くなったため、それまで幕府を支えてきた有力御家人たちは世代交代の時期にさしかかっていました。

　そこで、北条泰時は幕府政治のリニューアルを考えます。執権を補佐する<ruby>連署<rt>れんしょ</rt></ruby>という役割を置き、<ruby>評定衆<rt>ひょうじょうしゅう</rt></ruby>という有力御家人の話し合いの機関を置いたのです。また、それまでの武士の慣例や規範をまとめた<ruby>御成敗式目<rt>ごせいばいしきもく</rt></ruby>をつくり、武士たちの基本法にしました。

 ## 地頭支配の拡大

「地頭」は本来、「年貢徴収を行う警察官」のような役割で、集めた年貢は本来の「持ち主」にあたる国司や荘園領主などに納めなければならなかったのですが、次第におさめるべき年貢を納めずに自分のものにしたり、荘園領主が派遣した役人を追放したりして土地支配を強めていきました。

　荘園の領主たちは、地頭が荘園をわが物顔にしていることに困り、次第に地頭に「決まった量の年貢の納入とひきかえに、その土地の支配をゆだねてしまおう」と考え、<ruby>地頭請<rt>じとううけ</rt></ruby>という年貢納入の請負契約を行います。のちに、荘園領主と地頭が土地を分割して片方は完全に地頭のものにして、互いに干渉しないようにする<ruby>下地中分<rt>したじちゅうぶん</rt></ruby>という紛争の解決手段もとられました。**「地頭がゴネ、土地を分割させて自分のものにする」という形で、武士たちは朝廷や寺社たちなどの諸勢力の土地支配権を奪っていったのです。**

民衆の間に爆発的に広まった鎌倉仏教

 一族の権力強化につとめた北条時頼

　5代目の執権になった**北条時頼**は裁判の事務を迅速にするために**引付**という制度を設けました。地頭と荘園領主など、土地にかかわる訴訟が頻発しており、その手間がかかっていたからです。

　北条時頼は、北条氏の権力強化、その中でも北条義時から続く総本家の血筋にあたる「得宗家」といわれた一族の権力強化に努めました。有力御家人の三浦泰村を**宝治合戦**という戦いで破り、藤原将軍をおろして新たに天皇家から**宗尊親王**を迎え、将軍とします。以後、この**皇族将軍**が続き、幕府の支配に天皇家の権威が加わることになりました。

　また、この時代に流行した**禅宗**の影響から、北条時頼は中国の南宋出身の禅宗の僧、蘭渓道隆を保護し、鎌倉に**建長寺**をひらきます。

 「わかりやすい」教えを説いた鎌倉仏教

　この禅宗のように、鎌倉時代は新たな仏教が流行した時代でもありました。平安末期の保元の乱以降の相次ぐ戦乱や飢饉などが、いよいよ「末法」の世が深まったことを人々に感じさせました。こうして、人々は「なにかにすがりついてこの不安から脱却したい」と思うようになるのですが、それまでの仏教の担い手だった大きな寺院は荘園領主となったり、上皇のような権力者と結びついたりして財力や権力にまみれ、堕落していました。

　そこで、貴族たちにかわって新しく文化の担い手となった民衆や武士たちは、これまでの堕落した仏教にかわり、ひとりひとりが心の支えを得ることを重視した「**新仏教**」といわれる新しい仏教を盛んに信仰するように

第1章　縄文時代・弥生時代・古墳時代

第2章　飛鳥時代・奈良時代

第3章　平安時代

第4章　鎌倉時代

第5章　建武の新政・室町時代

第6章　戦国・安土桃山時代

第7章　江戸時代

第8章　明治時代

第9章　大正時代・戦争への道

第10章　戦後の日本

なります。これらの仏教の多くは、それまでの仏教のように学問的な難しい教えを説くのではなく、「南無阿弥陀仏とひたすら唱えなさい」「坐禅をして精神統一をしなさい」というように、**理解しやすい教えを説いたため、武士や民衆に一挙に広まっていったのです。**

阿弥陀仏にすがる浄土系の仏教

　平安中期頃から民衆に広まった浄土教は「阿弥陀仏にすがって死後、極楽に導いてもらおう」という仏教でした。ここから発展した3つの仏教は、いずれも阿弥陀仏に救いを「求める」という「他力」にすがる信仰をもっています。

　まず登場したのは**法然**（ほうねん）という人物です。彼は「南無阿弥陀仏」という**念仏**（ねんぶつ）をひたすら唱えることで阿弥陀仏にすがれば、だれでも極楽に往生できる「専修念仏」（せんじゅねんぶつ）の教えを説きました。**「なむあみだぶつ」の7文字を阿弥陀仏にすがって極楽往生に導かれたいという思いを込めてひたすら唱えれば、難しいお経を学ばなくても、修行をしなくても、極楽に導かれると説いた**のです。この「わかりやすい」教えに人気が集中することに、いままでの仏教の立場にたつ僧たちは反発し、法然は迫害を受けました。

　法然の弟子のひとり、**親鸞**（しんらん）は**浄土真宗**（じょうどしんしゅう）をおこしました。念仏を唱えることは浄土宗と同じですが、善人ばかりでなく、**煩悩にとらわれる「悪人」こそが阿弥陀仏が救う対象であるという、「悪人正機説」を唱えました。**悪人がその考えを改め、「阿弥陀仏にすがるしか道はない」と、心から往生を願うときにこそ、その「本気度」が高いと考えたのです。

　鎌倉中期の人物、**一遍**（いっぺん）は、**時宗**（じしゅう）をひらき、信じる信じないにかかわらず**阿弥陀仏の救いは約束されていると説き、その救済の喜びを踊念仏によって表現しました。**この踊りには多くの民衆が参加しました。

法華経の「題目」を唱える日蓮宗

　鎌倉中期に登場した**日蓮**（にちれん）は、天台宗を学ぶうちに、**天台宗の根本的な教**

えである法華経に釈迦の最も優れた教えが説かれていると考え、「南無妙法蓮華経」という法華経の「題目」、つまりタイトルを唱えて法華経にすがることで救いがもたらされるとしました。

自ら悟りを開く禅宗系の仏教

浄土宗は阿弥陀仏に「すがる」ことで極楽に往生するという「他力」の教えを持っていましたが、中国で流行していた禅宗は、**坐禅をすることで精神統一を行い、自ら「悟り」をひらくという「自力」の教えをもっていました。**

中国の宋にわたり、禅宗を学んだ**栄西**は禅宗を日本に紹介し、**臨済宗**をひらきました。師が弟子に問題を出し、弟子がその問題を考え抜くことで悟りに達するという「公案問答」を特徴としています。

同じく宋にわたった**道元**は、**曹洞宗**をひらき、ひたすら坐禅を組んで悟りをひらく「只管打坐」の教えを説きました。

図 4-3 鎌倉仏教

	浄土宗系（阿弥陀仏に導いてもらう）		日蓮宗系	禅宗系（自ら悟りをひらく）	
鎌倉幕府初期	浄土宗〈法然〉 **専修念仏** 念仏を唱える				臨済宗〈栄西〉 与えられた **公案**を解き悟りに達する
前期		浄土真宗〈親鸞〉 **悪人正機** 悪人こそが往生できる			曹洞宗〈道元〉 **只管打坐** ひたすら坐禅に打ち込む
中期			時宗〈一遍〉 **踊念仏** で表現	日蓮宗〈日蓮〉 法華経の **題目**を唱える	

第1章 縄文時代・弥生時代

第2章 飛鳥時代・奈良時代

第3章 平安時代

第4章 鎌倉時代

第5章 建武の新政・室町時代

第6章 戦国・安土桃山時代

第7章 江戸時代

第8章 明治時代

第9章 大正時代・戦争への道

第10章 戦後の日本

モンゴル軍の攻撃を しのいだ北条時宗

 モンゴル軍の来襲に苦戦した 一度目の元寇

　５代執権、北条時頼のあと、分家から６、７代執権が出ましたが、北条時頼の子、**北条時宗**は本家の「得宗家」から８代目の執権に就任しました。

　同じ頃、世界では、モンゴル帝国が拡大していました。周辺諸国に影響力を広げたいモンゴル帝国の皇帝、**フビライ＝ハン**は使者を日本に送り、貢物を要求して外交関係を結ぶことを求めました。北条時宗はこの要求に返答せず、西日本の御家人にモンゴルへの警戒を指示します。

　国号を元と定めたフビライ＝ハンは日本への侵攻を決断し、服属させていた朝鮮半島の高麗の兵と合わせて約３万人の兵を日本に差し向けました。これが一度目の蒙古襲来（元寇）となる文永の役です。

　博多湾から上陸した元軍の集団戦法や火薬を用いた兵器に苦戦するものの、御家人たちは何とか元軍を撃退することに成功しました。

 防備と暴風雨により大軍を撃退

　文永の役で元軍の来襲をしのいだ日本でしたが、なおもフビライ＝ハンは使者を送り、服属を勧告します。

　しかし、北条時宗はこの使者を斬り、対決姿勢を明らかにします。元が再び来襲することに備え、幕府は博多湾沿いに元軍をくい止めるための石垣をつくり、御家人に九州北部を警備させる異国警固番役を強化します。この石垣（防塁）の跡は現在でも博多湾沿いの各地に存在しています。

　そして、再び元軍がやってきました。**元は一度目の来襲と二度目の来襲の間に中国の王朝、南宋を征服しており、南宋の兵士も引き連れた、総勢**

14万人にも及ぶ「本格的」な遠征軍を日本に差し向けました。 これが２度目の蒙古襲来となる弘安の役といわれる戦いです。

今回は、日本側も来襲に向けてあらかじめ備えを固めており、御家人たちが奮戦して上陸を許しませんでした。

やむなく海上に停泊することとなった元軍を暴風雨が襲い、元軍の船は次々と沈み、日本は再び元軍を撃退することに成功したのです。

「防衛戦」のために御家人は困窮

この戦いで御家人たちは重い負担を抱えながらも奮戦しました。ところが、元軍の撃退に成功したものの、**新規の土地が獲得できない「防衛戦」だったため、幕府は御家人たちに十分な恩賞を与えられませんでした。**

また、鎌倉時代の一般的な相続方法が親の所領を子が分割する「分割相続」だったため、所領は次第に小さくなり、御家人の生活は苦しくなっていきます。

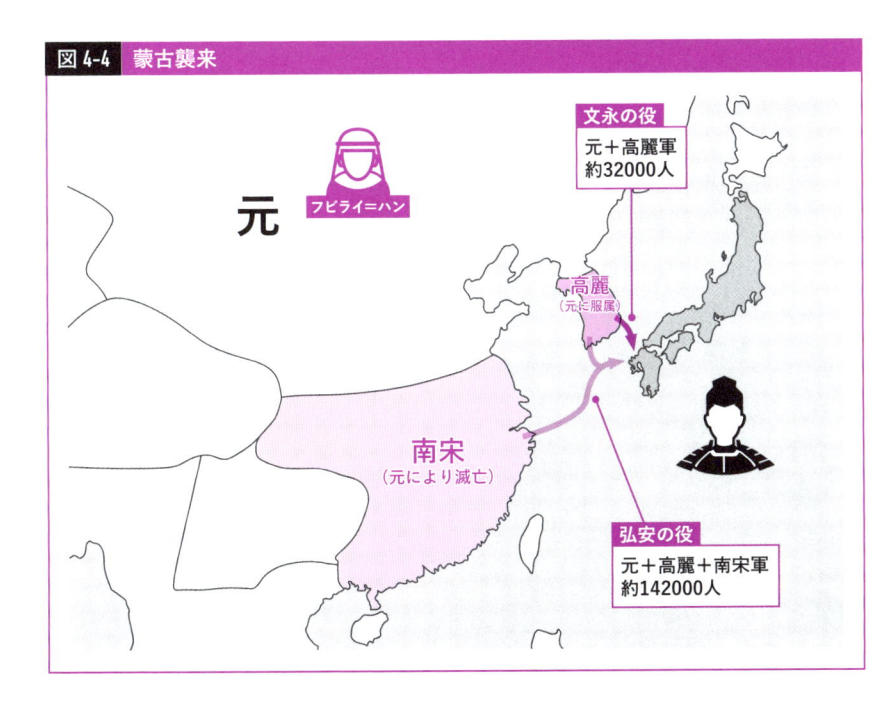

図 4-4　蒙古襲来

元

フビライ＝ハン

文永の役
元＋高麗軍
約32000人

高麗
（元に服属）

南宋
（元により滅亡）

弘安の役
元＋高麗＋南宋軍
約142000人

第1章　縄文時代・弥生時代・古墳時代

第2章　飛鳥時代・奈良時代

第3章　平安時代

第4章　鎌倉時代

第5章　建武の新政・室町時代

第6章　戦国・安土桃山時代

第7章　江戸時代

第8章　明治時代

第9章　大正時代・戦争への道

第10章　戦後の日本

北条氏の「本家」が絶大な権力を握る

「御家人」と「御内人」の対立

北条時宗の子で、北条氏の本家である「得宗家」から第9代の執権に就任した**北条貞時**は「専制的」ともいえる強大な権力を手にし、その政治は「**得宗専制政治**」ともいわれます。

北条氏の権力がますます強くなり、「**御内人**」といわれた北条氏の得宗家の家臣は威張るようになります。もっぱら執権と御内人が相談して幕府を運営するため、昔から幕府を支えてきた北条氏以外の御家人たちは不満に思います。**当然、御家人たちは自分たちよりも一段階下の存在と見ていた御内人が威張るのを許せず、「将軍の家臣」である「御家人」と「得宗家の家臣」である「御内人」が対立を始めます。**そして、御内人の**平頼綱**が有力御家人の**安達泰盛**を滅ぼした「**霜月騒動**」という事件が起きてしまいます。

こののち、北条貞時は、力を持ちすぎた家臣の平頼綱も滅ぼし、唯一の権力者として独裁の色を強めました。

この時代に、困窮した御家人を救うため、御家人が質入れした土地を無償で返させる**永仁の徳政令**が出されています。

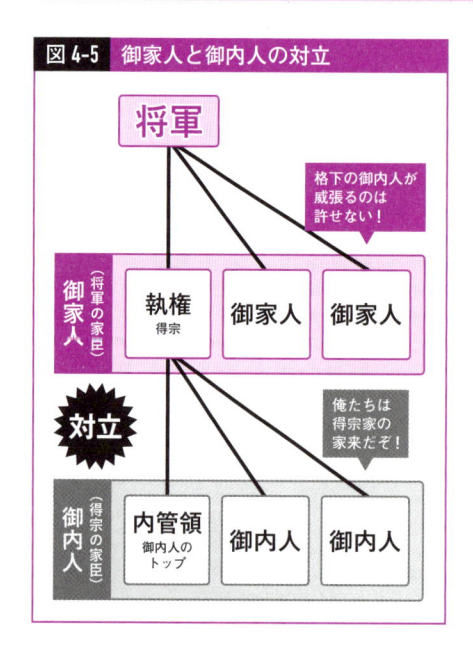

図 4-5　御家人と御内人の対立

将軍

格下の御内人が威張るのは許せない！

御家人（将軍の家臣）

執権
得宗

御家人

御家人

対立

俺たちは得宗家の家来だぞ！

御内人（得宗の家臣）

内管領
御内人のトップ

御内人

御内人

幕府の動揺に立ち上がる後醍醐天皇

 ## 朝廷でこじれる二統の分裂

　９代執権の北条貞時の子で、14代執権となった**北条高時**の時代、朝廷ではある１つの問題がこじれていました。それは、**天皇家が２つに分かれて対立していたという問題です。**

　蒙古襲来の頃から、朝廷は**持明院統**といわれる家系と**大覚寺統**といわれる家系に分かれて対立しはじめ、次第に対立の溝が深まっていきました。この対立が幕府に持ち込まれると、幕府は度々、この両統に和解を働きかけ、いつしか両方の系統から交互に天皇をたてるという**両統迭立**というルールができていました。

 ## 後醍醐天皇の幕府打倒計画

　この天皇家の対立の中で登場したのが、大覚寺統の**後醍醐天皇**です。**後醍醐天皇は自らの大覚寺統で皇位を独占するとともに、政治の実権を幕府から取り戻し、天皇の親政を行おうという意欲を持っていました。**

　一方、幕府では執権の北条高時のもとで御内人の長崎高資が権力をふるっており、「得宗家＋御内人」による権力独占に御家人たちの不満が高まっていました。

　幕府が動揺を始めているこのときがチャンスとばかりに、後醍醐天皇は二度の幕府打倒計画を立てますが、いずれも失敗に終わります。幕府は後醍醐天皇に代えて持明院統の**光厳天皇**を新たな天皇とし、後醍醐天皇は隠岐に流してしまいます。

　後醍醐天皇が流され、討幕計画は完全に挫折したかのように見えたので

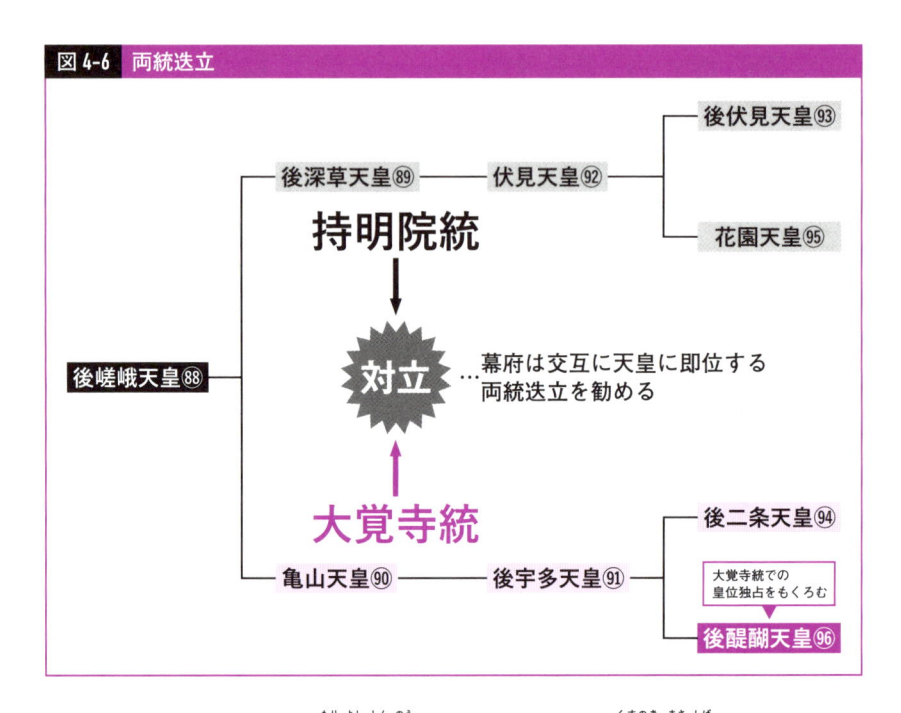

図 4-6　両統迭立

後深草天皇⑧⑨ ── 伏見天皇⑨②

持明院統

後伏見天皇⑨③

花園天皇⑨⑤

後嵯峨天皇⑧⑧

対立 … 幕府は交互に天皇に即位する
両統迭立を勧める

大覚寺統

亀山天皇⑨⓪ ── 後宇多天皇⑨①

後二条天皇⑨④

大覚寺統での
皇位独占をもくろむ

後醍醐天皇⑨⑥

すが、後醍醐天皇の子の**護良親王**や河内国の武士、**楠木正成**などが鎌倉幕府に対して粘り強い抵抗を見せました。こうした抵抗運動はやがて鎌倉幕府に不満をもっていた御家人の間にも広がっていきます。そして、反幕府の動きの盛り上がりの中、隠岐からの脱出に成功した後醍醐天皇は、鎌倉幕府打倒の挙兵を広く呼びかけたのです。

 ## 有力御家人に裏切られた鎌倉幕府の最後

　幕府はこのような後醍醐天皇の動きを抑えるため、有力御家人の**足利高氏**（のちに尊氏）を京都に派遣して、後醍醐天皇を攻撃させようとします。

　ところが、**足利高氏は幕府を裏切って後醍醐天皇につき、鎌倉幕府の西日本統治の拠点である六波羅探題を攻め落とします。**

　鎌倉も源氏の血を引く有力御家人の**新田義貞**に攻められ、鎌倉幕府は滅亡します。そして、後醍醐天皇による新しい政治が始まるのです。

建武の新政・室町時代

第5章 建武の新政・室町時代 あらすじ

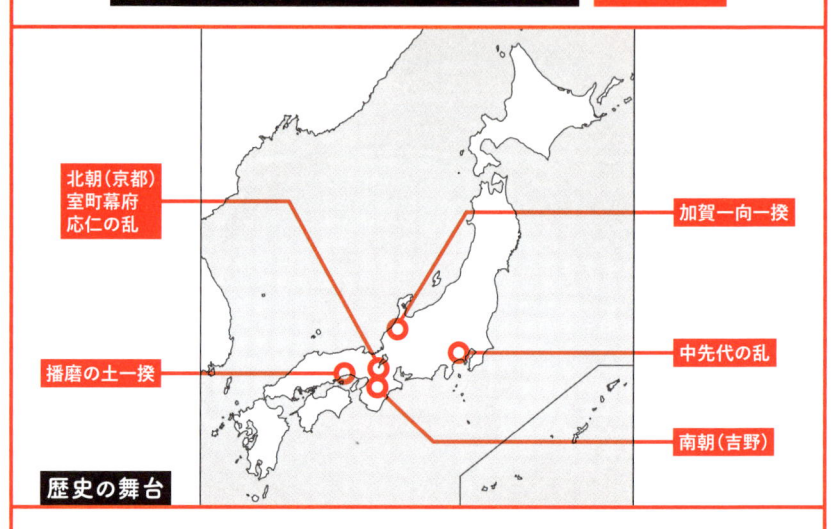

北朝（京都）
室町幕府
応仁の乱

加賀一向一揆

播磨の土一揆

中先代の乱

南朝（吉野）

歴史の舞台

南北朝から戦国時代へという
「乱世から乱世へ」動いた時代

　本章では、武家政権の合間に天皇が一時的に権力をもった「建武の新政」と、足利氏が開いた室町幕府を扱います。

　室町時代には、社会が多様化し、幕府の権力が揺らぎます。前期において、朝廷は京の北朝と吉野の南朝の２つに分かれ、長い抗争が繰り広げられます。また、足利義満ら中期の将軍たちも、有力守護大名の統制に手を焼きました。後期になると、応仁の乱により、守護大名の力が低下し、守護代や国人が実質的な力をもつ下剋上の風潮が広がり、戦国時代に突入します。民衆は時に一揆を結んで権力者に抵抗しました。室町時代は「乱世」に始まり、「乱世」に終わった時代となったのです。

政治

後醍醐天皇が一時的に実権を持ちますが、足利尊氏が幕府をたて、再び武家が権力を握るようになります。足利義満が南北朝の争いをおさめて幕府は安定しますが、義満の死後、政治的な混乱が再び始まります。

経済

室町時代、庶民にも貨幣経済が浸透しました。商工業が栄え、流通も盛んになりました。室町時代に飢饉が頻発したため、困窮した民衆が一揆を結んで高利貸しを襲うこともありました。

社会

大きな地域支配権を与えられた守護大名に対して、土着の武士である国人が対抗して一揆を結ぶことがありました。また、民衆も惣村という共同体をつくり、集団化して権力に抵抗しました。

外交

中国は、元王朝から明王朝の時代に入ります。足利義満が明との国交をひらき、日明貿易を開始しました。日明貿易は日本が下の立場で行う朝貢貿易の形をとりました。この貿易の利益が、室町幕府の財政を支えました。

第1章 縄文時代・弥生時代・古墳時代
第2章 飛鳥時代・奈良時代
第3章 平安時代
第4章 鎌倉時代
第5章 建武の新政・室町時代
第6章 戦国・安土桃山時代
第7章 江戸時代
第8章 明治時代
第9章 大正時代・戦争への道
第10章 戦後の日本

天皇中心の政治が
武士の不満を招く

🏯 自ら「醍醐」を名乗った後醍醐天皇

　鎌倉幕府を倒し、政治の実権を握った**後醍醐天皇**は天皇自身を頂点とする政治を行おうと、「**建武の新政**」を開始します。後醍醐天皇は自らの政治の理想を平安中期の醍醐天皇におき、「後醍醐」の名を自ら名乗りました。

　醍醐天皇といえば、平安時代、藤原氏が権力の中心にあった時代のはざまで、「延喜の治」という天皇中心の政治を行った天皇です。**後醍醐天皇は自分を醍醐天皇になぞらえて、天皇中心の政治を行おうとしたのです。**

　そのため、後醍醐天皇は幕府や院政、摂政や関白など、天皇をしのぐ政治権力をなくし、天皇中心の政治体制をとりました。

🏯 急ごしらえの政権に不満が集中

　ところが、「建武の新政」はたったの３年間で崩壊します。**後醍醐天皇が短期間で天皇の権力の強化を図ったため、いろいろなところに無理が生じてしまったからです。**

　後醍醐天皇が天皇の権限強化に用いたのが「**綸旨**」といわれる天皇の命令書でした。この時代、公家も武家も最大の関心事は、「どこの土地を誰が所有するか」でしたが、後醍醐天皇はその所有を綸旨によってのみ認める、と決めました。

　すると、人々はみな京都にのぼり、綸旨の発行を求めます。天皇は一人しかいませんので、綸旨の発行は滞り、たちまち政治は停滞し、社会の混乱を招いてしまいました。また、多くの武士の協力を得て鎌倉幕府を打倒し、建武の新政に多くの武士が協力していたにもかかわらず、**後醍醐天皇**

は自分に近い貴族や側近を重く用いる一方、武士たちを軽く扱ったため、武士の不満が高まりました。

武士の世の中が再び訪れた

建武政府の混乱は、鎌倉幕府の復活を図る者にチャンスとなりました。鎌倉幕府の執権の血を継ぐ**北条時行**が鎌倉幕府の復活を図る**中先代の乱**を起こし、鎌倉を占拠したのです。

この乱の鎮圧に向かったのが**足利尊氏**です。足利尊氏は北条時行を倒して鎌倉を占領し、この乱を鎮圧しました。この活躍に、「尊氏ならば新たな武士中心の政権を打ち立ててくれるにちがいない」と、建武政権を不満に思う武士たちの期待が集中します。足利尊氏はこの声に押されるように後醍醐天皇に反する態度を明らかにします。**足利尊氏は鎌倉幕府、次いで後醍醐天皇と2回にわたって「裏切り」をした格好になりますが、それでも人々が付き従う、すぐれた統率力の持ち主であったようです。**

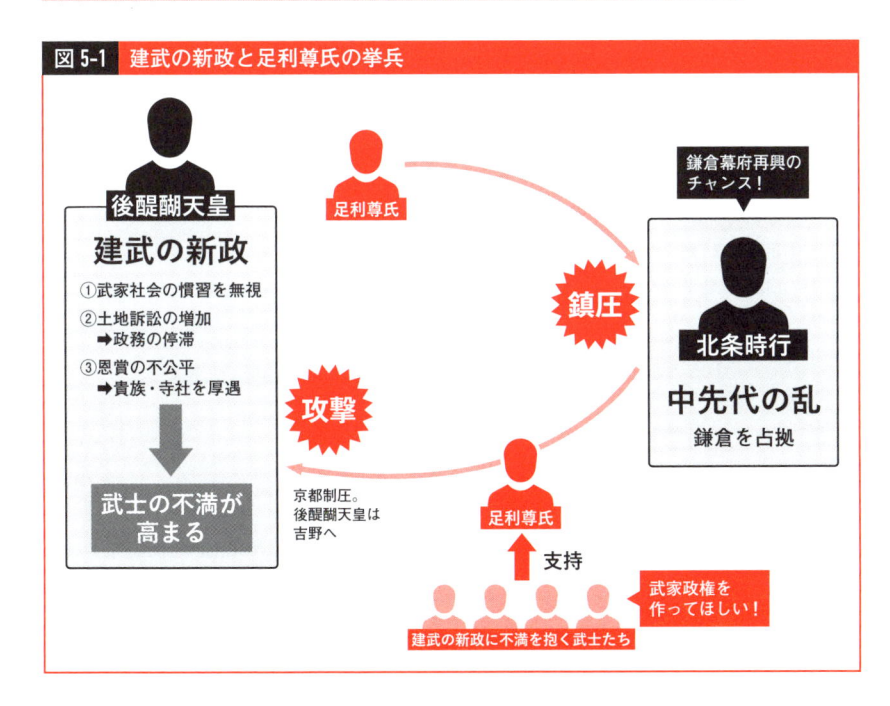

図 5-1　建武の新政と足利尊氏の挙兵

後醍醐天皇
建武の新政
①武家社会の慣習を無視
②土地訴訟の増加
➡政務の停滞
③恩賞の不公平
➡貴族・寺社を厚遇

武士の不満が高まる

足利尊氏

攻撃

鎮圧

鎌倉幕府再興のチャンス！

北条時行
中先代の乱
鎌倉を占拠

京都制圧。後醍醐天皇は吉野へ

足利尊氏

支持

武家政権を作ってほしい！

建武の新政に不満を抱く武士たち

第1章 縄文時代・弥生時代・古墳時代

第2章 飛鳥時代・奈良時代

第3章 平安時代

第4章 鎌倉時代

第5章 建武の新政・室町時代

第6章 戦国・安土桃山時代

第7章 江戸時代

第8章 明治時代

第9章 大正時代・戦争への道

第10章 戦後の日本

60年も続いた 南北朝の争乱

後醍醐天皇は吉野に逃れて幕府に抵抗

　多くの武士が足利尊氏に従った一方、新田義貞や楠木正成など、後醍醐天皇の味方に付いた武士もいました。彼らに勝った足利尊氏は京都を奪うことに成功します。尊氏は後醍醐天皇に対抗して持明院統の天皇、**光明天皇**を立て、「北朝」と呼ばれる朝廷をおこします。そして、足利尊氏は「建武式目」という政治方針を発表し、征夷大将軍となって幕府をひらきます。京都を失った後醍醐天皇は吉野に逃れ、「北朝」に対抗しました。これが「南朝」です。

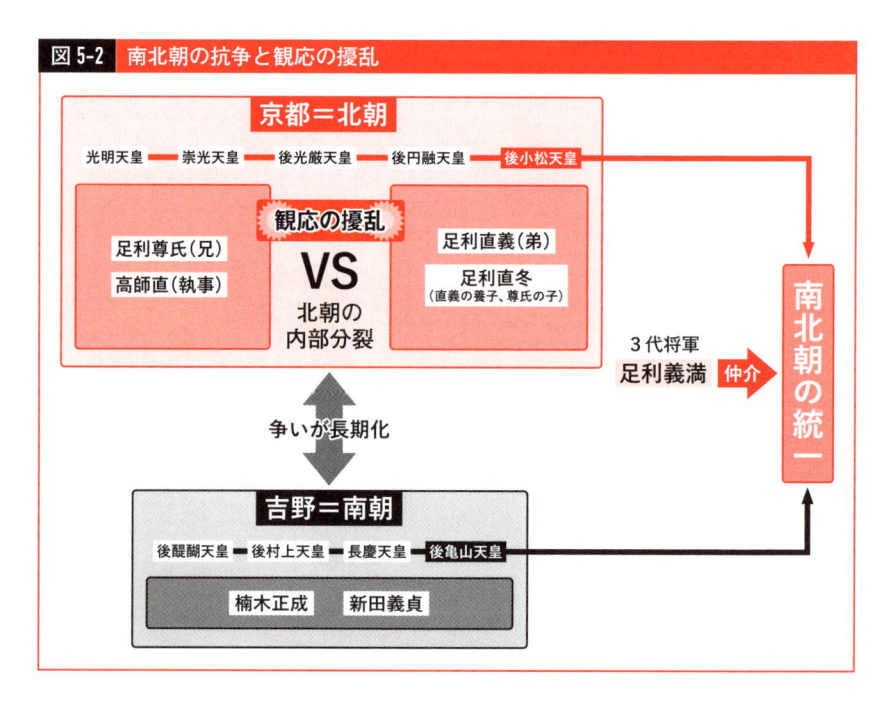

図 5-2 南北朝の抗争と観応の擾乱

足利尊氏・光明天皇を中心とする北朝と、後醍醐天皇を中心とする南朝は後醍醐天皇の孫の代まで、60年間の長きにわたって戦いを繰り広げました。この北朝と南朝の抗争の時代は、室町時代の中でも特に「南北朝時代」と呼ばれています。

幕府内部では「仲間割れ」が起きていた

南朝は主要な武将を抗争のはじめに失い、また、後醍醐天皇も抗争の初期に死去してしまったため、不利な戦いを強いられます。

しかし、北朝のほうもなかなか南朝に勝ち切ることができません。**じつは、北朝内部では仲間割れが起き、南朝と戦うどころではなかったのです。**政務を分担していた足利尊氏と弟の**足利直義**の間に亀裂が生まれ、足利尊氏の補佐役の**高師直**と足利直義の間で**観応の擾乱**という戦乱が発生していたのです。

守護が「守護大名」に姿を変える

鎌倉幕府の滅亡から建武の新政、南北朝の争いなど騒乱が続いてきたために、武士たちも北朝につく側、南朝につく側、高師直につく側、足利直義につく側、鎌倉幕府の再興を目指す側など、様々な方向性をもっており、足利尊氏が幕府を立てたとはいえ、1つにまとまってはいませんでした。

足利尊氏はこうした全国の武士たちをまとめていく必要から、守護の権限を大幅に拡大させました。警察権のみを与えられたにすぎない鎌倉時代の守護と違って、**室町幕府は地方の武士を従えるために、守護に年貢の一部を徴収する権限や幕府の裁判の判決の執行権など、強力な支配権を与えました。**鎌倉時代の守護は「守護」と呼ばれたにすぎませんが、室町時代では地域支配権をあわせ持って、「守護大名」といわれるようになります。

一方、地方に土着の武士を**国人**といいます。彼らの中には強力な守護の支配に対抗して、しばしば一揆（抵抗するための団結）を結ぶ者もいました。これを「**国人一揆**」といいます。

第1章 縄文時代・弥生時代・古墳時代
第2章 飛鳥時代・奈良時代
第3章 平安時代
第4章 鎌倉時代
第5章 建武の新政・室町時代
第6章 戦国・安土桃山時代
第7章 江戸時代
第8章 明治時代
第9章 大正時代・戦争への道
第10章 戦後の日本

戦乱が終結し幕府の安定期が訪れる

「花の御所」をつくった足利義満

長い間続いた南北朝の争いも、足利尊氏の孫、３代将軍の**足利義満**の代になると収束に向かいます。南朝はもはや北朝に抵抗する力を失い、義満の南北朝合一の呼びかけに応じざるを得なくなりました。後醍醐天皇の孫にあたる後亀山天皇が、北朝の後小松天皇に天皇の位を譲るという形で**南北朝の合一**が実現し、戦乱が終結します。

足利義満は京都の室町に「**花の御所**」といわれる屋敷を建て、幕府運営の中心にします。**のちの世に足利氏の幕府が「室町幕府」といわれる理由**がここにあるのです。さらに各地の守護大名も、諸国の武士をようやく支配下におさめることに成功し、足利氏の政権は安定していきます。

巨大な守護大名たちを次々と討つ

ところが、この守護大名たちの存在が足利義満の頭を悩ませる存在になります。**室町幕府は守護大名に強い権限を与えたがために、将軍家をしのぐほどの勢力をもつ守護大名が登場し、義満にとって危険な存在となった**のです。そこで義満は、強い力を持ちすぎる守護大名たちをわざと挑発して反乱に立ち上がらせ、それを次々と討つことで守護勢力の削減を図りました。美濃・尾張・伊勢３か国の守護だった土岐康行を討ち、次いで、66か国あった日本の、６分の１に当たる11か国の守護を兼ね、「**六分の一衆**」といわれた山名氏の**山名氏清**を討ち、３か国にまで削減します。

同じように中国地方の６か国の守護大名だった大内義弘も討ち、将軍の権力基盤を固めていきました。

🏯 室町幕府のしくみ

　足利義満の代になると、幕府のしくみがほぼできあがります。将軍の補佐役は**管領**といわれ、足利氏と血縁関係がある斯波氏、細川氏、畠山氏の３家が交代で管領をつとめました。

　京都の警備や裁判をつかさどる侍所の長官、**所司**は山名氏、赤松氏、京極氏、一色氏の有力守護大名から任命されました。幕府の中核を支えたこの７家を「三管領・四職」といいます。また、京都から遠く離れた関東の統治をスムーズにするため、鎌倉に鎌倉府という役所を置き、足利氏一族を**鎌倉公方**（「鎌倉将軍」という意味）に任命し、補佐役に**関東管領**を置いて**関東にもう１つの「ミニ幕府」をつくらせて統治に当たらせます。しかし、鎌倉府は次第に京都の幕府と対立するようになりました。**

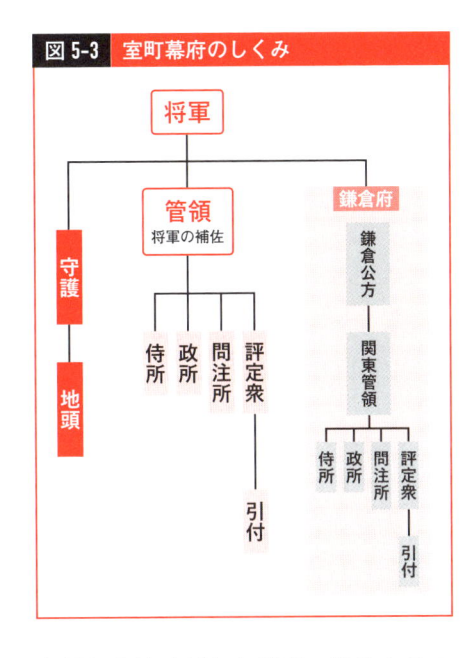

図 5-3　室町幕府のしくみ

🏯 「朝貢貿易」の形をとった日明貿易

　足利義満の重要政策に、中国の王朝、明と国交を開き、貿易を行うという**日明貿易**の開始があります。この貿易は海賊（**倭寇**）と区別するために勘合と呼ばれる割符を使ったことが特徴で、**勘合貿易**ともいわれます。**明を中心とする国際秩序の中での貿易のため、明に対して形式的に臣下の礼をとる「朝貢貿易」という特徴**がありましたが、滞在費や運搬費は主人にあたる明側の負担であり、貿易自体は輸出品に対して数倍の輸入品が得られるという日本に有利なものでした。

第1章　縄文時代・弥生時代・古墳時代

第2章　飛鳥時代・奈良時代

第3章　平安時代

第4章　鎌倉時代

第5章　建武の新政・室町時代

第6章　戦国・安土桃山時代

第7章　江戸時代

第8章　明治時代

第9章　大正時代・戦争への道

第10章　戦後の日本

幕府政治が動揺した「くじ引き将軍」の時代

🏯 父の政策を否定した「父嫌い」の足利義持

　足利義満の次の4代将軍は**足利義持**です。この人物は、足利義満が生きていた頃に将軍の位を譲られましたが、政治の実権はずっと父の足利義満にあり、自由に政治が行えませんでした。また、父の愛情が弟の足利義嗣にばかり注がれたため、足利義持は父のことを嫌うようになります。

　そのため、**足利義満の死後、足利義持は花の御所にも住まず、父の政治を否定します**。中でも義持にとって気にいらなかったのが、父が始めた日明貿易でした。明に臣下の礼をとることが前提だったためです。こうした

図 5-4　日明貿易

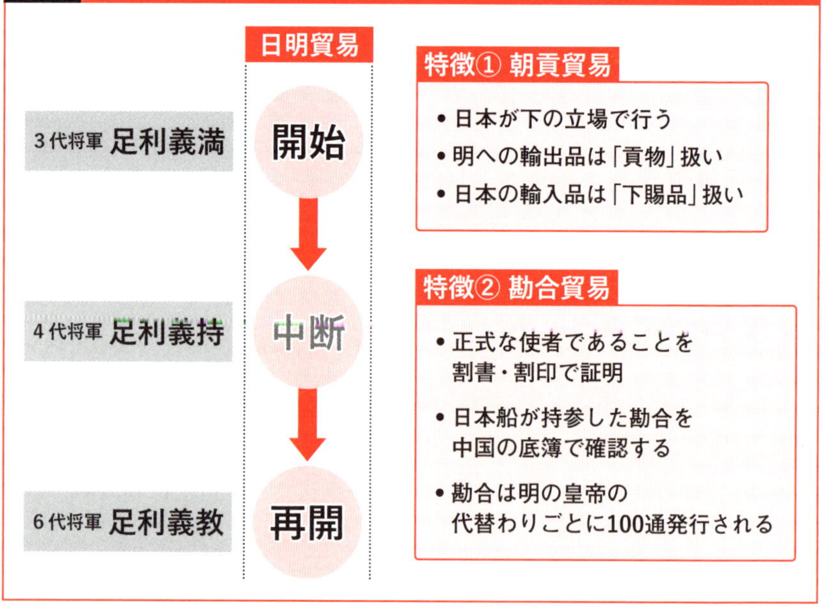

日明貿易		
3代将軍 **足利義満**	**開始**	**特徴① 朝貢貿易** • 日本が下の立場で行う • 明への輸出品は「貢物」扱い • 日本の輸入品は「下賜品」扱い
4代将軍 **足利義持**	中断	**特徴② 勘合貿易** • 正式な使者であることを割書・割印で証明 • 日本船が持参した勘合を中国の底簿で確認する • 勘合は明の皇帝の代替わりごとに100通発行される
6代将軍 **足利義教**	**再開**	

朝貢形式の貿易をきらい、義持は**日明貿易の中止**を決めました。しかし、義持はバランス感覚にすぐれた将軍だったため、守護大名たちとの関係は比較的安定していました。晩年、足利義持は5代将軍足利義量に位を譲り、みずからは出家をして父と同じように、背後から実権をふるおうとします。

「くじ引き将軍」の誕生

ところが、将軍の位を譲ったはずの5代将軍足利義量が2年後に亡くなってしまいます。そのため足利義持は再び実権を握るのですが、次の将軍を定めぬまま足利義持も死去してしまいます。足利義持が次の将軍の決定方法を指示しなかったため、**重臣たちは相談した結果、義持の4人の弟からくじ引きで決めることにしました。**

ここに、6代将軍**足利義教**が誕生します。くじ引きで決められたという、なんとも奇妙な将軍ですが、現在の公職選挙法でも得票数が同数の場合はくじ引きで当選者が決定されるように、「神意を問う」という意味ではまったくあり得ない話でもなかったのです。

「恐怖政治」が始まる

こうして将軍になった足利義教には、どうしても「くじ引き将軍」という名前がついて回り、馬鹿にされてしまいます。スキを見せてしまうと守護大名たちが従わなくなると考えた**足利義教は逆に権力強化につとめ、将軍に服従しない者をすべて力で押さえ込む、「万人恐怖」と史料にも載せられるほどの恐怖政治をしいたのです。**管領の補佐を受けずに独裁を行い、言うことを聞かない守護大名を次々と殺害して領地を没収し、寺社や公家勢力も容赦なく弾圧し、背くものや罪人を次々と処刑しました。**日明貿易の再開**や幕府の軍事力の再編成などの業績もありますが、足利義教は独裁と圧政の印象が強い将軍となってしまいました。

こうした足利義教の動きに対し、東日本の統治を任されていた鎌倉公方の**足利持氏**が不満を抱きます。自身も足利家の実力者であるにもかかわら

第1章 縄文時代・弥生時代・古墳時代

第2章 飛鳥時代・奈良時代

第3章 平安時代

第4章 鎌倉時代

第5章 建武の新政・室町時代

第6章 戦国・安土桃山時代

第7章 江戸時代

第8章 明治時代

第9章 大正時代・戦争への道

第10章 戦後の日本

ず将軍候補に挙げられず、「くじ引き将軍」によって強い支配を受けるようになってしまったからです。

　もとから自立意識が強い鎌倉府と将軍家は度々対立していましたが、この時ばかりは足利持氏も我慢がなりませんでした。兵を率いて足利義教に対抗し、**永享の乱**（えいきょうのらん）という反乱を起こします。この反乱は、足利義教が兵を送り込んで鎮圧します。

くじ引き将軍のあえない最期

　その後も、足利義教の恐怖政治は続き、有力守護大名が次々と殺害されたため、守護大名たちは「次に狙われるのは自分かもしれない」とビクビクするようになります。

　そうした中、播磨の守護大名、**赤松満祐**（あかまつみつすけ）が、「殺されるのを待つくらいなら、いっそのこと先に足利義教を殺してやれ！」と考え、自宅での宴会に足利義教を招き、殺害したのです。この「**嘉吉の変**（かきつのへん）」により、将軍の権威そのものが大きく揺らぐことになってしまいました。

民衆の力がまとまり始める

　この頃の民衆の暮らしに少し目を移してみましょう。

　民衆は度重なる飢饉や重い税のため、苦しい生活を強いられていました。

　室町時代に入ると、農村では次第に家々が集まって集落を形づくるようになります。こうした**自然発生的な集落は次第に「共同体」のような形をとり、集落全体が共同歩調をとって行動するようになります。**こうした村を「**惣**（そう）」や「**惣村**（そうそん）」といったりします。惣村ではしばしば「寄合」が開かれ、村の掟を決めたり、村の中で年貢の配分を決めたりしました。**惣村は権力者に対して自立的、自治的な性格を持つようになり**、村でまとめて税を集め、支配者に差し出すことでそれ以上の村への介入を防ごうとするようになりました。

　こうした農村の変化を背景に、室町時代の中期頃からの幕府や守護大名

たちの政治の揺れ動きに合わせるように、民衆は苦しさの中から立ち上がって蜂起し、幕府や大名たちに対抗するようになります。

🏯 一揆を起こした民衆の力

こうした、惣村や都市の民衆、困窮した下級の武士たちの民衆が蜂起するために結んだ一揆を「土一揆」といいます。彼らの要求は借金の帳消しなどの「徳政」を求めることが中心のため、「徳政一揆」ともいいます。

徳政一揆のはじめにあたるのが、足利義教の将軍就任の頃に行われた「正長の徳政一揆」です。民衆が京都の高利貸しなどを襲い、借金の証文などを奪って負債の破棄を宣言した事件で、幕府は一般の民衆が大規模な蜂起を起こしたことに大きく動揺しました。

次いで、守護赤松氏の家臣の追放を要求した播磨の土一揆、将軍足利義教の殺害と新将軍の就任に合わせて徳政を要求した嘉吉の徳政一揆など、室町時代後半に民衆の蜂起が頻発します。

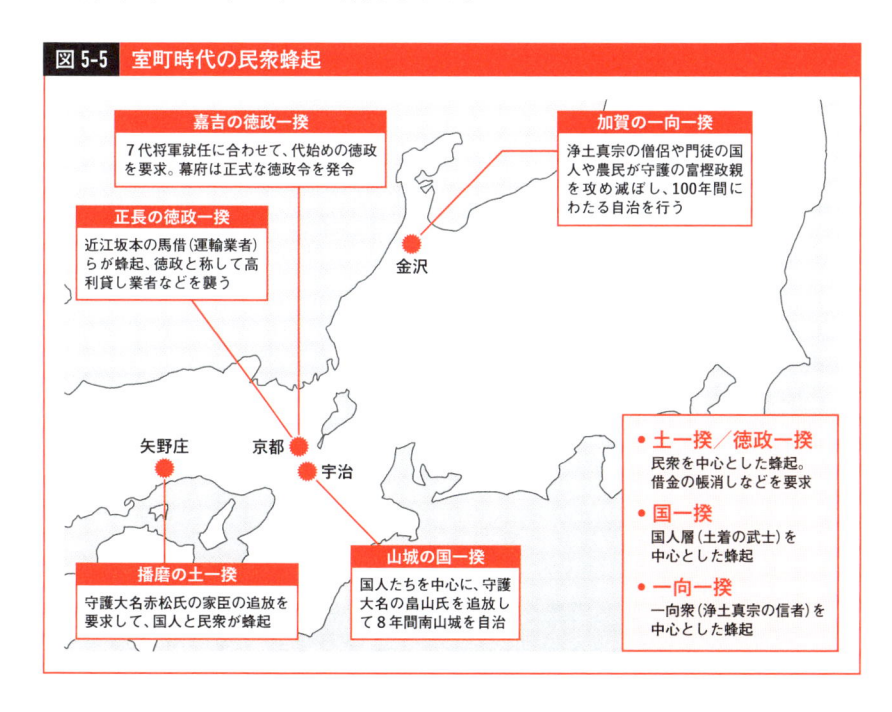

図5-5　室町時代の民衆蜂起

嘉吉の徳政一揆
7代将軍就任に合わせて、代始めの徳政を要求。幕府は正式な徳政令を発令

加賀の一向一揆
浄土真宗の僧侶や門徒の国人や農民が守護の富樫政親を攻め滅ぼし、100年間にわたる自治を行う

正長の徳政一揆
近江坂本の馬借(運輸業者)らが蜂起、徳政と称して高利貸し業者などを襲う

金沢

矢野庄　京都　宇治

山城の国一揆
国人たちを中心に、守護大名の畠山氏を追放して8年間南山城を自治

播磨の土一揆
守護大名赤松氏の家臣の追放を要求して、国人と民衆が蜂起

- **土一揆／徳政一揆**
  民衆を中心とした蜂起。借金の帳消しなどを要求
- **国一揆**
  国人層(土着の武士)を中心とした蜂起
- **一向一揆**
  一向衆(浄土真宗の信者)を中心とした蜂起

第1章 縄文時代・弥生時代・古墳時代

第2章 飛鳥時代・奈良時代

第3章 平安時代

第4章 鎌倉時代

第5章 建武の新政・室町時代

第6章 戦国・安土桃山時代

第7章 江戸時代

第8章 明治時代

第9章 大正時代・戦争への道

第10章 戦後の日本

11年も続いた応仁の乱で時代は下剋上に

優柔不断があだになった将軍

足利義満のあと、「父嫌い」の4代将軍足利義持、「くじ引き将軍」の6代将軍足利義教、といまひとつパッとしない室町幕府の将軍たちですが、8代将軍に就任した**足利義政**も「優柔不断」という、いまひとつの欠点があった将軍です。

足利義政には**日野富子**という妻がいましたが、長らく男子に恵まれず、やむなく足利義政は弟の**足利義視**を次の将軍に決めます。ところがその翌年、日野富子に男子（**足利義尚**）が生まれたのです。当然、足利義視と足利義尚のどちらを次の将軍にするのか、足利義政の判断に注目が集まりますが、足利義政はどちらにするとも答えず、優柔不断な態度をとり続けたまま、趣味の庭造りや建物づくりにふけりました。

このことのみならず、足利義政は幕府の財政難や度々起こる土一揆にも目を向けず、政治を大名たちに任せて、自身は趣味に走る、という面がありました。

複雑な利害が絡んだ激しい内乱

「将軍をどちらにするかを決めない」ことと、「政治は有力守護大名にお任せ」ということが、11年にもわたる大乱、応仁の乱を招いてしまいます。

有力守護大名どうしが足利義視を次の将軍に推す一派と足利義尚を次の将軍に推す一派に分かれて争ったのです。（はじめは足利義尚を推していた）足利義視を推す**山名持豊**を中心とする西軍と、（はじめは足利義視を推していた）足利義尚を推す**細川勝元**を中心とする東軍に分かれ、有力大名

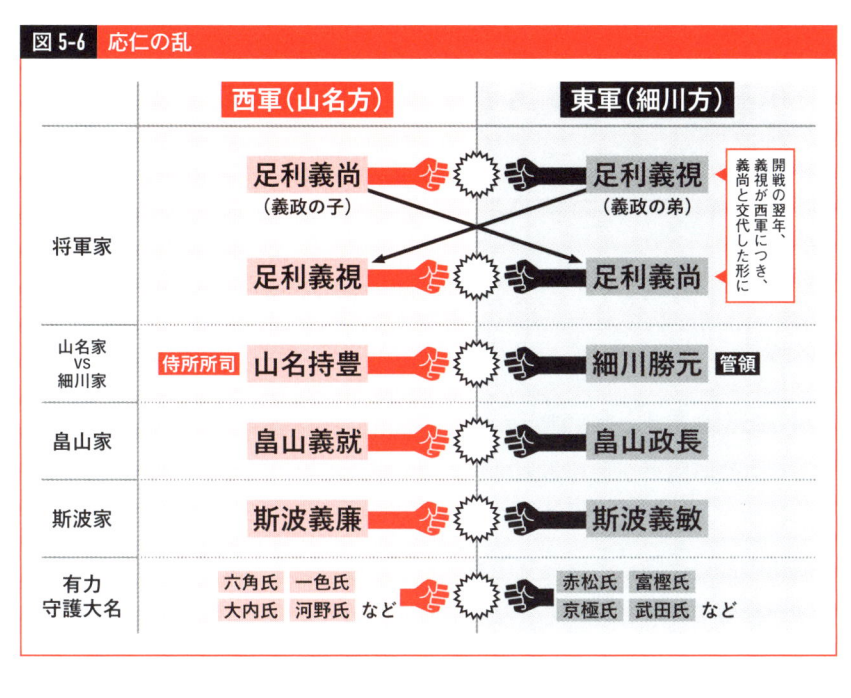

図 5-6　応仁の乱

	西軍（山名方）	東軍（細川方）	
将軍家	足利義尚（義政の子）／足利義視	足利義視（義政の弟）／足利義尚	開戦の翌年、義視が西軍につき、義尚と交代した形に
山名家vs細川家	侍所所司　山名持豊	細川勝元　管領	
畠山家	畠山義就	畠山政長	
斯波家	斯波義廉	斯波義敏	
有力守護大名	六角氏　一色氏　大内氏　河野氏　など	赤松氏　富樫氏　京極氏　武田氏　など	

第1章　縄文時代・弥生時代・古墳時代

第2章　飛鳥時代・奈良時代

第3章　平安時代

第4章　鎌倉時代

第5章　建武の新政・室町時代

第6章　戦国・安土桃山時代

第7章　江戸時代

第8章　明治時代

第9章　大正時代・戦争への道

第10章　戦後の日本

もそれぞれ東西に分かれて京都を戦場に激しく戦います。

　このような回りくどい説明になってしまうことからわかるように、じつは、守護大名たちは将軍の跡継ぎ争いなど二の次で、自らの勢力争いや、自分の家の相続争いという私欲の戦を11年間も続けたのです。

　南北朝時代以降、武士の間で単独相続が一般的になった、ということも戦乱が長引いた1つの理由です。鎌倉時代、親の領地は子たちに分け与えられましたが、室町時代以降、一般的に跡継ぎの長男にすべて相続させるようになります。そのため、次男や三男が相続したい場合には長男の敵になって分かれ、戦って勝利するほかありません。身内同士の戦いはどうしても恨みが後を引き、長期化・泥沼化してしまいます。

　そして、この時代あたりから戦いに足軽といわれる機動力に富み、集団で敵にぶつかる軽装備の武士が活躍するようになります。ただし、寄せ集めの兵でモラルが低く、破壊・略奪などを繰り広げたため、「昼強盗」などといわれましたが、数が多いためにしばしば勝負の決め手になることがありました。

強まっていく下剋上の風潮

守護代、国人、一揆が国を乗っ取る

　応仁の乱の結果、将軍になったのが9代将軍**足利義尚**です。応仁の乱を主導した山名持豊と細川勝元がいずれも亡くなったことをきっかけに、足利義政は次の将軍を足利義尚に決め、完全に引退してしまったのです。

　この時代の日本はすでに「乱世」に突入しています。

　応仁の乱に出陣していた守護大名が、長期にわたって戦陣にあったため、任国の秩序を守ることができなくなり、代わりに国の実権が「留守番」をしていた守護代に移ったり、有力な国人たちが自分たちの勢力を伸ばしたりするようになりました。

　また、近畿地方を中心に国人たちが団結する「国一揆」を結成する所もありました。京都南部の南山城地方では応仁の乱で敵味方に分かれて争っていた畠山氏を国人たちが追い出した**山城の国一揆**が起きました。また、加賀の国では浄土真宗の勢力（一向衆、といいます）と国人たちが手を結び、守護の富樫政親を倒した**加賀の一向一揆**が起きます。加賀の国は100年ほども一向一揆の支配が続き、「百姓の持ちたる国」といわれました。

　こうして、応仁の乱以後、守護に代わって国の実権を守護代や国人が握ったり、民衆の一揆が国を乗っ取ったりするような、下の身分にあった者が上の身分の者を倒すという**下剋上**の風潮が強まっていきます。

　足利義尚の没後4年に、戦国時代のトップバッター、北条早雲が足利氏の一門の堀越公方を滅ぼすという事件が起き、いよいよ日本が戦国時代に突入していくのです。

第6章

戦国・安土桃山時代

第6章 戦国・安土桃山時代　あらすじ

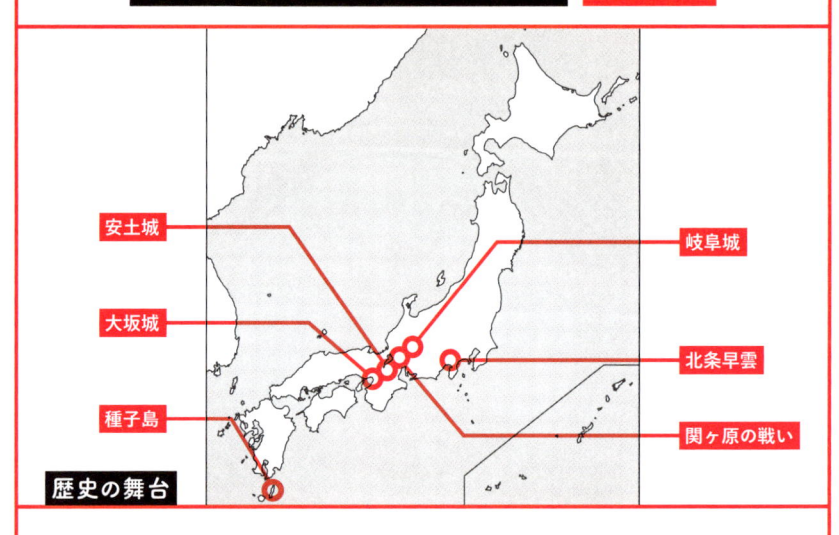

安土城
大坂城
種子島
歴史の舞台

岐阜城
北条早雲
関ヶ原の戦い

実力で成り上がった戦国大名たちの「国盗り物語」の時代

　関東の北条早雲（ほうじょうそううん）の登場を皮切りに、全国各地で個性的な戦国大名たちが天下統一を目指して戦うようになり、戦国時代が幕を開けます。その中から織田信長、豊臣秀吉、徳川家康といった「天下人」たちが登場します。

　織田信長の統一事業を豊臣秀吉が受け継ぎ、豊臣秀吉が行った太閤検地（たいこうけんち）などの業績を受け継いで徳川家康が長期政権の基礎をつくるという、天下人たちのリレーが大きな見どころです。

　また、戦国時代にヨーロッパ世界という新たな世界との接触が始まります。ヨーロッパからもたらされた鉄砲とキリスト教はのちの時代に大きな影響を与えます。

政治

戦国大名たちは、実力で自らの「分国」をつくり上げ、互いに天下を目指して争います。大名は統治のため、領国内で通用する法令を盛んに出しました。織田信長の統一事業は、豊臣秀吉が受け継ぎ完成されました。

経済

戦国大名たちは乱世を勝ち抜くために金山の開発や経済振興を積極的に行いました。織田信長の経済政策である楽市令、豊臣秀吉の「太閤検地」や「一地一作人」の制度などは、それまでの経済システムを大きく変えるものでした。

社会

それまでの荘園や公領が入り混じった土地制度を整理したのが、豊臣秀吉の「太閤検地」や「一地一作人」の制度です。これらの制度でもたらされた石高制や兵農分離などの民衆統制のしくみは江戸幕府の基礎となります。

外交

ここまで外交の相手はおもに中国でしたが、戦国時代から西洋との接触が始まります。鉄砲の伝来は、戦術を一変させました。また、南蛮貿易の利益を求めてキリスト教を積極的に受け入れる大名も現れました。

第1章 縄文時代・弥生時代・古墳時代
第2章 飛鳥時代・奈良時代
第3章 平安時代
第4章 鎌倉時代
第5章 建武の新政・室町時代
第6章 戦国・安土桃山時代
第7章 江戸時代
第8章 明治時代
第9章 大正時代・戦争への道
第10章 戦後の日本

関東で、畿内で、戦国時代が始まる

2か国を手に入れた「謎の人物」

　応仁の乱にかかりきりになっていた将軍家や守護大名の権威が低下し、かわりに全国で守護代や国人たちが力をつけ、守護大名を超えるような権威を持ち始めると、下剋上の雰囲気が世の中にあふれるようになりました。

　もはや、人々は、ただ将軍家や守護大名であるというだけの「権威」ではなく、「実力」のあるものに従うようになり、その実力者たちが互いに争うという「**戦国時代**」が始まりました。

　こうした戦国時代の始まりを告げた人物が**北条早雲**です。「北条早雲」という名前はのちに呼ばれた名前で、当時は伊勢宗瑞と名乗っており、「北条」といっても、鎌倉時代、執権を出した「北条氏」との血縁関係はありません。北条早雲は室町幕府の政所の執事だった伊勢氏の一族で、妹（姉とも言われます）が嫁いでいた、駿河の守護大名の今川氏の跡継ぎ争いに介入するために都から駿河に下りました。跡継ぎ争いの結果、甥の今川氏親が今川家の当主になると、領地と城を与えられます。

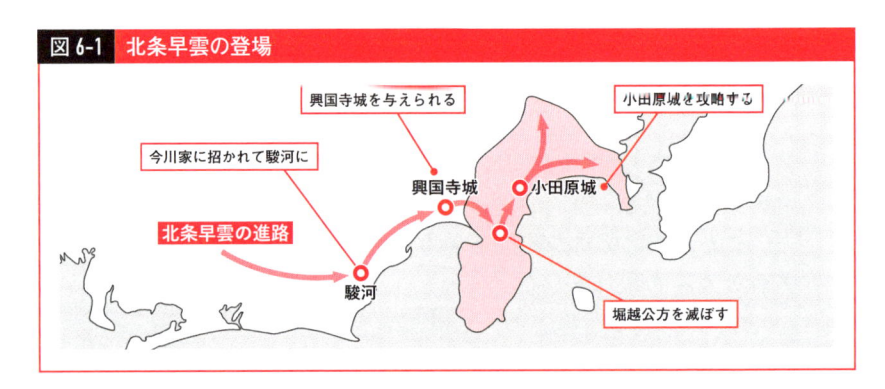

図 6-1　北条早雲の登場

興国寺城を与えられる

小田原城を攻略する

今川家に招かれて駿河に

興国寺城

小田原城

北条早雲の進路

駿河

堀越公方を滅ぼす

第1章 縄文時代・弥生時代

第2章 飛鳥時代・奈良時代

第3章 平安時代

第4章 鎌倉時代

第5章 建武の新政・室町時代

第6章 戦国・安土桃山時代

第7章 江戸時代

第8章 明治時代

第9章 大正時代・戦争への道

第10章 戦後の日本

ここから戦国大名としての北条早雲の躍進が始まります。足利義政の頃から足利氏の「鎌倉公方」は分裂していましたが、北条早雲はそのうち一方の「堀越公方」を滅ぼし、伊豆国を奪います（もう一方の「古河公方」のほうも、のちに孫の北条氏康が倒します）。次いで相模の小田原城を手に入れ、相模をも手に入れました。

北条早雲は謎が多い人物であり、出自や足取りなどまだわかっていないことも多くあります。しかし、**今川氏の「客」であった北条早雲が将軍の一門の足利氏を倒し、2か国を手に入れたことは、確実に、それまでの時代と異なる乱世の時代に入ったことを示しています。**

畿内では二重、三重の下剋上が起こる

同じ頃、都の周辺でも「戦国」が始まっています。10代将軍の足利義稙が守護大名の細川政元と対立を始めてしまい、細川政元は足利義稙を追放し、新しい11代将軍に足利義澄をかつぎ、幕府の実権を握りました。しかし、細川氏は跡継ぎ争いから弱体化し、家臣の三好氏に実権を握られてしまいます。**三好長慶**は主君であった細川晴元と12代将軍足利義晴を京都から追い出し、13代将軍足利義輝と戦ってこれも追放してしまいます。**守護大名が将軍をすげ替えるという「下剋上」と、その家臣が実権を奪うという「下剋上」の「ダブル下剋上」が起きたのです。**三好長慶も、最終的には家臣の松永久秀に実権を奪われ、「トリプル下剋上」の様相を呈します。

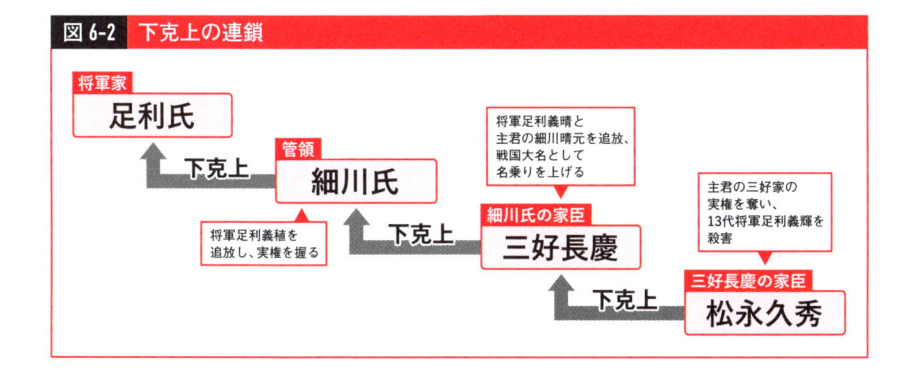

図 6-2　下克上の連鎖

将軍家
足利氏

↑ 下克上

管領
細川氏

将軍足利義稙を追放し、実権を握る

↑ 下克上

細川氏の家臣
三好長慶

将軍足利義晴と主君の細川晴元を追放、戦国大名として名乗りを上げる

↑ 下克上

三好長慶の家臣
松永久秀

主君の三好家の実権を奪い、13代将軍足利義輝を殺害

全国を駆け抜けた 戦国の群雄たち

全国に広がった戦乱

　戦国大名たちが自らつくり上げた支配領域を「**分国**」といい、戦国大名たちはそれぞれの分国を持って群雄割拠することになります。駿河の今川氏や甲斐の武田氏など、守護大名が戦国大名になった例もありますが、多くは越前の朝倉氏や尾張の織田氏などの守護代の家から戦国大名になった者、陸奥の伊達氏や安芸の毛利氏、土佐の長宗我部氏など、国人から戦国大名になった者など、「下剋上」により成長した大名たちでした。

　戦国大名は、一揆を結んで守護大名に抵抗していた国人たちや、惣村を守る土着の武士だった地侍を取り込んで家臣にしていきます。

　大名たちは国人や地侍たちを有力家臣に預けて家臣団に組み込む**寄親・寄子制**というしくみでしたがえ、それぞれの分国で通用する独自の法令である**分国法**をつくって領国支配を固めていきました。

東北の「独眼竜」伊達政宗

　東北の代表的な戦国大名は、**伊達政宗**です。幼少時に病にかかり、右目を失明したことから、「独眼竜」のあだ名で知られます。出羽の米沢を拠点に、東北地方に広大な勢力を築きました。戦国大名としての登場は遅く、江戸幕府の3代将軍、徳川家光の時代まで生きました。

関東に安定した勢力を築いた北条氏

　北条早雲の子、北条氏綱と孫の**北条氏康**は優れた軍事・統治能力を発揮し、足利氏一門の古河公方や関東管領の上杉氏を破って関東一円を支配し、

安定した分国支配を行いました。

「甲斐の虎」武田信玄と「越後の龍」上杉謙信

　甲信越地方では、「甲斐の虎」と呼ばれた**武田信玄**と、「越後の龍」と呼ばれた**上杉謙信**がよく知られます。武田信玄は有力な家臣団に恵まれ、「甲州法度之次第」という分国法を出し、金山開発などを進めて一時は「天下に最も近い」という評価まであった大名です。

　上杉謙信は越後の守護代の長尾氏の出身ですが、のちに関東管領の上杉氏から名を譲られ、関東管領を名乗って度々関東や北陸に兵を出しました。

　この２人は戦国時代の代表的なライバル関係として知られ、**川中島の戦い**などでしばしば激突しました。

「天下人」たちの主戦場となった東海地方

　駿河、遠江を支配した「海道一の弓取り」**今川義元**は、武田信玄・北条

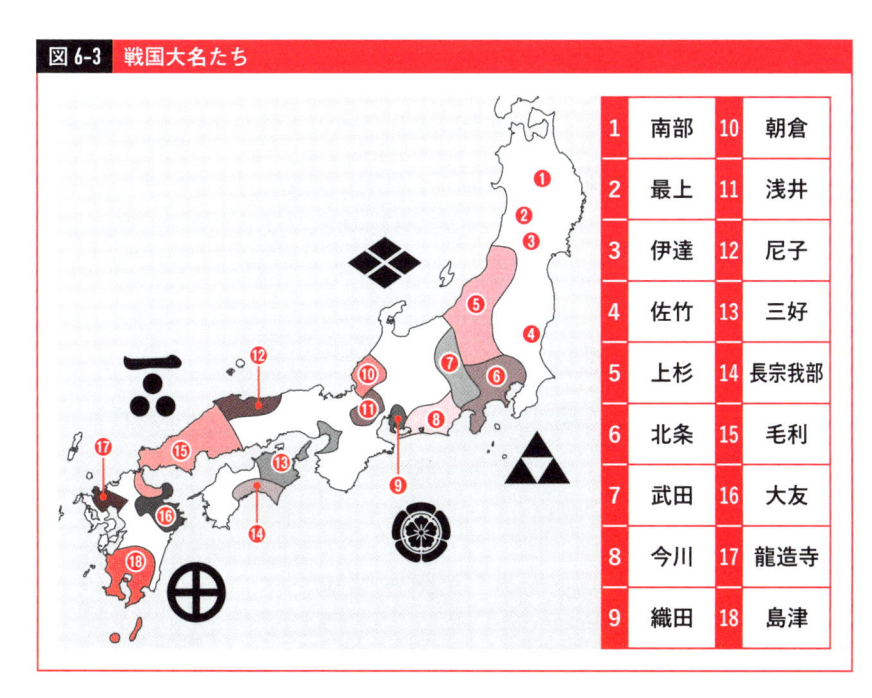

図 6-3　戦国大名たち

番号	大名	番号	大名
1	南部	10	朝倉
2	最上	11	浅井
3	伊達	12	尼子
4	佐竹	13	三好
5	上杉	14	長宗我部
6	北条	15	毛利
7	武田	16	大友
8	今川	17	龍造寺
9	織田	18	島津

第1章　縄文時代・弥生時代・古墳時代
第2章　飛鳥時代・奈良時代
第3章　平安時代
第4章　鎌倉時代
第5章　建武の新政・室町時代
第6章　戦国・安土桃山時代
第7章　江戸時代
第8章　明治時代
第9章　大正時代・戦争への道
第10章　戦後の日本

氏康と同盟を結んで三河に進出し、東海地方随一の大大名になりました。

今川義元は京都にのぼって将軍家をかつぎ、幕府の実権を握ろうとしますが、その途上、桶狭間の戦いで織田信長に敗れます。その後、「天下人」として成長した織田信長の家臣の中から、豊臣秀吉が頭角を現します。今川家、織田家の間に挟まれた三河地方からは、徳川家康が登場します。このように、東海地方はまさに「天下人」たちの主戦場だったのです。

 ## 勇将の浅井長政、小京都をつくった朝倉義景

畿内には「ダブル下剋上」によって幕府の実権を握った三好長慶がいましたが、その三好氏も家臣の松永久秀に実権を奪われ「トリプル下剋上」の形になっていました。松永久秀は13代将軍足利義輝を殺害しています。近江の北部では勇将で知られた浅井長政が、越前では京の公家を迎えて独自の文化が栄えた朝倉氏の朝倉義景が代表的な戦国大名として知られます。

 ## 毛利元就が子に伝えた「三本の矢」の教え

中国地方に勢力を誇った守護大名の大内氏は、家臣の陶晴賢という人物に国を奪われていました。安芸の国人の出身だった毛利元就は、この陶晴賢を破り、大内氏の旧領地を支配して一大勢力を築きました。毛利元就は自分の３人の子に、一本では折れる矢でも三本束にすると容易に折れないという「三本の矢」の例えで、互いに協力するよう諭したといわれます。

 ## 長宗我部元親は「姫若子」から「鬼若子」へ

四国には、長宗我部元親がいました。幼い頃「姫若子」といわれるほど弱々しかったのですが、大人になると武勇を発揮し、「鬼若子」といわれたとされています。土佐を制覇し、四国を統一した「四国の英雄」です。

 ## 島津・大友・龍造寺の「九州三国志」

九州では、豊後の大友義鎮、肥前の龍造寺隆信、薩摩の島津義久が覇権

をかけた「三国志」のような状況にありました。

戦術を一変した鉄砲の伝来

　戦国時代は、世界史の中で見ると、いわゆる「大航海時代」にあたります。すでにコロンブス、ヴァスコ＝ダ＝ガマ、マゼランなどは主要な航海を終えており、この航海の成果を手に入れたヨーロッパ諸国が、これから海外進出をしていこうという時期が、日本の戦国時代だったのです。この情勢の中、日本に鉄砲とキリスト教という、大きく日本史を変えた2つの要素がヨーロッパから伝えられます。

　鉄砲（火縄銃）は種子島に漂着したポルトガル人から、種子島の領主、**種子島時堯**（たねがしまときたか）に伝えられました。種子島では鉄砲の国産化に成功します。そして、その製法は堺などの都市に伝わり、量産化されました。**鉄砲は発射音の大きさによって戦場で大いに敵の士気を奪いました。のちに集中活用されて戦争の勝敗を決定づける武器として重要視されるようになります。**

西日本を中心に広がったキリスト教

　キリスト教は、鹿児島に上陸したイエズス会の宣教師、**フランシスコ＝ザビエル**によって伝えられました。**西日本の大名の中にはスペインやポルトガルなどの南蛮の国々と貿易を行い、利益を得ようとしてキリスト教の布教を許可する者も多く**、宣教師たちは日本で活発な布教を行います。中にはキリスト教に入信する大名も現れ、**キリシタン大名**といわれました。キリスト教を保護した大名たちの城下町には、南蛮寺といわれた教会や、宣教師の養成施設である**コレジオ**、神学校である**セミナリオ**といわれた施設が建てられました。「パン」や「ボタン」、「テンプラ」など、現在でも日常的に使われる言葉の中には、こうした宣教師たちによってもたらされたポルトガル語から日本語化した言葉が数多くあります。

　九州の代表的なキリシタン大名の大友義鎮らは宣教師の勧めで4人の少年をローマ教皇のもとに派遣しました。これを**天正遣欧使節**（てんしょうけんおうしせつ）といいます。

第1章　縄文時代・弥生時代・古墳時代
第2章　飛鳥時代・奈良時代
第3章　平安時代
第4章　鎌倉時代
第5章　建武の新政・室町時代
第6章　戦国・安土桃山時代
第7章　江戸時代
第8章　明治時代
第9章　大正時代・戦争への道
第10章　戦後の日本

「天下」を狙った信長の野望

 ## 乱世の英雄、織田信長の登場

　戦国時代も後半戦に入ると、いよいよ乱世を統一して天下をおさめようとする「天下人」が登場します。尾張の守護代の一族だった**織田信長**は、**桶狭間の戦い**で今川義元を破ると、美濃の斎藤氏を攻略して美濃を奪い、**岐阜**を本拠地に定めます。

　信長は岐阜を本拠地に定めた頃から「**天下布武**」という印章を用い、天下を武力で握ろうとする意欲を見せ始めます。織田信長は、実権を失って各地を転々としていた**足利義昭**を迎えて京都に入り、足利義昭を15代将軍

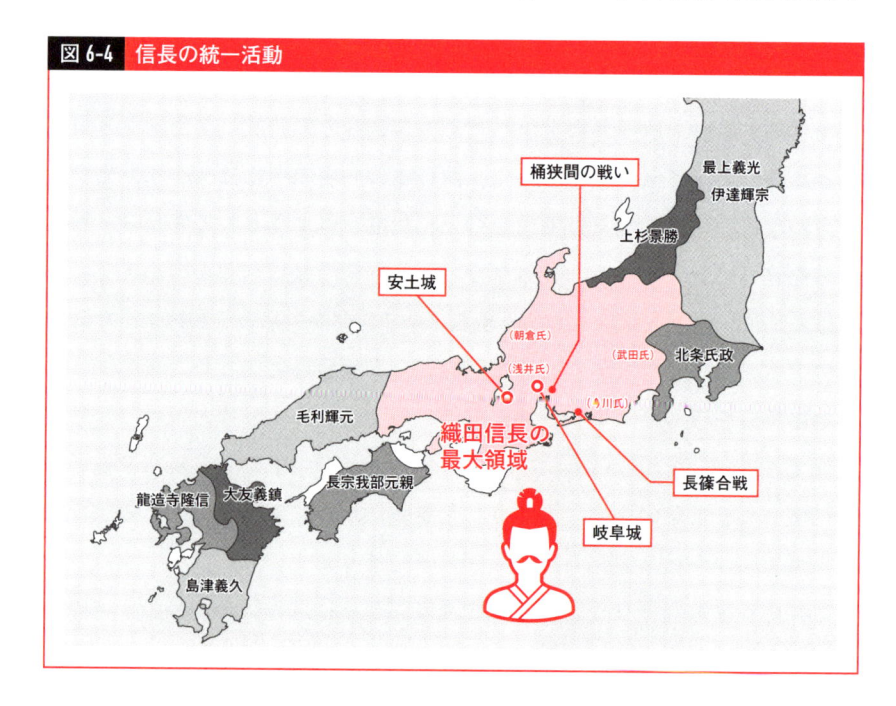

図 6-4　信長の統一活動

につけることにより、自らの権威を高めようとしました。

第1章 縄文時代・弥生時代・古墳時代
第2章 飛鳥時代・奈良時代
第3章 平安時代
第4章 鎌倉時代
第5章 建武の新政・室町時代
第6章 戦国・安土桃山時代
第7章 江戸時代
第8章 明治時代
第9章 大正時代・戦争への道
第10章 戦後の日本

信長の拠点は岐阜から安土へ

　各地の大名を打ち破った信長ですが、浅井氏・朝倉氏の連合軍には苦戦しました。この苦戦の原因となったのは、比叡山延暦寺が浅井氏・朝倉氏に協力したことでした。その報復のため、織田信長は**比叡山を焼き打ち**し、多数の僧を殺害しました。

　次いで、将軍の権力を回復するために各地の大名と結び、織田信長を倒そうとしていた足利義昭を追放し、室町幕府を滅亡させます。**長篠合戦**では武田信玄の子、武田勝頼に鉄砲の大量活用で勝利しました。長篠合戦の翌年には巨大な**安土城**を築城し、中国地方の大大名、毛利氏と戦いを始めています。キリスト教に保護を与える一方、地侍や農民と結んで抵抗する寺院勢力とは敵対し、一向一揆と何度も戦っています。

本能寺に散った天下人の夢

　こうして、織田信長は東海から北陸、畿内、中国地方の一部と、ほかの戦国大名とは規模が違う勢力をもつ、「天下人」となっていきます。織田信長は合理的な考えの持ち主で、それまでの伝統や慣習にこだわることなく、新しい支配体制の確立を行おうとしました。

　経済力の向上を重視した織田信長は、関所を撤廃して人の行き来を盛んにし、安土の城下町に**楽市令**を出して、**よそ者や新規参入者でも自由に商売ができるようにしました。その結果、城下町が繁栄し、全国の産物が織田信長のもとに集まることになったのです。**また、貿易で繁栄していた自治都市の堺を直接おさめ、その経済力と鉄砲生産能力を手に入れました。

　このように統一事業の完成を進めた織田信長ですが、その「アクの強い」人間性のためか、生涯にわたって家臣や同盟勢力に背かれることが多く、最期には**明智光秀**に背かれた**本能寺の変**により、炎に包まれた本能寺で自刃して亡くなります。

「藤吉郎」から 「太閤秀吉」への立身出世

主君の死をチャンスに変えた秀吉

　織田信長の後を継ぎ、天下を統一したのが**豊臣秀吉**です。地侍とも足軽とも伝えられる「藤吉郎」が織田信長に仕え、その能力を発揮して重臣の地位に登りつめ、織田信長の死後は天下を統一するという「立身出世物語」で知られています。本能寺の変のとき、秀吉は「羽柴秀吉」と名乗っており、毛利氏を攻める総大将として備中の国にありました。羽柴秀吉は毛利氏と和平して一気に京都に戻り、山崎の戦いで明智光秀を破り、**本能寺の変からわずか10日ほどで織田信長の後継者として名乗りをあげます。**その翌年には織田信長の重臣としてライバル関係にあった柴田勝家を賤ヶ岳の戦いで破り、織田信長の後継者としての地位を確立しました。

戦わずに屈させる、秀吉の天下統一事業

　織田信長が安土城を築き、天下統一の本拠地にしたように、羽柴秀吉は**大坂城**を築き、天下統一の本拠地にします。ここからの統一事業はいずれも地域を支配した大大名たちとの戦いになりました。小牧・長久手の戦いでは徳川家康と織田信雄（信長の子）の連合軍と戦いますが、半年以上の期間を費やした末、引き分けに終わります。この陣が長期にわたったことから、「軍事的な統一は非常に長い期間がかかる」と考えた羽柴秀吉は、朝廷の権威を利用して全国の大名に停戦を命じ、従わぬものを討伐するという手法をとります。羽柴秀吉は関白に任ぜられたのち、長宗我部氏を屈服させて四国を平定し、次いで太政大臣に任ぜられ、豊臣の姓を与えられて「豊臣秀吉」となります。その後、九州の島津氏と東北の伊達氏を服属させ、

従わなかった関東の北条氏を滅ぼし、天下統一が完成しました。

第1章 縄文時代・弥生時代・古墳時代

第2章 飛鳥時代・奈良時代・

第3章 平安時代

第4章 鎌倉時代

第5章 建武の新政・室町時代

第6章 戦国・安土桃山時代

第7章 江戸時代

第8章 明治時代

第9章 大正時代・戦争への道

第10章 戦後の日本

秀吉の政策は時代の転換点となった

　豊臣秀吉の重要政策に「検地」と「刀狩」があります。それまでの検地は、大名たちが自己申告する「指出検地」というものでしたが、秀吉の「太閤検地」は土地の生産力の基準を定めて**実際に調査を行い**、土地の生産力を米の収穫量で示した「石高」で統一する「石高制」を用いました（室町時代には土地の生産力をお金に換算した「貫高制」をとっていました）。お米を炊くときの「1合」は約180㎖ですが、その10倍は「1升」です。この10倍が「1斗」、さらに10倍が「1石」です。よく**「10万石の大名」といいますが、これはその大名の領地が「1億合」の米がとれる生産力をもつ、ということなのです**。検地帳に記載される土地の持主は耕作する農民一人に限られる「一地一作人の原則」を適用し、平安中期以降続いてきた荘園制に基づく複雑な土地の所有関係の整理ができた格好になりました。

図 6-5　秀吉の統一活動

文禄の役

織田信長の最大領域

伊達政宗

賤ヶ岳の戦い
柴田勝家

慶長の役

慶州

釜山

海南

朝鮮出兵

名護屋

長宗我部元親

島津義久

大坂城

小田原征伐
北条氏政・氏直

小牧・長久手の戦い
徳川家康・織田信雄

山崎の戦い
明智光秀

豊臣秀吉はこの太閤検地と合わせて**刀狩令**を出し、百姓の武器を没収して百姓の武士化を防止します。室町時代に農民が武士化して土着の武士となり支配階層に抵抗したため、豊臣秀吉はそれを危険視し、農民の武士化を防止する「**兵農分離**」政策を推し進めたのです。

秀吉の目が海外に向かう

　主君にあたる織田信長はキリスト教を保護していたので、豊臣秀吉も当初はキリスト教を保護しました。しかし、キリシタン大名の**大村純忠**が長崎の地を教会に寄付していたことを知ると、大名のキリスト教信仰が支配の妨げになると考え、大名が無断でキリスト教徒になることを禁じ、次いで、**バテレン追放令**を出してキリスト教宣教師を追放しました。

　また、スペイン船のサン＝フェリペ号が土佐に漂着した折、その乗組員の話からスペインが積極的に海外に進出していることがわかると、豊臣秀吉がキリシタンを警戒し、宣教師やキリスト教の信徒26人を長崎に送り、みせしめに処刑するという「26聖人殉教」事件も起きました。ただし、**外国人商人の来航や対外貿易を禁止したわけではありませんので、豊臣秀吉のキリスト教禁止政策は徹底したものにはなりませんでした。**

　天下を統一した豊臣秀吉は、アジア各地への進出を図るようになります。ポルトガルの拠点だったインドのゴア、スペインの拠点だったフィリピンのマニラなどに、貢物を送り服属するように求めました。中国への進出を視野に入れ、朝鮮にも服属を要求しましたが、朝鮮に拒否されると、豊臣秀吉は2回にわたる**朝鮮出兵**を行います。

　一度目の出兵である**文禄の役**は現在のソウルやピョンヤンを攻略するほどの優勢に立ちますが、次第に朝鮮の**李舜臣**率いる水軍に補給路を脅かされるようになり、現地の武将たちは和平交渉を行うために一時休戦し、帰国しました。しかし、豊臣秀吉が再度の出兵を命じたため、二度目の出兵である**慶長の役**が始まりました。この戦いは初めから苦戦で、戦線が朝鮮南部で膠着することとなり、豊臣秀吉の死によって撤退しました。

秀吉の死後起きた天下分け目の戦い

第1章 縄文時代・弥生時代・古墳時代

第2章 飛鳥時代・奈良時代

第3章 平安時代

第4章 鎌倉時代

第5章 室町時代 建武の新政・

第6章 戦国・安土桃山時代

第7章 江戸時代

第8章 明治時代

第9章 大正時代・戦争への道

第10章 戦後の日本

 ## 弱小勢力からスタートした徳川家康

　晩年の豊臣秀吉は、「五大老」といわれた有力大名たちに重要な政策を合議させ、「五奉行」といわれた豊臣秀吉の腹心たちに政務を分担させるという大名たちの協力体制をつくります。しかし、豊臣秀吉が亡くなると、実権は5歳だった秀吉の子の**豊臣秀頼**から、五大老の筆頭であり、250万石を有する最大の大名だった**徳川家康**に移り、協力体制は崩れていきました。

　徳川家康は三河の小大名の松平氏の出身で、はじめ、駿河の今川氏と尾張の織田氏に挟まれた弱小勢力でした。今川氏が滅亡すると、織田信長と同盟関係になり、織田信長の成長とともに領地を拡大します。織田信長が亡くなると、独自の勢力拡大路線をとって甲信越に勢力をつくり、もとの武田氏の領地である甲斐や信濃を勢力圏に置きました。豊臣秀吉に従ってからは関東に領地を与えられ、江戸の町の建設に力を入れました。

 ## 「天下分け目」の関ヶ原の戦い

　徳川家康が実権を握り、天下人のようなふるまいが目立つようになると、「あくまでも豊臣秀頼を天下人として豊臣政権を存続させよう」という五奉行筆頭の**石田三成**と対立するようになります。また、豊臣秀吉の生前から、加藤清正や福島正則らの、前線で敵と戦う「武将」グループと、石田三成や小西行長らの、事務を行う「官僚」グループの対立がありました。つまり、**秀吉の死によって表面化した大名たちの対立が、徳川家康と石田三成の対立に乗っかり、関ヶ原の戦いの対立構造ができたのです。**

　徳川家康のもとには、「武将」グループの大名たちの多くが集結し、元か

らの家康の家臣たちと一緒に「東軍」を形成します。一方、石田三成の側には「官僚」のグループと「五大老」として家康と同格であった毛利輝元、上杉景勝、宇喜多秀家などの大大名がつき、「西軍」となります。こうして「天下分け目」の関ヶ原の戦いが起こります。戦況は石田三成の西軍が押し気味に推移しますが、西軍についていた小早川秀秋（豊臣秀吉の養子になったこともある人物です）が徳川家康の東軍に寝返ったことで徳川家康が優勢となり、東軍の勝利が決まりました。

西軍の大名に下った厳しい処分

　関ヶ原の戦いに勝利した徳川家康は、西軍についた大名たちの取りつぶしや領地の大幅削減を行います。もとの五大老のうち、西軍についた毛利輝元や上杉景勝は大幅に領地が削減され、宇喜多秀家は八丈島に流され、石田三成は京都で処刑されました。西軍の諸大名が主君とあおいでいた**豊臣秀頼の領地も減らされ、一大名の地位に転落しました。**

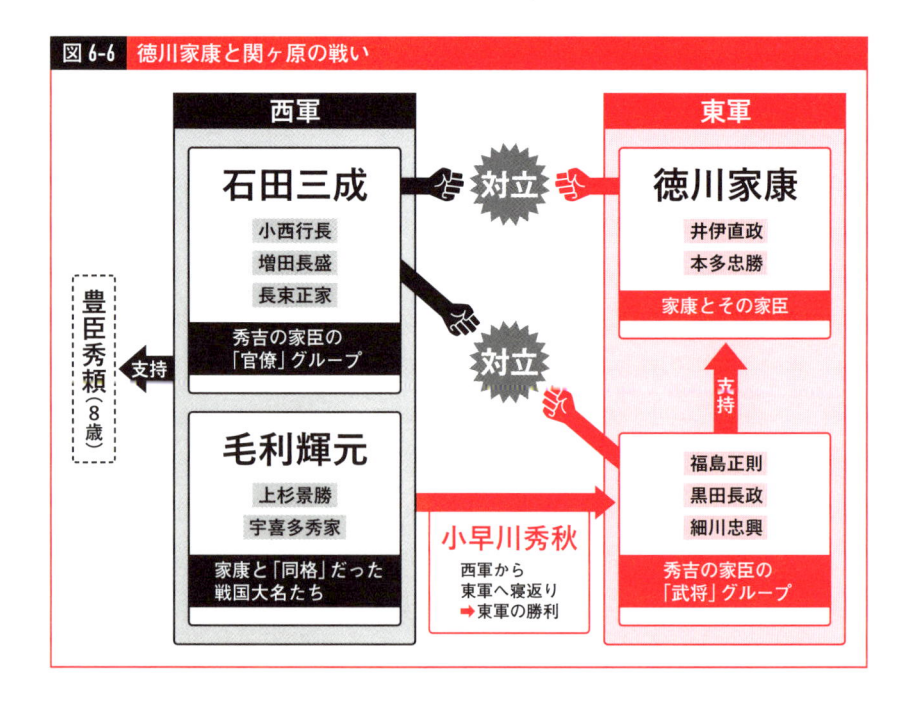

図 6-6　徳川家康と関ヶ原の戦い

西軍		東軍
石田三成 小西行長 増田長盛 長束正家 秀吉の家臣の「官僚」グループ	対立	**徳川家康** 井伊直政 本多忠勝 家康とその家臣
毛利輝元 上杉景勝 宇喜多秀家 家康と「同格」だった戦国大名たち	対立	福島正則 黒田長政 細川忠興 秀吉の家臣の「武将」グループ

豊臣秀頼（8歳）← 支持

小早川秀秋
西軍から東軍へ寝返り
➡東軍の勝利

支持

第7章

江戸時代

第7章 江戸時代　あらすじ

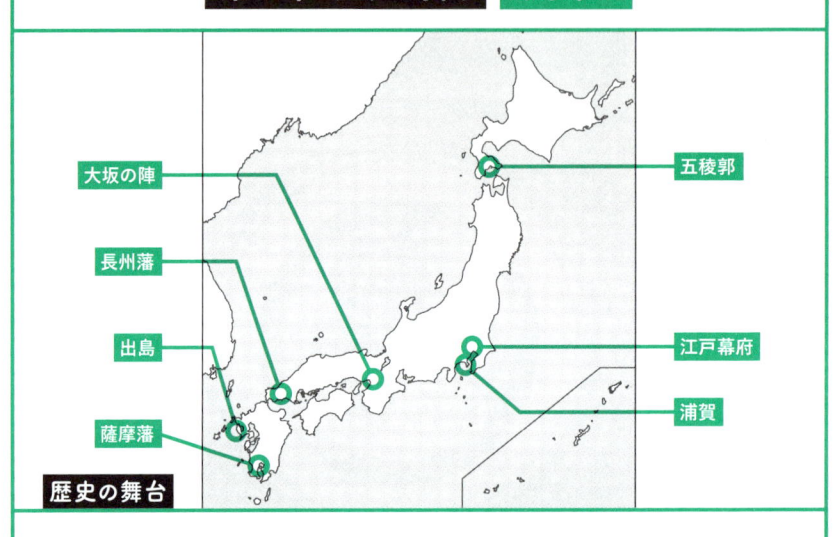

大坂の陣
長州藩
出島
薩摩藩
五稜郭
江戸幕府
浦賀

歴史の舞台

コメ社会とカネ社会のはざまに
揺れた「太平の世」

　3代将軍の徳川家光の頃に完成した江戸幕府の体制は、約260年の太平の世をもたらしますが、5代将軍徳川綱吉の頃から幕府の財政難が始まります。そして、米中心の幕府の経済と実際の貨幣経済との間に矛盾が広がっていったのです。

　幕府の後半には飢饉が増え、百姓一揆や打ちこわしが起こるようになり、幕府は大きな改革によって財政難や飢饉を乗り越えようとしますがうまくいかず、財政はかたむきました。

　国際情勢が変化する中、外国船が日本近海に現れ、通商を迫るようになったのです。ペリーの来航後、国内の意見が様々に分かれて争う中、幕府は次第に力を失っていきました。

政治

3代将軍徳川家光まで、初期の将軍たちは大名を厳しく統制する「武断政治」、5代将軍徳川綱吉の頃は政治や学問の力で治める「文治政治」、そして徳川吉宗以降の政権担当者たちは、大規模な幕政改革を行いました。

経済

米社会を基盤とする武士と農村、お金を基盤とする商人や手工業者の経済の二重構造の矛盾が、商業の発展とともに拡大します。貨幣経済は、武士や農村に着実に浸透し、社会構造を変えていきました。

社会

年貢による税収の安定のため、幕府が力を入れたのが農民統制です。幕府にとって、米が経済の基盤だったため、天候不順などが起こると飢饉に陥っていました。百姓や町人は、しばしば一揆や打ちこわしを行います。

外交

貿易統制と禁教政策の徹底のため、幕府は窓口を絞り、相手国を絞って外交を行いました。背後では世界の一体化が進んでおり、江戸時代後期には日本に接触する外国船が増えていきました。そして、ペリーの来航を迎えるのです。

第1章 縄文時代・弥生時代・古墳時代
第2章 飛鳥時代・奈良時代
第3章 平安時代
第4章 鎌倉時代
第5章 建武の新政・室町時代
第6章 戦国・安土桃山時代
第7章 江戸時代
第8章 明治時代
第9章 大正時代・戦争への道
第10章 戦後の日本

長期政権の基礎をつくった徳川家康

 ## 時代は徳川家のものに

　関ヶ原の戦いに勝利した徳川家康は、征夷大将軍に任じられて江戸に幕府を開きます。そして、その将軍の地位をわずか2年後に息子の**徳川秀忠**に譲り、徳川家康は「大御所」としてそのまま実権を持ち続けます。

　このような体制をとった理由は、将軍の位をすぐに譲ることによって、「世襲の政権」であることをアピールし、**一大名の地位に落ちた豊臣家の実権を取り戻したいという思惑に先回りして「武家のリーダーは徳川家である」ことを見せつけるため**でした。

 ## 大坂城を丸裸にした家康

　「大御所」となった徳川家康は、豊臣家を滅ぼすために動き出します。豊臣家の居城の大坂城は巨大な要塞であり、豊臣家を存続させておくと反徳川勢力の強大な敵となる可能性があったからです。

　戦いを起こすには、その理由、つまり「口実」が必要ですが、徳川家康はその理由を「お寺の釣り鐘」に求めました。豊臣家によって造営されていた「方広寺」という寺に、多くの文字が彫り込まれている巨大な釣り鐘（現在も残っています）があります。その完成に際して、文字の一部に「国家安康」「君臣豊楽」という字があることを知った徳川家康は、「国家安康」は「家・康」という字をわざと切り離して家康を呪っているのであり、「君臣豊楽」は「豊臣を君として楽しむ」と読む、すなわち、「豊臣家を君主にあおごう、という言葉のもとに徳川家を倒そうとしている」という言いがかりをつけ、言葉たくみに挑発したのです。

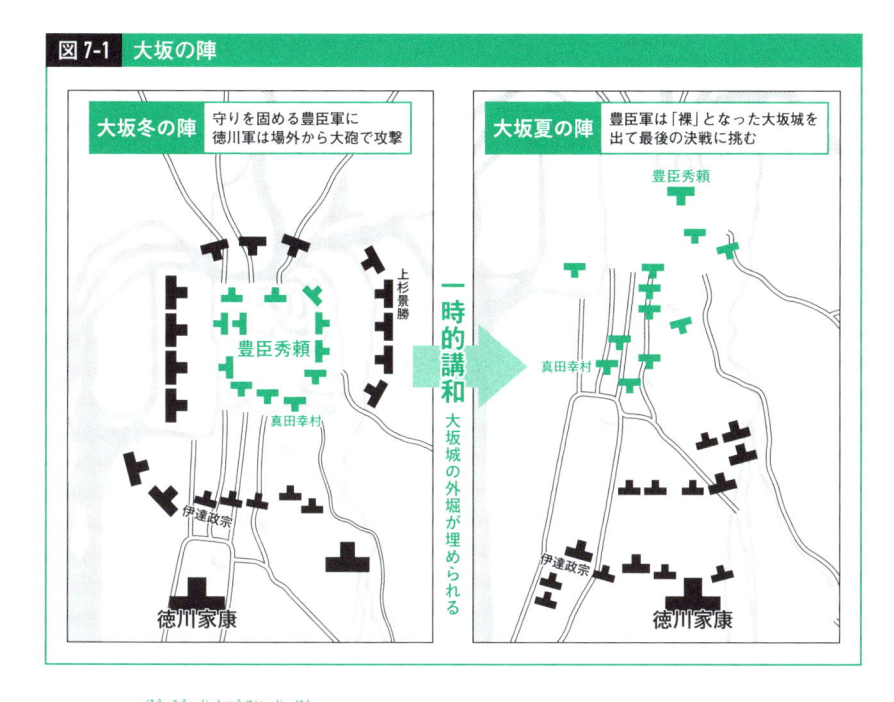

図7-1 大坂の陣

大坂冬の陣 守りを固める豊臣軍に徳川軍は場外から大砲で攻撃

大坂夏の陣 豊臣軍は「裸」となった大坂城を出て最後の決戦に挑む

上杉景勝
豊臣秀頼
真田幸村
伊達政宗
徳川家康

一時的講和　大坂城の外堀が埋められる

豊臣秀頼
真田幸村
伊達政宗
徳川家康

第1章 縄文時代・弥生時代・古墳時代
第2章 飛鳥時代・奈良時代
第3章 平安時代
第4章 鎌倉時代
第5章 建武の新政・室町時代
第6章 戦国・安土桃山時代
第7章 江戸時代
第8章 明治時代
第9章 大正時代・戦争への道
第10章 戦後の日本

　この「**方広寺鐘銘事件**」といわれた事件により、挑発に乗った豊臣家は、関ヶ原の戦いで主君の大名が取りつぶしになり、「牢人（浪人）」となっていた武士たちを集め、徳川家との開戦に踏み切りました。これを**大坂の陣**といいます。**大坂冬の陣**後の和平条件により、大坂城の防御力を無力化した徳川家康は、**大坂夏の陣**で再度大坂城を攻撃して陥落させます。その後、豊臣秀頼は自害し、戦国時代から続いた長い戦いの時代が終わりました。

大名統制が始まる

　大坂の陣の直後、徳川家康は大名たちを統制するため、「一人の大名につき、居城をひとつに限る」という命令を発します（**一国一城令**）。

　戦国時代、大名がもつ地域には複数の城がありました。通常、城どうしが連携しながら防御網を形成するものでしたが、この命令によって、その藩の「本城」だけが残され、「支城」が取り壊されることになり、大名たちが幕府に抵抗する力が無力化されたのです。

大名たちのルール、武家諸法度

一国一城令の翌月、大名を統制するための法令（武家諸法度）が出されます。徳川家康の指示により作成されましたが、将軍、徳川秀忠の名で出されています。この法令により、大名たちが守るべきルールが示され、大名たちが新たに城を築くことや、届け出なく婚姻をすることが禁じられました。

この法令が、将軍と大名との関係を、戦国時代から続く、戦いの中で培われた主従関係から「法的な主従関係」に変え、長く続く江戸時代の大名統制の基礎となったのです。

 ## ルールで縛られた朝廷や公家

大名統制のための武家諸法度とほぼ同時に、天皇家や朝廷を統制するための法令（禁中並公家諸法度）も出されました。「天皇の行うことは第一に学問である」と明記され、こと細かく天皇や朝廷の行動に規制が加えられました。天皇家には禁裏御料という領地も与えられましたが、幕府に対抗する力が持てないよう、小さな大名クラスの領地にとどまりました。

 ## 盛んだった朱印船貿易

この頃世界では、「大航海時代」において、いちはやく世界に進出したポルトガルやスペインに続き、オランダやイギリスが盛んに世界に進出した時代にあたります。オランダ・イギリスは「東インド会社」という組織をつくり、国家の保護のもとにアジア方面へ拠点をつくりました。

オランダ・イギリスと日本の接触は、江戸幕府が開かれる直前、太平洋で遭難したオランダ船のリーフデ号が豊後の国に漂着するという事件によってもたらされました。この船の乗組員だったイギリス人の**ウィリアム＝アダムス**とオランダ人の**ヤン＝ヨーステン**が江戸に招かれ、徳川家康に面会して幕府の外交顧問になりました。

第1章 縄文時代・弥生時代・古墳時代

第2章 飛鳥時代・奈良時代

第3章 平安時代

第4章 鎌倉時代

第5章 建武の新政・室町時代

第6章 戦国・安土桃山時代

第7章 江戸時代

第8章 明治時代

第9章 大正時代・戦争への道

第10章 戦後の日本

戦国時代や豊臣政権から行われているポルトガル・スペイン相手の、いわゆる「南蛮貿易」も奨励され、徳川家康は京都の商人の田中勝介という人物を当時スペイン領だったノビスパン（メキシコ）に派遣しています。

幕府初期の最大の輸入品は、ポルトガルが中国から買い付け、日本に持ち込んでくる生糸でした。当初、ポルトガル商人たちに対して、個々の日本の商人がバラバラに接触していたため、「オークション」のようになり、一番高い値段を付けた商人が買い取り、輸入する生糸の全体の値段が上がってしまうという問題が発生しました。

ポルトガル商人ばかりが得してしまう状況を問題視した幕府は、特定の商人たちに価格を決めて共同購入させ、価格競争が起きないようにする「糸割符制度」をつくりました。

アジアの国々に対しても、積極的な外交や交易を推進します。幕府は豊臣秀吉による朝鮮出兵によって国交が断絶していた朝鮮と講和を行い、対馬の大名だった宗氏と朝鮮との条約締結により貿易が再開されました。朝鮮からの使節が将軍の代替わりなどの節目で派遣され、「通信使」といわれました。東南アジア方面では、渡航の許可状である「朱印状」が与えられた朱印船の貿易が盛んになりました。日本人の中には東南アジアに移住する者もおり、各地に「日本町」ができました。

のちに「鎖国」や「禁教令」といわれる政策をとるようになることを考えると、意外にも、最初期の幕府は、メキシコにまで商人を派遣するほど積極的な外交や貿易を行っていたのです。

図 7-2　朱印船と「日本町」

朱印船の航路

日本町の場所

家康の路線を継承した2代目秀忠

初期の将軍たちによる巧妙な大名配置

　徳川家康が亡くなって、**徳川秀忠**が将軍として実権をもつと、秀忠は領知宛行状という書状を全国の大名に出し、改めて全国の大名に土地を割り当てるという手順を踏んで、主従関係を明確にします。鎌倉時代の御恩と奉公にみられる「本領安堵」のようなもので、「土地をなかだちとした主従関係」が江戸時代にも存在していることになります。こうした「土地の再割り当てシステム」は、のちに将軍の代替わりごとに行われるようになり、幕府による政治安定化のシステムの一部になります。

　幕府によって領地を割り当てられた大名たちは、大きく3つに分けられます。徳川家と血のつながりをもつ「徳川家」や「松平家」などは「親藩」といわれ、親藩の中でも尾張・紀伊・水戸の徳川家の3藩は「三家」といい、徳川将軍家に次ぐ地位をもっていました。

　また、関ヶ原の戦い以前、三河の地方大名の頃から徳川家に従っていた家臣たちから大名になった者は「譜代」大名といわれました。「外様」大名は、関ヶ原の戦いをきっかけにして徳川家に従った大名が中心で、加賀の前田家、薩摩の島津家、陸奥の伊達家など、戦国時代には徳川家と「同格」だった大名も多くいました。

　江戸幕府は、大名たちを巧妙に配置しました。**「親藩」や「譜代」大名を関東や畿内、街道筋などの要所に配置し、幕府運営の重い職務を与えました。一方、関ヶ原の戦いや大坂の陣に勝つためになくてはならない勢力だった「外様」に対しては、大国を与えてあつく報いる一方、江戸から離れた地方に配置し、幕府の政治運営に関与させませんでした。**

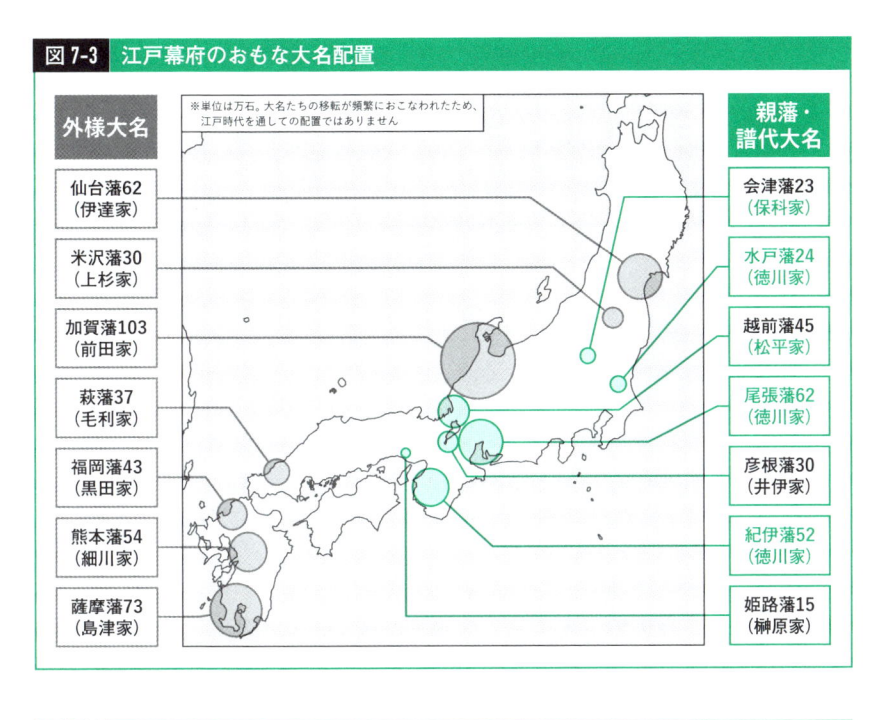

図 7-3　江戸幕府のおもな大名配置

外様大名

※単位は万石。大名たちの移転が頻繁におこなわれたため、江戸時代を通しての配置ではありません

| 仙台藩62（伊達家） |
| 米沢藩30（上杉家） |
| 加賀藩103（前田家） |
| 萩藩37（毛利家） |
| 福岡藩43（黒田家） |
| 熊本藩54（細川家） |
| 薩摩藩73（島津家） |

親藩・譜代大名

| 会津藩23（保科家） |
| 水戸藩24（徳川家） |
| 越前藩45（松平家） |
| 尾張藩62（徳川家） |
| 彦根藩30（井伊家） |
| 紀伊藩52（徳川家） |
| 姫路藩15（榊原家） |

武断政治の展開

　こうした大名たちに対して、江戸幕府初期の徳川家康・徳川秀忠・徳川家光の3人の将軍は「武断政治」であたります。諸大名たちに対し、積極的な改易（取りつぶし）や減封（領地の削減）、転封（領地の配置替え）を行い、**大大名や幕府の功労者であっても幕府に従わない姿勢を見せれば容赦なく処分することで幕府の権威を見せつけ、反逆を防止しようとしたのです。**このような武断政治の象徴的な出来事が、福島正則の改易です。

　福島正則は豊臣秀吉の腹心の一人でしたが、関ヶ原の戦いでは率先して徳川家康のほうにつき、東軍の最前線で戦い「勝利をもたらした最大の功労者」ともいえる人物です。その功が認められ、広島に約50万石の広大な領地をもらいました。しかし、居城の広島城の雨漏りを修理したことが「武家諸法度に逆らい、無届で城の『改修』を行った」として取りつぶされ、信濃国の4万5000石の小大名になってしまったのです。

第1章　縄文時代・弥生時代・古墳時代

第2章　飛鳥時代・奈良時代

第3章　平安時代

第4章　鎌倉時代

第5章　建武の新政・室町時代

第6章　戦国・安土桃山時代

第7章　江戸時代

第8章　明治時代

第9章　大正時代・戦争への道

第10章　戦後の日本

大名統制を強化し、幕府の支配が固まる

大名の妻子を「人質」にした参勤交代の開始

　3代将軍の**徳川家光**も「武断政治」を継続します。有力大名を盛んに取りつぶすとともに、新たな武家諸法度を発布し、**諸大名への統制を強化しました。その代表的な政策がいわゆる「参勤交代」です。**大名の妻や子を江戸の屋敷に住まわせ、大名自身は1年間江戸で暮らして4月に領地に戻り、翌年4月に再び江戸に向かうというサイクルを繰り返させるのです。**幕府は手元に大名を置くことで常に監視下に置くことができ、また、江戸に住まわせた妻と子が「人質」のような存在となるので反乱防止にもなりました。さらに軍事動員もしやすくなります。**ほかに、参勤交代により江戸と地方の交通の発達が促されたという側面もありました。

幕府と藩が全国の土地と人民を支配

　行政制度も、徳川家光の頃にほぼ完成しました。

　将軍の家臣のうち1万石以上の領地をもつ者を**大名**といい、その領地を「**藩**」といいます。大名たちは家臣の武士（藩士）を用いて藩の政治を行いました。幕府が直接おさめる領地は全国の約4分の1で、それ以外の土地のほとんどは大名たちの藩で占められました。将軍の家臣のうち、1万石未満の領地の者を**旗本**や御家人といい、旗本はその中でも将軍に直接対面ができるという「お目見え」を許され、御家人はその資格がありませんでした。このように、**幕府や藩が全国の土地と人民を支配する体制を「幕藩体制」といいます。**

　当初、武士たちには実際の領地が割り当てられていましたが、のちに藩

や幕府が一括して徴収した年貢米を給料として分け与えるしくみになります。政治運営のしくみは、非常時に臨時の最高職である**大老**を置き、通常時には5〜6人の老中が幕府の政治を統括しました。老中の補佐役を**若年寄**といいます。戦国大名時代、徳川家の上層部が「年寄」といわれたことから、幕府でも「老」の字や「年寄」という言葉を使いました。

　大名・旗本たちの監視役として**大目付**と**目付**を置き、大目付は老中に従って大名を監視し、目付は若年寄に従って旗本や御家人を監視しました。さらに、**寺社奉行・町奉行・勘定奉行**といういわゆる「三奉行」が置かれ、宗教統制、江戸の町の行政、幕府財政の運営にそれぞれ当たらせました。

　京都には**京都所司代**を置き、朝廷や西日本の大名の監視に当たらせました（幕府の朝廷に対する窓口がこの「京都所司代」ですが、朝廷にも幕府に対する窓口として「武家伝奏」という役割が設けられています）。大坂、京都、駿府などの重要な城には「**城代**」が置かれ、長崎や堺、奈良などのような重要な港町や寺社のある都市などには遠国奉行が置かれました。

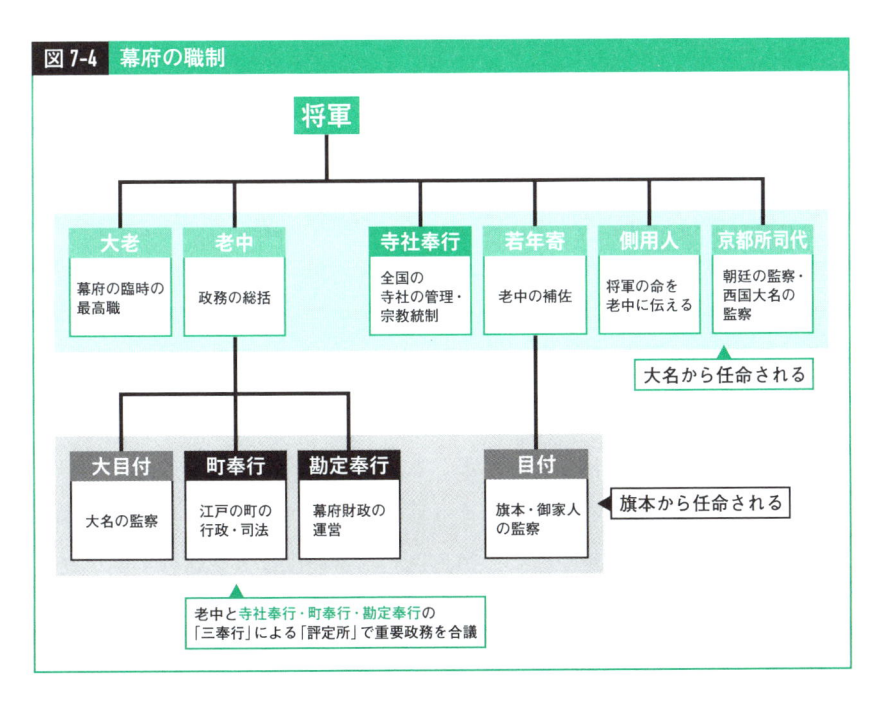

図 7-4　幕府の職制

第1章 縄文時代・弥生時代・古墳時代

第2章 飛鳥時代・奈良時代

第3章 平安時代

第4章 鎌倉時代

第5章 建武の新政・室町時代

第6章 戦国・安土桃山時代

第7章 江戸時代

第8章 明治時代

第9章 大正時代・戦争への道

第10章 戦後の日本

社会に張り巡らされた階層構造

「幕藩体制」における支配身分の武士は、苗字を名乗る権利や刀を所持する権利などの特権を持ち、社会の大半を占める百姓や職人・町人に優越していました。よく、「士農工商」といわれますが、百姓・職人・町人が序列化されているわけではありません。しかし、それぞれの社会の中には序列が存在しています。武士の中には与えられた石高や将軍との関係などにおいて序列があり、百姓には自分の土地を持ち年貢をおさめる本百姓と、自分の土地を持たずに地主から土地を借りて耕作し、地主に小作料をおさめる「水呑」といわれる百姓の間での序列が存在します。町人は、屋敷をもつ者と、土地や家を借りて生活する者と、住み込みで奉公する者などに分かれていました。このように、社会の各階層に様々な身分の序列が織り込まれているのが江戸時代の構造だったのです。また、芸能などの特殊能力をもつ者や刑の執行、死んだ牛馬の処理などを行う社会の周縁部におかれた人々もおり、彼らは次第に差別的な扱いを受けるようになりました。

 ## 幕府運営の基礎は年貢米だった

江戸幕府の経済の基盤となったのが、百姓たちが納める年貢米です。将軍や大名たちは、百姓たちが生活苦に陥り耕作を放棄して税をおさめなくなることを防ぎ、安定した年貢を納めさせるため、百姓たちに「本百姓」の体制を維持する目的で様々な統制を加えます。

主なものとしては、田畑永代売買の禁令があります。土地の売却を禁止し、年貢を納める納税者の数を維持するようにしました。のちに分地制限令も出され、親が子に分割相続することを制限し、相続を繰り返すたびに土地が細かく分割されるのを防ぐようにしました。百姓には年貢米のほか、副業や特産物にかかる税や労働力の提供、街道筋には人や馬の提供などの負担もかかりました。村民は数戸ずつ五人組という単位に編成され、年貢の納入や犯罪防止に連帯責任を負わされていました。

貿易統制と禁教が幕府外交のテーマだった

徳川家康の時代、貿易による利益を求めて積極的な海外進出も見られますが、その背後ではキリスト教の宣教師が国内に流入するという問題も発生していました。キリスト教が流行してしまうと、幕府の権威を否定しかねない一神教の考え方が広まったり、信者の結束が強くなって幕府の統制が及ばなくなったり、スペイン・ポルトガルのような領土的野心の強い国に侵略されたりするのではないかという恐れを幕府は抱いていたのです。

そこで、幕府は度々禁教令を出し、キリスト教を禁じました。徳川秀忠の時代には、長崎で55人もの外国人の宣教師が処刑される元和の大殉教という事件も起きています。

また、朱印船貿易が活発に行われていましたが、西日本の大名が朱印船のスポンサーになり、商人に貿易させて利益を得ることが多かったため、積極的な貿易政策は西日本の大名が必要以上に豊かになり、危険な存在になるのではないかと幕府は考えました。

そこで、「禁教」とともに、幕府だけが「貿易の利益を独占」できるように段階的に貿易相手を絞り込み、貿易の窓口も限定するという、いわゆる「鎖国」と呼ばれるスタイルに行きつきます。

徳川家光が将軍になると、まず、布教熱心で領土的野心が強いスペインの船の来航を禁止します。続いて、朱印船貿易については、従来の将軍からの渡航許可状である「朱印状」に加えて、老中が連名で出す「老中奉書」も交付された、二重の渡航許可を受けた「奉書船」といわれる船でなければ海外渡航を禁止するという政策を打ち出します。その2年後に奉書船なども含めた日本人の海外渡航、帰国の全面禁止を命じ、すべての日本人が海外に行けなくなりました。続いて、ポルトガルの商館を長崎港につくった人工島、出島に移しました。この時点まで、ポルトガルに対して貿易を継続する意思があったものの、多数のキリスト教徒が反乱に加わった島原の乱により、幕府はキリスト教に対する警戒をさらに強めます。そして、ポ

第1章 縄文時代・弥生時代・古墳時代

第2章 飛鳥時代・奈良時代・

第3章 平安時代

第4章 鎌倉時代

第5章 建武の新政・室町時代

第6章 戦国・安土桃山時代

第7章 江戸時代

第8章 明治時代

第9章 大正時代・戦争への道

第10章 戦後の日本

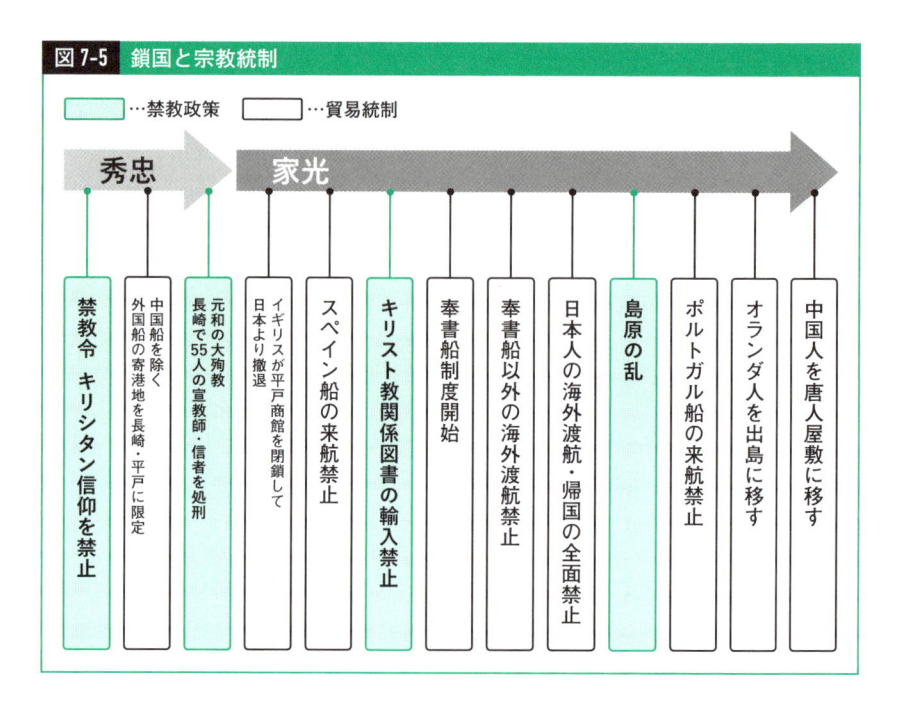

図 7-5　鎖国と宗教統制

　[緑]…禁教政策　[白]…貿易統制

秀忠 → 家光 →

- 禁教令　キリシタン信仰を禁止
- 中国船を除く外国船の寄港地を長崎・平戸に限定
- 元和の大殉教　長崎で55人の宣教師・信者を処刑
- イギリスが平戸商館を閉鎖して日本より撤退
- スペイン船の来航禁止
- キリスト教関係図書の輸入禁止
- 奉書船制度開始
- 奉書船以外の海外渡航禁止
- 日本人の海外渡航・帰国の全面禁止
- 島原の乱
- ポルトガル船の来航禁止
- オランダ人を出島に移す
- 中国人を唐人屋敷に移す

ルトガル船の来航を禁止し、**ヨーロッパ各国の中では宗教色が薄く、商売目的の来航という要素が強いオランダ**だけに**貿易相手を限定し**、ポルトガルの去った出島にオランダ商館を移します。こうして、段階的に貿易相手が絞り込まれていったのです。

　貿易統制を進める一方で、幕府は宗教統制も強めました。幕府は宗門改め（しゅうもんあらため）を実施し、キリストなどを描いた絵を踏ませる絵踏をさせてキリスト教の信者を摘発するとともに、人々をいずれかの仏教の宗派に所属させて、どこかの仏教の寺の「檀家」になることを強制しました（寺請制度（てらうけ））。これによって民衆は必ずどこかの宗派のどこかの寺に「所属」することになるため、宗門改めは「戸籍調査」のようなはたらきをし、そのリストである「宗門改帳」は民衆の「戸籍」のようなはたらきをしました。さらにそれらの寺を寺社奉行に管理させることにより、**幕府は寺社奉行を通して全国の民衆を把握し、支配するという構図になるのです。**

幕府が開いた「4つの窓口」

　こうしていわゆる「鎖国」という体制ができたものの、実態は完全な「閉鎖状態」ではなく、松前藩・薩摩藩・対馬藩・長崎の「4つの窓口」を設けて周辺地域と貿易をしていました。

　蝦夷地の先住民族、アイヌとの交易は松前藩が行いました。松前藩は次第に支配的になり、首長シャクシャインの反乱後はアイヌを服従させるようになりました。

　琉球は薩摩藩の島津家の征服を受け、実質薩摩藩の支配下にありながらも、中国王朝の明や清にも貢物を贈っていました。琉球は将軍の代替わりごとや琉球国王の代替わりごとに江戸に使者を派遣しました。朝鮮との窓口になったのは対馬藩の宗氏です。朝鮮通信使の案内などは宗氏がつとめました。オランダや中国との交易は長崎の出島や唐人屋敷で行われ、幕府の長崎奉行がおさめました。

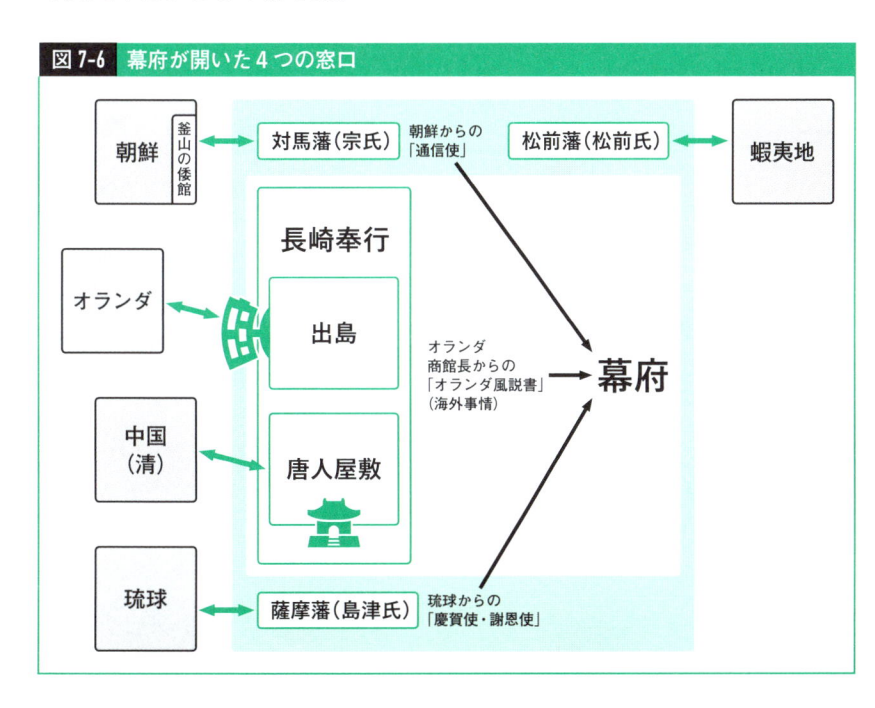

図 7-6　幕府が開いた4つの窓口

第1章　縄文時代・弥生時代・古墳時代

第2章　飛鳥時代・奈良時代

第3章　平安時代

第4章　鎌倉時代

第5章　室町時代・建武の新政

第6章　戦国・安土桃山時代

第7章　江戸時代

第8章　明治時代

第9章　大正時代・戦争への道

第10章　戦後の日本

「武」から「文」に、幕府政治の転換点

幕府政治の転換点となった牢人たちの反乱

　4代将軍**徳川家綱**が将軍に就任する前には、徳川家康・徳川秀忠・徳川家光と3代にわたって「武断政治」が行われ、すでに100を超える大名が取りつぶしや領地削減にあっていました。ということは、その大名の家臣のかなりの数が「クビ」になったということです。一部は別の大名に仕えることができたかもしれませんが、新たな戦争も起きなくなると、武芸をアピールして再就職するのも難しく、その多くは「牢人（浪人）」という主君を持たない武士となり、不満を抱えることになりました。

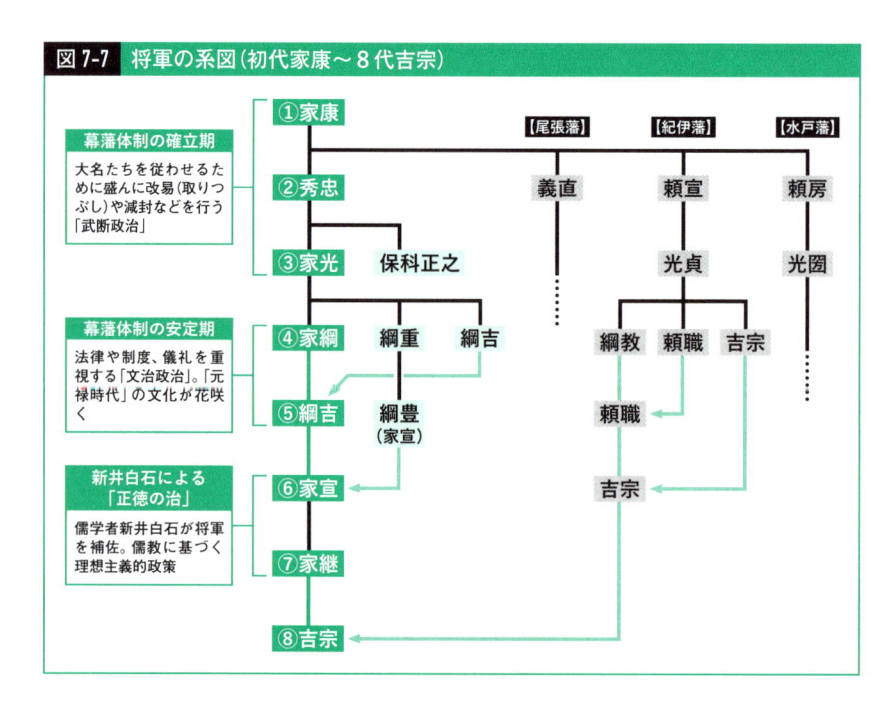

図7-7　将軍の系図（初代家康～8代吉宗）

幕藩体制の確立期	大名たちを従わせるために盛んに改易（取りつぶし）や減封などを行う「武断政治」
幕藩体制の安定期	法律や制度、儀礼を重視する「文治政治」。「元禄時代」の文化が花咲く
新井白石による「正徳の治」	儒学者新井白石が将軍を補佐。儒教に基づく理想主義的政策

第1章
縄文時代・弥生時代・古墳時代

第2章
飛鳥時代・奈良時代

第3章
平安時代

第4章
鎌倉時代

第5章
建武の新政・室町時代

第6章
戦国・安土桃山時代

第7章
江戸時代

第8章
明治時代

第9章
大正時代・戦争への道

第10章
戦後の日本

　こうした失業者たちを幕府は危険な存在とみなして、居住制限などを行ったため、彼らの不満はますます高まっていきました。

　この状況の中、由井正雪の乱という事件が起きます。兵学者由井正雪を中心として、牢人たちが幕府に対して反逆を企てた事件です。この事件は寸前で計画が漏れ、首謀者たちが捕らえられて失敗に終わりますが、幕府もこのまま「武断政治」を続けていては、不満をもつ牢人たちが増加してしまうと考え、「文治政治」といわれる政治路線に転換するのです。

　それまで大名家が取りつぶされてきた大きな理由の1つが、大名家の断絶、すなわち跡継ぎがいなくなってしまうことでした。「末期養子」、すなわち「大名が死にそうなときに駆けこみで養子をとって『つなぐ』」ことも禁止されていたため、たくさんの大名家がつぶされたのです。しかし、「文治政治」に転換してからは末期養子の禁止を緩和し、大名が50歳未満で死ぬときには末期養子をとってよい、としたのです（「50歳以上の大名は、前もって養子ぐらいとっておけ」ということです）。また、将軍や大名が死んだときに家臣が後を追って切腹する「殉死」を禁止し、殺伐とした「武」の雰囲気を改めようとしたのです。

　幕府が「文治政治」に舵をきったため、大名たちの理想もそれまでの戦国大名の伝統を引きずる、「戦いに強い大名」から、学問を盛んにして、藩の政治に力を入れる「政治力の高い大名」に転換していきました。こうした「文治政治」を行った大名の代表に、会津藩の**保科正之**、岡山藩の**池田光政**、水戸藩の**徳川光圀**、加賀藩の**前田綱紀**などがいます。

江戸の半分以上が炎に包まれた大火災

　徳川家綱時代の幕府を悩ませたのが、「明暦の大火」という大火災による財政の悪化です。ある寺が供養のために燃やした振袖が火元になったという伝説から「振袖火事」の名がついており、江戸市街地の6割を焼失した江戸時代最大の火災で、江戸城の天守閣も焼失してしまい、現在に至るまで江戸城の天守閣は再建されていません。

「太平の世」の中、幕府財政は次第に悪化

 ## 武士に期待された役割が転換

　徳川家綱に男子が生まれなかったので、館林藩主だった弟の**徳川綱吉**が後を継ぎ、5代将軍になります。

　このとき、代替わりの武家諸法度が出されますが、その第一条に「忠義を尽くし、礼儀正しくしなさい」とあり、それまでの武家諸法度の第一条に掲げられた「武芸をしっかり磨きなさい」という項目から大きく変更されました。**武士に期待された役割が大きく転換され、「文治政治」がいっそう進んだことが見てとれます。**

　徳川綱吉をはじめに支えたのは大老の**堀田正俊**ですが、この人物は暗殺されてしまいました。将軍の執務室の近くで起きたこの事件ののち、警戒を強めた徳川綱吉は老中とも距離を置き、側近中の側近である**側用人**、**柳沢吉保**を連絡役にして、将軍の命令を老中たちに伝えるようにする、いわゆる「側用人政治」を行います。

 ## 進められる文治政治

　徳川綱吉は「文治政治」を推し進めた人物で、学問を盛んにしようとしました。特に、忠義や孝行など、上下関係の在り方を学ぶという儒学を重視し、儒学の祖である中国の孔子をまつる**湯島聖堂**をつくらせ、そこを学問所として整備して儒学の指導を行わせました。

 ## 「犬将軍」と呼ばれた徳川綱吉

　徳川綱吉を有名にしたのは、犬をはじめとする動物愛護のための法令を

何回にもわたって出したことです。これらの法令をまとめて「生類憐みの令」と呼んでいます。いき過ぎた動物愛護を命じ、人々を苦しめたことから「悪法」ともいわれましたが、この命令によって病気の牛馬を捨てることや、捨て子や病人を捨てる風習などがなくなり、乱暴や殺生を遠ざける風潮が生まれて、「太平の世」という雰囲気が広がったため、戦国の雰囲気が薄れたという効果もありました。

小判の質を落として大量発行

この頃、幕府の持っていた金山や銀山の産出量が減少傾向にある上に、先代の徳川家綱のときに起きた明暦の大火の復興で多額のお金が必要になっていました。また、徳川綱吉やその母が神仏を深く信仰していたために神社や寺の建築や修復の費用がかさみ、幕府は財政難に陥っていました。

そこで、勘定吟味役という役についていた**荻原重秀**という人物の提案で、質を下げた新しい小判を発行しようとしたのです。**それまでの小判を鋳つぶし、銀を混ぜて水増しして小判をつくり直し、小判の量を増やしてその差額を得ようとしたのです。**それまでの小判の金の含有率は84％でしたが、元禄小判では57％に下がり、これを同じ「1両」として流通したのですから、急に1.5倍に小判が水増しされたことになります。小判の見た目はほとんど変わらなかったものの、小判の質が悪化したことと、小判の量が急増したことで、物価が急上昇するインフレーションを招き、経済が混乱しました（「モノ」に対する「カネ」の量のバランスが変わり、今まで小判10枚で買えていたものが、小判を10枚以上払わないと買えなくなったのです）。

ただし、こうした「お金」に目をつけて、その流通量をコントロールしようという政策は現代の国家では当然のことです。混乱したものの、時代を先取りするようなこの政策は、近年評価されつつあります。お金は「社会の潤滑油」ですから、少しずつ増やしていけばうまくいった可能性も考えられるのですが、元禄小判の場合はあまりにも急すぎて失敗したのです。

第1章 縄文時代・弥生時代・古墳時代
第2章 飛鳥時代・奈良時代
第3章 平安時代
第4章 鎌倉時代
第5章 室町時代 建武の新政・
第6章 戦国・安土桃山時代
第7章 江戸時代
第8章 明治時代
第9章 大正時代・戦争への道
第10章 戦後の日本

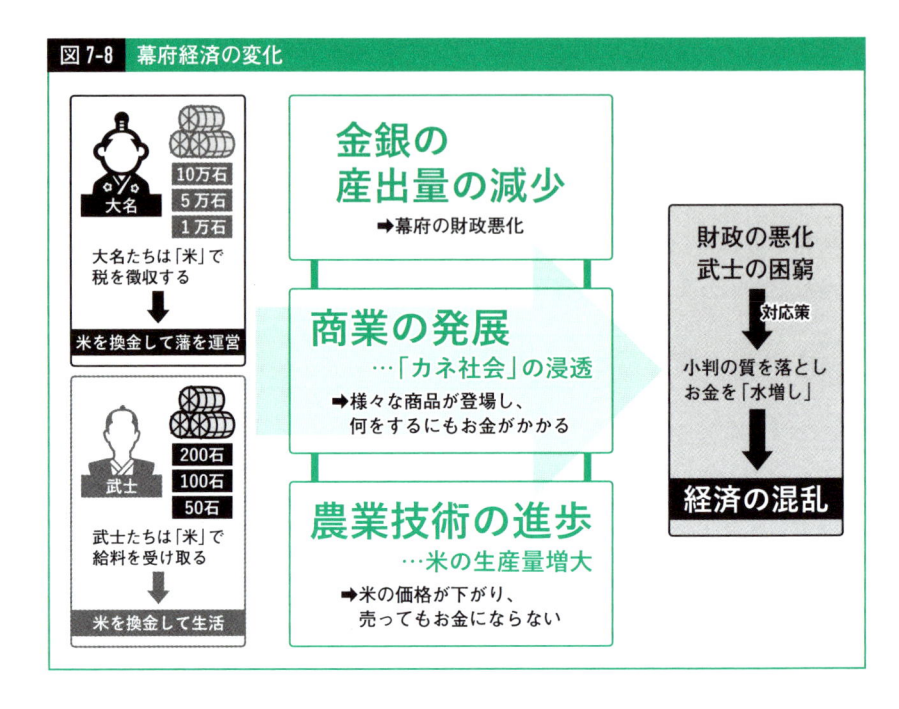

図7-8 幕府経済の変化

大名

10万石
5万石
1万石

大名たちは「米」で税を徴収する

↓

米を換金して藩を運営

武士

200石
100石
50石

武士たちは「米」で給料を受け取る

↓

米を換金して生活

金銀の産出量の減少

➡幕府の財政悪化

商業の発展
…「カネ社会」の浸透

➡様々な商品が登場し、何をするにもお金がかかる

農業技術の進歩
…米の生産量増大

➡米の価格が下がり、売ってもお金にならない

財政の悪化
武士の困窮

対応策

↓

小判の質を落としお金を「水増し」

↓

経済の混乱

　こうした財政悪化の背景には、江戸時代に「米」と「お金」という経済の2つの柱が共存していたことがあります。幕藩体制は、農民がおさめる「年貢米」を基礎にしていました。幕府や大名は農民にお米を納めさせ、それを家来に給料として支給します。幕府や大名、藩の武士たちは、そのお米を商人に売ってお金に替え、ほしいものを買ったり、幕府や藩の運営費用にしたり、生活費にあてたりしていたのです。

　江戸時代が中盤にさしかかり、太平の世になると、生活が多様化して人々は様々なものを欲しがるようになり、物価は上がりました。一方、武士たちの収入源は100石なら100石、1万石なら1万石という、決まった「石高」のお米です。給料は「一定量のお米」なのに、周囲の物価が数倍に上がってしまっては、欲しいものが買えません。さらに、時代とともにお米の生産技術が上がって増産されたことにより、米相場は下落します。**「物価は上がっているのに米相場だけが下がる」状況となり、米を給料とする武士は困窮し、幕府や藩は財政難になったのです。**

「中継ぎ」の将軍たちを支えた新井白石

第1章
時代・古墳時代
縄文時代・弥生

第2章
奈良時代・
飛鳥時代・

第3章
平安時代

第4章
鎌倉時代

第5章
室町時代
建武の新政・

第6章
安土桃山時代
戦国・

第7章
江戸時代

第8章
明治時代

第9章
戦争への道
大正時代・

第10章
戦後の日本

正徳の治をはじめた新井白石

　徳川綱吉の男子は幼少で亡くなってしまい、跡継ぎがいなくなったため、徳川家光の孫で、綱吉の甥の、甲府藩主だった**徳川家宣**が将軍に迎えられました。この家宣を補佐したのが側用人の間部詮房と朱子学者の**新井白石**です。新井白石による政治を「正徳の治」といいます。

　5代将軍徳川綱吉、6代将軍徳川家宣と養子が連続し、のちの7代将軍の徳川家継はまだ生まれたばかりという状況だったので、**新井白石は将軍の権威を向上させて、「誰が将軍になったとしても、諸大名が将軍の『権威』に従うようにする」という、「上下関係による秩序」を重んじる朱子学者らしい政策を展開します。**朝廷との関係を深め、儀式を重んじ、服装などの決まりをつくり、将軍の権威付けを図ったのです。また徳川綱吉の時代に出され、民衆の悩みの種だった生類憐みの令はすぐに廃止されました。

わずか3歳の幼年将軍家継

　将軍就任後、たった3年9か月で徳川家宣が亡くなったとき、後を継いだ**徳川家継**はわずか3歳でした。この時代、新井白石は経済政策を打ち出しています。インフレーションをもたらした元禄小判をあらため、物価をおさえるために小判の質をもとに戻しますが、貨幣の交換が連続したため、物価そのものの混乱が起きてしまいました。また、財政難の原因が長崎貿易での金・銀の流出にあると考え（中国産の生糸やオランダ領からの砂糖を持ち込み、日本の金や銀を持ち帰るという貿易だったため）、貿易船の入港数と貿易額を大きく制限する海舶互市新例という命令を出しました。

181

幕府財政を立て直した「米将軍」吉宗

 継ぎはぎだらけの将軍家

　3歳で将軍になった徳川家継は7歳で亡くなったので、当然、子どもがいません。ここで、徳川家の家康・秀忠・家光の3人の血をひく徳川の本家が途絶えてしまったので、分家の「三家」の紀伊家から、徳川家康のひ孫であった**徳川吉宗**を将軍に迎え入れます。このように、徳川家の家系図を見ると、養子での相続のケースが多く、断絶を防ぐための「継ぎはぎ」の家系だったことがよくわかります。こうした状況に対し、「分家を増やす必要がある」と考えた徳川吉宗は田安家、一橋家を創設し、将軍家や御三

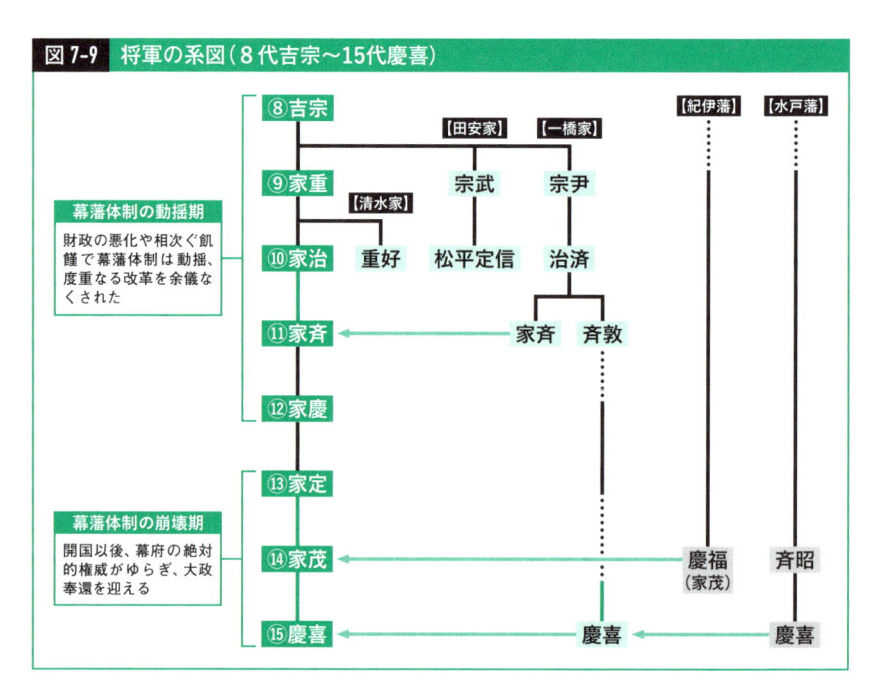

図 7-9　将軍の系図（8代吉宗〜15代慶喜）

幕藩体制の動揺期
財政の悪化や相次ぐ飢饉で幕藩体制は動揺、度重なる改革を余儀なくされた

幕藩体制の崩壊期
開国以後、幕府の絶対的権威がゆらぎ、大政奉還を迎える

⑧吉宗
⑨家重　【田安家】宗武　【一橋家】宗尹
　　　　【清水家】
⑩家治　重好　松平定信　治済
⑪家斉　　　　　　　家斉　斉敦
⑫家慶
⑬家定
⑭家茂　　　　　　　　　　　　慶福（家茂）　【紀伊藩】
⑮慶喜　　　　　　　　　慶喜　　　　　　　斉昭　慶喜　【水戸藩】

家が断絶したときに養子を供給する役割を担わせます。のちにこの２家に清水家が加わり、「三卿」といわれるようになります。

優秀な人材に支えられた享保の改革

　徳川吉宗による政治改革を「享保の改革」といいます。町奉行の**大岡忠相**や儒学者の**荻生徂徠**など、優秀な人材の採用に積極的で、もし人材の石高が役に対して不足したときには、臨時的にその石高を足して、家柄の上下にかかわらず、優秀な人材を採用できるしくみをつくりました。また、公事方御定書という裁判の判例集をつくるとともに、相対済し令という法令によって金銭の貸し借りの訴訟は当事者間で解決するように定め、裁判の簡素化を行います。目安箱を設置して民衆の声を拾い上げ、町火消を設け、貧民の救済施設をつくるなど、民衆向けの実績もあげました。

幕府財政は「米頼み」となる

　徳川吉宗の政策の中心は、徳川家綱の頃から続く、幕府の「宿題」であった財政再建でした。財政再建をするには、節約するか収入を増やすかのどちらかです。「まずは支出の抑制が必要」と考えた徳川吉宗は「倹約令」を出して社会の各層にぜいたくの禁止と節約を呼びかけます。

　続いて徳川吉宗は、**収入を増やそうと考えます。しかし、当時の収入の中心は年貢米です。そこで徳川吉宗は「コメ」の増産と徴収にこだわるのです。** まず、大名たちに「上げ米」を命じます。諸大名たちに領地１万石につき、米100石を献上するようにし、その見返りとして参勤交代の江戸にいる期間を半年に減らすという措置をとったのです。大名が手元にいる期間が短くなることで、当然、大名に対する幕府の統制は弱まりますが、徳川吉宗は「やむを得ない」と断行します。

　ただし、これだけでは年貢が根本的に増えたことになりません。そこで商人に資金を出してもらい、新たな田を増やす新田開発を行います。そして、年貢の徴収方法を、今までの収穫量に応じて年貢率を決める方法から、

第1章 縄文時代・弥生時代・古墳時代

第2章 飛鳥時代・奈良時代

第3章 平安時代

第4章 鎌倉時代

第5章 建武の新政・室町時代

第6章 戦国・安土桃山時代

第7章 江戸時代

第8章 明治時代

第9章 大正時代・戦争への道

第10章 戦後の日本

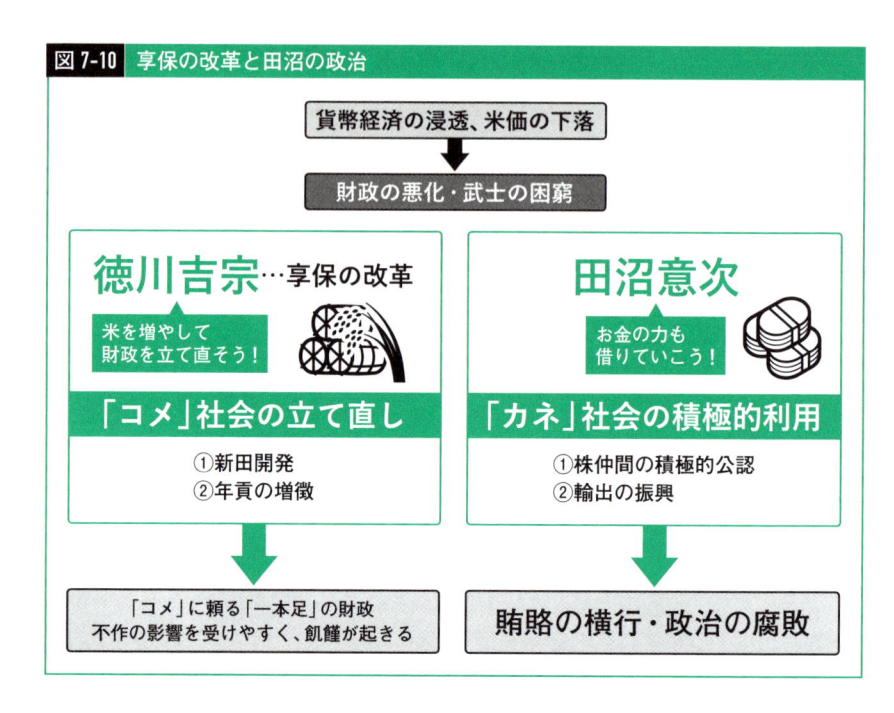

図 7-10　享保の改革と田沼の政治

貨幣経済の浸透、米価の下落

↓

財政の悪化・武士の困窮

徳川吉宗…享保の改革

米を増やして財政を立て直そう！

「コメ」社会の立て直し

①新田開発
②年貢の増徴

↓

「コメ」に頼る「一本足」の財政
不作の影響を受けやすく、飢饉が起きる

田沼意次

お金の力も借りていこう！

「カネ」社会の積極的利用

①株仲間の積極的公認
②輸出の振興

↓

賄賂の横行・政治の腐敗

豊作凶作にかかわらず一定率の年貢をとるようにして税収の「計算がたつ」ようにしたのです。

　こうした改革は一定の成果をあげ、徳川吉宗の時代に財政が黒字に転換しました。しかし、人々が欲しがるものが増え、物価が上昇する傾向と米の増産によって米が市場にあふれ、米相場が下がる傾向がますます進んでいきます。「米の値段だけが下がり、他の物の値段は総じて上がる」という状況の中で、支給される米を売ることが収入源の武士たちの暮らしはますます厳しくなります。武士たちのために米の相場を高めに維持する必要があるため、徳川吉宗は常に米相場の調整に追われました。

　ひとたび「享保の大飢饉」のような凶作が起こったときには米相場が一気に上昇し、食料としての米が買えなくなった民衆が米問屋を襲撃する「打ちこわし」も起こるようになりました。「米将軍」といわれ、米を重視した徳川吉宗の時代に、米に頼るあまり、米の取れ高が社会に影響しやすい、不安定な社会になるという弊害も生まれてしまったのです。

カネ社会に目をつけた田沼意次の時代

第1章 縄文時代・弥生時代・古墳時代

第2章 飛鳥時代・奈良時代

第3章 平安時代

第4章 鎌倉時代

第5章 建武の新政・室町時代

第6章 戦国・安土桃山時代

第7章 江戸時代

第8章 明治時代

第9章 大正時代・戦争への道

第10章 戦後の日本

 ## 吉宗の政策を継承した徳川家重

　徳川吉宗の子だった9代将軍の**徳川家重**（とくがわいえしげ）は、虚弱で、目立った政治的な業績は少なく、先代の徳川吉宗の政策を継承することが中心でした。徳川吉宗が年貢の実質的増額を行っていたため、百姓一揆の件数が増加し、社会不安は徐々に拡大しました。

 ## 経済政策を重視した田沼意次

　10代将軍の**徳川家治**（とくがわいえはる）によって老中に任命された**田沼意次**（たぬまおきつぐ）が実権を握っていた時代は「**田沼時代**」といわれます。田沼意次は幕府の財政悪化に対して独自の経済政策を行います。この頃、徳川吉宗や徳川家重時代に持ち直していた幕府の財政も再び悪化していました。米相場の下落と物価の上昇により、武士社会の経済状況がまた悪化したのです。しかし、年貢を増やすと、凶作時に飢饉に陥る可能性が高まるため、年貢の増加にかわる新しい財政再建策が必要とされました。

　そこで田沼意次は、貨幣経済が社会の至るところに浸透していることに着目して、**商人にお金を盛んに稼がせ、そこから税をとることで財源にしようという「カネ」社会の積極的利用を図ったのです**。田沼意次は同業者組合である「**株仲間**」（かぶなかま）を積極的に公認し、有利な商売ができるように取り計らう見返りに、その利益の一部をおさめさせました。また、それまで基本的に「輸入」が中心だった貿易に、アワビやナマコなどの高級海産物の「輸出」要素を取り入れて、金銀を海外から取り戻そうとしました。また、それまで金・銀・銅の貨幣のうち、「重さを量って使う貨幣」だった銀貨に、

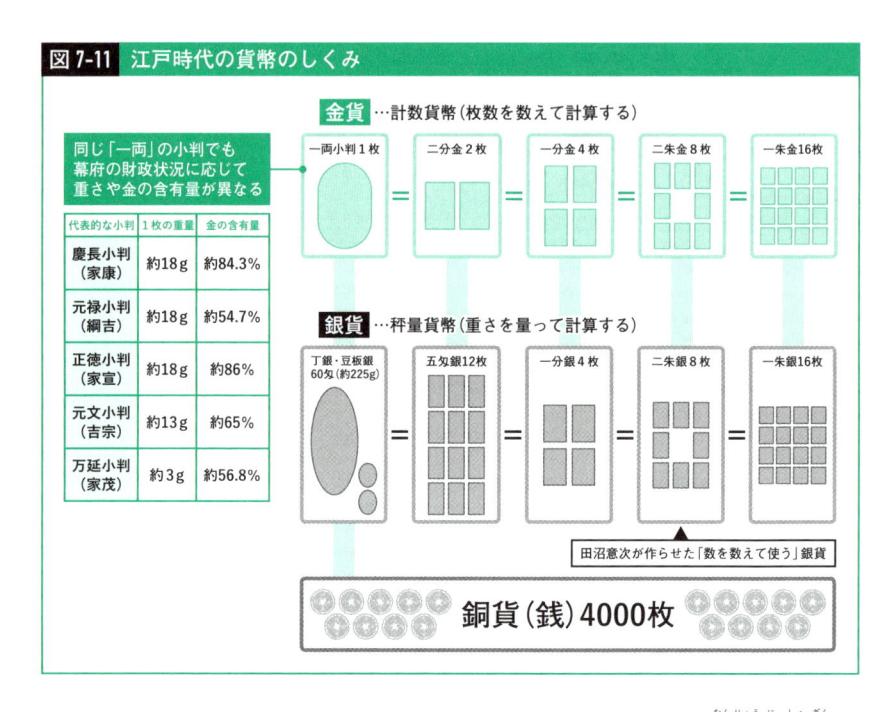

図 7-11 江戸時代の貨幣のしくみ

金貨…計数貨幣（枚数を数えて計算する）

同じ「一両」の小判でも
幕府の財政状況に応じて
重さや金の含有量が異なる

代表的な小判	1枚の重量	金の含有量
慶長小判 （家康）	約18g	約84.3%
元禄小判 （綱吉）	約18g	約54.7%
正徳小判 （家宣）	約18g	約86%
元文小判 （吉宗）	約13g	約65%
万延小判 （家茂）	約3g	約56.8%

一両小判 1 枚 ＝ 二分金 2 枚 ＝ 一分金 4 枚 ＝ 二朱金 8 枚 ＝ 一朱金16枚

銀貨…秤量貨幣（重さを量って計算する）

丁銀・豆板銀 60匁（約225g） ＝ 五匁銀12枚 ＝ 一分銀 4 枚 ＝ 二朱銀 8 枚 ＝ 一朱銀16枚

田沼意次が作らせた「数を数えて使う」銀貨

銅貨（銭）4000枚

「枚数を数えて使う」、8枚で小判1両に換算できるという「南鐐二朱銀」という貨幣を大量につくらせ、重さをその度ごとに量らなくても流通できるようにし、経済の活性化を図りました。また、米の増産に関しても、商人資本を大幅に導入し、印旛沼や手賀沼などの大開発を試み、年貢収入の増加を図りました。また、工藤平助という仙台藩の医師が、ロシアとの貿易と蝦夷地の開発の可能性を説いた書物を献上すると、田沼意次は北方開発に着目し、最上徳内らを調査隊として蝦夷地に派遣しました。

　こうした、商業や貿易の振興でお金を稼ごうという政策は合理的な判断で、「カネ社会」への着目は時代の必然ともいえるものでした。しかし、田沼意次はカネを重視するあまり、カネに汚いという悪評がたってしまいます。天明の大飢饉や浅間山の噴火などの凶作により米価が高騰し、一揆や打ちこわしも頻発し、田沼意次にその不満が集中しました。支持を失った田沼意次は、将軍徳川家治の死とともに辞職に追い込まれました。

前・後半で政策が大きく異なる家斉の時代

第1章 縄文時代・弥生時代・古墳時代

第2章 飛鳥時代・奈良時代

第3章 平安時代

第4章 鎌倉時代

第5章 建武の新政・室町時代

第6章 戦国・安土桃山時代

第7章 江戸時代

第8章 明治時代

第9章 大正時代・戦争への道

第10章 戦後の日本

50年に及ぶ最長の将軍在位

　11代**徳川家斉**の将軍在位は50年にも及び、将軍の中で最長でした。その時代の前半と後半で幕府の政策が大きく異なるため、前半は老中松平定信による「**寛政の改革**」、後半は「**大御所時代**」と、前半・後半に分けて語られることが多い時代です。

松平定信による寛政の改革

　将軍徳川家斉の時代の前半、将軍の補佐を行ったのが**松平定信**です。白河藩の藩主として天明の大飢饉を乗り切った実績から、名君との評判が高い人物で、批判を浴びて失脚した田沼意次にかわり老中に就任し、将軍の補佐として**寛政の改革**を断行しました。

　この松平定信は、**8代将軍徳川吉宗の実の孫にもあたり、その政治は徳川吉宗の享保の改革をモデルとするものでした。つまり、米による年貢の確保を重視し、支出を倹約令で引き締めて、飢饉にみまわれた農村を復興することが政策の中心になったのです。**

　飢饉対策として、全国の大名に1万石あたり50石の米を備蓄させ、凶作に備える**囲米**を行わせました。それにつながる発想で、町人にも**七分積金**を命じ、町の運営のために使う費用を節約させ、その節約分の70%を積み立てさせて、非常用の米の購入や、飢饉や災害時の貧民の救済にあてる費用にしました。また、飢饉の際に耕作地を放棄して江戸に流入した人々が多くいたため、**旧里帰農令**を出して農民に資金援助を行い、村に帰って耕作することを促しました。都市への貧民の流入は治安の悪化も招いたため、

江戸の石川島に人足寄場（にんそくよせば）という施設をつくり、「無宿人」たちに大工や左官、草履つくりや紙漉きなど、技術を学ばせ、手に職をつけさせました。また、困窮する武士たちの救済も行われます。武士たちが借金まみれになっていることが慢性化していたため、松平定信は棄捐令（きえんれい）を出して、武士たちに金を貸していた札差という商人たちに武士への貸金を放棄させたのです。

経済も思想も引き締められた

　松平定信は、緩んだ風紀をただして、上下関係の秩序を重視するため、朱子学を重んじ、これを盛んにすすめました。一方、それ以外の学問は異学とし、幕府の学問所で朱子学以外の学問を教えることを禁止します。また、幕府の批判や、風紀の乱れにつながる書物の出版の禁止を命じる出版統制令が出されました。この出版統制令で取り締まりを受けた代表的な人物が林子平（はやししへい）です。その著書『海国兵談（かいこくへいだん）』で「日本は海に囲まれており、外国にいつ攻められるかわからない」「軍備の充実を図り海岸の防備を固める必要がある」と説いたところ、幕府は「幕府の政治を批判し、人々をいたずらに混乱させている」という理由で、『海国兵談』の発行を禁止し、林子平は自宅謹慎させられました。

　しかし、この発行禁止の年にロシアのラクスマンが根室に来航し、通商を要求してきているので、「外国船との接触が増えるだろう」という林子平の考えはタイムリーなものでもあったのです。幕府はその後、海岸の防備強化を諸大名に命じ、蝦夷地の防備計画を立てるようになります。

庶民は息苦しかった寛政の改革

　寛政の改革は財政難で苦しむ大名たちの模範となり、多くの藩で藩政の改革が行われました。代表的なものに、米沢藩の「中興の祖」として名高い上杉治憲（うえすぎはるのり）（鷹山（ようざん））がいます。一時は領地の返上を考えたほどの米沢藩の財政難を、巧みな人材活用と倹約の奨励、特産物の生産などによって立て直し、江戸時代屈指の名君として知られます。

寛政の改革による倹約と経済統制は、財政と風紀を強力に引き締め、幕府の権威が高まるとともに、百姓や都市の下層民の生活は持ち直し、財政は好転しました。しかし、引き締めが続くと人々は「息苦しく」感じるものです。次第に松平定信に反感をもつ者も多くなり、万事ユルめを好む将軍徳川家斉とも対立を始め、将軍補佐の職を辞任することになります。

 ## 大御所によるユルめの政治

　寛政の改革以後、松平定信の政治路線がしばらく継承されますが、次第に11代将軍徳川家斉が実権を握って政治を行うようになります。この時代を「大御所時代」と呼んでいます。

　寛政の改革では厳しい財政と風紀の引き締めが行われ、将軍の私生活の場である大奥でも大幅に経費の節減が行われましたが、その反動からか、徳川家斉はぜいたくにふけるようになり、社会全体にもゆるんだ雰囲気が伝わっていきました。当然、財政は悪化し、傾きはじめますが、幕府は徳川吉宗時代に引き下げられていた小判の金の含有量をさらに引き下げ、小判の枚数を増やしてその差額をかせぎました。その結果、物価の急上昇とカネ社会化が一気に進みました。この中で商人の生活は豊かになり、一方、コメ社会を基盤とする武士や農民は没落していったのです。

　風紀がゆるんだために、江戸の周辺で博打が流行し、治安が乱れました。その取り締まりのために、幕府は関東取締出役という警察機構をつくり、関東周辺を藩や幕府領の区別なく巡回させて治安の維持に当たらせました。

 ## 庶民の苦しみに立ち上がる大塩平八郎

　大御所時代の最後の10年間に入ると、毎年のように凶作に陥っています。天候不順も多かったのですが、農村の疲弊が激しく、耕作の放棄や土地を売り払っての百姓の小作化、零細化が起きていることも原因として挙げられる「社会的」凶作ともいえるものでした。こうした凶作の中で最も深刻であったのが天保の飢饉でした。全国的な長雨や冷害に見舞われ、収穫が

第1章　縄文時代・弥生時代・古墳時代

第2章　飛鳥時代・奈良時代

第3章　平安時代

第4章　鎌倉時代

第5章　建武の新政・室町時代

第6章　戦国・安土桃山時代

第7章　江戸時代

第8章　明治時代

第9章　大正時代・戦争への道

第10章　戦後の日本

平年の半分になるような大飢饉となり、餓死者が相次ぎました。食料不足や物価の高騰などによる一揆や打ちこわしの件数も江戸時代のピークに達し、「世直し」的な性格も含む大規模なものに変化していきました。

　このような飢饉の中、元大坂町奉行所の下級役人で、陽明学を私塾で教えていた**大塩平八郎**という人物が貧民の救済と幕府政治の転換を訴え、武装蜂起に立ち上がります。その頃、大坂奉行所は大坂の貧民を救済しないばかりか、幕府の指示で米を江戸に送っており、大坂の民衆の困窮が激しかったからです。この蜂起は幕府により半日で鎮圧されますが、幕府は直接おさめる大坂の地での蜂起に大きな衝撃を受けたのです。

列強勢力の接近

　この「大御所時代」は、世界史的には産業革命やフランス革命の時期にあたります。**市民が力を持ち、豊かな市民が資本家となって商品を生産し、世界に販路を広げようとしたときです。**また、ロシアがヨーロッパの強国

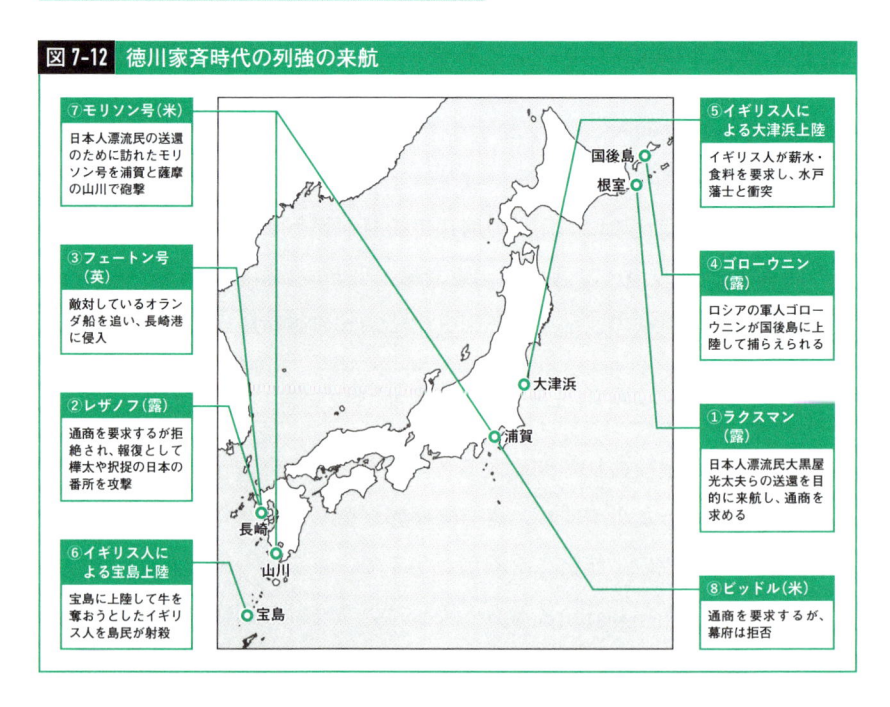

図 7-12　徳川家斉時代の列強の来航

⑦モリソン号（米）
日本人漂流民の送還のために訪れたモリソン号を浦賀と薩摩の山川で砲撃

③フェートン号（英）
敵対しているオランダ船を追い、長崎港に侵入

②レザノフ（露）
通商を要求するが拒絶され、報復として樺太や択捉の日本の番所を攻撃

⑥イギリス人による宝島上陸
宝島に上陸して牛を奪おうとしたイギリス人を島民が射殺

⑤イギリス人による大津浜上陸
イギリス人が薪水・食料を要求し、水戸藩士と衝突

④ゴローウニン（露）
ロシアの軍人ゴローウニンが国後島に上陸して捕らえられる

①ラクスマン（露）
日本人漂流民大黒屋光太夫らの送還を目的に来航し、通商を求める

⑧ビッドル（米）
通商を要求するが、幕府は拒否

国後島
根室
大津浜
浦賀
長崎
山川
宝島

の一角に成長していたときでもありました。こうした時代背景から、度々ヨーロッパやアメリカの船が日本に来航するようになりました。特にロシアはその影響力を千島列島に及ぼしつつあり、択捉島に上陸してアイヌとの交易を行ったり、松前藩に通商を求めたりしていたのです。そこで幕府は、**近藤重蔵**や**間宮林蔵**といった人物に蝦夷地や千島列島、樺太の調査を行わせ、情報を収集し、ロシアに対して先手を打とうとしました。また、**伊能忠敬**に蝦夷地をはじめとする全国の地図の作成を命じることで、実測による正確な海岸線の情報を手に入れました。

海外との接触を示す代表的な事件としては、ロシアの使節**レザノフ**が長崎に来航し、通商を要求した事件や、国後島に上陸したロシア軍艦の艦長**ゴローウニン**を日本側が捕らえたところ、ロシア側も日本の商人を捕らえてロシアに抑留するという**ゴローウニン事件**、イギリス船フェートン号が長崎港に侵入し、オランダ商館の人々を人質に取って食料や燃料を要求した**フェートン号事件**などがあります。

その後もイギリス船を中心に海外船が来航、上陸する事件が度々起こりました。当初、幕府は食料や燃料を与え、穏便に帰国させる方針をとっていましたが、トラブルが頻発するとその方針を転換し、「日本沿岸に来航する外国船を撃退せよ」という内容の**異国船打払令**を出すのです。オランダ商館のドイツ人医師**シーボルト**が帰国する際に持ち出しが禁止されていた日本の地図を持ち出そうとしていたことも問題視され、シーボルトに関わった幕府の役人が処罰された、いわゆる「シーボルト事件」によって、外国に対する幕府の姿勢はさらに厳しいものとなりました。

こうした中、幕府が浦賀にやってきたアメリカ船を異国船打払令に従って砲撃し、退去させるという**モリソン号事件**が発生しました。実はこの船には日本の漂流民が乗っていて、その送還のためにやってきていたのです。来航の目的も問わずに外国船を打払ったことは、日本の洋学者たちの批判を招きますが、幕府はこの批判に厳しい処罰で臨みました。

第1章 縄文時代・弥生時代・古墳時代
第2章 飛鳥時代・奈良時代
第3章 平安時代
第4章 鎌倉時代
第5章 建武の新政・室町時代
第6章 戦国・安土桃山時代
第7章 江戸時代
第8章 明治時代
第9章 大正時代・戦争への道
第10章 戦後の日本

幕府の衰退がいよいよ明らかに

水野忠邦による幕府の立て直し

長い徳川家斉の治世が終わると、**徳川家慶**が12代将軍に就任します。度重なる飢饉と財政難、そして海外情勢の変化、と山積みの課題に対処するため、徳川家慶は老中の**水野忠邦**を改革に当たらせました。これが**天保の改革**です。

天保の改革は、これまでの「享保の改革」と「寛政の改革」を理想にしており、その再現が図られました。まずは倹約令によって支出を引き締め、出版統制で風紀を引き締めました。

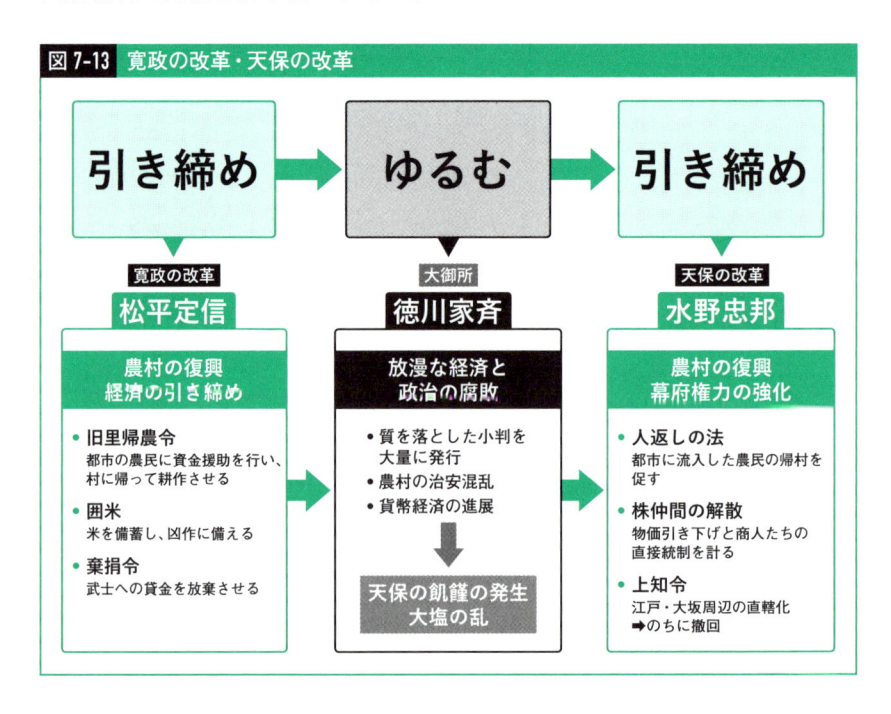

図 7-13　寛政の改革・天保の改革

引き締め	→	ゆるむ	→	引き締め

寛政の改革	大御所	天保の改革
松平定信	**徳川家斉**	**水野忠邦**
農村の復興　経済の引き締め	放漫な経済と政治の腐敗	農村の復興　幕府権力の強化
● 旧里帰農令　都市の農民に資金援助を行い、村に帰って耕作させる　● 囲米　米を備蓄し、凶作に備える　● 棄捐令　武士への貸金を放棄させる	● 質を落とした小判を大量に発行　● 農村の治安混乱　● 貨幣経済の進展　↓　天保の飢饉の発生　大塩の乱	● 人返しの法　都市に流入した農民の帰村を促す　● 株仲間の解散　物価引き下げと商人たちの直接統制を計る　● 上知令　江戸・大坂周辺の直轄化　➡のちに撤回

第1章 縄文時代・弥生時代・古墳時代

第2章 飛鳥時代・奈良時代

第3章 平安時代

第4章 鎌倉時代

第5章 建武の新政・室町時代

第6章 戦国・安土桃山時代

第7章 江戸時代

第8章 明治時代

第9章 大正時代・戦争への道

第10章 戦後の日本

経済政策の中心は**株仲間の解散**でした。水野忠邦は上昇する物価に対し、「商人の組合の株仲間が共同して、物価をわざと釣り上げて庶民を困窮させているのだ」と考えたのです。しかし、株仲間を解散させてみると、株仲間どうしで融通しあっていた物の流通が滞り、各地での物資不足を生んでしまい、さらに物価が上がって逆効果となってしまいました。

寛政の改革では「旧里帰農令」によって農村の生産人口の維持を図ったように、水野忠邦は「**人返しの法**」によって、江戸に流入してきた貧しい農民を強制的に故郷に返し、耕作に従事させるようにしました。

そして、メインとなる大型政策として、**上知令**という命令を出すのです。これは「江戸、大坂周辺の大名領や旗本領を幕府の直轄地にしよう」という命令で、幕府の権威の上昇と安定した財政基盤の確立、そして海岸付近の防衛強化を狙う政策でした。幕府に差し出した土地には代わりの土地を与える予定でしたが、領地を取り上げられる諸大名や旗本が反発し、代替の領地を与えようにも、その配置換えに多額の費用がかかるため、実行できませんでした。**メインとなる政策が断行できなかったことにも、幕府の権力がいよいよ衰えたことがあらわれています。**

 ## 雄藩の成長

幕府の力が衰えていく一方で、江戸時代の末期に実力を伸ばしていく藩が多くありました。実力をつけた藩の中には地方の大藩が多く、**雄藩**といわれるようになります。この雄藩の中から、幕末から明治維新にかけて活躍する人物が多く登場しました。

そうした雄藩の代表格が**薩摩藩**です。薩摩藩は調所広郷という人物を中心に藩政改革にあたりました。薩摩藩には500万両という莫大な借金がありました。少なく見積もっても現在の2000億円にものぼる、ひと藩ではとうてい返せない借金でしたが、調所広郷は商人と交渉して無利子の250年の分割払いにして少しずつ返すという約束をすることに成功したのです。事実上の踏み倒しですが、商人たちも全く返ってこないよりも、少しは返っ

てくるだけましと考えたようです。そして、薩摩藩は奄美大島の特産物である黒砂糖の独占販売を強化し、収入を増やしていきます。こうして薩摩藩は財政の立て直しに成功し、洋式の軍備や藩の工業化を行いました。

　同じ頃、長州藩も藩政改革を進めていました。村田清風という人物を中心に、薩摩藩と同じように借金の期限を引き延ばしました。村田清風は「日本海と瀬戸内海の中継点にある」という下関の地理的な価値に着目し、日本海と瀬戸内海の間を回っていく船を相手にお金を貸し付けたり、商品の中継地点としたりすることで収益を得ました。

　特徴的な藩政改革を行ったのは佐賀藩です。本百姓体制の再建を図るため、地主たちからいったん土地を没収し、百姓に均等に土地を与える、班田収授のような均田制を実施したのです。また、佐賀藩は工業化に力を入れ、国産初の鉄製の大砲の製作に成功しました。土佐藩や水戸藩なども藩政改革に力を入れ、藩としての実力を増していきました。

 ## 「硬」から「軟」へ、幕府外交の転換点

　一方、国際情勢を見ると、天保の改革が始まった頃、幕府に衝撃的なニュースが飛び込みました。それは、清とイギリスがアヘン戦争で戦い、イギリスの勝利に終わったということです。**そこで幕府は「列強」といわれた欧米の強国の実力を見直し、交戦の可能性を高める「異国船打払令」のような強硬な路線を転換して薪水給与令を出し、遭難などでやむを得ず寄港する外国船に対して食料や燃料を与えて穏便に帰すようにしました。**

　日本の開国を求める声も強まりました。オランダ国王は親書を送り、国際状況の変化を説いて幕府に開国を勧めましたが、幕府はこれを拒否しています。また、アメリカのビッドルが浦賀に来航して国交と通商の要求を求めました。本格的な艦隊ではなく、強硬な要求でもなかったため、幕府はこの要求を拒絶しますが、ビッドルの来航の7年後、幕府は本格的な艦隊を率いてきたペリーとの交渉を強いられることになります。

日本を大きく揺るがす4隻の黒船

第1章 縄文時代・弥生時代・古墳時代

第2章 飛鳥時代・奈良時代

第3章 平安時代

第4章 鎌倉時代

第5章 建武の新政・室町時代

第6章 戦国・安土桃山時代

第7章 江戸時代

第8章 明治時代

第9章 大正時代・戦争への道

第10章 戦後の日本

巨船に乗ったペリーの来航

　天保の改革を行った水野忠邦のあとに幕府の政治の中心人物となっていた**阿部正弘**が直面したのは、ペリーの来航とその対応でした。アメリカ東インド艦隊司令長官の**ペリー**が軍艦4隻で浦賀に来航したのです。

　当時、アメリカはメキシコとの戦争によって最西部のカリフォルニアを獲得し、「大西洋」から「太平洋」の国になりつつありました。多くの人口を抱えた清（中国）を大きな市場とみて貿易をしようとしていましたし、北太平洋での捕鯨も盛んになっていました。

　アメリカには「太平洋の航路を確立し、日本を寄港地として使いたい」という意図があったのです。そこで、ペリーを東回りの航路で日本に派遣して国交を求めたのです。

　ペリーは「**黒船**」4隻で浦賀沖に乗り付け、アメリカ大統領フィルモアの国書を提出して開国を要求します。この艦隊の旗艦サスケハナ号は2450トンの巨艦で、当時の世界最大の軍艦でした。

　日本の大きな船といえば100トンあまりの「千石船」だったことを考えると、その威圧感は大きなものだったでしょう。軍艦を東京湾の入り口まで乗り付けられたことに大きく動揺した幕府は、この国書を受け取ります。

　そして、翌年にこの国書に回答することを約束し、ペリーをいったん帰したのです。

　ペリーの帰国後間もなく、ロシアも**プチャーチン**を日本に派遣して長崎に来航し、開国を求めてきました。

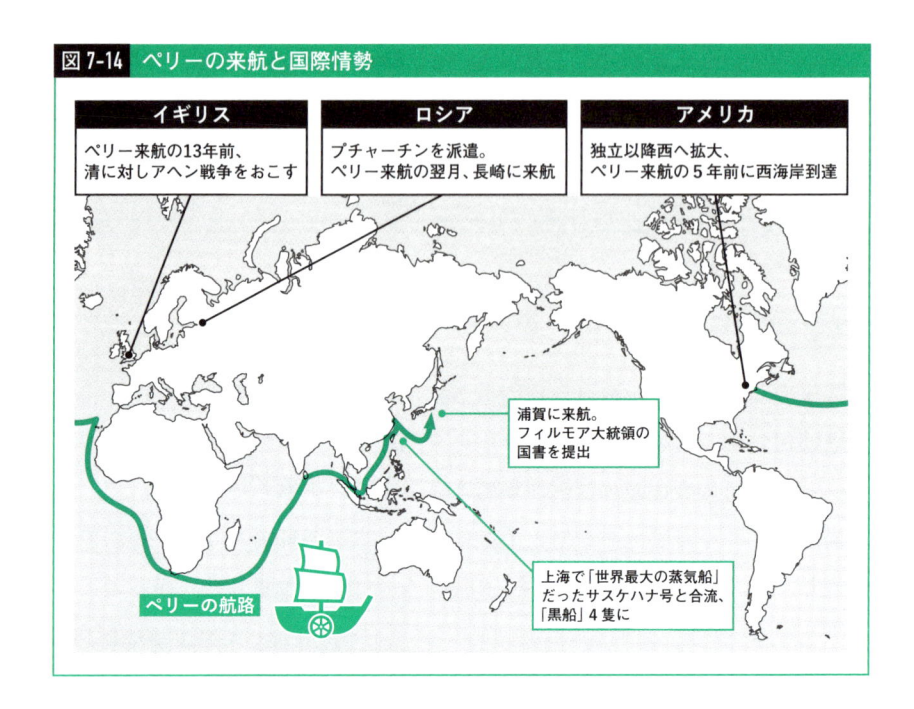

図 7-14　ペリーの来航と国際情勢

イギリス	ロシア	アメリカ
ペリー来航の13年前、清に対しアヘン戦争をおこす	プチャーチンを派遣。ペリー来航の翌月、長崎に来航	独立以降西へ拡大、ペリー来航の5年前に西海岸到達

浦賀に来航。フィルモア大統領の国書を提出

上海で「世界最大の蒸気船」だったサスケハナ号と合流、「黒船」4隻に

ペリーの航路

「挙国体制」は幕府権力の低下を招く

　ペリーがいったん帰国した直後、将軍徳川家慶は亡くなり、13代将軍に**徳川家定**が就任します。ペリーを帰したものの、翌年には必ずやってきます。**阿部正弘は、前例がない事態にどう対処すべきか苦しみます。そして、ペリーの来航を朝廷にも報告し、諸大名たちにも意見を求め、朝廷や大名と協力しながら国を挙げて対処しようとしたのです。すると、自然と朝廷や大名の発言力が高まり、幕府の権威は低下することになりました。**

　ペリー来航以後の阿部正弘の改革は**安政の改革**といわれます。政治手腕が高い前水戸藩主の徳川斉昭を幕府の政治に関わらせ、越前藩主の**松平慶永**や薩摩藩主の**島津斉彬**などと協調するなどの「挙国体制」づくりを行いました。また、江戸湾に台場といわれる砲台を築き、長崎に**海軍伝習所**を置いて操船を学ばせ海防力の向上を図ります。また、西洋の書物を翻訳し、教育する機関として**蕃書調所**を設置してその技術を吸収しようとします。伊

豆の韮山に反射炉をつくり、大砲の製造にもあたらせました。

第1章 縄文時代・弥生時代・古墳時代
第2章 飛鳥時代・奈良時代
第3章 平安時代
第4章 鎌倉時代
第5章 建武の新政・室町時代
第6章 戦国・安土桃山時代
第7章 江戸時代
第8章 明治時代
第9章 大正時代・戦争への道
第10章 戦後の日本

日本はついに開国を認める

　ペリーの再来航は、翌年の年明けすぐでした。この来航で、ペリーはさらに軍事的に威圧をかけようとしていました。前回の来航では「黒船」4隻だったのが、今回の再来航では7隻と増強し、しかも前回の浦賀よりも江戸に近い横浜付近に来航したのです。そして、その存在感を見せつけるように江戸湾の各地の測量を行います。一度目の来航後、大名たちは「平和的に拒絶するべき」という意見が大勢でしたが、二度目の来航の威圧に大名たちも同意するほかなく、幕府は日米和親条約の締結を行いました。

　日米和親条約は下田と箱館の2港をひらき、寄港したアメリカ船に必要な水と燃料を供給することなどを認めた条約です。条約の中にはアメリカに一方的な最恵国待遇（ほかの国に有利な条件を与えたらアメリカにもその有利な条件を与えなければならない）を与えることなども盛り込まれています。最恵国待遇は本来、双方が与えあうものですが、このときは日本がアメリカに一方的に与えるという不平等性があったのです。

　ペリーに続き、イギリスの艦隊が長崎に、ロシアのプチャーチンが伊豆半島の下田に来航し、日本はイギリス、ロシア、そしてオランダとも同じような「和親条約」を次々と結びます。特に地理的に近いロシアとは長崎の開港も認め、**択捉島以南が日本領、得撫島以北がロシア領、そして樺太は両国雑居の地、とする国境の画定が行われました。**

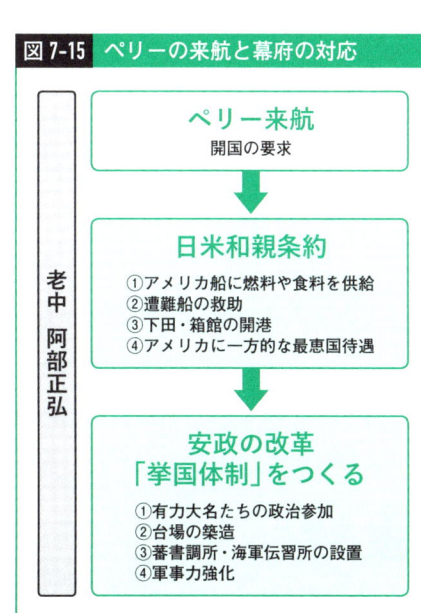

図 7-15　ペリーの来航と幕府の対応

老中 阿部正弘

ペリー来航
開国の要求

↓

日米和親条約
①アメリカ船に燃料や食料を供給
②遭難船の救助
③下田・箱館の開港
④アメリカに一方的な最恵国待遇

↓

**安政の改革
「挙国体制」をつくる**
①有力大名たちの政治参加
②台場の築造
③蕃書調所・海軍伝習所の設置
④軍事力強化

各勢力の板挟みに苦悩する堀田正睦

天皇に反対された通商条約

　阿部正弘に代わって老中の筆頭になったのは**堀田正睦**という人物です。日米和親条約に基づき、アメリカの領事が日本に駐在することとなり、**ハリス**が初代の総領事として下田に着任しました。**ハリスは寄港地の提供という「和親条約」の内容を拡大して「通商条約」を結び、日本を貿易相手国にしたいという考えがありました。**ハリスは日本に対して強硬な姿勢で臨み、江戸に入って将軍**徳川家定**に面会し、通商条約の締結を要求します。

　幕府の中には、和親条約から一歩すすんだ通商条約の締結に対し、「やむを得ない」という意見と「絶対に認めるべきではない」という両論がありました。中国の清王朝がアヘン戦争や、そのあとに起きたアロー戦争でイギリスやフランスに敗北したという情報が幕府に入っており、幕府首脳は「アメリカをはじめとする欧米の国々と戦争になることを避けるためには条約を結ばざるを得ない」と考えました。ただ、そうなると反対派の声が強くなり、幕府が分裂してしまうのではないかという恐れも同時にありました。

　そこで堀田正睦は、朝廷の力を借り、**天皇の許可（勅許）を得ることでアメリカとの条約締結を反対派にも納得させようとしました。しかし、京都を訪れた堀田正睦が勅許を求めたところ、「外国嫌い」で知られる孝明天皇をはじめ、朝廷に想像以上に条約締結に反対されたのです。**勅許が得られず、堀田正睦は手ぶらで江戸に戻ることになってしまいました。

将軍の跡継ぎをめぐり幕府は対立

　じつは、幕府の中には**もう1つの対立構造がありました。それは、病弱**

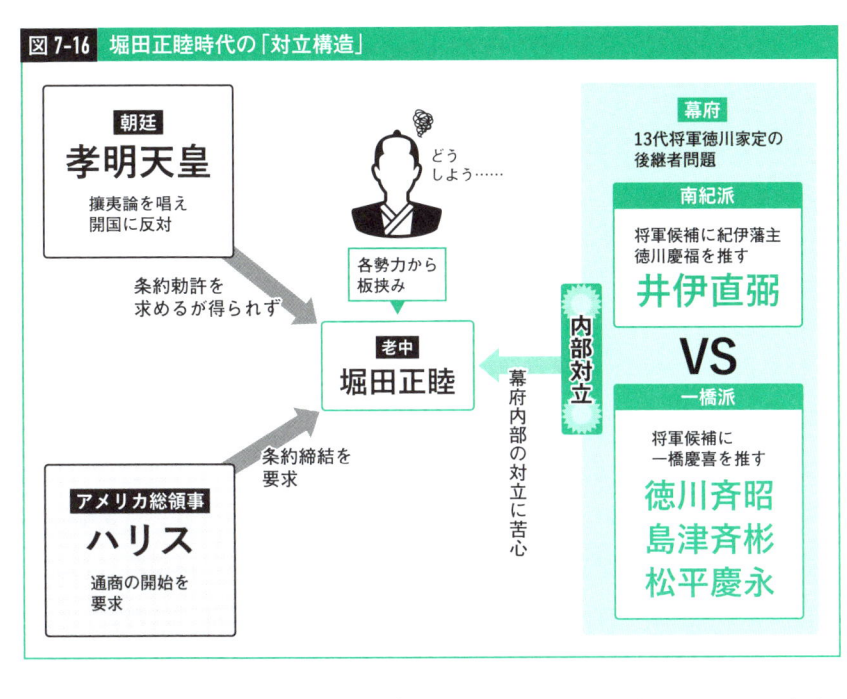

図 7-16 堀田正睦時代の「対立構造」

朝廷
孝明天皇
攘夷論を唱え
開国に反対

どうしよう……

各勢力から
板挟み

条約勅許を
求めるが得られず

老中
堀田正睦

幕府内部の対立に苦心

アメリカ総領事
ハリス
通商の開始を
要求

条約締結を
要求

幕府
13代将軍徳川家定の
後継者問題

南紀派
将軍候補に紀伊藩主
徳川慶福を推す
井伊直弼

VS

一橋派
将軍候補に
一橋慶喜を推す
徳川斉昭
島津斉彬
松平慶永

内部対立

第1章 縄文時代・弥生時代・古墳時代
第2章 飛鳥時代・奈良時代
第3章 平安時代
第4章 鎌倉時代
第5章 建武の新政・室町時代
第6章 戦国・安土桃山時代
第7章 江戸時代
第8章 明治時代
第9章 大正時代・戦争への道
第10章 戦後の日本

だった13代将軍徳川家定の跡継ぎを誰にするか、という問題です。当時、将軍候補として、一橋家の「**一橋慶喜**」と、紀伊藩主の「**徳川慶福**」の2人が挙がっていました。

　このうち、一橋慶喜を推す大名たちは「一橋派」といわれました。越前藩主松平慶永や薩摩藩主島津斉彬など、開明的な藩主たちが中心で、優秀という評判が高い一橋慶喜を将軍にし、すぐれた人材たちが協力して難しい局面を乗り切ろうと考えた一派です。もう1つの、徳川慶福を推す、井伊直弼を中心とする譜代大名らの一派は「南紀派」といわれました。徳川慶福は幼いものの、徳川家定のいとこにあたり、血が近いことと、過去、紀伊藩主の徳川吉宗が将軍になった「前例」を重視するなど、それまでの幕府の伝統を重んじようとする一派です。南紀派は「一橋派に主導権を握られると、大名たちの発言力が高まり、幕府のリーダーシップが衰えてしまう」と考えていました。堀田正睦は「幕府」と「朝廷」、「一橋派」と「南紀派」というように、様々な事情の板挟みの中で失脚してしまいます。

反発を招いた 井伊直弼の「独断」

不平等条約となった「安政の五か国条約」

堀田正睦の失脚ののち、大老として幕府の政治の中心になったのが**井伊直弼**です。井伊直弼は強い指導力を発揮し、大老就任後すぐに条約問題と将軍の跡継ぎ争い問題の決着をつけようとします。

まずは条約問題ですが、**天皇による勅許が得られないまま、日米修好通商条約の調印に踏み切りました。**もちろん反対派からの強い非難を受けることになりますが、井伊直弼はこれを断行します。この条約で新潟・神奈川・兵庫・長崎の４港も開き、通商の開始を約束します。

この条約は「不平等条約」ともいわれます。一方的な最恵国待遇が継続され、安い外国製品の流入を防ぐための関税を自主的に決める権限（関税自主権）もありませんでした。日本国内で外国人が罪を犯しても日本の司法権が及ばず、アメリカの領事がアメリカの法律で裁くという領事裁判権も認めました。同様の条約はイギリス・フランス・ロシア・オランダとも結ばれ、アメリカとの日米修好通商条約も含めて「安政の五か国条約」ともいわれます。

勅許を得ずに条約を調印したことは、「外国嫌い」で知られた孝明天皇の怒りを買います。こうして、**「天皇を敬え」**と**「外国を打ち払え」**という考えがつながり、いわゆる**「尊王攘夷」思想が形成されていきました。**

将軍家茂の就任

井伊直弼が大老に就任したことで、将軍の跡継ぎ争いは、「南紀派」が優勢になります。12歳の紀州藩主、徳川慶福が迎えられて14代将軍に就任し、

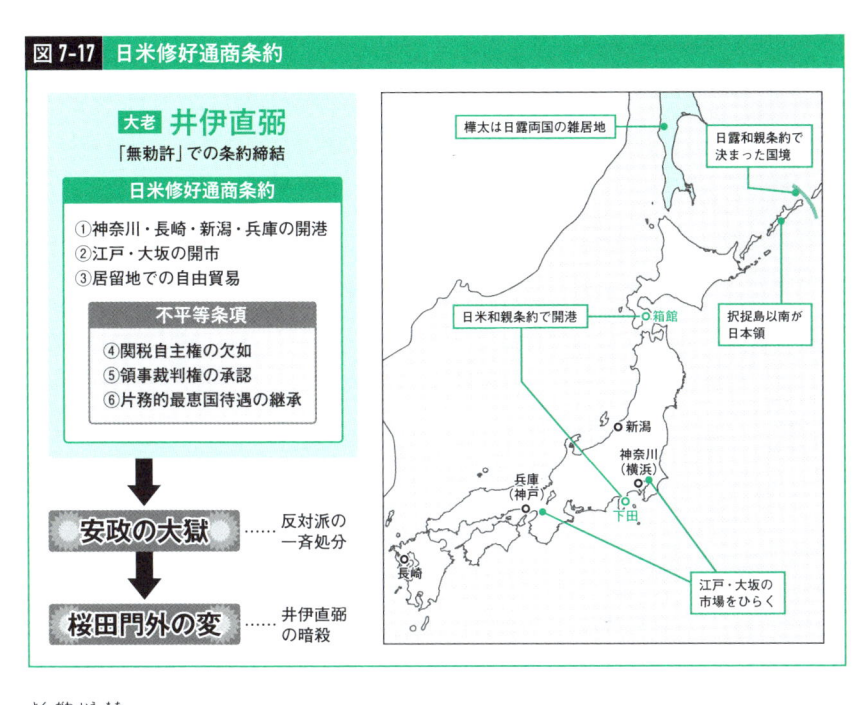

第1章
縄文時代・弥生時代・古墳時代

第2章
飛鳥時代・奈良時代

第3章
平安時代

第4章
鎌倉時代

第5章
建武の新政・室町時代

第6章
戦国・安土桃山時代

第7章
江戸時代

第8章
明治時代

第9章
大正時代・戦争への道

第10章
戦後の日本

図 7-17　日米修好通商条約

大老　井伊直弼
「無勅許」での条約締結

日米修好通商条約
① 神奈川・長崎・新潟・兵庫の開港
② 江戸・大坂の開市
③ 居留地での自由貿易

不平等条項
④ 関税自主権の欠如
⑤ 領事裁判権の承認
⑥ 片務的最恵国待遇の継承

安政の大獄 …… 反対派の一斉処分

桜田門外の変 …… 井伊直弼の暗殺

樺太は日露両国の雑居地

日露和親条約で決まった国境

択捉島以南が日本領

日米和親条約で開港　箱館

新潟

神奈川（横浜）

兵庫（神戸）

下田

長崎

江戸・大坂の市場をひらく

徳川家茂と名乗ります。将軍の跡継ぎ問題も井伊直弼が押し切った形になり、一橋派の不満は高まりました。

安政の大獄と桜田門外の変

　井伊直弼は、高まる反対派の声に対して、安政の大獄といわれる弾圧を行って対処します。一橋派だった前水戸藩主徳川斉昭（一橋慶喜の父）や越前藩主松平慶永など大名たちは謹慎させられ、越前藩士の橋本左内、長州藩士の吉田松陰など、藩士レベルの人々の多くは処刑されました。

　この処罰に最も憤慨したのが、前藩主と藩主を謹慎させられ、家老をはじめとした4人が処刑された水戸藩の藩士たちでした。水戸藩を脱藩した浪士たちに、薩摩藩を脱藩した浪士などが加わり、井伊直弼を江戸城の桜田門の外で待ち構えて殺害する、桜田門外の変という事件が起こります。この事件によって、幕府が独裁的に権力をふるう路線は行き詰まり、幕府は朝廷や大名たちと妥協しながら政権運営を行うことになります。

近代の世界経済に巻き込まれていく日本

　各国と結んだ修好通商条約に基づき、居留地での貿易が始まります。日本を開国させたアメリカは、南北戦争という内戦の時代に入り混乱していたため、対米貿易は盛んにならず、イギリスが最大の貿易相手になりました。また、最大の貿易港は横浜でした。当初開港地になっていた神奈川にかわり、日本人と外国人の接触を避けるため、人が少ない横浜の地が開港されていたのです。

　当初、輸出の貿易額は、輸入を上回ります。日本の輸出の主力商品は生糸や茶でした。生糸と茶が海外に売れたので、この２品を中心に品不足が始まり物価が上昇し、それ以外の商品も物価が上がっていきました。また、安くて質のいいイギリス産の毛織物や綿織物が輸入され、国内の綿織物業が衰退しました。**開国により国内産業が海外と「競争関係」になる、ということを初めて経験することになった**のです。

　また、日本と外国での金と銀の交換比率が、日本は金と銀が１：５、外国は１：15と大きく異なっていました。そのため、海外の銀を日本に持ち込み、日本で金貨に交換して海外に持ち出し、海外で銀に交換すると、初めの３倍の銀が手に入るため、激しく金が流出しました。金の流出を防ぐため、幕府は小判のサイズを小さくした「万延小判」をつくりますが、そのことも激しいインフレーションと物価の乱高下を生みました。

 ## 「公武合体」を推進した安藤信正

　暗殺された井伊直弼に続き、幕府を主導したのが老中の**安藤信正**です。**「妥協路線」に舵をきった幕府は朝廷との融和につとめ、朝廷と幕府に協力関係をもたらす「公武合体」を推進しました。**この一環として、14代将軍の徳川家茂の夫人に孝明天皇の妹の**和宮**を迎え、朝廷と幕府に婚姻関係をつくりました。しかし、この推進が尊王攘夷派の反発を招いて安藤信正は襲撃され、この事件をきっかけに安藤信正は辞任させられました。

すれ違う薩長を結び付けた坂本龍馬

第1章
時代文時代・弥生

第2章
奈良時代・飛鳥時代

第3章
平安時代

第4章
鎌倉時代

第5章
建武の新政・室町時代

第6章
安土桃山時代・戦国

第7章
江戸時代

第8章
明治時代

第9章
戦争への道・大正時代

第10章
戦後の日本

薩摩藩が「公武合体」を推進

　井伊直弼の暗殺、安藤信正の暗殺未遂と、幕府は「手詰まり感」を感じていました。こうした状況に対し、薩摩藩主の父、**島津久光**は孝明天皇の使者をともなって江戸に行き、幕府の改革を要求しました。**薩摩藩は幕府政治の主導権を握り、公武合体政策を推進しようとしたのです**（13代将軍徳川家定の夫人、篤姫は島津家の出身で、摂関家の養女を経て将軍に嫁いだことから、島津家は幕府とも朝廷ともつながりが深いのです）。

　幕府は薩摩藩の要求に応じて、**一橋慶喜**を将軍後見職に、**松平慶永**を政事総裁職に、会津藩主の**松平容保**を京都守護職に就任させます。また、参勤交代を3年に1度とし、大名の妻子を国元に住まわせることも可能にして幕府の統制をゆるめ、安政の大獄で謹慎などをさせられた者の謹慎解除などを行いました。**薩摩藩は「公武合体」的で「発言力のある大名の連合体」による政治を行おうとしていたのです。**

長州藩のスタンドプレー

　一方、薩摩藩と並ぶ「雄藩」の代表だった長州藩では、中・下級武士の発言力が比較的強く、彼らの主張する尊王攘夷論を藩論に採用し、**尊王攘夷論をもつ公家たちと結んで京都で勢力をつくり、朝廷を動かすことで主導権を握ろう**としていました。長州藩と尊王攘夷派の公家は幕府に圧力をかけ、日付を決めて外国人や外国船を攻撃する「攘夷」の決行を迫りました。表向きは天皇の命令なので、幕府も拒絶するわけにいかず、外国に攻撃を加える日付を大名たちに通達します。

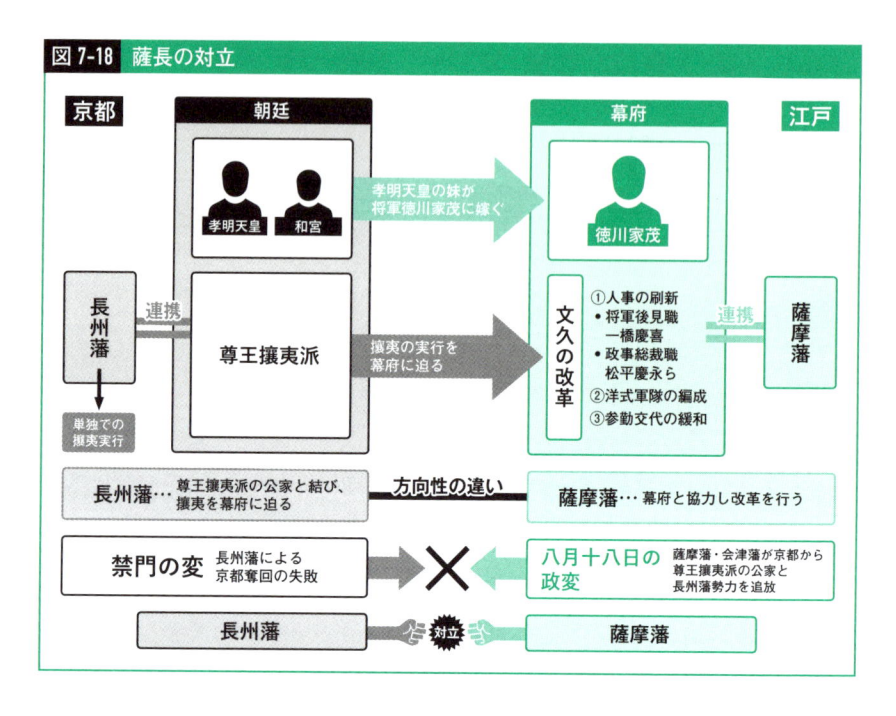

図7-18 薩長の対立

京都 | 朝廷 | 幕府 | 江戸

孝明天皇　和宮

孝明天皇の妹が
将軍徳川家茂に嫁ぐ

徳川家茂

長州藩 ─連携─ 尊王攘夷派

攘夷の実行を
幕府に迫る

文久の改革

①人事の刷新
・将軍後見職
　一橋慶喜
・政事総裁職
　松平慶永ら
②洋式軍隊の編成
③参勤交代の緩和

─連携─ 薩摩藩

単独での
攘夷実行

長州藩…尊王攘夷派の公家と結び、
　　　　攘夷を幕府に迫る

方向性の違い

薩摩藩…幕府と協力し改革を行う

禁門の変　長州藩による
　　　　　京都奪回の失敗

×

八月十八日の政変

薩摩藩・会津藩が京都から
尊王攘夷派の公家と
長州藩勢力を追放

長州藩　対立　薩摩藩

そして、その攻撃予定日になると、長州藩は単独で関門海峡（馬関海峡）を通る外国船を砲撃し始めます。**長州藩は「尊王攘夷」的な政策を「朝廷を抱き込んで」行おうとしていたのです。**

 京都の御所を攻撃する長州藩

朝廷を抱き込み、勝手に外国船を攻撃するという、長州藩のいわば「スタンドプレー」は、幕府や諸大名と連携をして難局を乗り切ろうという薩摩藩の目に非常に危険な行動に映りました。主導権を握り返そうとした薩摩藩は会津藩と朝廷内の公武合体派の公家と連携をとり、京都の御所を兵で固めて、長州藩の勢力と尊王攘夷派の公家を京都から追放したのです。この事件を**八月十八日の政変**といいます。

　八月十八日の政変で京都を追われた長州藩は京都を奪い返すために、兵を京都にのぼらせ、御所を攻撃しますが、薩摩藩と会津藩の兵と交戦して敗れ、京都の奪還はなりませんでした。これを**禁門の変**といいます。

孤立を深める長州藩

　都を追われ、その奪還に失敗した長州藩は非常に苦しい状況に立たされました。幕府は武力で乱を起こした罪を問うため、第1次長州征討の軍を差し向けます。長州藩は幕府に屈服し、3人の家老に責任を負わせる形で切腹させました。また、下関で外国船を砲撃していた報復がこのタイミングと重なり、イギリス・フランス・アメリカ・オランダの4か国の艦隊に下関の砲台を攻撃・占拠され、長州藩が屈服させられたという<ruby>四国艦隊下<rt>し こく かん たいしもの</rt></ruby><ruby>関砲撃事件<rt>せき ほう げき じ けん</rt></ruby>も起きていました。その上、かつて長州藩がよりどころにしていた朝廷からも、京都を奪い返すためだったとはいえ、御所を攻撃した罪を問われ、長州藩は「朝廷の敵」扱いになっていました。

　こうして、長州藩は幕府・海外・朝廷のいずれからも敵視され、孤立を深めることになります。そして、長州藩の恨みは主に、この孤立した状況を生み出した薩摩藩に向けられたのです。

 ## 土佐藩の脱藩浪士が薩長を1つにした

　薩摩・長州は「薩長」と、セットで幕府を倒したイメージが世間的に強いと思われますが、この時点までは非常に対立していました。

　対立していた2藩を結び付けたもの、それは、外国と戦ったという「共通体験」です。長州藩が四国艦隊下関砲撃事件で外国勢力と戦っていたように、薩摩藩も「<ruby>薩英戦争<rt>さつ えい せん そう</rt></ruby>」という戦いでイギリスと戦っていたのです（「薩英戦争」というのは島津久光の行列を横切ったイギリス人を薩摩藩士が斬った、「生麦事件」の報復の戦争です）。**優れた武装の欧米列強の艦隊と交戦した両藩は、外国勢力を打払う「攘夷」がとうてい不可能であることを悟りました。**薩摩藩は**<ruby>西郷隆盛<rt>さい ごう たか もり</rt></ruby>**や**<ruby>大久保利通<rt>おお く ぼ とし みち</rt></ruby>**、長州藩は**<ruby>木戸孝允<rt>き ど たか よし</rt></ruby>**や**<ruby>高杉晋作<rt>たか すぎ しん さく</rt></ruby>**などの先進的な中・下級の藩士が、保守的な藩の上層部にかわって藩政を主導するようになり、洋式の軍備を整えようとしました。その近代化の中で、両藩は、「近代国家づくりを行うならば、古い体制である幕府を

第1章　縄文時代・弥生時代・古墳時代

第2章　飛鳥時代・奈良時代

第3章　平安時代

第4章　鎌倉時代

第5章　建武の新政・室町時代

第6章　戦国・安土桃山時代

第7章　江戸時代

第8章　明治時代

第9章　大正時代・戦争への道

第10章　戦後の日本

壊さなければならない」と感じていったのです。

　そして、この両藩に接近したのがイギリスです。公使パークスを中心に、幕府にかわって、薩摩・長州両藩を新たな貿易相手と考え、薩摩・長州両藩を中心とする政府ができた場合、貿易をさらに拡大できると考えていたのです。一方、イギリスのライバルだったフランスは公使ロッシュを中心に、幕府に接近して軍事・財政の支援を行いました。

　こうした状況下で登場したのが、土佐藩出身の**坂本龍馬**と**中岡慎太郎**です。日本に対するイギリスやフランスの介入が強まり、日本が植民地化される危険性や、薩摩・長州の意見に共通点があることを感じた彼らは、薩摩藩・長州藩の両藩の仲介を行いました。この結果、薩摩・長州が手を結んで薩長連合が組まれ、幕府の打倒に動き出したのです。対立していたと思われた両藩が手を組んだことは当時の人々の驚きとなりました。薩摩が長州の支援に回ったことにより、幕府が諸藩に命じた第2次長州征討が失敗し、幕府の権威はさらに低下することになったのです。

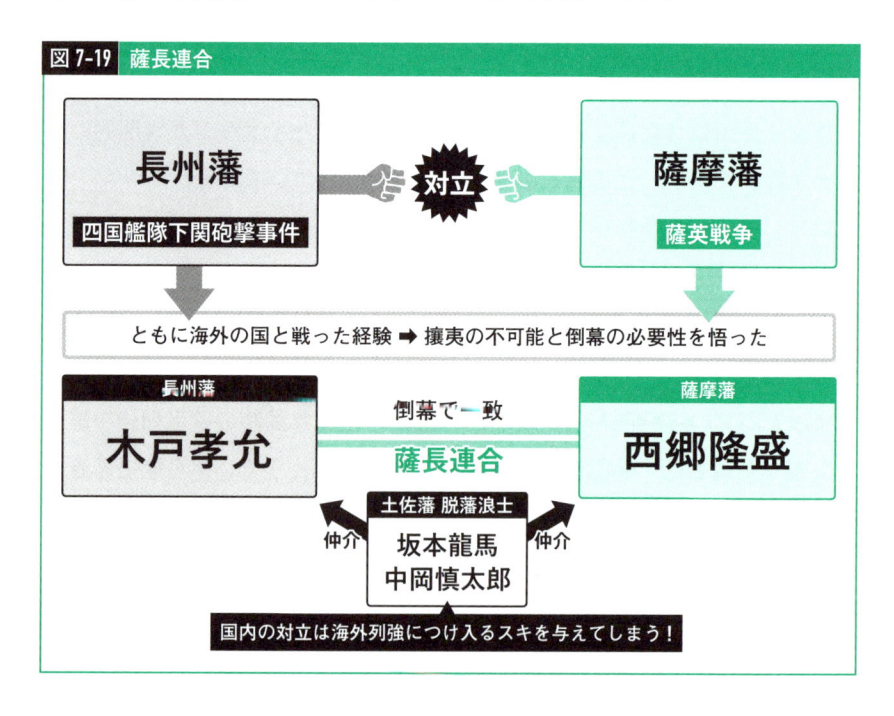

図 7-19　薩長連合

長州藩
四国艦隊下関砲撃事件

対立

薩摩藩
薩英戦争

ともに海外の国と戦った経験 ➡ 攘夷の不可能と倒幕の必要性を悟った

長州藩
木戸孝允

倒幕で一致
薩長連合

薩摩藩
西郷隆盛

土佐藩 脱藩浪士
坂本龍馬
中岡慎太郎

仲介　　仲介

国内の対立は海外列強につけ入るスキを与えてしまう！

260年に及ぶ江戸幕府がついに終わる

将軍が天皇に政権を返上

　第2次長州征討の最中に14代将軍徳川家茂が亡くなり、**徳川慶喜**が15代将軍に就任します。同じ頃、孝明天皇も亡くなり、明治天皇が即位しています。

　連合が成立した薩摩・長州は、武力で幕府を倒そうとする姿勢を強く見せていました。そこで、土佐藩の前藩主、**山内豊信**は徳川慶喜に働きかけ、薩長に倒される前に、将軍が先手を打って天皇に政権を返上することを勧めたのです。将軍が政権を返上しても、徳川家が大名たち連合政権の長としてリーダーシップをとることで実権を保持でき、「名」を捨てても「実」をとれると勧めたのです。これには、「内乱が長引くと海外勢力の日本介入が強まり、日本が植民地化されてしまう」という危惧を抱いた坂本龍馬が、土佐藩の後藤象二郎と相談した構想が背景にあるといわれています。徳川慶喜もこの構想を受け入れ、**大政奉還**の上表を朝廷に提出して、政権を天皇に返上し、260年に及んだ江戸幕府による統治が終わりました。

徳川家は政権運営の外に追い出される

　政権を天皇に返したとしても、最大の発言力をもつ「大名たちのリーダー」として新政府の中核を担おうとした徳川慶喜ですが、その考えは挫折します。薩摩・長州と岩倉具視などの討幕派の公家がはかって**王政復古の大号令**を行い、天皇を中心とした新政府の樹立を宣言したのです。徳川慶喜に対してリーダーシップをとらせないどころか、「内大臣」の職の辞退と領地の返上を行うように厳しく命令し、実権を奪ったのです。

207

会津で、五稜郭で、旧幕府軍が最後の抵抗

無抵抗で新政府に明け渡された江戸城

　この処分に反発した徳川慶喜は、旧幕府の兵士や会津藩・桑名藩の兵を率いて京都に攻め上りますが、薩摩・長州連合軍を中心とする新政府軍に鳥羽・伏見の戦いで敗北します。ここから始まる旧幕府勢力と新政府軍による一連の戦いを戊辰戦争といいます。鳥羽・伏見の戦い以降、徳川慶喜は新政府の方針に従うことになり、戦わずに江戸城を明け渡しました。しかし、東北の諸藩や旧幕府軍の一部は新政府に従わず、上野や会津で激戦が繰り広げられ、箱館の五稜郭で降伏するまで戦いは続きました。

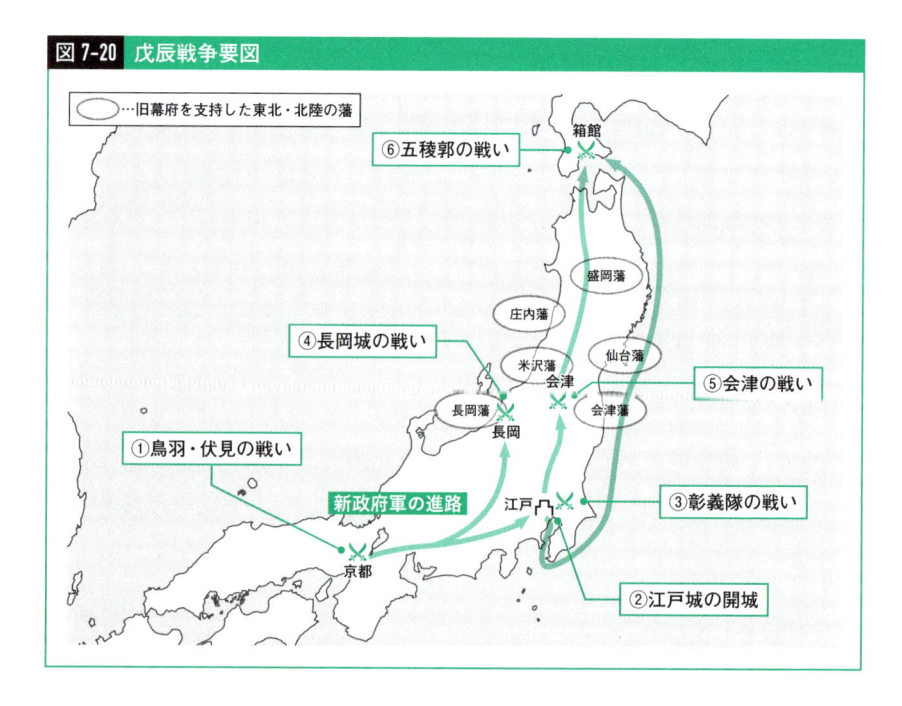

図 7-20　戊辰戦争要図

第8章

明治時代

第8章 明治時代 あらすじ

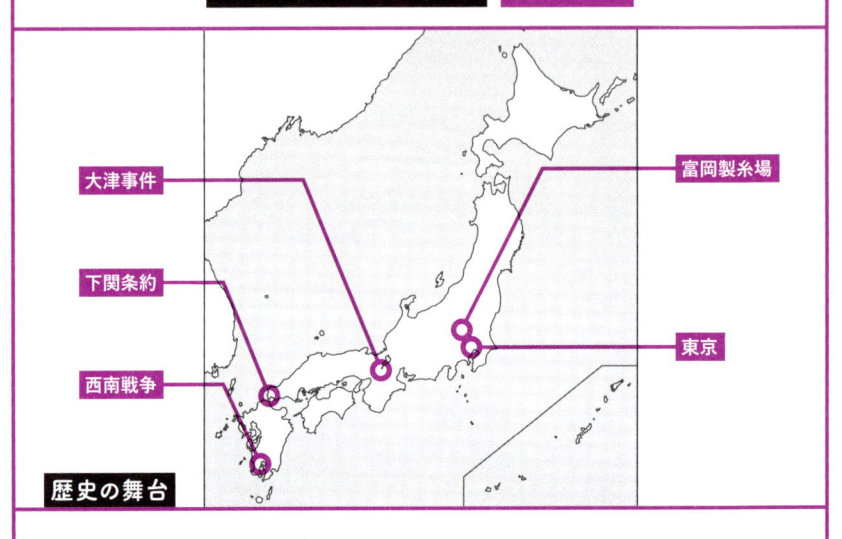

大津事件

下関条約

西南戦争

富岡製糸場

東京

歴史の舞台

近代国家の「試金石」となった日清戦争・日露戦争

　明治時代に入ると、薩摩藩出身の大久保利通や黒田清隆、長州藩出身の木戸孝允や伊藤博文などが政府を動かし、富国強兵政策を推進します。こうした薩長中心の政府に対し、肥前藩出身の大隈重信や土佐藩出身の板垣退助は、言論による発言力の拡大を図り、議会政治を求め、政党を率いるようになるのです。

　帝国議会の創設後も藩閥政府と政党は対立しますが、日清戦争の勝利をきっかけに政府と国会は歩み寄ります。政党内閣ができたことで、政府側から政党を結成する動きも起こります。

　そして、日本は明治末期の日露戦争にかろうじて勝利したことで、列強と肩を並べる存在になるのです。

政治

薩摩・長州藩の出身者を中心に中央集権化と富国強兵政策が推進されました。一方、民衆の政治意識も高まり、自由民権運動が起こります。議会政治の開始後、政府と議会は対立しますが、日清戦争の勝利を機に歩み寄りが見られました。

経済

地租改正や貨幣制度の近代化、殖産興業政策により、西洋をモデルとした産業の近代化が進みました。日清戦争後、繊維産業を中心とした軽工業が発展し、日露戦争後には重工業が発展します。

社会

流入した西洋の文化は日本人の生活に大きな影響を与えました。街にはガス灯がともり、鉄道が開通し、近代的な学校制度が整備されました。一方資本主義の発達とともに、労働問題や環境問題なども発生します。

外交

明治時代の日本の外交課題は不平等条約の改正にあったため、外交担当者による改正交渉が続きました。日清、日露戦争を経て朝鮮半島への勢力圏を確保した日本は、韓国を併合して日本の領土とします。

第1章 縄文時代・弥生時代・古墳時代

第2章 飛鳥時代・奈良時代

第3章 平安時代

第4章 鎌倉時代

第5章 建武の新政・室町時代

第6章 戦国・安土桃山時代

第7章 江戸時代

第8章 明治時代

第9章 大正時代・戦争への道

第10章 戦後の日本

日本の「近代」が
ここから始まる

 ## 新政府の発足を内外にアピール

　王政復古の大号令により新政府が発足し、ここから「明治時代」となります。幕府側の抵抗勢力との戊辰戦争が始まり、この間に新政府は次々と方針を発表します。まず、欧米諸国の公使に新政権の成立を通告しました。アメリカ・イギリスなどの6か国は、戊辰戦争に関して新政府・旧幕府のどちらにもつかない、という中立を宣言します。

　そして、明治天皇は、京都御所で、神々に誓う形をとって新政府の政治方針を打ち出しました。これを五箇条の誓文といいます。その翌日には、民衆に向けて五榜の掲示を各地に掲げ、一揆を起こすことを禁止し、主君や親に対する忠義や孝行を正しく行わせることなど、江戸幕府が掲げていた儒教政策の引継ぎを宣言しました。しかし、キリスト教を邪教として禁じるなど、諸外国に反発される内容を含むため、五榜の掲示の項目は5年以内に撤廃されました。

　五箇条の誓文は、新政府の「方針」をひとまず示したものなので、具体的な政治の中身はこれから決めることになります。新政府は「政体書」を布告し、太

図8-1　五箇条の誓文と新政府の発足

新政府の政治方針の発表

**明治天皇が
神に誓う形で行う**

五箇条の誓文

① 広く会議を開いて、
　すべての政治は公平な議論によって決めよう
② 身分の上下にかかわらず、
　心を合わせて国を治めよう
③ 公家や武家、庶民に至るすべての人がその志を
　実現し、人々が希望を失わないようにしよう
④ 今までの悪しき慣習をやめて、
　世界の正しい道理に合った行動をしよう
⑤ 知識を世界から取り入れて
　国を発展させる基礎を作っていこう

政官制といわれる新政府の組織を定めました。

　内閣制度が発足されるまで、明治政府の組織は何度か再編成されるものの、この「太政官」といわれる政府が運営していくことになります。実質的に政治の中心を担ったのは公家出身の**岩倉具視**と、「維新の三傑」といわれた薩摩出身の**西郷隆盛**、**大久保利通**と長州出身の**木戸孝允**らでした。

首都「東京」の誕生

　王政復古の大号令や五箇条の誓文は京都で出されましたが、江戸城が新政府に明け渡されると、江戸は東京と改称され、明治天皇と新政府はここに移ることになります。大阪への遷都論もありましたが、「世界でも有数の大都市であった東京へ遷都し、名実ともに日本の首都にしよう」という意見が有力になったのです。天皇が長きにわたって「都」としてきた京都から旧幕府の影響力が強い東日本の中心に「乗り込み」、東西の日本を統合するということを強くアピールする格好にもなりました。

　また、新政府は元号を正式に「明治」と改めて**天皇一代の間はひとつの元号を使い、その天皇の間は元号を変えない「一世一元の制」を定めました。以後、大正、昭和、平成、令和とそのしくみが続きます。**

新しい国づくりのコンセプトは「中央集権」

　新政府の初期の政策は、まずは江戸幕府のやり方を解体していくことが中心になりました。早期に「近代化」したいと考えていた新政府にとって、長期政権を強固に支えてきた江戸幕府の政治制度や身分制度、経済政策の解体なしに近代化を図ることはできなかったからです。

　新政府は、天皇を中心とした中央集権体制をつくろうと考えます。**日本がこれから列強の野望が渦巻く帝国主義の世の中で自らを守り、世界に進出するには、中央政府の強いリーダーシップのもと、日本という国の国民であるという意識を全員が持ち、1つのチームとしてまとまる「国民国家」にする必要があると考えたのです。**

第1章 縄文時代・弥生時代・古墳時代

第2章 飛鳥時代・奈良時代

第3章 平安時代

第4章 鎌倉時代

第5章 室町時代・建武の新政

第6章 戦国・安土桃山時代

第7章 江戸時代

第8章 明治時代

第9章 大正時代・戦争への道

第10章 戦後の日本

それまでの江戸時代の「幕藩体制」においては、将軍の家臣である大名が、それぞれの小国家（藩）を統治するしくみでした。**武士の道徳は「主君のために戦う」ことであり、藩の武士たちは自分たちの殿様である大名のためにのみはたらきます。**大名たちはそれぞれ考えもバラバラなので、幕末の長州藩や薩摩藩、会津藩のように藩ごとの方向性もバラバラでした。**日本全国の小国家がバラバラな方向性で動いていると、日本全体がピンチに見舞われたときや、ひとつの目標のもとに行動しなければならないときには非常に「脆い組織」になってしまいます。**

まず、新政府は幕藩体制を解体し、**「天皇を中心とする新政府が、公務員組織（官僚組織）を使って国の隅々まで命令を行きわたらせる」国の在り方をつくろうとした**のです。

大名たちは藩を失い、中央集権の基礎ができる

そこで大久保利通と木戸孝允は、薩摩、長州、土佐、肥前の4藩の藩主に強く勧めて、土地（版図）と人民（戸籍）を天皇に率先して返上し、この4藩にならって全国の大名たちにも土地と人民を返上してもらうようにしました。これを「版籍奉還（はんせきほうかん）」といいます。

もちろん、藩主、すなわち大名たちも自分の領地や家来たちを進んで返上したくはありません。そこで、明治政府は彼ら大名たちを知藩事（ちはんじ）という役に任命し、給与を与えてその藩の運営をさせました。土地と人民を返しても、それまでどおり藩の面倒を見ていますので、見た目には変化がないようにして、納得させようとしたのです。

しかし、これでは、中央集権に程遠い形です。その2年後、明治政府はこの知藩事をクビにして藩を廃止し、**「大名」ではなく、中央から派遣した「公務員」が統治する「県」や「府」にする廃藩置県（はいはんちけん）を断行しました。**

ただし、これは大名たちの失業を意味します。当然、抵抗が予想されたので、薩摩・長州・土佐の3藩から合計1万の兵を東京に集め、その軍事力を背景に断行したのです。

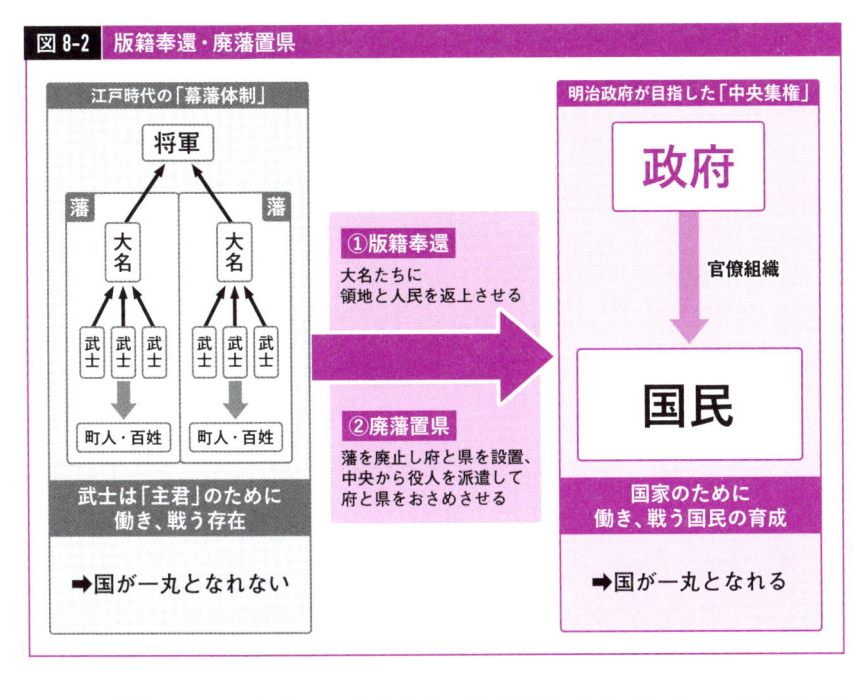

図 8-2 版籍奉還・廃藩置県

江戸時代の「幕藩体制」

将軍

藩　大名　藩　大名

武士　武士　武士　武士　武士　武士

町人・百姓　町人・百姓

武士は「主君」のために
働き、戦う存在

➡国が一丸となれない

①版籍奉還
大名たちに
領地と人民を返上させる

②廃藩置県
藩を廃止し府と県を設置、
中央から役人を派遣して
府と県をおさめさせる

明治政府が目指した「中央集権」

政府

官僚組織

国民

国家のために
働き、戦う国民の育成

➡国が一丸となれる

　この改革によって今までの大名たち（知藩事）はクビになって東京に集められ、かわりに中央政府が派遣した府知事や県令が全国の府県をおさめるようになりました。

　また、琉球（沖縄）は事実上、日本の島津氏の支配下にありましたが、琉球王国として日本と清の両方に服属している形になっていました。

　そこで、この琉球については、日本の支配権を確立させるために琉球藩を設置し、琉球王国とその国王尚泰を日本政府の直属にしました。

十進法となった新しい貨幣制度

　幕藩体制の解体は、経済分野にも及びます。

　江戸時代では四進法の貨幣制度に加え、各藩で独自に紙幣も発行していたため、統一的な貨幣制度がありませんでした。そこで、新政府は新貨条例を公布し、お金の価値の基礎となる金貨や銀貨をつくり、円・銭・厘を単位とする十進法の貨幣制度を整えました。

「富国強兵」を目指した新政府の改革

 諸外国へ「あいさつ回り」に行った岩倉具視

「開国和親」を大きな柱として掲げた新政府ですから、内政ばかりに集中するわけにはいきません。諸外国とどのような関係をつくるか、明治初期の政府には外交面においてもしなければならないことがたくさんありました。特に欧米諸国に対しては、「不平等条約の改正交渉のテーブルをできるだけ早く用意したい」というのが新政府の本音だったのです。

　そこで、**新政府は二手に分かれ、一方は欧米の視察と条約改正交渉、一方は国内の諸制度の整備、というように分担したのです。**

　欧米に派遣されたほうの「岩倉使節団」といわれたメンバーには岩倉具視、大久保利通、木戸孝允、伊藤博文など、政府のエース級をそろえました。不平等条約の改正にかける力の入りようがわかります。

　一方、「留守政府」といわれた西郷隆盛、板垣退助を中心とした政府が、明治初期の改革の「実行部隊」として日本に残ることになりましたが、どちらかといえば「居残り組」という性格がありました。「エース級」をそろえた岩倉使節団でしたが、**欧米諸国が開国したばかりの国に対して自ら有利な条約を手放すはずもなく、条約改正交渉はほとんど相手にされず**、諸外国への「あいさつ回り」程度に終わりました。ただ、使節団がこのときに見学した欧米の議会や工場、学校などは日本の近代化の大きな参考となりました。

 武士たちの役割が終わりを告げる

　一方、留守政府は岩倉使節団が欧米に行っている間に様々な改革を実行

しました。

　まず取り組んだのは、身分制度の改革です。版籍奉還により、大名と藩士の主従関係が切り離されたことを機会に、大名や公家を華族（かぞく）、武士を士族（しぞく）、農工商らの庶民を平民（へいみん）ということにしました。そして、平民でも苗字を名乗ることを公認し、異なる身分間での結婚や、職業選択、移住の自由を与え、いわゆる「四民平等（しみんびょうどう）」をもたらしました。

　版籍奉還、廃藩置県、四民平

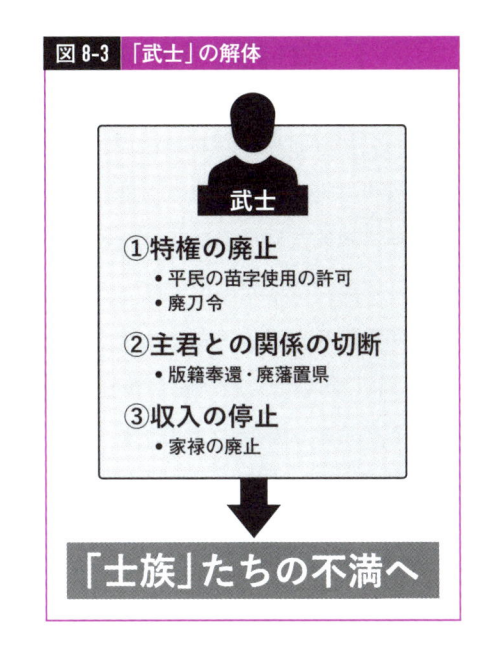

図 8-3　「武士」の解体

武士

①特権の廃止
・平民の苗字使用の許可
・廃刀令

②主君との関係の切断
・版籍奉還・廃藩置県

③収入の停止
・家禄の廃止

↓

「士族」たちの不満へ

等によって、武士たちはいわば「失業」してしまったのですが、依然、明治政府は士族たちに給料（家禄）を支払っていました。士族といっても約150万人もいますので、彼らに「タダ飯を食わす」だけで国家の財政の3割ほどを費やします。そのため、のちに政府は「退職金」にあたる、一時金を受け取れる証書を渡して家禄を廃止するという改革を断行しています。「武士の役割が終わった」ということは、それまでの「軍隊」のありかたが変わることも意味します。政府は徴兵令（ちょうへいれい）を出して、士族・平民にかかわらず満20歳に達した男性に3年間の兵役の義務を課しました。**武士が中心だった軍隊から、「国民」が国を背負って戦う近代的な軍隊に移行しようとしたのです。**

　しかし当初は、士族たちから武士の特権を奪うものと反発があり、平民も負担が重くなることを嫌って暴動を起こしたりと、各地で反発が生まれました。また、役人や一家の跡継ぎなどは兵役を免除されるという規定もありました。

第1章　縄文時代・弥生時代・古墳時代
第2章　飛鳥時代・奈良時代
第3章　平安時代
第4章　鎌倉時代
第5章　建武の新政・室町時代
第6章　戦国・安土桃山時代
第7章　江戸時代
第8章　明治時代
第9章　大正時代・戦争への道
第10章　戦後の日本

税収安定のための「定額制」への移行

　続いて留守政府は、税制改革に取り組みます。江戸時代の税の中心は米による年貢米の徴収でした。米は年によって収穫量も価格も大きく変動するため、政府の税収も年度ごとに変わり、長期的な財政計画を立てられないことが欠点でした。そこで、政府は**「価値の変わらないものを基準にして定額の税をかけ、それをお金でおさめさせよう」**と考えたのです。

　ここに、<ruby>地租改正条例<rt>ち そ かい せいじょうれい</rt></ruby>を公布し、土地制度と税制度を一体化した改革、地租改正が始まります。まず、土地の値段（地価）を算出し、土地の持ち主に証書（<ruby>地券<rt>ち けん</rt></ruby>）を発行します。この地券には土地の面積とその土地の地価、持ち主などが書かれています。そして、この地券に書かれた土地の持ち主を納税者として、地価の100分の3（3％）の額をお金で納めさせることにしたのです。地価の3％という額がどれほどのものかといえば、明治政府は「いままでの年貢米と変わらないような税額」を目指したので民衆の

図 8-4　「定額プラン」地租改正への移行

江戸時代…年貢米による財政運営
➡豊作・不作により収入が一定しない

「米」だけに頼っていたため、
米が十分にとれないと一挙に農村が荒廃・財政難に陥る

一定額の税を「お金」で徴収したい

地券

　　　地　券
○国○郡○○村○番地
一団○反○畝○歩　持主　○○○
地価　○○円○○銭
此百分ノ三　　金○○銭○厘
明治十年ヨリ
此百分ノ二ケ半　金○○銭○厘
　　右検査之上授與之
明治○年○月○日
　　　　　　　　○○○県

地租改正条例

• 地価を決定し、地券を交付
• 地価の3％（のちに2.5％）の額を
　お金で納入させる

負担感は変わりません。負担が減らないのに変化を強いる政府に対して<mark>地租改正反対一揆</mark>が度々起こるようになります。

　ただ、政府は、毎年定額の税が入ってくる「定額プラン」へ切り替えたことで財源が安定し、「計算が立つ」財政運営が可能になりました。**「地価」を定めたことで土地の売買が可能となり、これ以降、現在に至るまで土地が1つの「資産」とみなされるようになったのです。**

「富国強兵」の基礎をつくった経済政策

　この頃、渋沢栄一（しぶさわ えいいち）が中心となり、<mark>国立銀行条例</mark>が制定されています。「不換紙幣」というそれまでの紙幣は、金貨や銀貨との交換が保障されていない「印刷されただけの紙」だったので、発行するほど価値は下がります。そこで、政府は紙幣の安定度を高めるため、「国の法律に基づいて設立された民間銀行」という意味の国立銀行を設立し、いつでも額面と同額の金貨と交換可能な「兌換紙幣（だ かん し へい）」を発行したのです（「兌換」とは「引き換えられる」という意味）。金を紙にして持ち運んでいるようなものなので、紙幣の価値は高まりました。ただ、人は「紙」より「金」を持ちたがります。この紙幣はすぐに金貨と交換されてしまい、兌換は事実上中止されてしまいました。

　また、この時期、主力輸出商品だった生糸の品質改良と増産を目指して<mark>官営模範工場</mark>の代表、<mark>富岡製糸場（とみ おか せい し じょう）</mark>を設立しました。ここにフランスの最新の技術が導入され、ここでトレーニングを受けた「工女」たちが全国の製糸工場に技術を伝えたのです。

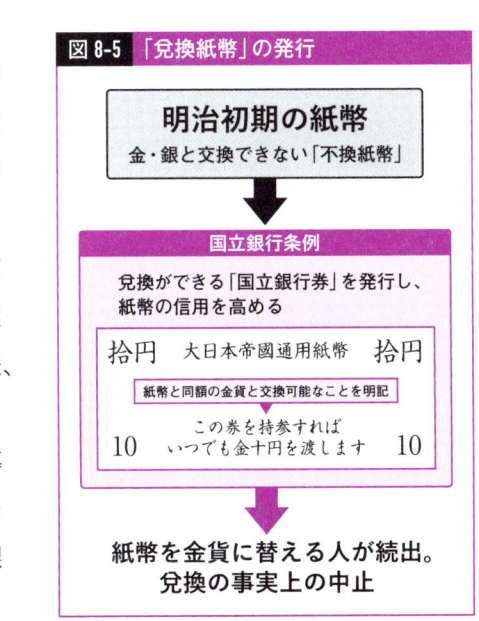

図 8-5　「兌換紙幣」の発行

明治初期の紙幣
金・銀と交換できない「不換紙幣」

↓

国立銀行条例
兌換ができる「国立銀行券」を発行し、紙幣の信用を高める

拾円　大日本帝國通用紙幣　拾円
紙幣と同額の金貨と交換可能なことを明記
この券を持参すれば
いつでも金十円を渡します
10　　　10

↓

紙幣を金貨に替える人が続出。
兌換の事実上の中止

第1章 縄文時代・弥生時代・古墳時代
第2章 飛鳥時代・奈良時代
第3章 平安時代
第4章 鎌倉時代
第5章 建武の新政・室町時代
第6章 戦国・安土桃山時代
第7章 江戸時代
第8章 明治時代
第9章 大正時代・戦争への道
第10章 戦後の日本

政府を真っ二つに割った外交問題

 「維新の三傑」たちの思いがすれ違う外交問題

条約改正交渉が不調に終わり、欧米の見学を行った岩倉使節団が帰国すると、留守政府の中で1つの問題が持ち上がっていました。それが、「征韓論」といわれた朝鮮との外交問題です。

朝鮮は鎖国政策をとっており、日本の国交要求を何度も拒否していました。そのため、「朝鮮半島に出兵して武力で圧力をかけて開国させるべし」という議論が巻き起こりました。留守政府の中でも、板垣退助は「すぐに朝鮮に出兵すべき」という意見を持っていましたが、西郷隆盛は沸騰した議論を収拾するため、自ら朝鮮に赴いて交渉に当たり、朝鮮が国交を開かなければ武力に訴えようと出発の準備をしていました。

このタイミングで、岩倉使節団が帰国します。留守政府が朝鮮に攻め込むかどうかの相談をしていることを知り、帰国した大久保利通と木戸孝允は驚きました。

使節団は欧米の近代社会を見てきた直後で、日本の近代化の遅れを痛感しており、今は対外問題よりも内政を優先するべきだと訴えたのです。

しかし、西郷や板垣にも言い分がありました。版籍奉還により主君と切り離され、特権を次第に失っていく**士族たちの政府に対する大きな不満を外国に遠征して活躍の場を与えることでガス抜きできると考えていたのです。**

ここに、西郷隆盛・板垣退助と、大久保利通・木戸孝允による政府を2つに割った激しい論争が繰り広げられました。ひと月にわたる論争の末、結局、留守政府の方針は撤回されることになりました。メンツをつぶされた

西郷隆盛や板垣退助ら留守政府は、一斉に政府をおりてしまいます。これを明治六年の政変といいます。

士族たちと結んで反乱を起こす西郷隆盛

この政変ののち、政府をおりた人々は、2つのコースに分かれます。

1つは西郷隆盛や江藤新平（え とう しん ぺい）など、不平士族に迎え入れられて反乱を起こすコースです。

士族たちは版籍奉還によって主君と切り離され、特権も徐々に廃止されており、新政府に対する不満がたまっていたのです。江藤新平を中心とした佐賀の乱、西郷隆盛を中心とした西南戦争（せい なん せん そう）など、大きな士族反乱が起きて

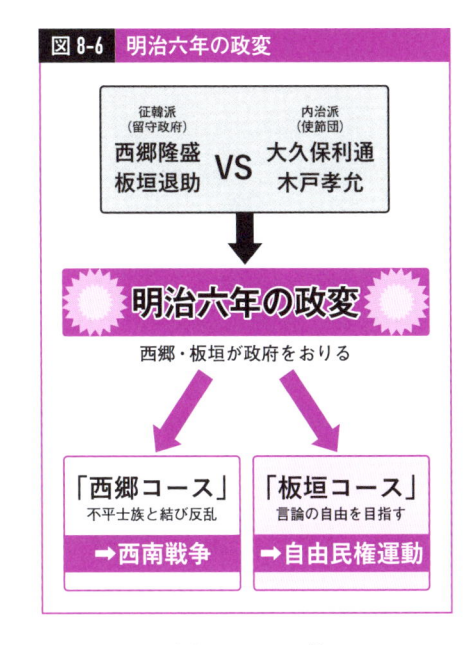

図 8-6　明治六年の政変

征韓派
（留守政府）
西郷隆盛
板垣退助
VS
内治派
（使節団）
大久保利通
木戸孝允

明治六年の政変

西郷・板垣が政府をおりる

「西郷コース」
不平士族と結び反乱
➡西南戦争

「板垣コース」
言論の自由を目指す
➡自由民権運動

いきます。それら士族反乱を鎮圧したのが、徴兵令によって集められた平民たちを中心とした軍隊でした。**平民を中心とした軍隊が武士たちを打ち破ったことは、武士の時代の終結を示すひとつの事件となったのです。**

自由民権運動を起こした板垣退助

もう1つのコースは**板垣退助を中心としたグループのコースです。**

彼らはもとの土佐藩や佐賀藩などの出身で、薩長中心の新政府の中で発言の機会があまり与えられなかったグループでもあったので、**議会で民主的な発言ができるような改革を熱望していました。**彼らが民主的改革を求めた一連の運動を自由民権運動（じ ゆう みん けん うん どう）といいます。

第1章
縄文時代・弥生時代・古墳時代

第2章
飛鳥時代・奈良時代

第3章
平安時代

第4章
鎌倉時代

第5章
建武の新政・室町時代

第6章
戦国・安土桃山時代

第7章
江戸時代

第8章
明治時代

第9章
大正時代・戦争への道

第10章
戦後の日本

大久保政権による外交

　西郷・板垣の征韓論を退けた大久保利通でしたが、自ら権力の中心にたつと、積極的な外交を展開します。まず、台湾に対する大規模な出兵を行いました。清とは岩倉使節団出発前から、**日清修好条規**を結び対等な外交を開始していましたが、日清両国にはある問題が「宿題」になっていました。それが、琉球からの漂流民を台湾人が殺害したという問題でした。清はこの問題に対して責任をとろうとしなかったのです。

　そこで大久保政権は事件の責任を問うために**台湾出兵**を行います。台湾の南端を制圧したところでイギリスが仲介に入り、清が和解に応じ、遺族に見舞金を支払うことになりました。清が台湾出兵の正当性を認め、台湾人の責任をとったことにより、「台湾は清のもの」「琉球は日本のもの」という線引きが明確になり、琉球に対する日本の実効支配がいよいよ深まることになります。しかし、この出兵は征韓論争の直後だったため、木戸孝

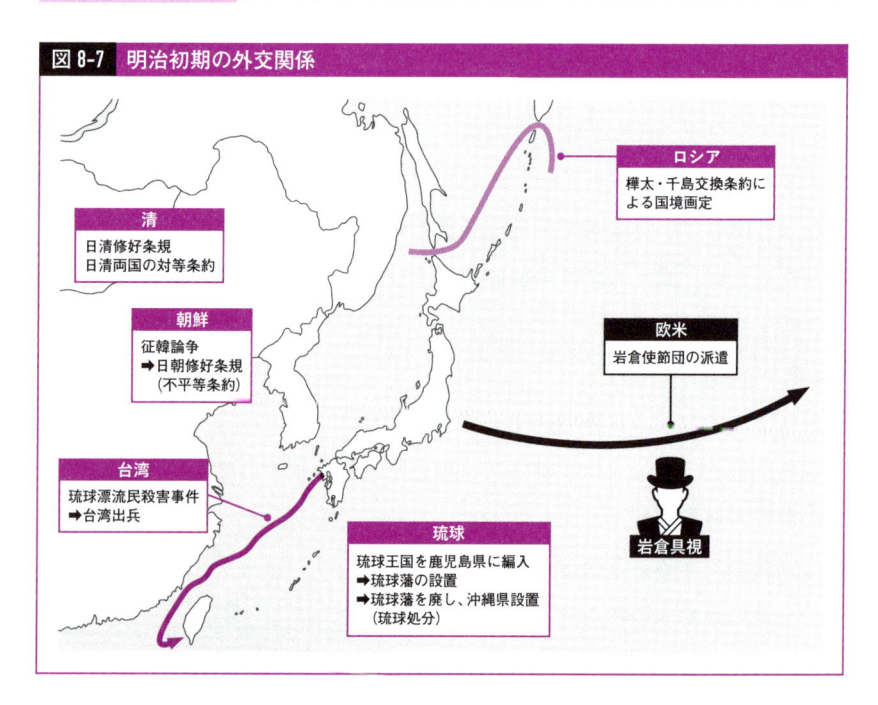

図 8-7　明治初期の外交関係

ロシア
樺太・千島交換条約による国境画定

清
日清修好条規
日清両国の対等条約

朝鮮
征韓論争
➡日朝修好条規
　（不平等条約）

欧米
岩倉使節団の派遣

台湾
琉球漂流民殺害事件
➡台湾出兵

琉球
琉球王国を鹿児島県に編入
➡琉球藩の設置
➡琉球藩を廃し、沖縄県設置
　（琉球処分）

岩倉具視

第1章 縄文時代・弥生時代・古墳時代

第2章 飛鳥時代・奈良時代

第3章 平安時代

第4章 鎌倉時代

第5章 建武の新政・室町時代

第6章 戦国・安土桃山時代

第7章 江戸時代

第8章 明治時代

第9章 大正時代・戦争への道

第10章 戦後の日本

允は「国内政治を優先させる」という言葉と矛盾していると反対し、政府をおります。

　朝鮮に対しては、日本が朝鮮の沿岸の江華島に軍艦を差し向けて挑発し、朝鮮の砲台が発砲してきた<ruby>江華島<rt>こうかとう</rt></ruby>事件をきっかけに外交交渉を強く朝鮮側に求め、日朝修好条規を結ばせました。この条約は、日本が有利な不平等条約で、日本の領事裁判権を認めることや関税の免除などの条項がありました。また、中国の属国関係にあった朝鮮と単独で条約を結ぶことにより、その関係を切り離したいという狙いもあったのです。

　また、ロシアとの間に樺太・千島交換条約を結び、千島列島の全島を日本領に、両国雑居の地だった樺太はロシア領に確定しました。

各地で自由民権思想を広げる板垣

　明治六年の政変で政府をおりたうちの一人、**板垣退助**の動きを詳しく見てみましょう。

　板垣退助らは政府をおりると、すぐに日本初の政治結社である<ruby>愛国公党<rt>あいこくこうとう</rt></ruby>を結成し、<ruby>民撰議院設立の建白書<rt>みんせんぎいんせつりつ けんぱくしょ</rt></ruby>を政府に提出して国会の開設を求めました。板垣退助は、これまでの明治政府の政治は「有司専制」であると批判しました。つまり、「特定の藩の出身者である一部の上級の役人だけが権力を握って政治を行っている」と指摘したのです。

　そして、税を払っている以上、納税者にも代表を選出し、議会を開いて政治にかかわる権利がある、ということを強く訴えるのです。板垣退助は故郷の土佐で<ruby>立志社<rt>りっししゃ</rt></ruby>、大阪で<ruby>愛国社<rt>あいこくしゃ</rt></ruby>と、次々に政治結社を立ち上げ、自由民権思想を広げていきます。

自由民権運動に「譲歩」と「弾圧」を行う政府

　もちろん、大久保利通を中心とする政府も欧米の議会政治を見学してきたので、政治面における「近代化」、つまり、議会を開いて国民の意見を集約し、国民に納得させながら政治を行っていくことには賛同していました。

しかし、廃藩置県、地租改正、徴兵令などの大きな改革を民衆の不満を浴びながら立て続けに実行し、世の中のありかたを一変させてきたため、すぐに選挙を行って国会を開き、自由な議論を許してしまえば、「俺にもひと言いわせろ！」と、民衆たちが蜂の巣をつついたような騒ぎを起こすのは目に見えています。

そこで大久保利通は自由民権運動をおさえるため、政府をおりていた板垣退助と木戸孝允を招き、大阪会議を開催して妥協案を提示します。いつか必ず国会を開くことを確認し合い、議会政治の準備のため、法案の審議を行う元老院と最高裁判所にあたる大審院の設置を決定します。

しかし、国会の開設をいつにするかの明言は避け、「漸次立憲政体樹立の詔」という形で「漸次＝おいおい」樹立をする、ということにとどめたのです。

板垣退助や木戸孝允はこれらの妥協案に一応の納得を見せ、政権への復帰を決めます。

また、国レベルではなく地方レベルで見ると、府知事や県令を集めて地方官会議を開催して地方の意見を集約するとともに、府県会という地方議会の設置が認められ、府や県の予算の審議などが行えるようになるなど、民主的な政策が徐々に打ち出されています。

一方、政府は新聞紙条例などの法令で行き過ぎた政府批判などへの弾圧を行い、言論統制を行います。**こうした「譲歩」と「弾圧」を同時に行って民衆運動を鎮静化させながら、少しずつ民衆の権利を拡大させていく、というのが政府側のひとつの戦術になっていくのです。**佐賀の乱や西南戦争などの士族の反乱を押さえ込むことに成功し、地租も2.5％に引き下げて、士族や民衆の不満はひとまず落ち着きました。西南戦争のさなかに、土佐の立志社の片岡健吉により地租の軽減や徴兵制度の廃止を訴えた「立志社建白」が提出されるも却下され、自由民権運動は徐々に下火になっていきました。

しかし、一連の改革に不満をもった士族により大久保利通が暗殺されたことから、この落ち着いた状況にも変化が生まれていくのです。

拡大する自由民権運動と国会開設の決定

第1章 縄文時代・弥生時代・古墳時代

第2章 飛鳥時代・奈良時代

第3章 平安時代

第4章 鎌倉時代

第5章 建武の新政・室町時代

第6章 戦国・安土桃山時代

第7章 江戸時代

第8章 明治時代

第9章 大正時代・戦争への道

第10章 戦後の日本

 ## お金を供給して「緊急輸血」する大隈重信

　大久保利通の暗殺後、大蔵卿の**大隈重信**と内務卿の**伊藤博文**が政府のリーダーシップをとります。どちらかといえば、大隈重信に主導権がありました。2人の仲はあまり良くなく、しばしば対立します。

　大隈重信は現在の「財務大臣」にあたる大蔵卿の職にあったので、経済政策が政策の中心となりました。当時、政府は度重なる改革のための費用や西南戦争の戦費によって財政難に陥っていました。買いたい外国のものはたくさんあるにもかかわらず、主力商品の生糸は期待したように売れず、輸入が輸出を上回り、手持ちの金貨が海外に流出するばかりでした。

　そこで大隈重信は、紙幣を大量に発行してその財源にあてようとします。それまでの国立銀行条例に基づいた「国立銀行券」といわれていた紙幣は、1円につき金1.5ｇ分の1円金貨と交換可能な「兌換紙幣」といわれる「金と同じ価値をもつチケット」だったのですが、金と交換可能なだけに、政府の手持ちの金の量を超えた大量発行はできません。そのため、大隈重信は、金との交換ができない「紙に数字が印刷されただけの紙切れ」である**「不換紙幣」を大量に発行して、当座の財源として「緊急輸血」したのです。**その結果、市場に紙幣があふれて紙幣の価値が下がり、物価が上がるというインフレーションが発生しました。

　紙幣の供給量が増えたわけですから、民衆は、お金を手に入れやすくなります。また、地租は地券に書かれた一定額を払えばいいので、民衆の手元にお金が残るようになります。そして、手元に残ったお金で民衆は物を買えるようになるので、景気がよくなります。

しかし、政府にとっては、**同じだけの地租を民衆からかき集めても、紙幣の価値が落ちているため、実質的には歳入不足になってしまいます。こうして政府は徐々に財政難に陥ったのでした。**

紙幣の大量発行による「緊急輸血」によって当座の危機は脱したものの、かえって政府の体力は低下したのです。

沖縄県を設置した「琉球処分」

この頃、琉球藩を廃し、沖縄県を設置する「沖縄にとっての廃藩置県」が行われました。軍事力を背景に、琉球藩を廃止して沖縄県を設置し、最後の琉球国王尚泰を東京に移住させたため、実質的に琉球王国が滅亡したことになります。これを「琉球処分」といいます。

琉球王国が日本の県の一部となったことに清は強く抗議しますが、のちの日清戦争によって日本のものと確定します。

自由民権運動は士族から民衆へ

この頃、自由民権運動の質が変わってきます。

1つは、言論活動が活発になったことです。佐賀の乱や西南戦争のような武力による蜂起はいずれも軍隊によって鎮圧されたため、武力による反乱はもはや不可能であり、言論中心で戦うべきという雰囲気になりました。

もう1つは、これまで士族たち中心の自由民権運動が、農村部にまで広がったことです。「村の顔役」だった富裕な農民層を中心に政治意識が高まり、自由民権運動の参加者のすそ野が広がったのです。

地租が安くなったことと、明治政府が西南戦争前後に紙幣をさかんに発行したことから「カネ余り」のインフレーションが進行したため、富裕な農民層から提供された資金が民権運動家にわたるようになり、各地で結社がつくられ、演説会が開かれて、署名活動が展開されるようになったりと、自由民権運動は再び盛り上がりを見せます。この動きの中で、愛国社は国会期成同盟と発展的に名前を変え、8万7000人分もの署名を集めて国会開

設を強く要求しました。

　こうした自由民権運動の拡大と言論活動の活発化に対して、政府は**集会条例**を制定し、届け出なしの集会を禁止して取り締まりを強化しました。

国会開設を決めたのは「政治とカネ」の問題

　じつは、国会開設の議論にあたって、政府のトップであった大隈重信と伊藤博文も対立していました。

　大隈重信は国会を早期に開設し、イギリスのような「国民が選挙で選んだ国会議員から内閣が組織される」という議院内閣制をすぐにでも取り入れるべきだ、と早期の選挙の実施を提案していました。一方、伊藤博文を中心とする多数派は君主権の強いドイツ流の憲法を時間をかけてつくるべきだと反論し、大隈重信の意見を時期尚早であると反対したのです。

　しかし、ここで問題が発生します。それが、北海道の開拓長官であった薩摩出身の黒田清隆（くろ だ きよたか）が、同じ薩摩出身の商人であった五代友厚（ご だい とも あつ）に、これまで政府の事業として投資してきた北海道の農園や炭鉱、ビール工場、製糖所など、政府が1400万円もかけて整備してきた多くの政府所有物を、わずか38万円で売り渡そうとした「**開拓使官有物払い下げ事件**（かい たく し かん ゆう ぶつ はら　さ げ じ けん）」です。

　このことが新聞で報じられると、「薩摩つながりの癒着で、不当に安く官有物を譲り渡す、『汚職』だ」と、全国の自由民権派は政府を一斉に攻撃しました。対応に迫られた政府首脳の間に「国会の早期開設を図る大隈重信が、自由民権派と手を結び、自由民権運動をあおったのだ」といううわさがたち、大隈重信は政府をおろされました。

　しかし、それだけで事態は収まりませんでした。自由民権派をなだめるために、政府はこの払い下げを中止するとともに、国会開設の勅諭を出し、10年後の国会開設を約束したのです。こうして、**突然、政府のトップがおろされ、国会の開設が決まるという大きな変化が訪れたのです。**これを明治十四年の政変といいます。

第1章　縄文時代・弥生時代・古墳時代

第2章　飛鳥時代・奈良時代

第3章　平安時代

第4章　鎌倉時代

第5章　建武の新政・室町時代

第6章　戦国・安土桃山時代

第7章　江戸時代

第8章　明治時代

第9章　大正時代・戦争への道

第10章　戦後の日本

図 8-8　自由民権運動の道筋

明治六年の政変
板垣退助が政府をおりる

自由民権運動…議会開設の要求

政治結社の立ち上げ
愛国公党
民撰議院設立の建白書
立志社
愛国社

政府の動き…譲歩と弾圧

譲歩…大阪会議
- 国会開設に向かうことを合意
- 元老院と大審院の設置決定
- 漸次立憲政体樹立の詔

弾圧…新聞紙条例など

民権運動のすそ野の拡大
立志社建白
国会期成同盟

弾圧…集会条例

明治十四年の政変
開拓使官有物払い下げ事件 ➡ 政府批判高まる
大隈重信が政府をおろされる

譲歩…国会開設の勅諭
（10年後の国会開設を約束）

政党の設立

議会設立に
向けて準備

内閣制度の設立
憲法の制定

近代日本の基礎づくりが着々と進められる

第1章 縄文時代・弥生時代・古墳時代

第2章 飛鳥時代・奈良時代

第3章 平安時代

第4章 鎌倉時代

第5章 建武の新政・室町時代

第6章 戦国・安土桃山時代

第7章 江戸時代

第8章 明治時代

第9章 大正時代・戦争への道

第10章 戦後の日本

国会開設の準備が進む

　大隈重信と伊藤博文のツートップ体制は、ここから伊藤博文のワントップ体制になります。

　すでに国会の10年後の開設が決まったので、自由民権団体はそれまでの「地下組織」ではなく、国会で意見を述べるための、表だった「政党」としての性格を持ちます。こうしてできた政党が、板垣退助を中心とした「自由党」と、大隈重信を中心とした「立憲改進党」です。この２つの政党は「自由民権派」としては同じですが、自由党は旧士族や農村など、政府に大

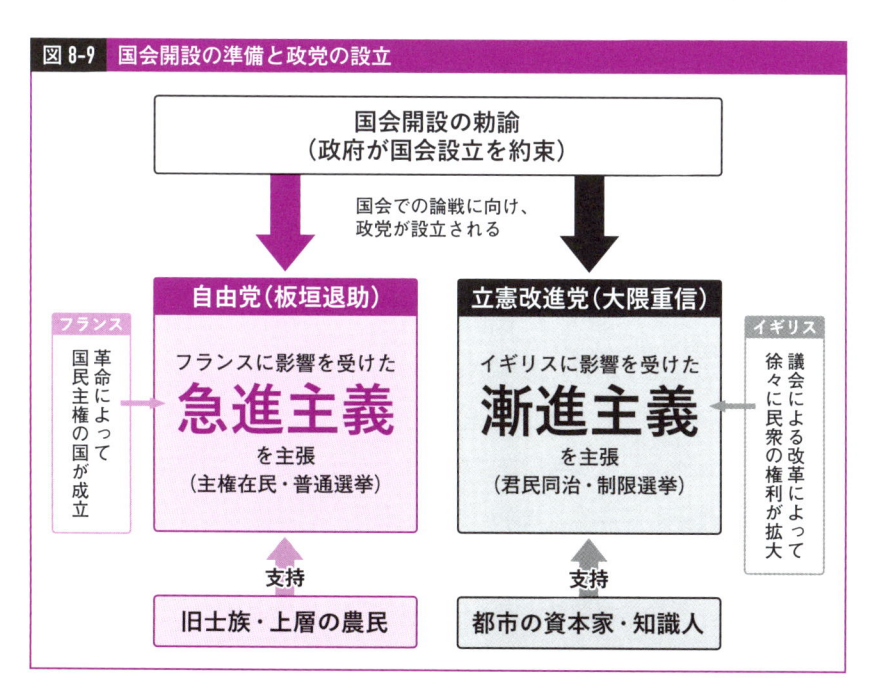

図 8-9　国会開設の準備と政党の設立

国会開設の勅諭
（政府が国会設立を約束）

国会での論戦に向け、
政党が設立される

自由党（板垣退助）

フランス
革命によって国民主権の国が成立

フランスに影響を受けた
急進主義
を主張
（主権在民・普通選挙）

立憲改進党（大隈重信）

イギリス
議会による改革によって徐々に民衆の権利が拡大

イギリスに影響を受けた
漸進主義
を主張
（君民同治・制限選挙）

支持

旧士族・上層の農民

支持

都市の資本家・知識人

きな不満を持っていた層を中心としたため、民衆が主権を持ち、選挙権が納税額によって制限されない普通選挙を訴える、「急進的」な性格でした。一方、立憲改進党は知識人や実業家たちが中心となり、イギリスのように君主と国民の協力によって国を運営することを理想とし、納税額が多いほど国への貢献度も高いと考え、納税額によって選挙権に制限を与えるべきだという「穏健」な性格をもちました。

政府側は、国会開設に備えて憲法作成にとりかかります。伊藤博文は憲法を学ぶため、自らヨーロッパに渡り、ベルリンやウィーンの大学で憲法の理論を学びました。政府は「君主権が強いドイツの憲法にならって、天皇の権限が強い憲法をつくろう」と考えたのです。

財政を引き締める松方正義

この政権のとき、大蔵卿だったのが**松方正義**（まつかたまさよし）です。「大隈財政」によって紙幣が水増しされたことで紙幣の価値が下がり、政府は慢性的な財政難に陥っていました。

そこで松方正義は増税と財政の節約を実行し、政府の収入を増やして、政府に戻ってきた不換紙幣を処分し、紙幣の流通量を減らします。

また、歳入の一部を銀貨に替えて蓄えました。そして、銀貨が十分にたまったところで、銀貨と交換ができる新しい紙幣を発行したのです。新紙幣の1円は1円の銀貨と交換できる、1円分の銀と同じ価値をもつ「兌換紙幣」となります。この兌換紙幣の発行のために設立された銀行が日本の中央銀行である**日本銀行**であり、紙幣の価値が銀と結びつけられているこのしくみを「**銀本位制度**」といいます。

この「**松方財政**」は社会に様々な影響を与えました。**紙幣の流通量が大きく減少したことにより、民衆の手元に渡るお金は少なくなりました。いつもと同じ額の地租を払っても、手元に残るお金は少なくなり、地租の負担は上昇し、不景気が訪れます。**中には地租を払いきれずに借金をせざるを得なくなったり、地主に土地を売り渡し、地主のために耕作する小作人

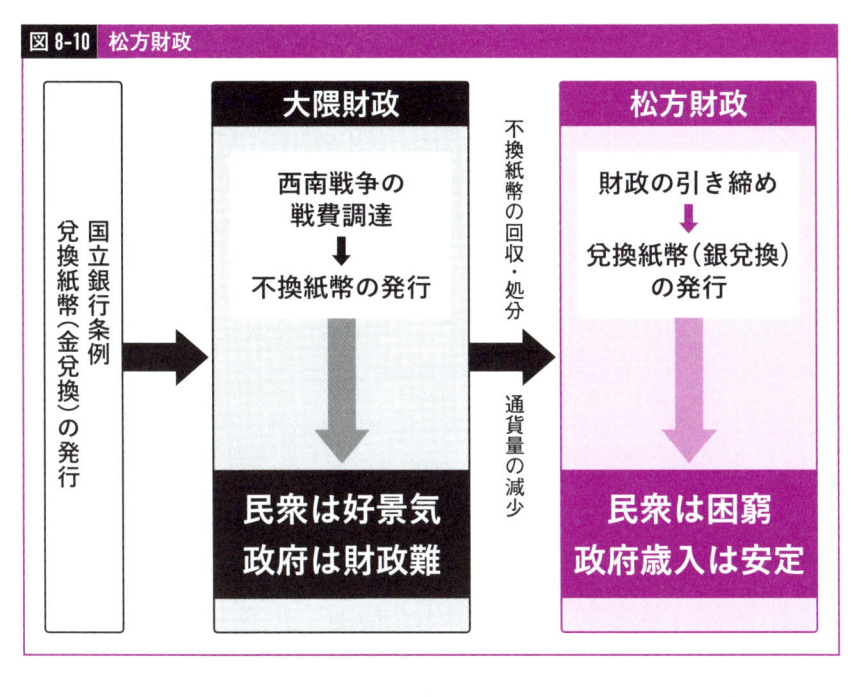

図 8-10　松方財政

| 国立銀行条例 兌換紙幣（金兌換）の発行 | → | **大隈財政** 西南戦争の戦費調達 ↓ 不換紙幣の発行 ↓ **民衆は好景気 政府は財政難** | 不換紙幣の回収・処分 通貨量の減少 | **松方財政** 財政の引き締め ↓ 兌換紙幣（銀兌換）の発行 ↓ **民衆は困窮 政府歳入は安定** |

第1章 縄文時代・弥生時代・古墳時代

第2章 飛鳥時代・奈良時代

第3章 平安時代

第4章 鎌倉時代

第5章 建武の新政・室町時代

第6章 戦国・安土桃山時代

第7章 江戸時代

第8章 明治時代

第9章 大正時代・戦争への道

第10章 戦後の日本

になったりする者が現れました。一気に生活が苦しくなった民衆は貧民化し、一部は暴動を起こして社会の動揺につながりました。

　しかし、政府にとっては紙幣が銀と同じ価値をもつという保障があることから、紙幣の価値が大きく上昇し、慢性的な財政難から回復する足がかりがつくれました。なにより、紙幣の価値が銀と結び付けられ安定するために、お金の貸し借りが盛んになるので（インフレのもとでは、たとえば1000円のお金を貸して、100円の利子をとるとしても、その間に紙幣の価値が1割以上下がってしまったら、1100円返ってきても、もとの1000円よりも価値が低くなってしまうので、貸した意味がなくなるのです）、**企業は銀行や資本家からの資金調達が容易になり、会社設立ブームが訪れて日本の産業化が進むというメリットもありました。**

 ## 井上外交による「鹿鳴館時代」

　このとき、外務卿として不平等条約の改正交渉にあたっていたのが井上（いのうえ）

<ruby>馨<rt>かおる</rt></ruby>です。井上馨は岩倉使節団や、そのあとに外交を担当した<ruby>寺島宗則<rt>てらしまむねのり</rt></ruby>の条約改正交渉の失敗を見て、不利な条約を不利な側から改正していくには、大幅な譲歩も必要と考えました。**まずは「形から」欧米に肩を並べようと、「欧化政策」をとり、欧米の習慣や文化を日本に取り入れ、<ruby>鹿鳴館<rt>ろくめいかん</rt></ruby>という洋館を建て、連日舞踏会を開いて欧米の外交官を接待しました。**形ばかりではなく、外国人が居留区以外の地でも自由に居住でき、旅行や営業活動を可能にする「内地雑居」や、裁判所に外国人の判事を採用するなど、大幅な外国人の権利拡大を条件に、領事裁判権の撤廃を中心に交渉しようとしたのです。しかし、こうした外国に「媚びた」政策は国内の猛反発を招き、結局、この交渉もうまくいきませんでした。

 ## 朝鮮をめぐって日清両国がにらみ合う

こうした井上馨の欧化政策に対抗するように、日本の独立の強化と国権の拡張論が唱えられます。**欧化政策は形ばかり欧米のマネをしようという「浅知恵」であり、帝国主義の進む世界においては、日本も積極的に海外に進出して列強の一員となってこそ、その存在が認められるのだ、という意見です。**特に、北方の大国、ロシアが動き出し、朝鮮半島に勢力を築くと、日本の独立が危うくなるという強い不安感がありました。そこで、形の上では清の属国であった朝鮮と清との関係をいち早く切り離し、日本の影響下に置くことが必要と唱えられたのです。

一方、清はそれまでどおり、朝鮮の宗主国として朝鮮を「子分」のままにしておきたいと考えています。こうして日本と清は朝鮮を挟んで徐々に対立するようになります。

朝鮮の内部でも、日本をモデルに「明治維新」を起こして改革していこうという改革派と、それまで通り清を頼っていこうという保守派に分かれていくことになります。このどちらが主導権を握るかについて朝鮮内部で争った「<ruby>壬午軍乱<rt>じんごぐんらん</rt></ruby>（保守派によるクーデター）」と「<ruby>甲申事変<rt>こうしんじへん</rt></ruby>（改革派のクーデター）」という２つの事件が発生します。こうした動乱を、朝鮮は「親

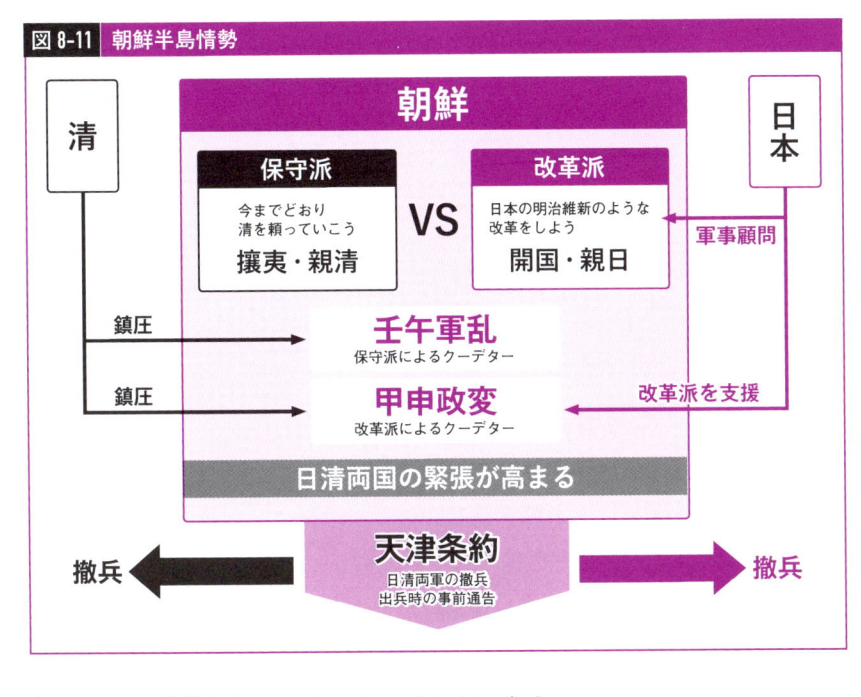

図8-11 朝鮮半島情勢

清

朝鮮

保守派
今までどおり
清を頼っていこう
攘夷・親清

VS

改革派
日本の明治維新のような
改革をしよう
開国・親日

日本

軍事顧問

鎮圧 → **壬午軍乱**
保守派によるクーデター

鎮圧 → **甲申政変**
改革派によるクーデター

改革派を支援

日清両国の緊張が高まる

撤兵 ←
天津条約
日清両軍の撤兵
出兵時の事前通告
→ 撤兵

第1章 縄文時代・弥生時代・古墳時代
第2章 飛鳥時代・奈良時代
第3章 平安時代
第4章 鎌倉時代
第5章 建武の新政・室町時代
第6章 戦国・安土桃山時代
第7章 江戸時代
第8章 明治時代
第9章 大正時代・戦争への道
第10章 戦後の日本

分」の清の軍事介入によりおさめてもらいます。

　日本にとっては、この2つの事件、特に甲申事変で親日派のクーデターが失敗し、朝鮮における清の影響力が強まったことで、朝鮮進出が一歩後退した形となりました。

　この2つの事件は、コトが親日派と親清派の争いでしたので、このままでは日清両軍の軍事衝突が起き、備えもないまま、清が有利な状況で戦争に突入するような不測の事態が起きかねません。伊藤博文は清の天津を訪れ、**天津条約**を結んで朝鮮半島からの日清両軍の撤兵を決定し、ひとまずは衝突を回避します。この条約の中で、日本と清のどちらかが勝手に朝鮮に軍を入れて影響力を強めないよう、朝鮮に軍を派遣する必要が生じた場合には相互に通知し、派兵後はすみやかに兵を引くことが決まりました。しかし、この**衝突を回避しようという条約は、朝鮮進出を拡大しようとする人々には弱腰に受け取られ、国内で非難の声もあったのです。**

日本の内閣制度は ここから始まった

 ## 初代内閣総理大臣は伊藤博文

　ここから、日本の**内閣制度**が始まります。これまで「太政官制」といい、「参議」といわれた維新の功労者たちが「大蔵卿」「内務卿」というような各省庁のリーダーを兼ねて業務を分担していたのですが、ここからは、「元老」といわれた有力者たちの推薦を受けて、**天皇より内閣づくりを命じられた内閣総理大臣が各省庁の国務大臣を人選して天皇に任命してもらい「組閣」し、政府とするしくみになりました。**現在は「議院内閣制」といって、内閣総理大臣と国務大臣たちの半分以上を、選挙で当選した国会議員から選ぶ決まりがあり、人々の意見は自動的に内閣に反映されるようなしくみになっていますが、この時代の国務大臣は議員から選ぶという決まりはありません。国民の意見は政府に届きにくく、**「元老」たちの意向が国務大臣の人選に強く影響することが通例でした。**

　日本初の内閣であった**第1次伊藤博文内閣**は長州出身の**伊藤博文**をはじめとして長州・薩摩藩出身の人物が多く、「藩閥政府」であると批判をうけました。この後も、この薩摩・長州の「藩閥」が権力を独占していることが、民権派や藩閥以外の政治家たちの不満のもとになります。

 ## 政府も民権派も国会開設に向けて準備

　この時期は、国会開設が目前に迫っていたので、政府側は伊藤博文を中心にドイツ人の**ロエスレル**を顧問に迎え、**井上毅（いのうえこわし）**、**金子堅太郎（かねこけんたろう）**、**伊東巳代治（いとうみよじ）**が憲法作成にとりかかっていました。

　一方、自由民権派側も国会開設に備えて、「**大同団結運動（だいどうだんけつうんどう）**」を開始します。

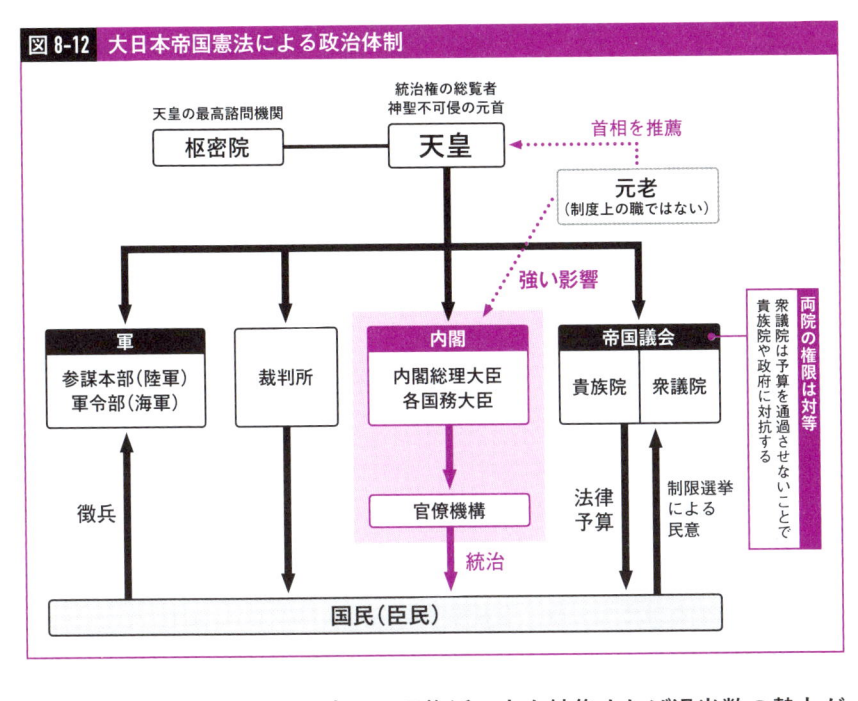

図 8-12　大日本帝国憲法による政治体制

天皇の最高諮問機関　　　　　統治権の総覧者
　　　　　　　　　　　　　神聖不可侵の元首

枢密院　──　**天皇**　‥‥→ 首相を推薦

元老
（制度上の職ではない）

強い影響

軍
参謀本部（陸軍）
軍令部（海軍）

裁判所

内閣
内閣総理大臣
各国務大臣

帝国議会
貴族院　衆議院

両院の権限は対等
衆議院は予算を通過させないことで
貴族院や政府に対抗する

徴兵

官僚機構

統治

法律
予算

制限選挙
による
民意

国民（臣民）

第1章 縄文時代・弥生
第2章 飛鳥時代・奈良時代・
第3章 平安時代
第4章 鎌倉時代
第5章 建武の新政・室町時代
第6章 戦国・安土桃山時代
第7章 江戸時代
第8章 明治時代
第9章 大正時代・戦争への道
第10章 戦後の日本

　もうすぐできる新しい国会に、民権派の力を結集すれば過半数の勢力が得られ、藩閥政府に対抗する力が持てるかもしれません。後藤象二郎らが中心になり、反政府勢力の団結が図られます。この大規模な運動に加え、うまくいかない井上馨の条約改正交渉に対する不満の声も高まり、民衆の政府攻撃の声が再び高まることになります。そして、「欧米と対等な条約を結べ！」「言論の自由を与えよ！」「地租を軽減して民衆の負担を減らせ！」という３つの要求を政府に提出する「三大事件建白運動」が巻き起こります。政府は弾圧のため、保安条例を制定して一切の集会を禁じ、反政府派を東京から追放して運動を押さえました。

　憲法の案が出来上がると、伊藤博文はそれを審議する目的で設置された枢密院の議長となるために総理大臣を退き、次の総理大臣を薩摩出身の黒田清隆に譲りました。憲法の審議後も、枢密院は重要事項を審議して天皇に意見を報告する機関として、太平洋戦争後に廃止されるまで日本の政治に強い影響力を持ちつづけました。

大日本帝国憲法の発布により日本は立憲国家に

 ## 大日本帝国憲法の発布

こうして憲法が完成し、**大日本帝国憲法**として発布されます。この憲法は天皇が定め、民衆に与えられた形をとる**欽定憲法**でした。天皇は国家元首であり、その存在は神聖なもので、誰も侵害することはできないとされました。そして、**天皇は官僚の任命をしたり辞めさせたりする権限や、陸海軍を率い、作戦を指示する統帥権、宣戦布告や条約の締結などの絶大な権限、いわゆる「天皇大権」を持ちました。**

実際には「天皇大権」があるからといって天皇が独裁者としてふるまっているわけではなく、あくまで憲法の条文に沿ってその権限を行使することが決められており、基本的には「輔弼機関（天皇に助言や進言を行う機関）」と位置付けられた内閣の進言をそのまま認める形で政治が行われました。天皇が実際の政治的権力をふるうと、失策があった場合に天皇に責任が発生してしまうので、国務大臣が個別に天皇の責任を負って行政を行い、失策があった場合には大臣が辞めて責任を取る形にしたのです。

議会は**帝国議会**と呼ばれ、皇族や華族などからなる貴族院と、選挙で選ばれる議員からなる**衆議院**の二院制をとりました。これらは天皇の協賛機関とされ、法律や予算を決定することで天皇の政治運営に協力していくという位置づけでした。

法律や予算に関して、貴族院と衆議院は対等な権限をもっていたので、貴族院は選挙（国民の声）で選ばれた衆議院を制限するような位置づけになることがしばしばありました。また、貴族院と衆議院の意見が分かれた場合、予算は不成立となり、前年度の予算をそのまま執行することになりま

第1章 縄文時代・弥生時代・古墳時代

第2章 飛鳥時代・奈良時代

第3章 平安時代

第4章 鎌倉時代

第5章 建武の新政・室町時代

第6章 戦国・安土桃山時代

第7章 江戸時代

第8章 明治時代

第9章 大正時代・戦争への道

第10章 戦後の日本

す。この頃から、「貴族院と衆議院、どちらの協力も得ないと予算を成立させられない」ということが政府の苦労の種となっていくのです。

憲法において、国民は「臣民」と位置づけられ、兵役と納税の義務を負い、言論や集会・結社の自由、信教の自由などの自由を認められました。しかし、**その自由や権利は「法律の範囲内で」とか「臣民の義務に反しない限りで」という制限つきのものでした。民衆の動きを抑えるため、こうした自由を制限する法律がしばしば出されました。**

選挙法が公布されたが、民意の反映は遠かった

また、憲法と同じ日に衆議院議員選挙法も公布され、**地租や所得税など「直接国税」とされる税を15円以上納めている25歳以上の男性に選挙権を与えました。**地租を15円以上、というハードルはとても高く、選挙権を持つ層のほとんどは、広大な土地を持つ大地主が中心となりました。このとき、選挙権を得たのは人口の1.1％ほどです。

その翌日、黒田清隆首相は「超然演説」を行います。「これから選挙を行い、議会が開催されるが、政府は政党の意見によらず、『超然』として政治を行う」というのです。特定の政党が有利になってしまわないように政府は「政党の外に立って」政治を行うというのですが、**実際には「民衆たちの意見に耳を傾けませんよ」という意思の表明だったのです。**

大隈重信による条約改正交渉

黒田内閣の外務大臣として条約改正交渉にあたったのが**大隈重信**でした。アメリカ・ドイツ・ロシアと条約改正の合意にこぎつけるものの、条約の補足の条文中で現在の最高裁判所にあたる、大審院における外国人の判事の任用を認めていたことが明らかになり、反対派に襲撃され、爆弾を投げつけられて右脚を切断する重傷を負い、外務大臣を辞職しました。条約改正交渉はまたもや中断し、黒田内閣もこの混乱の中で辞任します。

第1議会からすでに「政治とカネ」の問題発生

 第1回総選挙は政府側の大敗に終わる

　次に総理大臣になったのは長州出身の**山県有朋**です。このとき、第1回の衆議院議員総選挙が行われました。選挙の結果、「**民党**」といわれた反政府的な自由民権派の政党勢力（自由党系や立憲改進党系の勢力）が過半数を占めます。**選挙権を持つ人の大部分は15円以上の地租を納める大地主なので、地租が軽くなれば彼らにとっても都合が良いため、当選した議員の過半数は民衆の側に立ち、減税を求めたのです。**

 民党と政府が対立した第1議会

　当選した議員が集められ、いよいよ、日本にとって初の議会、第1議会が開かれます。松方財政から続くデフレーションにより、国民の税負担は大きくなっています。民党は、こぞって「**民力休養**」「**政費節減**」というスローガンを掲げ、国民の負担を軽減し、国民を休ませてほしいと訴えます。

　一方、山県有朋を中心とした内閣は、朝鮮をめぐり対立を深めている清を仮想敵国として、むしろ軍事費を拡張したいと主張しました。清や朝鮮の背後にはさらに強大なロシアがあり、ロシアが朝鮮に進出する前に、朝鮮を日本の勢力下においておきたいという狙いがあったのです。

　こうして、「軍事費の拡大を要求する山県内閣」と「政費の節減を要求する民党」の主張が平行線になり、第1議会は予算の成立もままならないようになってしまいました。第1議会から予算が成立しない、という不名誉を避けたい政府は、民党の議員を買収することで無理やり予算を成立させました。**第1議会からすでに「政治とカネ」の問題は始まっていたのです。**

悲願の条約改正を
ふいにした大津事件

第1章 縄文時代・弥生時代・古墳時代

第2章 飛鳥時代・奈良時代・

第3章 平安時代

第4章 鎌倉時代

第5章 建武の新政・室町時代

第6章 戦国・安土桃山時代

第7章 江戸時代

第8章 明治時代

第9章 大正時代・戦争への道

第10章 戦後の日本

議会は「藩閥」と「民党」の争いの場に

　予想以上の不調に終わった第1議会の閉会後、山県内閣は総辞職します。

　次に総理大臣になったのが薩摩出身の**松方正義**です。第2議会も民党と政府が対立する構造に変わりはありませんでした。薩摩・長州勢力が権力を独占する「藩閥政治」を民党が批判すれば、薩摩出身の海軍大臣樺山資紀が「こんにちの日本があるのは薩長のおかげではないか、むしろ感謝してしかるべきだ」と演説し、政府と民党の対立がますます深まりました。

　この第2議会の中で栃木県選出の議員、**田中正造**が足尾銅山の排水が渡良瀬川に流れ込み、魚の死滅や田畑の荒廃などを招いている、という状況を訴え、その対策を政府に迫ったという場面がありました。のちに政府は渡良瀬川に遊水地を設けることになりましたが、**産業が発展すれば環境も悪化するという問題が表面化した、環境問題の先駆けとなる事件でした。**

条約改正達成目前で起きた「事件」

　第1次山県内閣、第1次松方内閣と続けて外務大臣の職にあったのが**青木周蔵**です。青木周蔵も不平等条約の改正交渉にあたりました。**このとき、ロシアの積極的な南下を警戒していたイギリスが、日本との関係を改善し、ロシアの南下を止める「盾」の1つとして活用しようとしていました。**イギリスの歩み寄りにより、青木周蔵はイギリスと領事裁判権の撤廃と関税自主権の一部回復の合意を取り付けますが、ここで大きな事件が起きてしまいます。それが、日本を訪れていたロシア皇太子が滋賀県の大津で日本の巡査に切り付けられたという**大津事件**です。下手すればロシアとの戦争

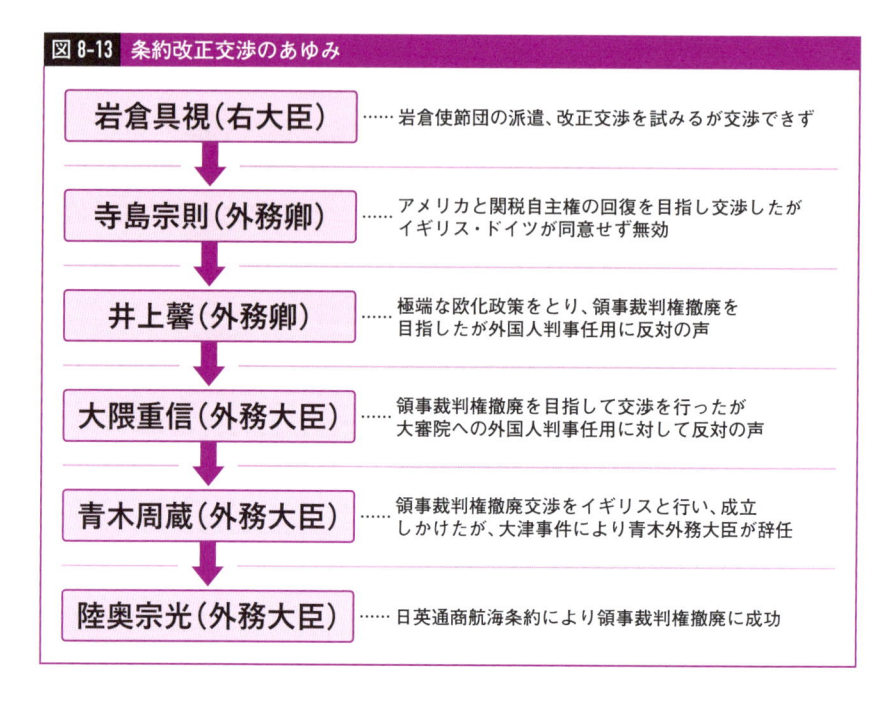

図 8-13　条約改正交渉のあゆみ

岩倉具視（右大臣） …… 岩倉使節団の派遣、改正交渉を試みるが交渉できず

↓

寺島宗則（外務卿） …… アメリカと関税自主権の回復を目指し交渉したが
イギリス・ドイツが同意せず無効

↓

井上馨（外務卿） …… 極端な欧化政策をとり、領事裁判権撤廃を
目指したが外国人判事任用に反対の声

↓

大隈重信（外務大臣） …… 領事裁判権撤廃を目指して交渉を行ったが
大審院への外国人判事任用に対して反対の声

↓

青木周蔵（外務大臣） …… 領事裁判権撤廃交渉をイギリスと行い、成立
しかけたが、大津事件により青木外務大臣が辞任

↓

陸奥宗光（外務大臣） …… 日英通商航海条約により領事裁判権撤廃に成功

に発展しかねない状況に、明治天皇自らもロシア皇太子を見舞いました。外務大臣の青木周蔵は責任をとって辞任し、イギリスとの交渉も中断となりました。切り付けられたロシア皇太子はのちに皇帝ニコライ2世となり、日露戦争で日本の前に立ちはだかることになります。

激しい選挙干渉に屈せず、民党勝利

　前の第1回総選挙は民党が過半数を占めたため、予算の成立もままなりませんでした。次の選挙では政府側の党（「吏党」といいます）を勝たせないといけないと思った政府は、内務大臣だった長州出身の品川弥二郎を中心に、民党の立候補者の演説に警官を入れて中止させるなどの選挙干渉を行いました。しかし、この干渉はうまくいかず、第2回総選挙も再び民党が勝利をおさめます。こうして議会運営はまたもや難航し、松方正義内閣は選挙干渉の責任も問われ、総辞職してしまいます。

「絶対に負けられない戦い」日清戦争に勝利

第1章 縄文時代・弥生時代・古墳時代

第2章 飛鳥時代・奈良時代

第3章 平安時代

第4章 鎌倉時代

第5章 建武の新政・室町時代

第6章 戦国・安土桃山時代

第7章 江戸時代

第8章 明治時代

第9章 大正時代・戦争への道

第10章 戦後の日本

 ## 再び伊藤博文が総理大臣に

　第1次松方正義内閣の次の内閣を組閣することになったのは**伊藤博文**です。これまでの経緯から、「民党を無視しての政権運営は難しい」と判断した伊藤博文は、**民党の代表格であった自由党のリーダーの板垣退助や、民権派の中心であった後藤象二郎を大臣として内閣入りさせ、民党の攻撃の矛先をかわそうとしました。**この内閣は、明治維新の功労者（元勲）のオールスターがそろったような内閣だったので、「元勲内閣」というニックネームがついています。

　そうした内閣をつくったのも、いよいよ「仮想敵国」の**清との戦争が近づき、政府は軍艦の建造費用を含む大きな予算をなんとしても成立させようとしていたからです。**この頃、清は洋務運動という近代化政策をとっており、艦隊の整備を積極的に行っていました。負担の軽減を図る民党はやはり抵抗しますが、政府は天皇に、「議会も政府に協力するようにしなさい」という文章を出してもらって、何とか予算の成立にこぎつけます。

 ## 条約改正が日清戦争への弾みをつける

　第2次伊藤博文内閣の外務大臣として条約改正交渉にあたった人物が**陸奥宗光**です。陸奥宗光はイギリスと交渉を行い、領事裁判権の撤廃と関税自主権の部分的回復を認めた**日英通商航海条約**の締結に成功しました。この頃、ロシアによるシベリア鉄道がアジアに向けて延びつつあり、ロシアの勢力がいよいよ清や朝鮮に迫っていました。ロシアの拡大を警戒していたイギリスは対抗の必要上、日本との関係改善をさらにすすめ、日本との

条約改正に応じたのです。日本は、この条約と同様の条約をアメリカ、フランス、ドイツなどとも結び、**領事裁判権の部分に関しての不平等条項が撤廃され、欧米諸国と対等な立場に近づきました。**

初の対外戦争、日清戦争

こうした世界情勢の中、朝鮮半島で<ruby>甲午農民戦争<rt>こう ご のう みん せん そう</rt></ruby>という大規模な農民反乱が発生します。この反乱を自力で鎮圧できないとみた朝鮮は、清に援軍を依頼しました。**この要請により清が朝鮮に出兵すると、天津条約の「出兵するときには事前に通告する」という条項に基づき、通告をうけた日本も居留民の保護のために直ちに朝鮮に出兵することとなり、日清両軍が朝鮮に存在することになりました。**

反乱自体が終息した後も、日清両国が朝鮮に居座る形となり、もはや衝突が避けられなくなった両軍は、交戦を開始し、<ruby>日清戦争<rt>にっ しん せん そう</rt></ruby>が勃発します。戦争は終始日本の優勢に推移し、朝鮮半島、遼東半島を制圧し、山東半島の清の海軍の根拠地の威海衛を占領して日本の勝利に終わりました。

講和条約として結ばれた<ruby>下関条約<rt>しも の せき じょう やく</rt></ruby>の最重要事項は「朝鮮の独立」です。**清と朝鮮との属国関係、いわば、「親分・子分関係」を切り離すことで、日本は今後、朝鮮と単独で条約や協定の交渉がすすめられることになり、朝鮮半島に進出しやすい状況になりました。**これ以後、朝鮮は清から独立し、「<ruby>大韓帝国<rt>だい かん てい こく</rt></ruby>」と改称します。また、清は遼東半島と台湾を日本に譲り渡すことと、莫大な賠償金の支払いなども認めました。

日本の勝利をロシアが牽制

しかし、この日本に「待った」をかけたのがロシアです。日本が下関条約で獲得した遼東半島は「ロシアが南下を狙っていた地」でもありました。ロシアにとっては日本に先回りされたくありません。フランス・ドイツを誘って日本に遼東半島を清に返すように迫ります。日本はこの<ruby>三国干渉<rt>さん ごく かん しょう</rt></ruby>の圧力に屈し、清に遼東半島を返還しました。のちにロシアは遼東半島の中

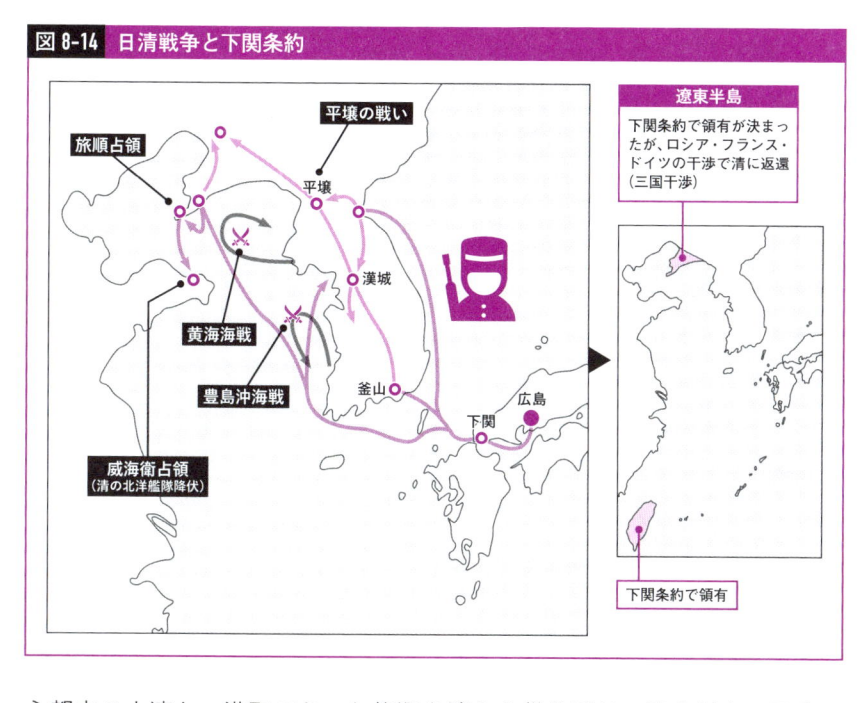

図 8-14 日清戦争と下関条約

平壌の戦い

旅順占領

平壌

遼東半島

下関条約で領有が決まったが、ロシア・フランス・ドイツの干渉で清に返還（三国干渉）

漢城

黄海海戦

豊島沖海戦

釜山

威海衛占領
（清の北洋艦隊降伏）

下関　広島

下関条約で領有

第1章 縄文時代・弥生時代・古墳時代
第2章 飛鳥時代・奈良時代
第3章 平安時代
第4章 鎌倉時代
第5章 建武の新政・室町時代
第6章 戦国・安土桃山時代
第7章 江戸時代
第8章 明治時代
第9章 大正時代・戦争への道
第10章 戦後の日本

心都市の大連と、港町であった旅順を清から借り受け、遼東半島は日本からロシアの勢力圏に変わったのです。遼東半島を手放した日本国内では反ロシアの感情が高まることになりました。一方、日本が領有することとなった台湾には台湾総督府が置かれ、日本の統治が始まります。

戦勝ムードが政府と政党を歩み寄らせる

これまでの議会では、「軍備拡張を求める政府」と「負担軽減を求める政党」は常に対立していました。ところが、**日清戦争に勝ったという戦勝ムードが、政府と政党を歩み寄らせることになります。**政党の党首も政治家である以上、政府の一員として国を動かしたいのに、いつまでたっても政府に反対ばかりでは政府の中核に行けません。一方、政府も清から得た賠償金を用い、さらなる巨大な軍事予算を成立させるため、政党の理解と協力が必要になります。こうして、第2次伊藤博文内閣は自由党の板垣退助を内務大臣に加え、自由党も公然と政府を支持するようになります。

政府と政党が徐々に接近、「政党内閣」に近づく

政党のリーダーを入閣させた松方内閣

　伊藤博文の次に組閣したのは**松方正義**です。この内閣も政党との協調を図り、進歩党の**大隈重信**を外務大臣として入閣させます。

　大蔵卿、大蔵大臣の職が長く、このときも首相と大蔵大臣を兼務していた松方正義は財政政策に力を入れ、日清戦争で得た賠償金を活用して、1円を金約0.75gと定めた貨幣法を制定し、金約3.75gを含む5円金貨を発行し、5円紙幣は5円金貨と交換できる、という金本位制に移行しました。しかし、松方正義は地租の増額を図ったため、内閣不信任案が議会で可決されることになり、松方正義は衆議院の解散を行うと同時に総辞職します。

伊藤博文内閣に対抗し二大政党が合同

　次に成立した第3次伊藤博文内閣も地租の増額を図りました。2回続きの地租増徴案に対し、国民の声を背景にしている政党勢力は結集して抵抗しようとします。それまで内閣に入り、政府に協力的な姿勢を見せることもあった板垣退助（自由党のリーダー）と大隈重信（立憲改進党の流れをくむ進歩党のリーダー）が政府打倒のために協力し、**自由党と進歩党という二大政党が合併して憲政党を結成し、総選挙において300議席中260議席を獲得し、その大勢力をもって伊藤博文首相を退陣に追い込みます。**

「初の政党内閣」第1次大隈重信内閣

　大隈重信をリーダーにした憲政党の圧倒的勢力のもと、第1次大隈重信内閣が発足します。**この内閣は「初の政党内閣」といわれ、憲政党のもう**

一人のリーダー格、板垣退助を内務大臣にしたほか、**陸軍大臣と海軍大臣以外の全ての閣僚を憲政党から選出していました。** 政党内閣とは選挙で選ばれた議会の多数党が内閣を構成するしくみで、民衆が選挙で選んだ結果に基づく内閣といえるものです。

　しかし、「政党内閣」として民衆の期待を集めた内閣も、すぐに倒れてしまいます。尾崎行雄文部大臣が「もし共和制（天皇がいない世の中）ならば、三井や三菱らが大統領になるだろう」と、カネ社会の世の中を批判した演説を行ったところ、「天皇のいない世の中」を想定したこと自体が皇室に対する敬意を欠く、という批判を招いて辞職に追い込まれ、文部大臣が空席になってしまったのです。この「共和演説事件」後の文部大臣を、旧自由党から出すか、それとも旧進歩党から出すか、で憲政党内の仲間割れが起きます。そして自由党系の**憲政党**と進歩党系の**憲政本党**に分裂したことで、「政党内閣」において、その政党が解散したことになり、大隈重信の内閣は倒れました。

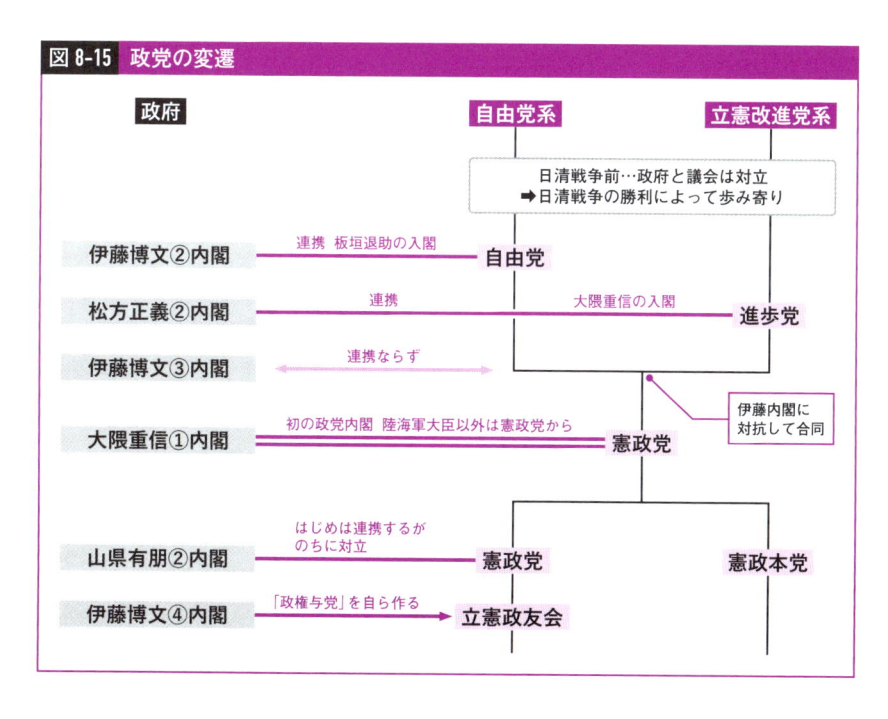

図 8-15　政党の変遷

第1章　縄文時代・弥生時代・古墳時代

第2章　飛鳥時代・奈良時代

第3章　平安時代

第4章　鎌倉時代

第5章　建武の新政・室町時代

第6章　戦国・安土桃山時代

第7章　江戸時代

第8章　明治時代

第9章　大正時代・戦争への道

第10章　戦後の日本

政党政治を嫌った
山県有朋の政権運営

「政党封じ」を図る山県有朋

　次に成立した第2次山県有朋内閣は分裂後の憲政党に協力を呼びかけ、地租を地価の2.5％から3.3％にする地租増徴を実現させ、軍備拡張の予算にあてようとします。軍備の拡大は軍需産業に恩恵をもたらすため、工場経営者たちも地租の増徴を支持しました。

　地租の増額のときには憲政党の協力をあおいだ山県有朋ですが、彼はもとから政党嫌いで知られており、以後は協力関係をもとうとしなかったばかりか、**政党の影響力を排除して、政府が政党に耳を貸さずに「超然」として政治運営ができるような政策を次々と実行します。**

　まずは、文官任用令の改正です。現在の国家公務員試験のように、当時も文官高等試験という試験で官僚を採用していましたが、各省庁のトップクラスの高級官僚を大臣が天皇に推薦できるしくみがあり、試験を受けていない政党員でも「勅任官」という高級官僚になることができました。1つ前の大隈内閣は政党内閣だったので、こうした高級官僚にごっそりと政党員が就任していたのです。政党の影響力を官僚からも排除したい山県有朋は、この文官任用令を改正し、「勅任官」であっても文官高等試験に合格した者しか就任できないとし、政党員の就任を困難にさせたのです。

　次に、軍部大臣現役武官制を定めます。陸海軍大臣は現役の陸軍、海軍の大将または中将から任用されるというルールを定め、このしくみによって、政党の影響力が軍に及ぶことを防ごうとしました。

　また、治安警察法が制定され、政治活動の制限に加えて労働運動も大幅に制限されるようになりました。

一方、選挙権の必要納税額が直接国税15円から**10円に引き下げ**られました が、これは民衆の権利の拡大というよりも、新たな支持層を獲得する目 的だといわれています。それまでの15円の納税者は大地主、すなわち「農 村の大富豪」が多く、農村に負担を強いる地租の増額に反対する層が多か ったことから、新たな支持層として軍需産業などの産業資本とのかかわり が深い「都市の小富豪」をとりこもうとしたのです。

このように、山県有朋内閣は、はじめは政党の協力を求めたものの、次々 に政党を排除する政策を打ち出しました。当然、政党は議会で内閣の打ち 立てた政策にことごとく反発するようになり、予算の成立がままならなく なりました。そして山県有朋は後任に伊藤博文を指名して辞任します。

深まるロシアとの対立

目を国際社会に向けてみると、清が日清戦争で敗北したことにより、列 強は清に対する進出を強め、各国が清に勢力圏をつくるようになります。こ うした列強の進出に対し、義和団という結社と清王朝が結んで海外勢力の

排除運動を起こし、日本とロシ アを含む8か国が共同出兵し、 清の排外運動を退けた北清事変 という事件が起きました。

この事件では特に中国東北部 （満州）に利害をもつ日本とロシ アが積極的に出兵しました。**こ の北清事変ののち、ロシアが満 州を占領状態におき、さらに一 歩、朝鮮半島に迫ることとなり、 日本とロシアの対立はいよいよ 深まるようになりました。**

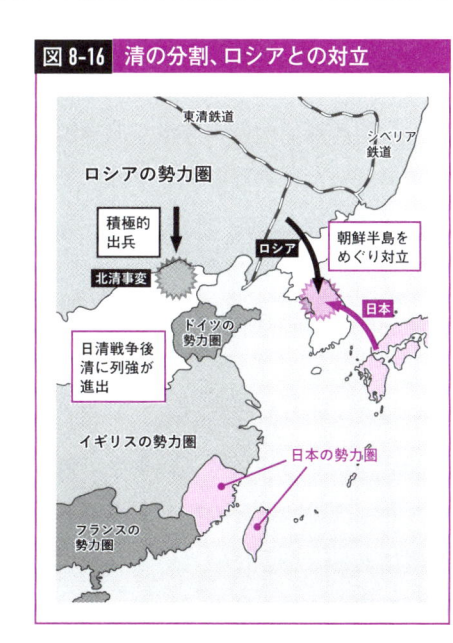

図 8-16　清の分割、ロシアとの対立

東清鉄道

シベリア鉄道

ロシアの勢力圏

積極的出兵

北清事変

ロシア

朝鮮半島をめぐり対立

日本

日清戦争後 清に列強が 進出

ドイツの勢力圏

イギリスの勢力圏

日本の勢力圏

フランスの勢力圏

第1章 縄文時代・弥生時代・古墳時代

第2章 飛鳥時代・奈良時代

第3章 平安時代

第4章 鎌倉時代

第5章 建武の新政・室町時代

第6章 戦国・安土桃山時代

第7章 江戸時代

第8章 明治時代

第9章 大正時代・戦争への道

第10章 戦後の日本

伊藤博文自身がつくった「政権与党」立憲政友会

 ## 藩閥と政党がついに結びつく

　ここまでの一連の流れをみて**伊藤博文**首相も「もはや、政党の意向を無視して政治を運営することはできない」と考えました。予算は衆議院・貴族院の両方の同意が必要で、衆議院が反対すると、予算が不成立となってしまい、政策が滞ってしまうパターンを何度も経験したからです。

　伊藤博文はここで「政権与党」、すなわち自分の政権運営に協力する政党を自ら結成することで議会運営を容易にしようと考え、第2次山県有朋内閣に不満を持っていた憲政党に接近します。憲政党のリーダーたちも、大臣となって政権を運営したい気持ちはやまやまでした。ここに憲政党が解党し、伊藤博文が総裁となった「政権与党」、立憲政友会（りっけんせいゆうかい）が発足したのです。

　憲政党は、もとをたどると、板垣退助がつくった自由党に行き当たります。**自由民権運動の中で最も活発に藩閥政治を攻撃し、自由と権利の拡大を求めていた昔の自由党から考えると、政権の座につきたいがために妥協し、藩閥政治と結びついたこの立憲政友会は大いに異なる性格を持つようになったのです。**見ようによっては、かつてのライバルと結びついてでも、政権の座に居座ろうという柔軟性は、今後の「政権与党」に共通する特徴にもなります。

　立憲政友会は政党、すなわち選挙で選ばれる衆議院の勢力ですから、衆議院を重視する伊藤博文の動きに対して、貴族院は猛反対します。

　また、立憲政友会の中にも伊藤博文の思惑に反して、藩閥の伊藤博文を総裁にあおぐことに納得いかない人々もいました。政権運営は不安定となり、後任に山県有朋系の人物であった**桂太郎**（かつらたろう）が首相になります。

列強の壁に「判定勝ち」をおさめた日露戦争

 ## 「桂園時代」の始まり

　ここまで見てきたように、政権運営は様々な変遷を経てきました。この動きの中心にあったのは、共に長州出身の山県有朋と伊藤博文です。

　山県有朋と伊藤博文は、一世代若い桂太郎が首相になると第一線を退き、自分たちは元老として内閣の背後から政治を行うようになりました。

　山県有朋はあくまでも藩閥政治の中心であり、官僚（公務員組織）と軍を背景に政党勢力を排除したいという考えの人物です。

　一方、伊藤博文は政党政治と接近したり離れたりしながら、最終的には妥協を図り、自ら立憲政友会を組織し、政党のボスになりました。山県・伊藤の引退後もこの2つの流れは続くことになります。

　山県有朋の流れをくむ「藩閥・非政党」系の内閣は、山県と同じく長州出身でかつ陸軍の後輩の**桂太郎**が組織します。一方、伊藤博文の流れをくむ政党系の内閣は伊藤博文に次いで立憲政友会の2代目の総裁となった**西園寺公望**が組織します。

　この両名とも、山県有朋や伊藤博文に比べるとやや「小粒」という評価もあるのですが、ど

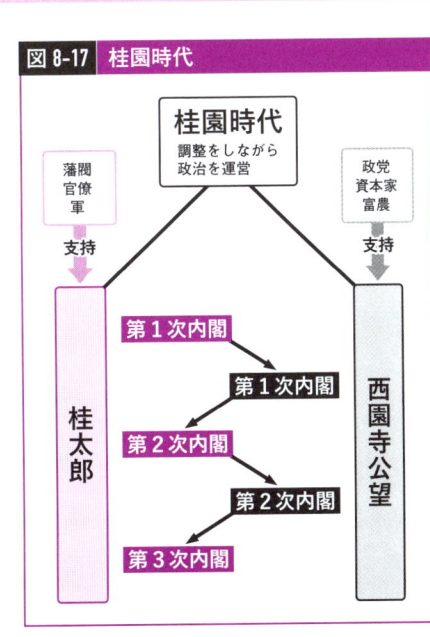

図 8-17　桂園時代

桂園時代
調整をしながら政治を運営

藩閥
官僚
軍
支持

政党
資本家
富農
支持

桂太郎

西園寺公望

第1次内閣
第1次内閣
第2次内閣
第2次内閣
第3次内閣

第1章 縄文時代・弥生時代・古墳時代

第2章 飛鳥時代・奈良時代・

第3章 平安時代

第4章 鎌倉時代

第5章 建武の新政・室町時代・

第6章 戦国・安土桃山時代

第7章 江戸時代

第8章 明治時代

第9章 大正時代・戦争への道

第10章 戦後の日本

ちらも調整型の人物であったため、藩閥・官僚勢力と立憲政友会の利害が対立する中を、この2人が政権を受け渡ししながら調整をつけていく格好になりました。この2人による政権交代の時代を桂・西園寺から一文字ずつとり、「桂園時代」といいます。

日英同盟により日露戦争の舞台が整う

第1次桂太郎内閣が直面したのはロシアとの対立です。三国干渉によって遼東半島を清に返還させられた国民感情は「ロシア憎し」になっていましたし、日清戦争後、露骨に朝鮮半島への進出を行い始めた日本に対して韓国は反日感情を強めてロシアに接近し、韓国を挟んだ日露関係も悪化していました。また、北清事変以降、ロシアは満州を占領状態に置き、北方からの圧力を強めていました。

こうしたロシアの勢力拡張に対して、日本国内には2つの意見がありました。1つは伊藤博文や井上馨がとなえた、日本とロシアの利害を調整して、ロシアの満州支配と日本の韓国支配をお互いに認め合う「満韓交換」によって、戦争を回避しようとする日露協商論です。

もう1つは、桂太郎首相や小村寿太郎外務大臣が唱えた、ロシアとの開戦は避けられないと考え、イギリスとの提携を行い、「日英同盟」を後ろ盾にしてロシアの南下を実力でおさえようという日英同盟論です。

もともとロシアは「韓国に勢力圏をつくりたい」と考えており、はなから日本と「満韓交換」する気はありませんでしたので、日露協商論の交渉は不調でした。一方、イギリスは南アフリカでの植民地戦争に苦戦しており、「大英帝国」の栄光にも陰りが見え始めていました。「イギリスの植民地をロシアの南下から守るためにも、日本との提携が必要である」という意見が大勢を占めるようになり、日英同盟が締結されたのです。おもな内容は「同盟国の一方が他国と交戦した場合、同盟国は中立を守る」ことと、「その交戦にほかの国が加わった場合、同盟国も参戦する」という2点です。すなわち、イギリスは、日本に対して、「第三国の介入を心配することなく

ロシアと一対一でサシの勝負ができる」舞台を提供したのです。イギリスは直接日本の戦闘行為に手を貸しませんでしたが、新聞による報道で国際世論を日本寄りに誘導し、ヨーロッパから太平洋に回航するロシアの艦隊にイギリスの港を貸さないというようなバックアップを行います。

多くの犠牲を払ってつかんだ日露戦争の勝利

もとから日露協商論の交渉は不調でしたが、完全に決裂すると、日本も覚悟を決めます。ロシアに対して国交の断絶を宣言すると、朝鮮半島と満州に向けて出兵を開始します。ここに日露戦争が始まり、日本は「列強」の一角と死力を尽くした戦いを繰り広げます。

日本は国家予算の6～7倍にものぼる軍事費を大幅な増税でまかなおうとしますが、それでも足りず、海外、国内への多額の借金（戦債）でなんとかしのぎます。のちに有利な条件でお金が集まるようになりましたが、**日本の戦債の条件はロシアの条件よりかなり不利であり、国際的な「前評判」ではロシアの圧倒的有利という見方が多かったことがわかります。**

陸軍の戦いでは多くの犠牲を払い、旅順要塞の攻撃や遼陽の戦い、奉天会戦などの戦いにおいて「辛勝」を重ねます。海軍は日本海海戦で当時世界最強といわれたバルチック艦隊を全滅に追い込みました。日本は優勢ではあったものの、ほぼ全ての兵力を前線に送り込み、軍事費も底をつくようになりました。ロシアも長引く戦争により政治不信が増大し、各地でデモやストライキが頻発するようになりました。

日本政府は**小村寿太郎**外務大臣を通じてアメリカ大統領**セオドア＝ローズヴェルト**に仲介を依頼し、アメリカのあっせんによってロシアも講和に応じることになり、アメリカのポーツマスで講和会議が行われます。

こうして、日本全権**小村寿太郎**とロシア全権**ウィッテ**の間で講和条約の**ポーツマス条約**が結ばれます。**日本はロシアから韓国に対する指導権と監督権、遼東半島の軍港と中心都市であった旅順と大連の租借権、長春から旅順の間の鉄道とそれに付随する炭坑などの利権、北緯50度以南の樺太、**

第1章　縄文時代・弥生時代・古墳時代

第2章　飛鳥時代・奈良時代

第3章　平安時代

第4章　鎌倉時代

第5章　建武の新政・室町時代

第6章　戦国・安土桃山時代

第7章　江戸時代

第8章　明治時代

第9章　大正時代・戦争への道

第10章　戦後の日本

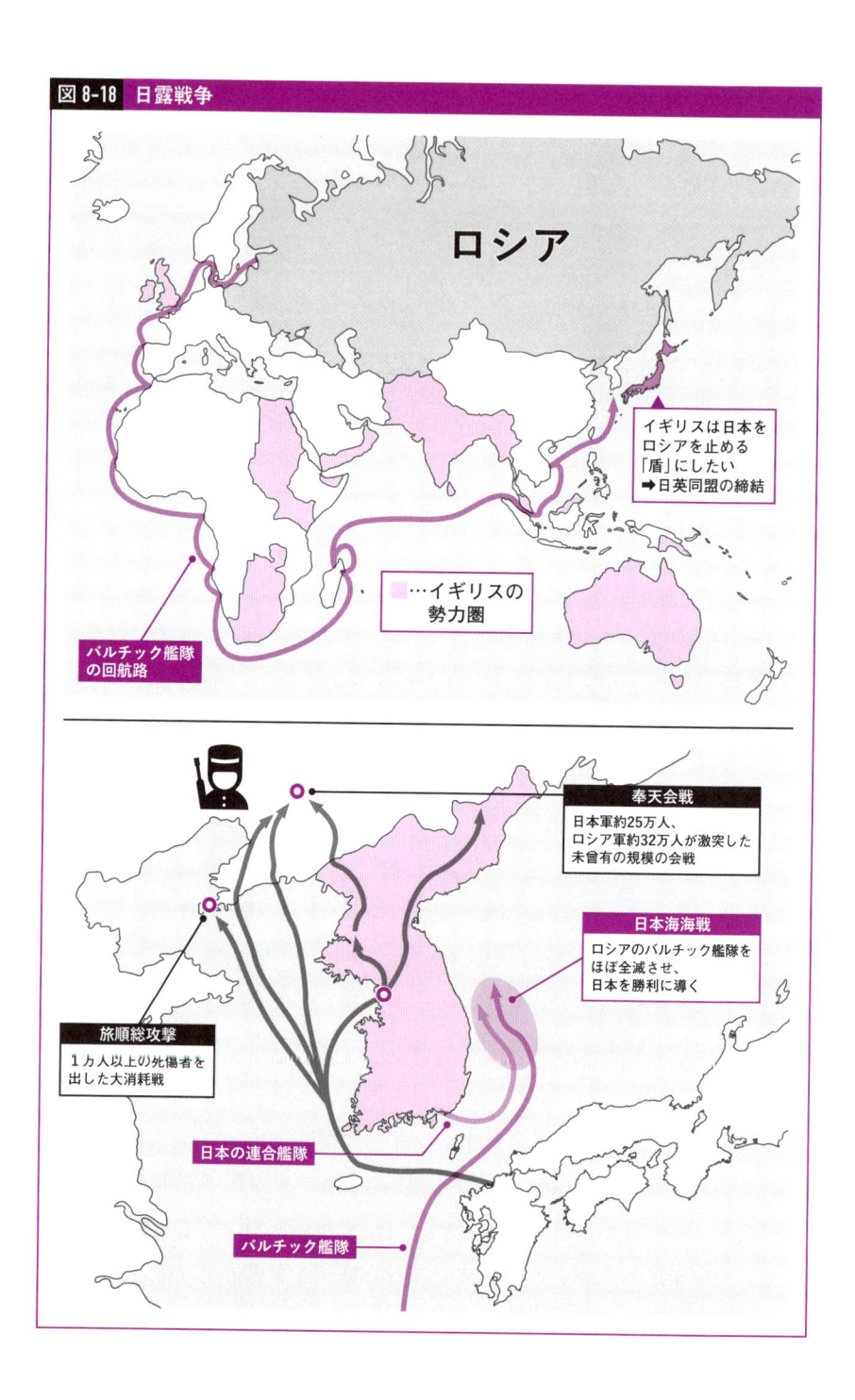

図 8-18　日露戦争

ロシア

イギリスは日本を
ロシアを止める
「盾」にしたい
➡日英同盟の締結

■…イギリスの
勢力圏

バルチック艦隊
の回航路

奉天会戦
日本軍約25万人、
ロシア軍約32万人が激突した
未曾有の規模の会戦

日本海海戦
ロシアのバルチック艦隊を
ほぼ全滅させ、
日本を勝利に導く

旅順総攻撃
1万人以上の死傷者を
出した大消耗戦

日本の連合艦隊

バルチック艦隊

沿海州の漁業権などを得ます。

　この戦争自体が、アメリカの仲介を必要としたいわば「判定勝ち」であったため、日本が最もほしがった賠償金を得られず、国内ではこの条約が不十分だとして**日比谷焼打ち事件**として知られる講和反対の暴動が起きます。政府は軍隊を出して鎮圧し、なんとか条約成立にこぎつけました。

韓国は日本の勢力下へ

　優勢に推移した日露戦争とそのあとのポーツマス条約により、韓国は日本の勢力下であることが「確定」することになりました。

　日露戦争中に第1次日韓協約を結び、韓国に財政・外交顧問を派遣することを認めさせ、また、桂太郎首相とアメリカの陸軍長官タフトとの間で**桂・タフト協定**が結ばれ、太平洋に進出を図るアメリカに対して、日本は「アメリカのフィリピン進出」を、アメリカは「日本の韓国の保護国化」を、相互に認め合いました。

　そしてポーツマス条約が結ばれると、日本は朝鮮半島への進出をさらに強め、韓国と**第2次日韓協約**を結びます。この協約により韓国の外交権が日本に移り、日本は韓国を、その政府になりかわって外交を行うという「保護国」としたのです。

　日露戦争とその戦後処理を終え、後任の西園寺公望を首相に推薦すると、第1次桂太郎内閣は総辞職しました。

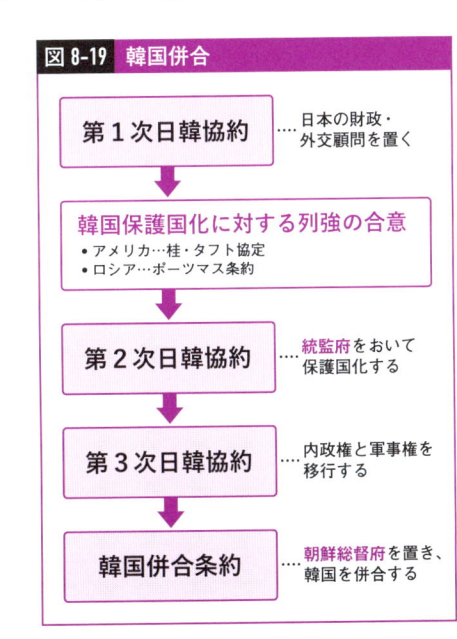

図 8-19　韓国併合

- **第1次日韓協約** …… 日本の財政・外交顧問を置く
- **韓国保護国化に対する列強の合意**
  - アメリカ…桂・タフト協定
  - ロシア…ポーツマス条約
- **第2次日韓協約** …… 統監府をおいて保護国化する
- **第3次日韓協約** …… 内政権と軍事権を移行する
- **韓国併合条約** …… 朝鮮総督府を置き、韓国を併合する

第1章　縄文時代・弥生時代・古墳時代

第2章　飛鳥時代・奈良時代

第3章　平安時代

第4章　鎌倉時代

第5章　建武の新政・室町時代

第6章　戦国・安土桃山時代

第7章　江戸時代

第8章　明治時代

第9章　大正時代・戦争への道

第10章　戦後の日本

「調整型」の首相2人による政権運営

 ## 藩閥と協力する西園寺公望

西園寺公望は政党の立憲政友会を率いていたものの、藩閥・陸軍勢力側の前の首相、桂太郎とその「親分」の山県有朋と協調して政治を行いました。調整型のその政治は、与党である政友会の中にも「西園寺は藩閥に迎合している」という反発を招くこともあったようです。

国内政治では、工業化の進展から、貧しい労働者階層が生み出され、彼らの願いである平等の実現を要求する社会主義政党が生まれ始めていました。第1次西園寺公望内閣は日本社会党を初の合法的な社会主義政党と認めますが、これは民衆の要求拡大を嫌う山県有朋に反対され、翌年に結社禁止命令が出され、日本社会党は解散することになりました。

 ## 朝鮮半島と満州への進出

この内閣では桂太郎内閣に引き続き、朝鮮半島や満州への進出が行われます。保護国とした韓国に統監府という役所を置き、**伊藤博文**を初代の統監として派遣し、日本に権限が移された外交事務を遂行させました。

圧力を強める日本の動きに対して、韓国の皇帝はオランダのハーグで開催されていた万国平和会議に密使をおくり、日本の支配からの脱却を訴えようとしましたが、もはや韓国に外交の権限はなく、列強は韓国の密使の会議への参加を認めませんでした。こののち、第3次日韓協約も結ばれ、内政権も移されるなど、この統監府の権限は徐々に拡大していきます。

ポーツマス条約に基づき獲得した遼東半島南端の都市と鉄道権益を中心に、日本は満州への進出も強化します。関東都督府を設置して遼東半島の

南端の関東州を統治し、**南満州鉄道株式会社**を設立し鉄道経営にあたります。国内では**鉄道国有法**が公布され、私鉄を買収することで、日本の幹線となる主要な鉄道はすべて国のものとなります。

　日露戦争に勝利し、着実に大陸に進出する日本でしたが、日露戦争の莫大な借金の返済に加え、不景気が西園寺公望内閣の財政を圧迫していました。この頃、軍備の拡張や鉄道の国有もすすめられていたため、民衆の負担はとても大きなものとなっていました。政府は酒・砂糖・タバコ・石油などの間接税を増額してまかなおうとしたため、商工業の経営者などの資本家層の不満も大きくなりました。大陸進出を図る軍や鉄道の国有を進める官僚からの要求と、政党に寄せられる民衆の声の板挟みにあい、第1次西園寺公望内閣は総辞職することとなります。そして、「桂園時代」の流れに従い、**桂太郎**が二度目の内閣を組閣します。

社会主義者への弾圧が行われる

　第1次西園寺公望内閣でいったんは社会主義政党の結成が認められましたが、その後、徐々に弾圧が強化されていきました。この**第2次桂太郎内閣**ではさらに弾圧が強化され、明治天皇の暗殺を計画したという疑いにより、社会主義者の一斉逮捕と処刑が行われました。これを大逆事件といいます。

　貧困にあえぐ労働者層が、「平等」を求める社会主義思想をつきつめると、天皇制をなくそうという「国体の変革」につながることになります。これを危険視した政府は大量の社会主義者の逮捕に踏み切ったのです。以後、社会主義の活動は衰え、社会主義者にとって「冬の時代」といわれる時代が訪れます。政府は労働者の不満を抑えるための**工場法**を制定するのですが、その施行は先延ばしにされてしまいます。

韓国は日本の一部に

　日本の進出が強まった韓国では日本に対する**義兵運動**という抵抗運動が激しくなりました。こうした中、韓国の民族主義者が中国のハルビン駅で

第1章 縄文時代・弥生時代・古墳時代

第2章 飛鳥時代・奈良時代

第3章 平安時代

第4章 鎌倉時代

第5章 建武の新政・室町時代

第6章 戦国・安土桃山時代

第7章 江戸時代

第8章 明治時代

第9章 大正時代・戦争への道

第10章 戦後の日本

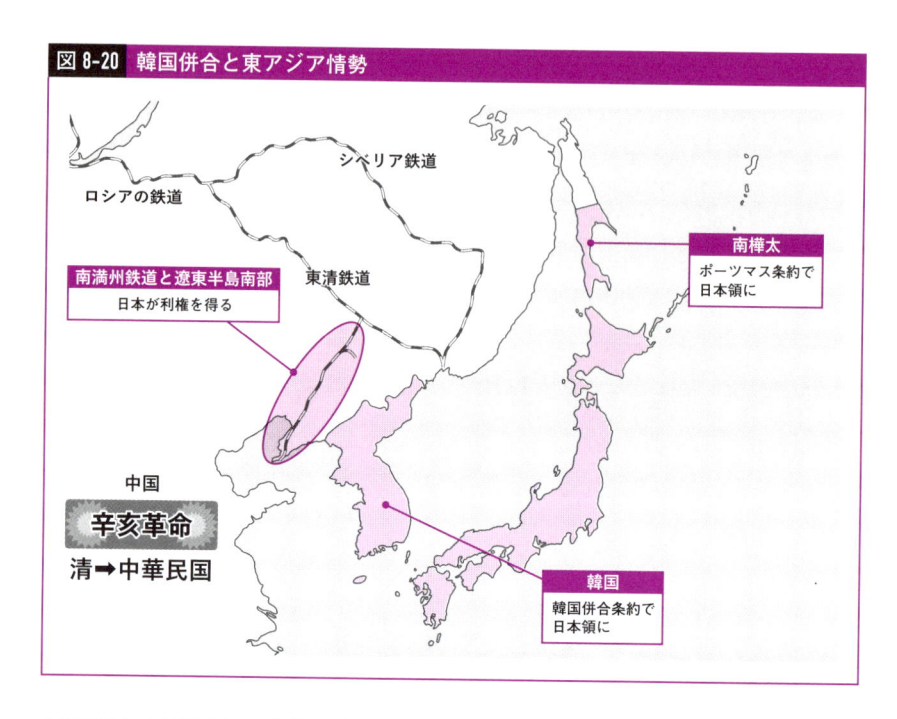

図 8-20　韓国併合と東アジア情勢

シベリア鉄道

ロシアの鉄道

南満州鉄道と遼東半島南部
日本が利権を得る

東清鉄道

南樺太
ポーツマス条約で
日本領に

中国

辛亥革命

清➡中華民国

韓国
韓国併合条約で
日本領に

伊藤博文を暗殺する事件が起きます。日本は韓国に治安維持のための軍隊を増強し、韓国併合条約を結んで韓国を日本の領土とします。韓国はこれより完全に日本の一部に組み込まれました。韓国は「朝鮮」、首都の漢城（ソウル）は「京城」と改められ、日本は朝鮮総督府を置いて朝鮮の統治機関としました。初代の朝鮮総督の寺内正毅以来、総督は陸軍か海軍の大将が就任し、初期の総督たちは軍隊と憲兵組織を動かして軍事的性格の強い、厳しい政治を行いました。この政治は「武断政治」といわれています。

　また、外交面の大きな変化としては、日露戦争の勝利により日本の国際的地位の向上がもたらされていました。小村寿太郎外務大臣の交渉により日米通商航海条約が結ばれて関税自主権を獲得し、日本の条約の上での不平等は解消されました。こののち、桂太郎は「桂園時代」の打ち合わせ通りに西園寺公望にバトンを渡して総辞職します。

　こうして第2次西園寺公望内閣が成立しますが、任期途中に明治天皇が亡くなり、大正時代が始まることになります。

第9章

大正時代・戦争への道

第9章 大正時代・戦争への道 あらすじ

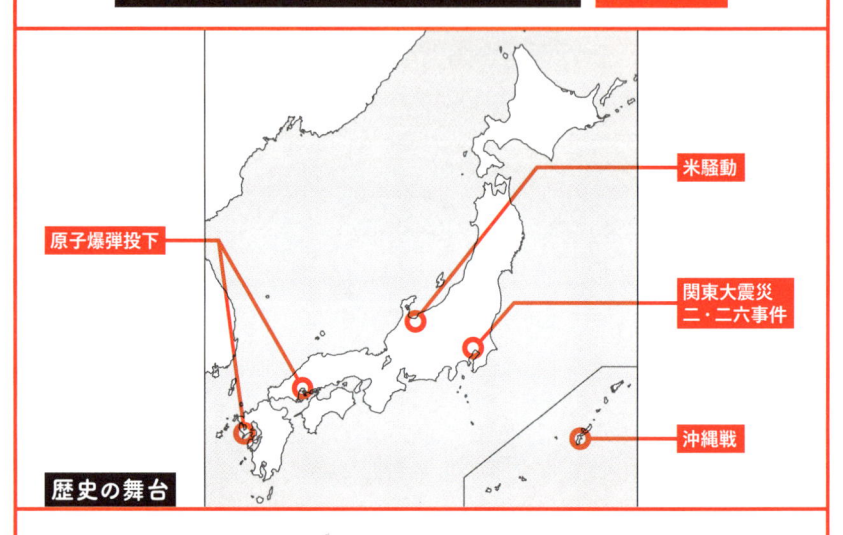

米騒動

原子爆弾投下

関東大震災
二・二六事件

沖縄戦

歴史の舞台

政党政治が行き詰まり恐慌が連鎖し
人々は軍部に期待を寄せた

　この章では、「政党政治」と「恐慌」、「戦争」の３つがテーマになります。民衆の政治意識が高まって普通選挙が実現し、政党政治の時代が訪れますが、一方で政党政治は政治の腐敗も招くようになり、政治不信が増大します。また、大正末期から昭和初期にかけて連続して起こった恐慌により、社会不安も増大しました。

　こうした状況の中、財閥などの大資本家と軍部が結び付き、大陸に進出して市場を拡大しようとします。軍部の発言力は増大し、時代の閉塞感から世論もこの動きを後押しします。こうして、日本は満州事変から日中戦争、太平洋戦争と15年の長きにわたる戦争に突入することになるのです。

政治

民衆の政治意識が高まり、普通選挙運動の末、政党政治の時代が訪れますが、二大政党の間で一定しない政府の方針や政治腐敗に不満が高まり、軍部が台頭します。世論も軍部を後押しし、日本は戦争の道に踏み込んでいきます。

経済

第一次世界大戦によってもたらされた好景気が終わると、日本は慢性的な恐慌状態が続くようになります。資本家たちは新たな市場を求めて大陸進出を求めるようになりました。戦争の進行とともに戦時経済がとられるようになります。

社会

民衆の政治意識が拡大した大正時代には、労働争議や小作争議、女性の社会進出などが盛り上がりを見せました。戦争が始まると国家総動員体制がとられ、全国民が戦争に協力する体制がとられました。

外交

第一次世界大戦では日本が「勝ち組」となり、列強の仲間入りを果たしました。しかし、欧米列強は成長する日本を警戒するようになります。この中で、国内では二大政党が主張する協調外交と強硬外交の間で揺れ動くようになりました。

陸軍が内閣を揺さぶり、総辞職に追い込む

 ## 陸軍の「辞表戦術」に敗れる西園寺内閣

　大正時代の最初の内閣は、第2次**西園寺公望**内閣です。

　この内閣を悩ませたのは、陸軍による2個師団（数万人規模）の兵員増加の要求でした。すでに日露戦争のために陸軍は増強を重ねていたものの、併合したばかりの朝鮮半島を防衛する必要があったこと、清王朝が倒れたばかりで情勢が不安定な中国に進出するチャンスが生まれていたことから、朝鮮半島を守り、場合によっては中国にも進出できる「持ち駒」の増加を陸軍が求めたのです。

　この陸軍からの増員要求を西園寺公望内閣は否決します。第1次西園寺公望内閣で軍備増強や鉄道の買収など、積極的な財政出動を行ったことによって第2次西園寺公望内閣は財政難になり、多額の費用がかかる軍の増設を認められなかったのです。増設を強く訴えていた陸軍大臣の上原勇作は、この話が却下されたことから、単独で天皇に辞表を提出し、辞任してしまいます。

　陸軍大臣が空席になったにもかかわらず、陸軍は後任の陸軍大臣を推薦しませんでした。このことによって、西園寺公望内閣は総辞職してしまいます。内閣のメンバーは、総理大臣が天皇に候補をあげ、天皇に任命してもらうことになっていましたが、「軍部大臣現役武官制」により、陸海軍大臣は現役の陸海軍の大将か中将の職にある人物しかなれないので、その人選は軍部に一任せざるを得ません。**もし、陸軍が大臣を推薦しなければ、いつまでたっても内閣に欠員が出たままになってしまいます。第2次西園寺公望内閣は、この陸軍の「辞表戦術」により倒れてしまったのです。**

民衆が国会に殺到し、内閣が倒れる

 ## 民衆の行動で倒れた初めての内閣

　こうして、3度目の総理大臣になったのが、桂太郎です。桂太郎は「陸軍の長老」といえる存在で、陸軍大将でもありました。国民から見れば、今回の首相交代は、**「陸軍がゴネて内閣を倒し、自分たちの親分を首相にした」**ように見えたため、国民の批判の声があふれます。そして、立憲政友会の尾崎行雄、憲政本党の流れをくむ立憲国民党の犬養毅を中心に、「**閥族打破・憲政擁護**」というスローガンのもとに政府批判の声があがり、**第一次護憲運動**という政治運動が起こりました。この動きに民衆が加わり、しまいには数万の群衆が議会を包囲し、警察署や政府系の新聞社を襲い、投石を行う騒ぎとなりました。

　桂太郎自身はもともと調整型の人物で、自ら政党をつくって国民の意見を取り入れようとしており、それまでの藩閥政治からの脱却を模索もしていたのですが、その思いは民衆に届きませんでした。次第に激化する民衆の運動に、桂太郎は内閣の総辞職を決定します。この、第3次桂太郎内閣の成立から総辞職に至る政変を**大正政変**といいます。

 ## 大正デモクラシーの時代が始まる

　大正政変は、**民衆の圧力で内閣が倒れた初の事件でした。「民衆が力を合わせれば内閣も倒せるのだ」と民衆が感じ取ったことにより、その後、民衆運動が頻発しました。**

　普通選挙や自由・権利の拡大を求める民衆の政治意識の高まりは「**大正デモクラシー**」という大きなうねりになります。

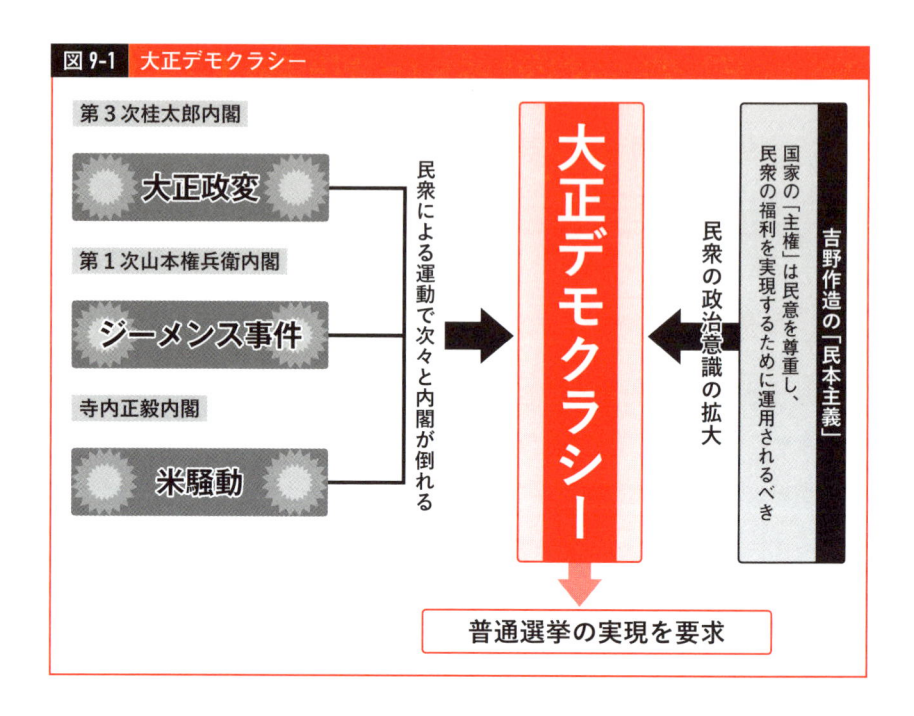

図 9-1　大正デモクラシー

第3次桂太郎内閣

大正政変

第1次山本権兵衛内閣

ジーメンス事件

寺内正毅内閣

米騒動

民衆による運動で次々と内閣が倒れる

→

大正デモクラシー

吉野作造の「民本主義」
国家の「主権」は民意を尊重し、民衆の福利を実現するために運用されるべき

民衆の政治意識の拡大

↓

普通選挙の実現を要求

 ## 再び民衆が国会を取り囲み、内閣が倒れる

　桂太郎内閣の次に組閣したのは、海軍大将だった**山本権兵衛**です。山本権兵衛は、日露戦争のとき、海軍大臣として日本海海戦の勝利の基礎をつくった、優れた政治的手腕の持ち主として知られます。立憲政友会の第3代総裁となった**原敬**を入閣させて政党勢力をとりこむ一方、**軍部大臣現役武官制を改正**し、「現役」でなくても、軍のOB（政治家の中にもたくさんいます）であれば陸海軍大臣になれるとして、軍による一方的な内閣潰しをできなくさせるなど、行政改革を着々と進めました。

　ところが、海軍出身の山本権兵衛の「おひざ元」であった海軍の高級将校が、ドイツのジーメンス社から賄賂を受けていた事件が発覚し、山本内閣に対する責任追及の声が高まります。大正政変を再現するかのように、国会を人々が包囲し、第1次山本権兵衛内閣はこの騒動の中で総辞職に追い込まれました。これを**ジーメンス事件**といいます。

第一次世界大戦で日本は「勝ち組」に

 ## 立憲政友会を抑えるために起用された大隈重信

　陸軍の親玉かつ、藩閥の代表であった元老、山県有朋（やまがたありとも）は、大正時代に入ってから2代の内閣にわたって、自らの影響力の低下を感じていました。桂太郎内閣では民衆の運動で2個師団の増員案が潰され、山本権兵衛内閣では自分が決めた軍部大臣現役武官制が否定されてしまったからです。

　しかも、いずれもその中心には衆議院の第一党、立憲政友会の姿がありました。桂太郎内閣を倒したのも立憲政友会が中心になった護憲運動ですし、山本権兵衛内閣に協力していたのも立憲政友会でした。

　山県有朋は、次の首相として誰を天皇に推薦するかを考えます。政党嫌いの山県なので、藩閥・官僚中心の内閣をつくりたかったものの、政党勢力を排除して国民の声が届かない「超然内閣」を構成してしまうと、再び「護憲運動」のような、民衆が国会を取り囲む騒ぎが発生してしまいかねません。ただ、続けて「煮え湯を飲まされて」いた立憲政友会には主導権を渡したくありません。

　そこで、国民的人気のあった**大隈重信**（おおくましげのぶ）を首相に起用し、かつて桂太郎が組織しようとしていた**立憲同志会**（りっけんどうしかい）を立憲政友会の「対抗馬」として大隈重信の与党とし、その背後で影響力を行使したいと考えていたのです。

　政党嫌いの山県有朋にとっても、立憲政友会をおさえるために立憲同志会という政党勢力を利用しなければならなくなってきた点が、日本が徐々に政党政治に近づいている象徴となったといえるでしょう。

大陸進出の足掛かりとなった第一次世界大戦

第2次大隈重信内閣の組閣直後、ヨーロッパである事件が起きます。それは、ボスニアの首都サライェヴォでセルビア人の民族主義者がオーストリアの皇太子を暗殺するという事件でした。ドイツ・オーストリア・オスマン帝国側とイギリス・フランス・ロシア側に分かれて高まっていた緊張がこの事件をきっかけに一気に戦争の形となって噴出し、**第一次世界大戦**が始まります。日本はイギリスとの間に日英同盟を結んでおり、この条約を理由にしてイギリス・フランス・ロシア側で参戦し、ドイツが中国の勢力圏としていた山東省やドイツがもつ太平洋の島々を攻撃しました。

第一次世界大戦の「主戦場」がヨーロッパにあったことから、参戦国はヨーロッパに注目していました。**ヨーロッパ諸国からいわば「ノーマーク」になったアジアで、日本はイギリス・フランス・ロシアの3か国の支援を受けながら中国に進出できるという絶好の機会を得ることになったのです。**元老の一人、井上馨はこれを「天祐（天の助け）」と表現しました。

参戦後3か月でドイツの山東半島の拠点、青島を攻略し、戦勝ムードの中での総選挙において、与党の立憲同志会は圧倒的な勝利をおさめます。大隈重信と山県有朋の間には陸軍の2個師団増加の約束があったので、この選挙の勝利により、課題になっていた陸軍の増員が実現したのです。

二十一カ条の要求を突き付ける

日本はさらに中国への進出を強めます。この頃の中国は辛亥革命によって清王朝が倒され、**中華民国**が成立していますが、中華民国に従わない「軍閥」といわれる地方の軍事集団が互いに争う不安定な混乱状態にありました。

大隈内閣の外務大臣、加藤高明はこの混乱につけいり、中華民国の大総統であった袁世凱の政権に**二十一カ条の要求**を突き付けます。おもな狙いは山東半島にドイツが持っていた権益と、日露戦争のときにロシアから獲

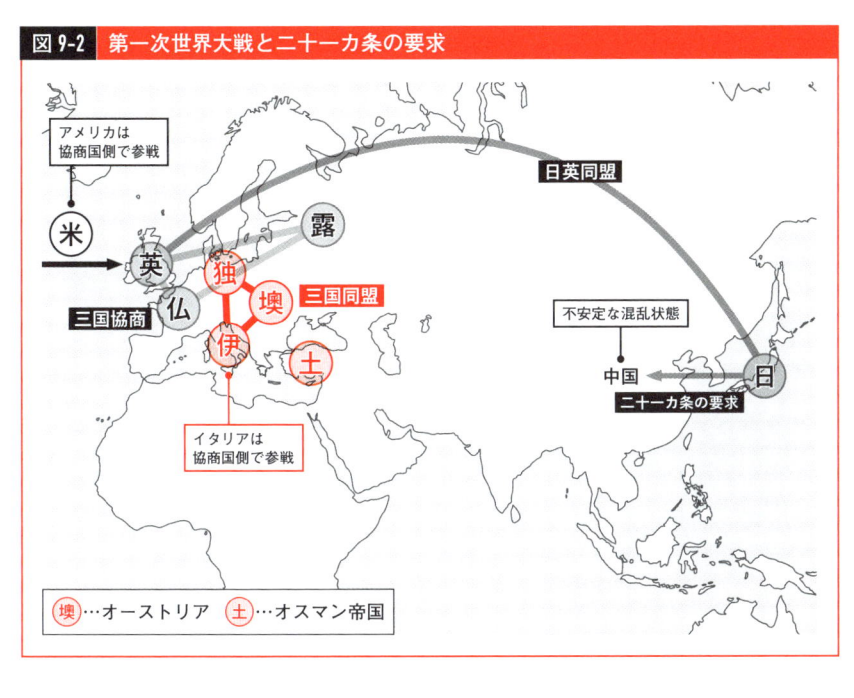

第1章
縄文時代・弥生
時代・古墳時代

第2章
飛鳥時代・
奈良時代

第3章
平安時代

第4章
鎌倉時代

第5章
建武の新政・
室町時代

第6章
戦国・
安土桃山時代

第7章
江戸時代

第8章
明治時代

第9章
大正時代・
戦争への道

第10章
戦後の日本

図 9-2 第一次世界大戦と二十一カ条の要求

アメリカは
協商国側で参戦

米

英

仏

三国協商

独

伊

墺

土

三国同盟

露

日英同盟

中国

不安定な混乱状態

日

二十一カ条の要求

イタリアは
協商国側で参戦

墺 …オーストリア　土 …オスマン帝国

得していた旅順・大連の租借権の延長などです。

　この要求の中には、「希望条項」として中国政府への日本人顧問の採用や地方警察の日中合同化、中国への兵器の供給を日本の主導権のもとで行うことが盛り込まれていました。こうした「保護国化」にもつながるような内政干渉的な条項はアメリカの反発を招き、同盟国のイギリスからも考え直すように迫られました（帝国主義のヨーロッパ諸国も同じような要求を様々な国に突き付けて「保護国化」しており、日本もそれにならったという側面もあります）。結局、日本はこれらの希望条項を削除した16カ条の要求を、期限付きの最後通牒を突き付けて中国に調印させたのです。

　中国ではこの要求の受け入れを屈辱的であるとし、デモや日本製品の不買運動などの反日運動が巻き起こりました。

成金たちが沸いた大戦景気

　第一次大戦は、日本にとって経済面においても「天の助け」になりまし

た。**ヨーロッパの国々の生産力が戦争で「手一杯」となり、市場から後退したことで、そこに日本の製品を売り出すチャンスが巡ってきたのです。**

戦争中の国から軍需品の注文が舞い込み、ヨーロッパ列強が撤退したアジア市場を日本製品が充たしました。輸出用の繊維産業が飛躍的に発展し、世界的な船舶不足から造船業や海運業が活気づき、「大戦景気（たいせんけいき）」という好景気が訪れます。さらに、それまで日本が輸入に頼っていた重化学工業製品のヨーロッパからの輸入が止まり、国内での生産が盛んになったため、重化学工業も発展しました。この時代、にわかに富豪になった「成金（なりきん）」といわれる資本家が多く出現します。日本は大幅な輸出超過になり、大戦前は外国から11億円の借金をしていた国から、大戦後には外国に27億円もお金を貸している国になったのです。

再び薄まる政党政治

山県有朋たちの念願であった2個師団の増加が成立すると、山県有朋ら元老と大隈重信総理大臣との仲は悪化していきます。

理由の1つは、先ほどの総選挙で立憲同志会を勝たせるために内務大臣大浦兼武（おおうらかねたけ）が議員の買収を行っていたことが発覚したことです。この「政治とカネ」の問題がらみで、劣勢に立たされた大隈重信は元老や貴族院の支持が徐々に得られなくなりました。

もう1つは、大隈重信が、立憲同志会の総裁であった加藤高明を後任の総理大臣にしようとしていたことです。山県有朋は、いわば、2個師団の増員を実現するために、立憲政友会の対抗馬として大隈重信内閣と立憲同志会を利用したのであって、「政党の長老」の大隈重信が望む政党政治そのものにしたかったわけではありません。

政党の総裁の加藤高明が総理大臣になってしまうと、完全に政党政治の流れが確立してしまうので、山県有朋にとっては不本意な状況になってしまいます。山県有朋は加藤高明の対抗馬として、陸軍大将で朝鮮総督であった**寺内正毅（てらうちまさたけ）**を首相候補に立て、元老会議を開いてこの案を押し切ります。

第9章 大正時代・戦争への道　　　寺内正毅内閣

民衆の行動が三たび内閣を倒す

第1章 縄文時代・弥生時代・古墳時代

第2章 飛鳥時代・奈良時代

第3章 平安時代

第4章 鎌倉時代

第5章 建武の新政・室町時代

第6章 戦国・安土桃山時代

第7章 江戸時代

第8章 明治時代

第9章 大正時代・戦争への道

第10章 戦後の日本

外交政策が中心となった「超然内閣」

　こうして成立した**寺内正毅内閣**は、山県有朋の息のかかった官僚や寺内正毅の朝鮮総督時代の同僚によって固められ、政党からの入閣者がない「超然内閣」となります。

　この内閣の政策の中心は、外交政策でした。大隈重信内閣では中国の袁世凱政権に二十一カ条の要求を突き付け、高圧的な外交姿勢で臨みますが、寺内正毅内閣においては、袁世凱の死後に実権を握った段祺瑞に対して、巨額のお金を無担保で貸し付けて積極的な支援を行い、段祺瑞を取り込むことで中国への影響力の拡大と反日感情の緩和を図ります。

　第一次世界大戦は依然続きますが、ここで大きな変化が訪れます。これまで中立的な立場を保っていたアメリカがイギリス・フランス側で第一次世界大戦に参戦したのです。これまで、日本は二十一カ条の要求のときにはアメリカの反発で「希望条項」を削除することになり、中国市場への進出でもアメリカと競合する、「緊張関係」にあったのですが、ここからは「味方」として戦うことになります。

　日本とアメリカは**石井＝ランシング協定**によって利害を調整し、日本がこれまで獲得し保持してきた満州における権益などの保持を認めさせた上で、中国の独立を守ってお互いに領土的進出はせず、経済面での自由競争をしようということで緊張の緩和を図りました。

経済成長とともに立憲政友会も成長

　第一次大戦がまだ続いている、ということは、「大戦景気」という好景気

267

が続いていることになります。

　この好景気を背景に、原敬が率いる立憲政友会が成長します。というのも、立憲政友会は自由党の時代から（第2次大隈重信内閣のときに立憲同志会に敗北したこと以外は）選挙にほぼ勝ちをおさめてきました。このときの選挙権は、はじめは15円、のちに10円の税を国に納めている人に与えられていました。15円や10円という額の税を納めている人は、当時にしてみれば大地主や工場経営者など「かなりのお金持ち」になります。自然と、立憲政友会の政策は産業界に積極的にお金を回す、「かなりのお金持ち」に有利な政策となります。

　好景気の下では社会全体の「カネ回り」が良くなるため、大地主や工場経営者の「高額納税者」が増加し、有権者も増加します。そうするとますますお金持ち有利の政策（積極政策）を打ち出す立憲政友会の支持層が増えていく、ということになるのです。

　一方、大隈重信が後継者にしようと考えていた立憲同志会の加藤高明は総理大臣になれず、反政友会系の政党に声をかけて新たに**憲政会**という政党を結成しています。

全国に広がる「米騒動」の騒ぎ

　寺内内閣のもと行われた総選挙で立憲政友会が勝利していたそのとき、ロシアで大きな動きが起きていました。それが、**ロシア革命**の進行です。ロシアの労働者や兵士たちが蜂起してロシアの王朝を倒し、世界初の社会主義国家を樹立したのです。

　イギリス・フランス・アメリカ・日本などの国々は軍隊を派遣し、ロシアの革命の進行を止めようとしました。この革命が自分の国に「飛び火」して、自分の国で民衆の蜂起が起き、国を乗っ取られては困ると考えたからです。日本では、この出兵を「**シベリア出兵**」といっています。

　大規模な出兵を行うことがわかると、米の値段が異常なほどに上昇しました。もとから、**好景気の中で民衆の米の消費量が増え、米の値段はかな**

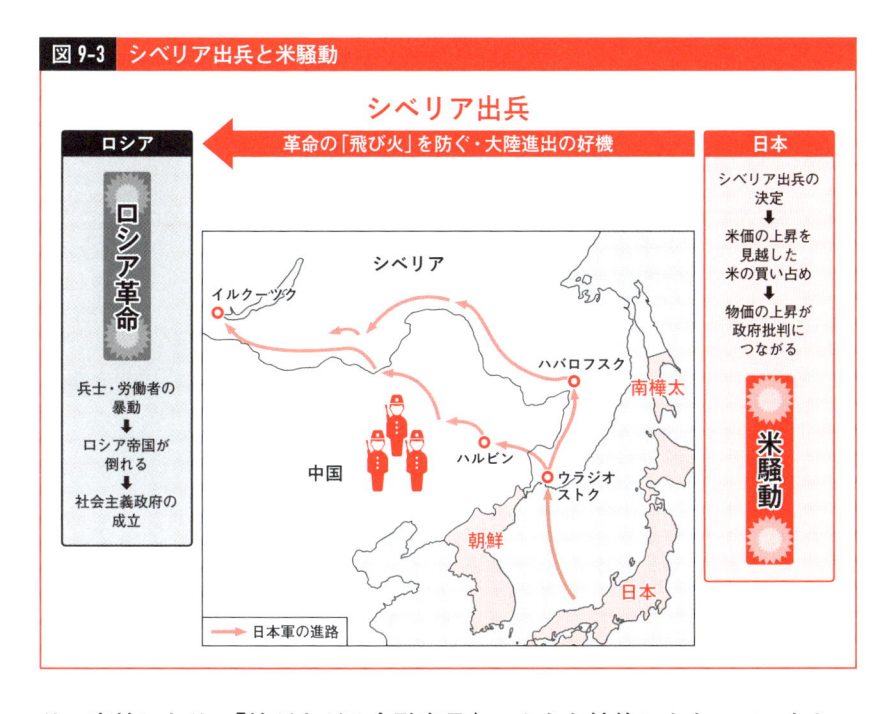

図 9-3　シベリア出兵と米騒動

シベリア出兵

ロシア ← 革命の「飛び火」を防ぐ・大陸進出の好機 → **日本**

ロシア革命

兵士・労働者の
暴動
↓
ロシア帝国が
倒れる
↓
社会主義政府の
成立

シベリア

イルクーツク

ハバロフスク　南樺太

中国　　ハルビン　ウラジオ
ストク

朝鮮

日本

→ 日本軍の進路

シベリア出兵の
決定
↓
米価の上昇を
見越した
米の買い占め
↓
物価の上昇が
政府批判に
つながる

米騒動

第1章　縄文時代・弥生時代・古墳時代

第2章　飛鳥時代・奈良時代・

第3章　平安時代

第4章　鎌倉時代

第5章　建武の新政・室町時代

第6章　戦国・安土桃山時代

第7章　江戸時代

第8章　明治時代

第9章　大正時代・戦争への道

第10章　戦後の日本

りの高値になり、「値が上がる金融商品」のような性格にもなっていたところに、シベリア出兵の軍需品として米が買い付けられることを見越した米問屋が、安値で米を仕入れて高値で売ろうと米の買い占めに回ったため、米の値段がますます上がったのです。

　庶民の生活が一気に苦しくなり、米の値段の引き下げ要求は暴動にまで発展します。富山県の漁民の主婦たちが起こした運動は全国に広がり、米商人や米の取引所、精米所などが襲われました。これがいわゆる米騒動です。

　この騒動に政府は警察ばかりでなく軍隊も動員して鎮圧を図りますが、ひと月あまりもおさまらなかったため、この責任をとって寺内内閣は総辞職します。

　この騒動の直後なので、元老たちは軍や官僚中心の「超然内閣」ではもはや世論に支持されないと考え、衆議院で多数を占めていた立憲政友会の総裁である**原敬**を首相に推薦します。いよいよ、「**本格的政党内閣**」として知られる**原敬内閣**が発足するのです。

普通選挙を実現させなかった「平民宰相」

 ## 「本格的政党内閣」の発足

「政党内閣」といえば、明治時代の第1次大隈重信内閣、すなわち「隈板内閣」が初の政党内閣ですが、この内閣は与党の憲政党がすぐに分裂し、短命に終わりました。一方、この**原敬内閣**は約3年1か月の**「本格的な」政党内閣**となり、陸軍大臣・海軍大臣・外務大臣以外のすべての閣僚が立憲政友会から任命されます。もとから立憲政友会の支持層であった資本家や地主層に加え、「侯爵」や「伯爵」などの爵位を持たない「平民宰相」といわれた原敬の庶民的なイメージから、労働者や農民も支持するという、様々な階層から広い支持を集めた内閣でした。

 ## 「お金持ちに有利」な政友会の積極政策

原敬内閣の特徴は、「積極政策」です。教育施設の充実、道路や鉄道網の整備と充実、産業と貿易の推進、国防の充実という「四大政綱」を掲げます。積極的な財政出動を行い、「公共事業」を中央の資本家や、地方の商工業者や地主たちに発注してお金を回していくことで、産業を振興しながら政友会の支持基盤を固めようとしました。

また、この頃、「納税資格を撤廃し、全ての男子に選挙権を与えるべきだ」という**普通選挙運動**が広がりますが、この声には、選挙権を与える**納税額の資格を3円に下げる**ことで対応します。選挙権を持つ人が倍以上に増加し、民衆の権利は大幅に拡大します。しかし、大幅に譲歩したかに見えても選挙権を持つ人は地主層が中心で、あくまで総人口比の5.5%にすぎず、民衆の念願だった普通選挙制の導入には及びませんでした。

なぜなら、普通選挙は、立憲政友会の本来の支持基盤ではない、低所得者層にまで選挙権を与えてしまうことになり、普通選挙の実施を強く訴えていた「ライバル」の憲政会に票が流れて政友会の不利を招く恐れがあるからです。普通選挙は時期尚早であると反対する原敬を、「平民宰相」といっても「民衆の味方」というわけではない、と批判する者も多くいました。

 ## 第一次大戦の終結と国際連盟の発足

　4年以上にもわたった第一次世界大戦は、このとき終戦を迎えます。第一次大戦の講和会議である**パリ講和会議**に、日本は「勝ち組」の一角として参加し、この中で結ばれた**ヴェルサイユ条約**において、ドイツが持っていた中国の権益や太平洋の島々の統治権を得ることができました。アメリカのウィルソン大統領がこの会議の原則として民族の独立を尊重し、他民族が干渉すべきでないという民族自決主義を打ち出したため、ヨーロッパの多くの国々が独立を達成しました。この原則はアジアに適用されませんでしたが、この考え方が波及し、朝鮮では日本からの独立を訴えた民族運動の**三・一独立運動**が起き、中国ではドイツが持っていた権益を中国に戻し、日本の干渉を排除しようという**五・四運動**というデモが起こりました。また、終戦の翌年に国際平和維持機関として**国際連盟**が発足し、日本は常任理事国になります。

 ## 戦争の終結は恐慌の始まりだった

　大戦が終わった、ということはヨーロッパの生産が回復したということでもあります。ヨーロッパ製品が市場に戻ってくると日本製品の売れ行きは悪化し、恐慌が訪れ、社会に不満が蓄積していきました。

　こうした「**戦後恐慌**」の発生に加え、立憲政友会の政治が政商や財閥中心の金権政治に見えたこと、原敬が普通選挙法の実現に反対したことなどから民衆の不満が高まり、この不満の中、原敬首相は東京駅で暗殺されてしまいます。

第1章 縄文時代・弥生時代・古墳時代
第2章 飛鳥時代・奈良時代
第3章 平安時代
第4章 鎌倉時代
第5章 建武の新政・室町時代
第6章 戦国・安土桃山時代
第7章 江戸時代
第8章 明治時代
第9章 大正時代・戦争への道
第10章 戦後の日本

首都を襲う関東大震災

高橋是清内閣の方針転換に内閣は対立

突然の原敬首相の暗殺だったので、同じ政友会の実力者、**高橋是清**が後を継いで首相になりました。

大戦が終わった世界は、その反省から国際協調と軍縮に取り組み始めました。アメリカ大統領ハーディングはワシントンに各国代表を招き、軍縮と東アジアと太平洋の平和維持のための**ワシントン会議**を開きます。この会議で、日本は海軍の削減と、中国情勢の安定のため、二十一カ条の要求で得た権益の一部の放棄を認めています。高橋内閣は、不景気に合わせて政友会の積極財政を改め、財政支出を引き締めようとしますが、その是非をめぐり内閣が対立したため、総辞職します。

調整型の軍のトップが首相に

次に海軍の**加藤友三郎**が、首相になります。調整型の軍のトップに立憲政友会が協力するという「桂園時代」に近い体制になり、高橋内閣の政策が引き継がれますが、加藤友三郎首相は病気で亡くなりました。

10万人規模の死者を出した大震災

加藤友三郎の次は、同じような調整型の、かつての海軍のリーダー、**山本権兵衛**が2度目の首相になります。組閣をしていたところ、突如**関東大震災**が起きます。東京は混乱を極め、社会不安が蓄積する中、のちの昭和天皇が、天皇の存在を否定する無政府主義者によって狙撃されるという「**虎の門事件**」が起き、その責任をとって山本権兵衛内閣は総辞職します。

普通選挙を求める声が一段と高まる

第1章 縄文時代・弥生時代・古墳時代

第2章 飛鳥時代・奈良時代

第3章 平安時代

第4章 鎌倉時代

第5章 建武の新政・室町時代

第6章 戦国・安土桃山時代

第7章 江戸時代

第8章 明治時代

第9章 大正時代・戦争への道

第10章 戦後の日本

立憲政友会が普通選挙路線に舵を切る

山本権兵衛の次の総理大臣は、元老の松方正義や西園寺公望の意向により、官僚出身で元貴族院議員の**清浦奎吾**が就任しました。原敬内閣のときに選出された衆議院議員の任期満了が近づいていたため、特定の政党との関係が薄い内閣のほうが公平に選挙を行えるだろうという元老の「読み」がありました。清浦奎吾は、ほぼ全閣僚を貴族院から選んでいます。

原敬内閣のときの総選挙で圧勝した立憲政友会でしたが、次の選挙ではどうやら旗色が悪そうな気配でした。というのも、この頃戦後の不景気や震災以後の社会不安から政治不信が高まっており、普通選挙の実施によって政治の一新を求める声が圧倒的で、次の選挙では元から普通選挙を求めていたライバルの憲政会が勝利する可能性が高まっていたのです。

立憲政友会を率いる高橋是清は、ここで「第一党」の座を守るために方針転換を図ります。それは、普通選挙導入から距離をおくそれまでの立憲政友会の方針を捨て、普通選挙運動へ合流し、憲政会と連携して清浦奎吾内閣打倒の「護憲運動」の声を上げることでした。こうすることで、普通選挙を求める民衆の票の一部を憲政会から取り込めると考えたのです。しかし、この方針転換に納得しない政友会の「保守派」は立憲政友会を離れて「政友本党」という分離派をつくり、清浦奎吾内閣に近づきました。

「護憲三派」による第二次護憲運動

ここに、高橋是清率いる立憲政友会、加藤高明率いる憲政会、そして犬養毅率いる革新倶楽部（普通選挙を掲げるもうひとつの政党）が連合した

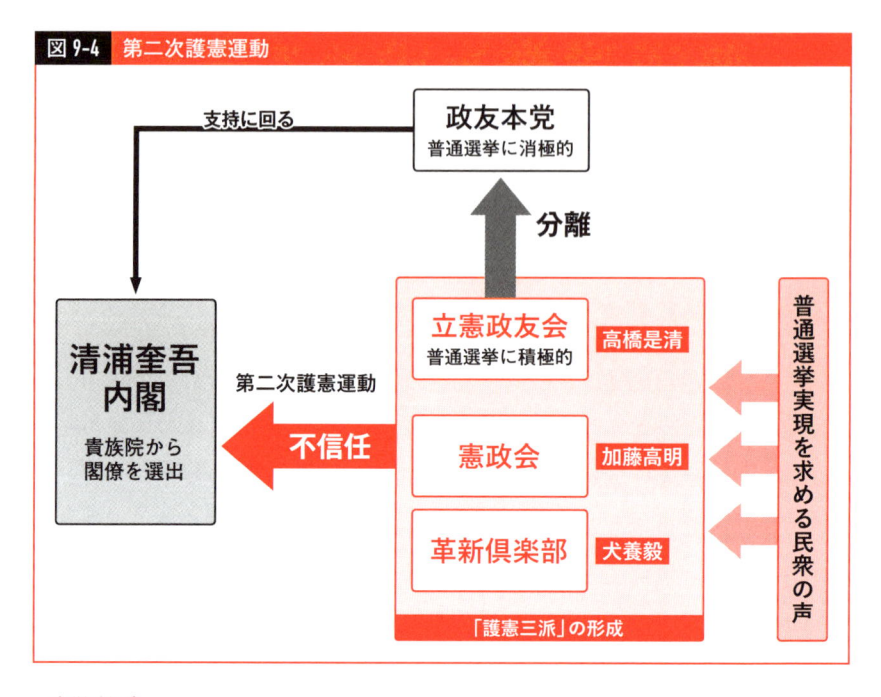

図 9-4　第二次護憲運動

- 政友本党
  普通選挙に消極的
- 支持に回る
- 分離
- 立憲政友会
  普通選挙に積極的　　高橋是清
- 憲政会　　加藤高明
- 革新倶楽部　　犬養毅
- 「護憲三派」の形成
- 清浦奎吾内閣
  貴族院から閣僚を選出
- 第二次護憲運動
- 不信任
- 普通選挙実現を求める民衆の声

「護憲三派」が形成されます。この3党は、官僚や貴族院という特権階級を基盤とする清浦奎吾内閣を激しく攻撃し、特権官僚の排除、政党内閣制の確立、普通選挙の断行を要求する「第二次護憲運動」を展開します。この3党が共同して内閣不信任案を提出すると、清浦奎吾内閣は議会を解散させ、衆議院選挙が行われることになりました。

　その結果、護憲三派は圧倒的な勝利をおさめますが、中でも、票が最も集まったのが普通選挙運動の中心にあった憲政会でした。そして、次の総理大臣には、第一党となった憲政会の総裁の加藤高明が就任しました。

戦後恐慌に追いうちをかけた「震災恐慌」

　この頃、経済面では戦後恐慌に追い打ちをかけるように「震災恐慌」が始まっています。企業が震災の被害を受け、資金繰りに困り、銀行の経営も次第に危機的になっていきました。

弾圧強化とセットだった普通選挙の実現

 普通選挙実現、有権者はこれまでの4倍に

　憲政会の総裁、**加藤高明**が「護憲三派」を与党に内閣を組織すると、いわゆる**普通選挙法**が成立し、満25歳以上のすべての男性に選挙権が与えられ、有権者は総人口の約2割にのぼり、これまでの約4倍の1240万人となりました。一方で、普通選挙法の施行により、無政府主義者や社会主義者など、クーデターにつながる考えの持ち主の活動が活発化する恐れがあるために、**治安維持法**が定められ、反政府運動の取り締まりも強化されます。

 政党内閣の時代へ

　加藤高明は、普通選挙を実現させた約半年後に亡くなってしまいます。後継の首相は憲政会の次期総裁、**若槻礼次郎**に決まりました（のちに憲政会は政友本党と合併し、立憲民政党と名を変えます）。一方、立憲政友会は革新倶楽部と合同し、陸軍出身で長州閥の**田中義一**を総裁に迎えます。

　ここからしばらくは「政党内閣の時代」となり、「立憲民政党」と「立憲政友会」のうち、衆議院に多数を占める政党の総裁が交互に政権を担当するという「憲政の常道」といわれる政治のパターンが展開されます。

　立憲民政党は都市の市民層が支持基盤であり、どちらかというと民衆の権利を重視し、財政を引き締めて貧富の差を解消しようという立場に立ちます。**立憲政友会**は、地主層や財閥、資本家、軍などを支持基盤とし、積極的な財政出動を行い、支持基盤層にお金を回していこうという立場に立ちました。また、労働者や小作人など、豊かではない階層の一部は無産政党といわれる社会主義的な意見を持つ政党を支持するようになります。

経済の混乱とともに始まった激動の「昭和」

恐慌の連鎖が若槻内閣を襲う

　第1次若槻礼次郎内閣のときに大正天皇が亡くなって昭和天皇が即位し、「昭和」が始まります。この若槻礼次郎内閣が直面したのが「**金融恐慌**」という大恐慌です。**すでに関東大震災によって「震災恐慌」が起きていましたが、その影響によって、追い打ちをかけるように銀行が連鎖的に倒産していったのです。**

　現在でも、企業どうしで物の売り買いをするときには、現金を用いずに、「手形」という書類を発行して「貸し」にしてもらい、支払いの期日を約束し、その期日に支払いをうける企業が支払う側の銀行口座から引き出してお金に換える「手形決済」を行う場合が多くあります。もし、支払う側が期日までにお金が準備できないとその手形は「不渡り」となり、不渡りを出した企業は一気に信用を失うことになります。

　一方、手形を受け取って支払いをうける企業が「お金がすぐにほしい」と思ったら、少し割安で銀行にその手形を買い取ってもらうことで、期日前に現金を引き出せます。これを「手形割引」といいます。この場合、支払う企業が「貸し」にしてもらっている相手は銀行に変わります。こうして、銀行にたくさんの手形が集中することになるのです。

各地で発生する「取付け騒ぎ」

　このとき、関東大震災によって取引先が被災し、あちこちで「不渡り手形（震災手形）」が発生してしまうことになります。このままでは銀行は大量の企業の「貸し」を引き受けたまま、企業から現金が戻って来ずに、潰

れてしまいます。政府は震災の直後から日本銀行に震災手形を買い取らせ、銀行を救済しようとしていましたが、当初予定した震災手形よりも多くの手形が日本銀行に集中し、銀行の救済が進みません。じつは、単に企業の経営不振で不渡りになりそうな手形まで日本銀行に「肩代わり」してもらおうと、震災手形と称されて大量に持ち込まれてしまっており、日銀は企業の赤字の「尻ぬぐい」までさせられていたからです。

こうした最中、大蔵大臣の片岡直温が、衆議院の予算委員会で経営状況が悪化した銀行の名前を漏らす、という失言をしてしまいます。政府の財政担当者が「この銀行はヤバいぞ！」といってしまうと、預金者は不安になるに決まっています。つぶれる前に自分の預金だけはおろしてしまおうと銀行に人々が殺到します。これを「**取付け騒ぎ**」といいます。この騒ぎは多くの銀行に飛び火し、多くの銀行が破産や休業に追い込まれました。こうした一連の経済恐慌を「**金融恐慌**」といいます。

拒否された若槻内閣の「奥の手」

こうした「震災手形」の中でも、特に巨額だったのが、**鈴木商店**という商社の手形を引き受けていた**台湾銀行**のものです。第1次若槻礼次郎内閣はその救済策として、日本銀行に巨額の補償をさせることにしました。ただし、当時の国家予算が約15億円という時代に、最大で2億円という巨費を投じて台湾銀行だけ特別に補償することに議会の同意を得られそうにありません。しかし、台湾銀行がつぶれてしまうと、日本の経済は立ち直れないほどのダメージを受けてしまいます。

若槻礼次郎内閣は天皇からの命令である「緊急勅令」を出してもらってこの案を実現しようとしますが、天皇の諮問機関の枢密院にこの案を拒否されてしまいます。若槻礼次郎内閣の外務大臣の幣原喜重郎の国際協調的な姿勢が枢密院に受け入れられなかったためです。

台湾銀行の救済策が成立せず、台湾銀行は休業に追い込まれます。そして、金融恐慌がさらに深刻化して若槻内閣は総辞職に追い込まれました。

第1章 縄文時代・弥生時代・古墳時代

第2章 飛鳥時代・奈良時代

第3章 平安時代

第4章 鎌倉時代

第5章 建武の新政・室町時代

第6章 戦国・安土桃山時代

第7章 江戸時代

第8章 明治時代

第9章 大正時代・戦争への道

第10章 戦後の日本

金融恐慌を収拾し、大陸への進出を強める

 モラトリアムの間に「裏白紙幣」を供給

　次に成立したのは、立憲政友会を与党とする**田中義一内閣**です。憲政会の若槻礼次郎内閣が失政で倒れたので、「憲政の常道」に従い、かわりに立憲政友会を率いる田中義一が首相になったのです。田中義一内閣は「宿題」であった金融恐慌の収拾を図ります。枢密院を通して緊急勅令を出してもらって、銀行に3週間の「**モラトリアム**（支払い猶予令）」を実行し、**預金者の銀行からの預金引き出しを一時停止して、「お金をおろそうにもおろせないように」して取付け騒ぎを強制的に鎮め、その間にお金を大量印刷して銀行にばらまき、金融不安を鎮めたのです。**

　このとき、政府は10億円もの大量の紙幣を増刷して銀行に供給しますが、驚くべきことに、印刷を間に合わせるため、裏が真っ白の「裏白紙幣」を印刷して銀行に供給したのです。銀行の業務が再開すると、銀行に大量の紙幣が「存在する」という事実によって民衆の不安は鎮まり、大きな混乱は発生せずに、取付け騒ぎは終息に向かいます。そして、台湾銀行への2億円の供給も議会を通過し、金融恐慌も終息に向かいました。

　金融恐慌を経験した人々は「小さな銀行にお金を預けるのは危険だ」と思うようになります。そして、三井・三菱などの大銀行にお金が集中することで、大銀行をもつ財閥が経済界を支配するようになりました。

 若槻外交と田中外交の「違い」

　若槻礼次郎内閣では台湾銀行救済のための緊急勅令案が枢密院によって否決され、田中義一内閣ではモラトリアム実施のための緊急勅令案が枢密

第1章
時代・弥生
縄文時代・古墳

第2章
奈良時代・
飛鳥時代

第3章
平安時代

第4章
鎌倉時代

第5章
室町時代・
建武の新政

第6章
安土桃山時代
戦国・

第7章
江戸時代

第8章
明治時代

第9章
大正時代・
戦争への道

第10章
戦後の日本

図 9-5　大正時代から昭和初期の経済状況

大戦景気
第2次大隈重信内閣～寺内正毅内閣の頃

第一次世界大戦でヨーロッパ諸国の生産が停滞し、日本の製品の輸出が増加
➡成金が生まれる

戦後恐慌
原敬内閣～加藤友三郎内閣の頃

第一次世界大戦が終結し、ヨーロッパの生産が回復、日本の企業は在庫を抱えることになり不景気に

震災恐慌
第2次山本権兵衛内閣～加藤高明内閣の頃

関東大震災により
ダメージをうけた企業の経営が悪化

金融恐慌
第1次若槻礼次郎内閣～田中義一内閣の頃

「震災手形」の処理が進まず、
銀行の経営悪化による金融危機がおこる

昭和恐慌
浜口雄幸内閣～第2次若槻礼次郎内閣の頃

為替相場の安定を図るため「金解禁」を行ったが、
逆に輸出不振に陥り、
世界恐慌の影響を受けて大不況に陥る

院を通過しています。**枢密院が急に「手のひらを返した」のは、若槻礼次郎内閣と田中義一内閣の外交姿勢の違いが大きくかかわっています。**

　前の若槻礼次郎内閣は「憲政会（のちの立憲民政党）」を与党にしており、都市の市民層を支持階層にしています。政府の財布を引き締めて軍備を縮小し、民衆の負担を減らそうという方針です。そのため、**軍縮をする以上は周囲の国と協調的であるべき**、という考え方をもっていました。

　あとの田中義一内閣は「立憲政友会」を与党にしており、資本家層や財閥、官僚、軍などのお金持ちや権力者、彼らに関連した産業で働く工場労働者・公務員・軍人を支持者層としていました。財布のひもを緩め、積極的な財政出動を行い、軍備を拡大して、大会社や軍需産業にお金を回していこうという考えをもっていました。外交に関しても、**積極的に中国に武力進出し、植民地を獲得しようという考えをもっていました。**

　こうして、田中義一内閣の頃には、財界・軍・官僚が結びつき、軍備を整えて大陸に武力進出し、大陸市場の拡大を図るという「産業立国」論と、

279

そのための「強硬外交」が立憲政友会の主流になっていました。枢密院もこの意見に同調的だったため、緊急勅令をすんなり出したのです。

中国の混乱が進出のチャンスとなる

当時、中国では中華民国が成立していましたが、中国北部は「軍閥」といわれる地方政権が互いに争う混乱状態にあり、「強硬外交」をとなえる田中義一内閣にとってその混乱が進出のチャンスでした。

しかし、中華民国の軍は中国を統一するための「北伐」という軍事行動を始めていました。この「北伐」が完成してしまうと、日本が満州に持っていた鉄道などの権益が脅かされるため、日本は先回りして中国の東北部に盛んに進出し、日本の権益を守ろうとしました。

田中義一内閣は北伐軍から中国に在住している日本人を保護するという目的で「山東出兵」を行い、北伐軍の足止めを図りました。さらに関東軍（満州の日本軍）の参謀が主導し、満州に基盤を置く有力軍閥、張作霖を列車ごと爆破する事件が起きます。満州に「空席」をつくり、満州進出の足掛かりをつくろうとしたのです。

この**張作霖爆殺事件**により、それまで日本に協力的であった張作霖の子、張学良が中華民国軍につき、満州における日本に対する敵対ムードは高まってしまいます。田中義一内閣は、この事実を一般国民に知らせずに事件に関与した関東軍の参謀を軽い処分に済ませたことから昭和天皇は田中義一に不信任の意を示し、田中義一内閣は総辞職します。

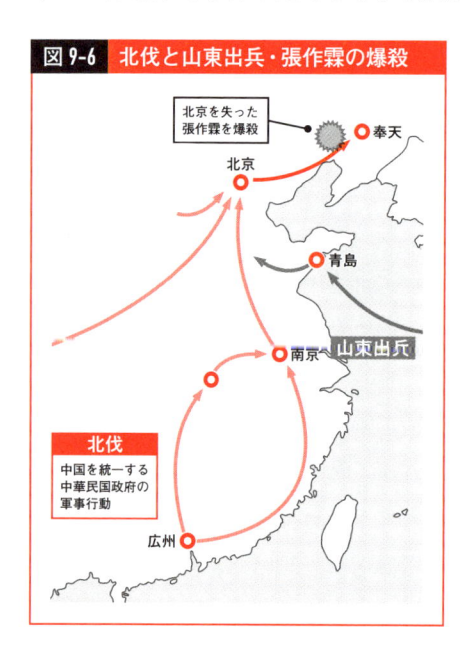

図 9-6　北伐と山東出兵・張作霖の爆殺

金解禁が壊滅的な昭和恐慌を招く

 ## 金融引き締めが招いた大恐慌

　総辞職した田中義一内閣の次に政権を握ったのが**立憲民政党**（もとの憲政会）の**浜口雄幸**です。**この内閣は立憲民政党の路線に従い、財政の引き締めと協調路線の外交をとります。**ところが、その経済政策が最悪の不景気といわれた「**昭和恐慌**」を招いてしまうのです。

 ## 動揺と下落を繰り返す日本円

　ここまで、日本は「戦後恐慌」「震災恐慌」「金融恐慌」と、次々と恐慌を迎えてきました。こうした恐慌の連続を乗り切るため、政府と日本銀行は紙幣を増発（一時は裏が白い紙幣まで印刷して）して緊急融資を行ってきました。しかし、この「緊急輸血」をいつまでも続けていくわけにはいきません。危機的な状況はなんとかしのげていたのですが、その背後に大きな問題があったのです。

　それが日本円の動揺と下落です。**緊急融資のための紙幣を大量に発行することで、日本円が「水増し」され、外国から見た日本円の価値は徐々に下がっていたのです。**海外の主要国は、不安定な紙幣を使って決済する日本との貿易を敬遠し、日本は貿易不振になってしまったのです。

　一方、「世界標準」である海外の主要国のほとんどは、「１ドル＝金1.5ｇを含む１ドル金貨」というように「お金」の額面と「金」の量を固定する**金本位制度**を確立しており、相場が安定している「金」そのもののやりとりで輸出入の決済をしていたのです。その中にあって**日本円の相場だけが絶えず変動していたことが日本の貿易不振の１つの理由になっていたので**

す（日清戦争後、日本もしばらく金本位制をとっていましたが、第一次大戦の頃に金の流出を防ぐため中断していたのです）。

引き締めを決意した首相と蔵相

　日本も、貿易を振興するために金貨を発行し、紙幣の額面と金貨の額面を固定して相場を安定させ、金を用いて国際的な決済を行い、貿易を振興したかったのです。これを金輸出解禁といいます。

　しかし、**そのためには大幅な金融の引き締めが必要なのです。**「紙幣の額面と金の量を固定する」ということは、全ての紙幣を金と交換した場合、国の手持ちの金の量を超えて大幅に紙幣を出回らせることはできません。たとえば、1円は金1ｇ、と設定すると、国が金を100ｇしか持っていない場合、理論上では100円分の紙幣しか流通させられないのです。ですから、**金本位制を確立するには、国が持っている金の量とつり合いがとれるよう、紙幣の流通量を減らさねばなりません。社会の中のお金の量が減るということは、民衆や企業にとってはお金が手に入りにくくなることを意味するので、不景気になるのは目に見えています。**

　浜口雄幸首相と井上準之助大蔵大臣はそれでもよい、と覚悟していました。財政引き締めによって、企業の体質が改善されることを期待したからです。企業たちは連続する恐慌を日本銀行の「緊急輸血」によってしのいでいましたが、それではいつまでたっても企業自体に体力がつきません。**企業たちを「恐慌に強い、きちんと儲けが出る企業」にするために、一度お金を引き締めてわざと金回りを悪くし、企業が生き残るために自ら無駄を見直し、儲かる事業と採算の取れない事業をきちんと選んでお金を使うようにさせたかったのです。**企業たちはいったんは「膿」を出すために苦しみますが、そのあと企業の競争力が高まる、というシナリオでした。

下がっていた日本円の「実力」

　しかし、ここで1つの課題が生じてしまいます。それが、「日本円をどれ

ぐらいの金の量に対応させるか」ということです。日清戦争後、金本位制がいったん確立していたときの金貨は、20円金貨を15ｇの金の含有量でつくっていました。しかし、恐慌の連続と紙幣の増刷によって**日本円の「実力」は、20円を金に換算すると約13.5ｇ程度に下落していたのです。**

　本来は「実力」どおりに、20円金貨を13.5ｇの金でつくればよかったのかもしれません。しかし、明治末期の「貨幣法」には、20円金貨を15ｇでつくりなさい、とあります。「実力」に応じて金貨を軽くするには、法律の改正が必要になります。議論の末、**井上準之助大蔵大臣は明治時代と同じ15ｇの金貨にすることを「断行した」のです。ここに「金本位制」が復活し、20円紙幣は20円金貨と同じ、金15ｇ分の価値を持つことになったのです。**

 ## 貿易の不振、世界恐慌、そして「昭和恐慌」

　金輸出解禁の目的の１つは貿易の振興でした。しかし、20円が金13.5ｇ程度の「実力」だった日本円を、15ｇに「切り上げ」たことにより、海外は1000円の日本製品を買うのに金675ｇではなく金750ｇを用意しなければならなくなりました。この**円の切り上げによって、「すべての」日本製品が突如、９％程度の値上げとなり、輸出は逆に滞ったのです。**

　ここまでは「想定内」の範囲でした。一時的に輸出不振となっても、日本国内のお金の流通量が減ることで、日本の物価が下がり、日本製品が安くなって輸出が増加に転じるとみられていました。しかし、世界では「想定外」のことが起きていたのです。それが、ニューヨークのウォール街の株式暴落に始まる、世界恐慌の発生です。景気は冷え込み、世界のどの企業も物が売れずに在庫を抱えるようになっていました。自分たちの国のものも売れずに不景気なのに、日本のものを買う余裕はどの国にもありません。そればかりか、日本の物価の下落以上に世界の物が売れ残り、世界の物価が「バーゲン品」のように下落してしまい、日本がそれを輸入することで大幅な輸入超過になり、その決済に使った日本の金が大量に流出してしまったのです。「モノを売って金を手に入れたい」ところが、「モノを買

第1章 縄文時代・弥生時代・古墳時代

第2章 飛鳥時代・奈良時代

第3章 平安時代

第4章 鎌倉時代

第5章 建武の新政・室町時代

第6章 戦国・安土桃山時代

第7章 江戸時代

第8章 明治時代

第9章 大正時代・戦争への道

第10章 戦後の日本

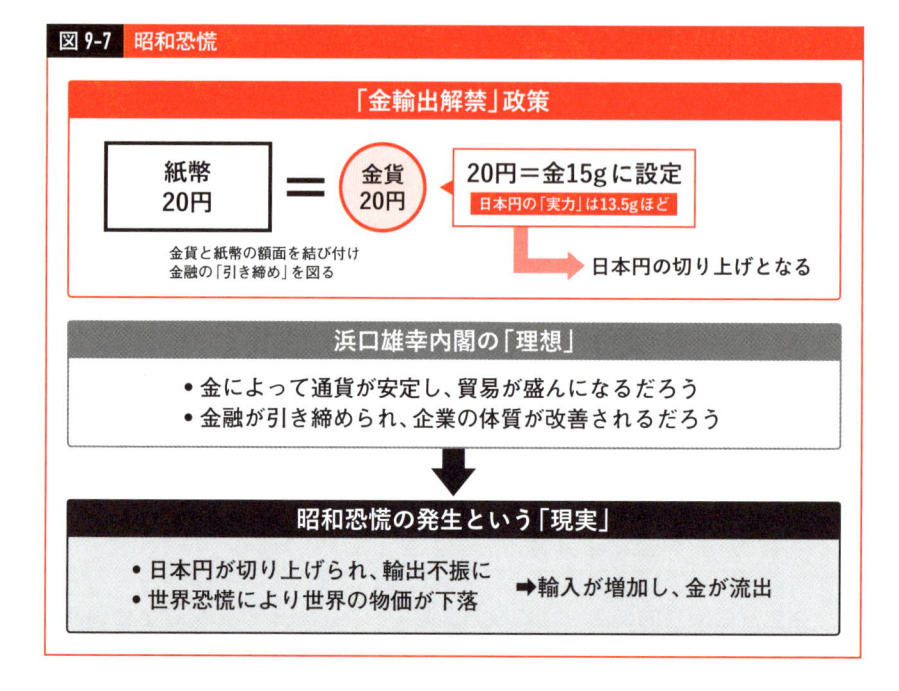

図 9-7　昭和恐慌

「金輸出解禁」政策

紙幣 20円	＝	金貨 20円

20円＝金15gに設定
日本円の「実力」は13.5gほど

→ 日本円の切り上げとなる

金貨と紙幣の額面を結び付け
金融の「引き締め」を図る

浜口雄幸内閣の「理想」

- 金によって通貨が安定し、貿易が盛んになるだろう
- 金融が引き締められ、企業の体質が改善されるだろう

昭和恐慌の発生という「現実」

- 日本円が切り上げられ、輸出不振に
- 世界恐慌により世界の物価が下落　→輸入が増加し、金が流出

って金が流出」という真逆の動きになり、日本国内のカネ回りがいっそう悪くなる「最悪の不景気」、昭和恐慌がやってきたのです。

　この恐慌は産業界ばかりでなく、農村にも恐慌をもたらしました。輸出不振で主力商品の生糸が売れず、社会でのお金の回りが悪くなった上に、物価が低下したことで米を売っても少しのお金しか手に入らないため、「お金で納める」地租が払えなくなったのです。繭や米を売ることで生計を立てていた農村は「壊滅した」といってもよい打撃を受けました。

協調外交に高まる不満

　経済面に加え、協調姿勢をとる外交政策でも浜口雄幸内閣には「逆風」が吹いていました。イギリスが主催した**ロンドン海軍軍縮会議**に参加し、海軍の同意を得ぬまま海軍軍縮条約を結んだことが、**「天皇が兵を率いる権利（統帥権）をおかした」と、海軍の反発を招いたのです。**右翼の青年に浜口雄幸首相は狙撃され、この傷がもとで浜口雄幸首相は亡くなりました。

満州への軍事行動開始、世論は軍を支持

第1章 縄文時代・弥生時代・古墳時代

第2章 飛鳥時代・奈良時代・

第3章 平安時代

第4章 鎌倉時代

第5章 建武の新政・室町時代

第6章 戦国・安土桃山時代

第7章 江戸時代

第8章 明治時代

第9章 大正時代・戦争への道

第10章 戦後の日本

 ## 協調外交に「満蒙の危機」との不満が集中

　浜口雄幸内閣が突然倒れてしまったので、立憲民政党から若槻礼次郎が後を継いだ形で再び総理大臣になり、内閣を構成することになりました。

　ここで注目されたのが、満州の動きです。爆殺された張作霖の息子、張学良は中華民国と協調を始め、日本の南満州鉄道と並行する鉄道を敷設して南満州鉄道の儲けを横取りしようとするなど、日本の満州での権益を揺るがし始めていたのです。浜口雄幸や若槻礼次郎が率いる立憲民政党は「協調外交」が基本姿勢なので、こうした動きに対し、中国との「外交交渉」によって権益を守ろうとしました。軍はこうした政府の外交姿勢に対して「軟弱外交」と批判し、「満蒙の危機」とさけびました。**満州の権益は日露戦争で多くの犠牲を払い、やっとのことで獲得したものです。立憲民政党の「軟弱な外交」ではそれが無になってしまう、と世論も批判的でした。**

 ## 満州全土に軍事行動が拡大

　そこで、満州占領計画を推進していた関東軍の参謀たちは、奉天郊外の柳条湖付近で南満州鉄道を爆破し、これを中華民国軍のしわざとして軍事行動を起こしました。この柳条湖事件が「満州事変」の始まりです。

「協調外交」をとる第2次若槻礼次郎内閣は中国に利害をもつアメリカやイギリスとの関係が悪くなることを恐れ、軍事行動の拡大はしないと宣言したのですが、関東軍は次々と戦線を満州全土に拡大していきました。世論はこの軍事行動を支持し、若槻内閣の内部からも軍を支持する閣僚が出てきてしまい、分裂した若槻内閣は総辞職に追い込まれました。

285

満州国の建国宣言と テロリズムの進行

 ## 再びお金を「輸血」し恐慌は終息

　第2次若槻礼次郎内閣は批判を受けて総辞職したために、次は政党交代のルールに従って立憲政友会の**犬養毅**が内閣を組織することになりました（これまでにも度々、犬養毅の名前が登場しましたが、いくつもの政党を移っていったため、その時々で所属政党の名前は変わっています）。

　犬養毅内閣がまず取り組んだのは、昭和恐慌の収拾です。まず、内閣成立後すぐに金貨の製造を停止して金輸出を再禁止しました。手持ちの金の量にかかわらず紙幣を増刷できるようになった政府は、財政支出を増加して世の中に出回るお金を増やし、再び「輸血」を行ったのです。紙幣量が一気に増えたので、**日本円の相場は暴落し、1円が0.5ドルの相場は1円が0.2ドル台の安値に達しました。これは、見方によれば日本製品が半値近くになったということであり、輸出が急増したのです。**外国から、日本は国を挙げて不当な安売りをしている「ソーシャル・ダンピング」だと批判されますが、お金の回りが良くなったことと輸出の回復で日本は恐慌状態から完全に脱出し、産業界は活気づきました。

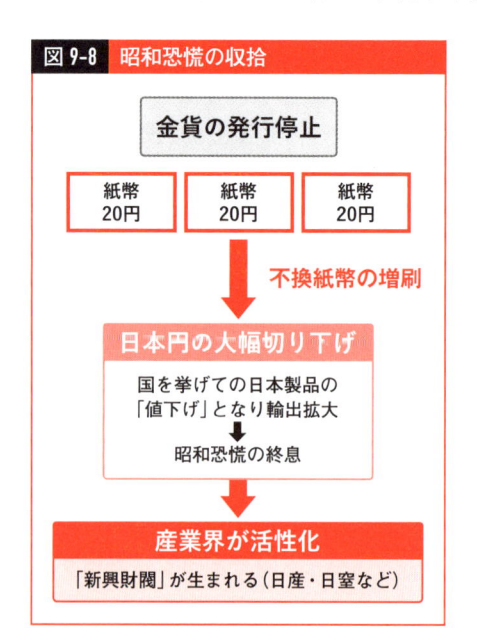

図 9-8　昭和恐慌の収拾

金貨の発行停止

| 紙幣 20円 | 紙幣 20円 | 紙幣 20円 |

不換紙幣の増刷

日本円の大幅切り下げ

国を挙げての日本製品の 「値下げ」となり輸出拡大

昭和恐慌の終息

産業界が活性化

「新興財閥」が生まれる（日産・日窒など）

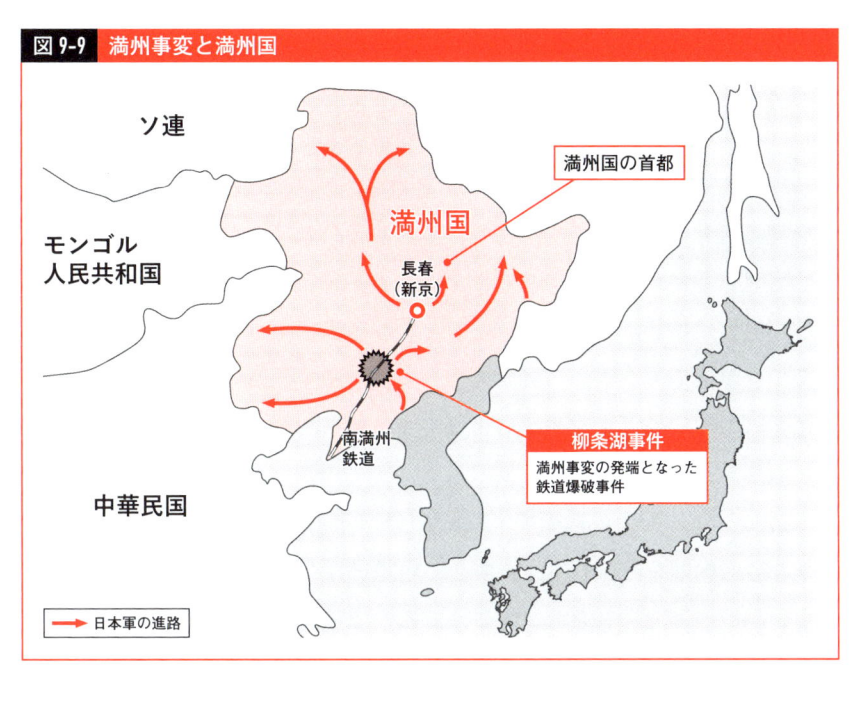

第1章 縄文時代・弥生時代

第2章 飛鳥時代・奈良時代

第3章 平安時代

第4章 鎌倉時代

第5章 建武の新政・室町時代

第6章 戦国・安土桃山時代

第7章 江戸時代

第8章 明治時代

第9章 大正時代・戦争への道

第10章 戦後の日本

図 9-9 満州事変と満州国

ソ連

モンゴル人民共和国

満州国

長春（新京）

満州国の首都

南満州鉄道

中華民国

柳条湖事件
満州事変の発端となった鉄道爆破事件

→ 日本軍の進路

執政にかつがれる清朝最後の皇帝

　進行していた満州での軍事行動に目を移すと、軍事行動はさらに拡大し、満州のほぼ全土を占領することになりました。関東軍は清王朝の最後の皇帝であった**溥儀**という人物を執政にかつぎ、「**満州国**」の建国を宣言させます。溥儀は、「満州国があくまで満州の人々が自ら望んでつくった国である」というポーズをとるための「操り人形」のような存在で、実際には関東軍が事実上の支配権を握っていました。

「政治とカネ」は政党政治最大の「デメリット」

　加藤高明内閣の成立から犬養毅内閣まで、政党内閣の時代が続きました。しかし、政党政治にもメリットとデメリットがあります。政党政治には「民衆の声」を政治に反映できる、というメリットがあるものの、政治を行う前に、まず、議員たちは選挙に当選しなければならないという前提があり

ます。ですから、政党は政治よりも、まずは選挙に勝つことを中心に考えるようになります。議員は影響力のある財閥や軍に公共事業などの予算を回し、財閥も自分の抱える企業へ発注があるように賄賂を贈ることもありました。**政党政治というのは、「政治とカネ」の問題が付きまとうデメリットを常に抱えているのです。**特に、恐慌が連続していた昭和初期においては、困窮した民衆の「我々はこんなに苦しんでいるのに、政治家と財閥がつるんでもうけ話ばかりしている」という不満は大きなものでした。また、外交でも財政でも立憲民政党と立憲政友会の間で、政府の方針が一定しないことへの不満や、世界恐慌によってギスギスし始めた国際情勢に対する不安も高まっていました。

　このような不満や不安の中、陸海軍の青年将校や右翼たちは、「**腐敗して無能な政党内閣を打倒して、軍中心の内閣をつくることが正義なのだ**」、という「**国家改造運動**」を起こすようになりました。次第に民衆や官僚、マスコミの一部もこれに同調し、軍国主義化が次第に進行していくのです。

テロリズムが政党内閣を終わらせる

　こうした政党政治や財閥たちへの不満をもつ者たちの中には、テロリズムに訴えて国家の改造を一挙に図ろうという者もいました。「一人一殺」を唱える右翼結社の血盟団は、井上準之助前大蔵大臣と団琢磨三井合名会社理事長を暗殺する**血盟団事件**を起こしました。そして犬養毅首相も**五・一五事件**といわれる事件で海軍の青年将校に暗殺されてしまいます。

　突然の犬養首相の死により、後任の首相をどうするかという話になりました。政党内閣に対する不満も大きく、軍の発言力も増大していたことから、元老の西園寺公望は海軍大将の**斎藤実**を首相に指名しました。斎藤実は陸海軍・立憲政友会・立憲民政党・貴族院・官僚のバランスをとり、各勢力の協力（けん制）で政治を運営する「挙国一致内閣」を組織しました。ここから太平洋戦争が終わるまで政党内閣は成立せず、以後の内閣には軍の意向が強く反映されます。

挙国一致内閣のもとで進行する軍国主義化

第1章 縄文時代・弥生時代・古墳時代

第2章 飛鳥時代・奈良時代

第3章 平安時代

第4章 鎌倉時代

第5章 建武の新政・室町時代

第6章 戦国・安土桃山時代

第7章 江戸時代

第8章 明治時代

第9章 大正時代・戦争への道

第10章 戦後の日本

国際連盟を脱退する日本

　斎藤実内閣は、先の満州国の建国宣言に対し、「日満議定書」を取り交わして満州国を承認します。満州国は、実際には日本の支配下にある国ですが、「溥儀が中心となって中国から独立した満州国の独立を、日本が認めた」という手順を踏んだのです。しかし、満州にリットン調査団を派遣していた国際連盟はこれを疑問視しました。リットンたちは、「満州事変」はやむを得ない正当な軍事行動とは認めず、「満州国」は満州民族が自発的に求めて独立した国ではないと報告し、満州国は実質、日本に従属している国家であると指摘しました。

　国際連盟の総会で日本に対する満州国承認の撤回と日本軍の撤兵が賛成多数で要求されると、出席していた日本の代表、松岡洋右は「この勧告を受け入れることはできない」と演説を行って議場を退場し、日本は国際連盟を脱退することになりました。

挙国一致内閣を組織した岡田啓介

　大蔵省官僚の汚職疑惑により斎藤実内閣が総辞職すると、首相経験者を中心にした会議が開かれ、斎藤実の推薦により同じ海軍出身の岡田啓介が首相になります。岡田啓介内閣も斎藤実内閣と同様に様々な勢力の協力による「挙国一致内閣」を組織しますが、主導権は次第に軍に移ります。

天皇機関説問題に揺さぶられる内閣

　岡田啓介内閣を大いに揺さぶったのが「天皇機関説」問題です。それま

での政党政治を支えてきた憲法解釈に、美濃部達吉という人物がとなえた「天皇機関説」がありました。この「天皇機関説」は、大日本帝国憲法では「天皇は国の元首にして統治権を一手に握っている」とありながらも、統治権の全てを実際に行使するわけではなく、国家の1つの「役割」とみなそうという考えです。天皇の「統治権」を、内閣や議会の補助を受けながら、司法権は裁判所に、行政権を行政機関など諸機関に分散させ、もし政治的な失敗があったとしても内閣や諸機関が責任を取ることにさせようという、「立憲君主制」の形に近い立場をとる考えです。

しかし、この考えが「天皇は主権者で絶対のものであり、その意思は憲法に優先する」、という解釈をする憲法学者の攻撃にさらされたのです。この解釈に内閣や議会政治を無力化したい軍や右翼が乗り、岡田啓介内閣に声明を出すことを求めたのです。

岡田啓介内閣はこの圧力に屈し、「統治権の主体は天皇にあり、天皇機関説は排除しなければならない」という「国体明徴声明」を出したのです。**このことが、内閣や議会、憲法の無力化につながり、軍国主義化への道がまた一歩進んだことになります。**

首都を占拠した「昭和維新」のクーデター

一方、主導権の拡大を図る軍の中にも、内部の対立があらわになっていました。その中でも大きな対立が陸軍の皇道派と統制派の対立です。青年将校が中心の「皇道派」は国家改造運動の影響を強く受けており、**直接行動に訴えて一気に国の在り方を変え、天皇の親政のもとに軍事政権を樹立したいと考えていました。**おりしも岡田啓介内閣の大蔵大臣、高橋是清は陸軍が要求する軍備拡張予算を強硬にはねのけており、選挙でも軍部とは大きく考え方が異なる立憲民政党が多数の議席を獲得したことから、皇道派の中には「このままでは国家改造が遅れてしまう」と、直接行動を起こすべきだという意見が強くなっていったのです。それに対して、陸軍の中堅幹部が中心の「統制派」と後にいわれるグループは**官僚や財閥と協力関**

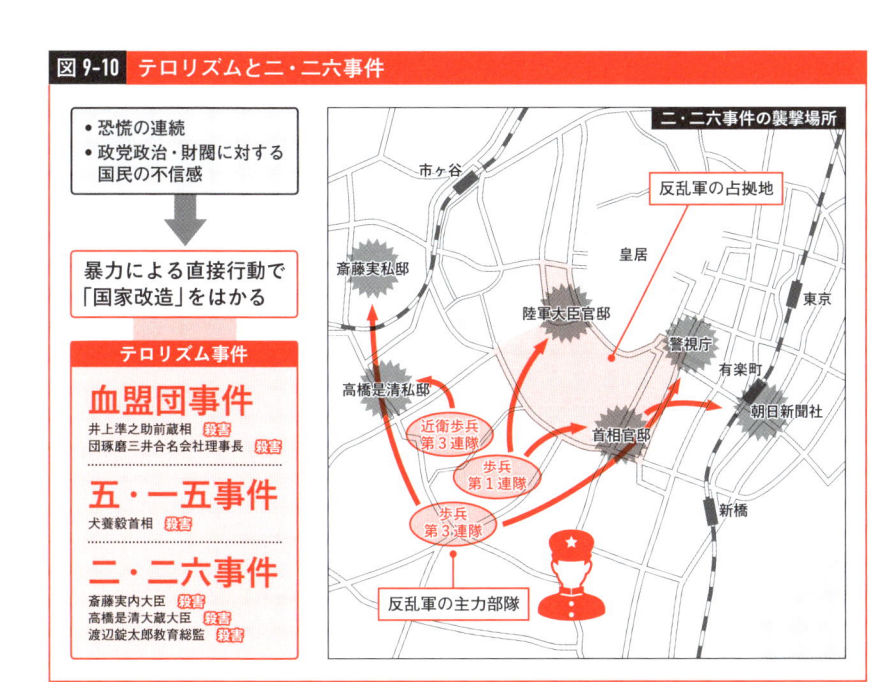

図 9-10　テロリズムと二・二六事件

- 恐慌の連続
- 政党政治・財閥に対する国民の不信感

↓

暴力による直接行動で「国家改造」をはかる

テロリズム事件

血盟団事件
井上準之助前蔵相 殺害
団琢磨三井合名会社理事長 殺害

五・一五事件
犬養毅首相 殺害

二・二六事件
斎藤実内大臣 殺害
高橋是清大蔵大臣 殺害
渡辺錠太郎教育総監 殺害

二・二六事件の襲撃場所

市ヶ谷
反乱軍の占拠地
斎藤実私邸
皇居
陸軍大臣官邸
東京
警視庁
高橋是清私邸
有楽町
近衛歩兵第3連隊
朝日新聞社
歩兵第1連隊
首相官邸
歩兵第3連隊
新橋
反乱軍の主力部隊

係を維持して権力を徐々に握り、国家に「総力戦体制」をつくりあげたいと考えており、皇道派の暴発は抑えるべきと考えていました。

　焦りを募らせた皇道派はついに「昭和維新」を掲げてクーデターを起こしました。これを二・二六事件といいます。皇道派の青年将校らに率いられた兵が首相官邸などを襲撃し、前の首相である斎藤実や大蔵大臣の高橋是清らを殺害、陸軍省や国会議事堂などを占拠し、日本の中枢部を乗っ取ったのです。これに対し統制派を中心とした陸軍は昭和天皇に「奉勅命令」の発動を求め、反乱軍としてこのクーデターを鎮圧したのです。襲撃された岡田啓介首相はなんとか生き延びましたが、岡田啓介内閣は総辞職しました。首謀者の青年将校たちはのちに処刑されることとなります。

　二・二六事件は起こした側も、鎮圧した側も陸軍であり、陸軍の存在感はさらに高まりました。岡田啓介内閣が総辞職した後は、岡田啓介内閣の外務大臣だった広田弘毅が引き継ぐ形で内閣を組織しましたが、この組閣から本格的に陸軍の意向が反映されるようになるのです。

第1章 縄文時代・弥生時代・古墳時代
第2章 飛鳥時代・奈良時代
第3章 平安時代
第4章 鎌倉時代
第5章 建武の新政・室町時代
第6章 戦国・安土桃山時代
第7章 江戸時代
第8章 明治時代
第9章 大正時代・戦争への道
第10章 戦後の日本

軍の政治介入が次第に強まった

「軍部大臣現役武官制」を復活させた内閣

　軍の要求が強まった**広田弘毅内閣**では、大幅な軍備拡張計画を推進することになりました。また、「**軍部大臣現役武官制**」が復活され、軍の政治介入の度合いがますます深まることになりました。国際連盟を脱退し、孤立を深めていく外交面でしたが、ヒトラー率いるドイツも同じように国際連盟を脱退したことから、日本はこれに接近して**日独防共協定**を結びました。この協定はソ連の影響によって社会主義革命が起こることを防ぐための日本とドイツの協力関係という意味合いがあります。

　軍部の発言力が強くなったことに対して、政党側の抵抗の声も強くなります。議会では立憲民政党と立憲政友会が協力して軍部に対抗しようという声が高まり、軍に対して批判的な声が集まりました。

　広田弘毅首相は、内閣では軍の要求、議会では政党からの批判、という板挟みになり、「とうていこの大命は果たせない」と、総辞職を決めました。次の首相候補は元陸軍大臣の宇垣一成でしたが、過去に大幅な軍縮を実行した宇垣一成の首相就任を陸軍が嫌ったため、組閣は失敗しました。

短命に終わった林内閣

　かわりに、陸軍出身の**林銑十郎**が首相になります。林銑十郎首相は軍と財界の協力を訴え、軍と財界出身者を中心とした内閣を組織しますが、軍・内閣と議会の板挟み状態が続きました。予算案は妥協を重ねて通ったものの、議会運営に手こずった内閣は総辞職することとなり、林内閣は短命に終わってしまいます。

戦争への歩みをすすめた「政界のプリンス」

第1章 縄文時代・弥生時代・古墳時代

第2章 飛鳥時代・奈良時代・

第3章 平安時代

第4章 鎌倉時代

第5章 建武の新政・室町時代

第6章 戦国・安土桃山時代

第7章 江戸時代

第8章 明治時代

第9章 大正時代・戦争への道

第10章 戦後の日本

各階層から人気を集めた首相の就任

次に内閣を組織したのは、元老の西園寺公望の信任が厚かった**近衛文麿**首相です。近衛文麿は遠く藤原氏につながる名家の出身であり、首相就任も45歳と若く、政党や財界との癒着がないクリーンなイメージで国民的な人気があった人物です。また、「世界の現状はアメリカ・イギリスに都合のいいものになっており、後発の日本がその状況を打破していくことが『人種平等的な真の平和』への道なのだ」、という論文をかつて発表したこともあることから、中国北部への軍事的進出を図る軍部にも人気があり、**国民にも軍にも、双方に人気があるという人物でした。**

盧溝橋事件から始まった中国の戦線

第1次近衛文麿内閣が成立した翌月、北京郊外の盧溝橋の近くで演習中の日本軍に何者かが発砲したことから、日本軍の軍事行動が始まり、日中両軍が衝突しました。日中のどちらが発砲したかはいまだにわかっていませんが、この**盧溝橋事件**により始まったのが**日中戦争**です。

第1次近衛内閣は不拡大方針をとってこの事件をおさめようとしますが、中国北部の資源、市場を狙うことに方針を転換して軍を派遣することにしました。当初、近衛内閣はこの軍事行動を「北支事変」といい、戦線が上海に拡大すると「支那事変」と称するようになります（国際法上の宣戦布告がないため、当時「戦争」とは称していませんでしたが、実質的な戦争であったため、一般的に「日中戦争」と称しています）。中国の激しい抵抗により戦争が長引き、日本は軍を追加派遣していきます。

293

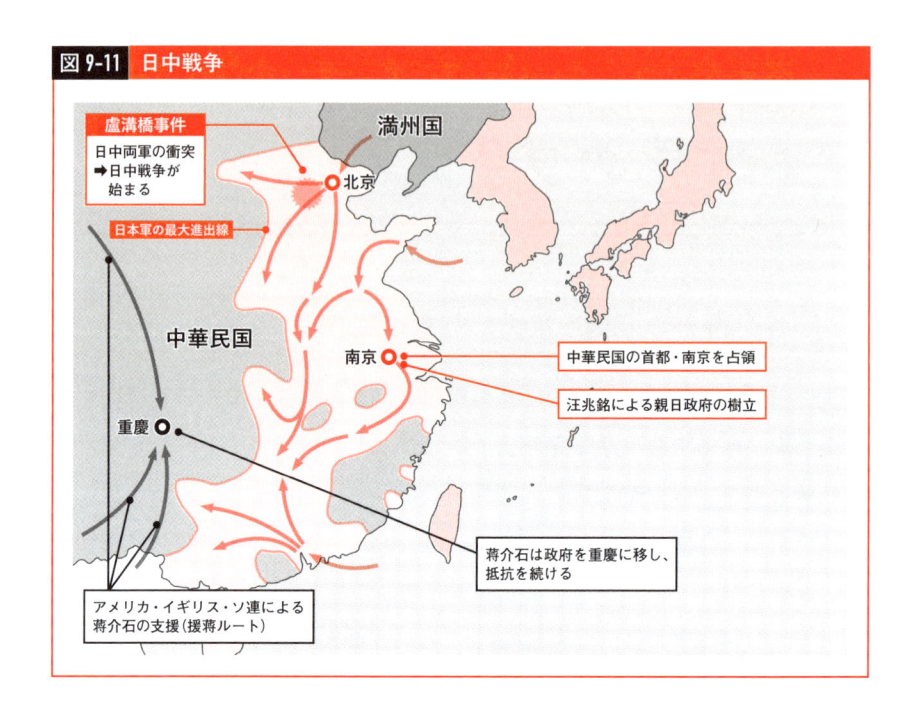

図 9-11　日中戦争

盧溝橋事件
日中両軍の衝突
➡日中戦争が始まる

日本軍の最大進出線

満州国

北京

中華民国

南京

中華民国の首都・南京を占領

汪兆銘による親日政府の樹立

重慶

アメリカ・イギリス・ソ連による
蒋介石の支援（援蒋ルート）

蒋介石は政府を重慶に移し、
抵抗を続ける

 ## 戦争の長期化と「近衛声明」

　開戦から5か月後、ようやく、中華民国が首都としていた南京を攻略しました。このとき、日本軍が多数の非戦闘員を殺害したことが、南京事件として国際的な非難を受けることになります。

　当初、日本は「中国に打撃を与えれば中国はすぐに和平に応じ、権益の拡大を図れる」と考えていましたが、中国はなかなか応じませんでした。しかも、南京を攻略した後は中国に突き付ける和平条件もさらに厳しいものになるため、中国はますます和平に応じようとしません。そこで、近衛文麿内閣は「**国民政府を対手とせず**」と声明し、自ら交渉を打ち切って、今後は「降伏を申し出ても相手にはしない」という意思表示をします。**威圧のために行った声明が裏目に出て、事態の収拾のタイミングを自ら捨てたことになり、**蒋介石に率いられた中国はさらに抵抗を強め、いよいよ戦争は収拾できない長期戦になっていきます。

第1章 縄文時代・弥生時代・古墳時代

第2章 飛鳥時代・奈良時代

第3章 平安時代

第4章 鎌倉時代

第5章 建武の新政・室町時代

第6章 戦国・安土桃山時代

第7章 江戸時代

第8章 明治時代

第9章 大正時代・戦争への道

第10章 戦後の日本

日中戦争が泥沼の長期戦になったことから、日本も方針の変更に迫られます。近衛内閣はこの戦争の目的が「日本・満州・中国の連帯による**東亜新秩序**の形成」にあると再度声明し、アジアに新しい国際秩序をつくるために協力しよう、と戦争の正当性を訴え、この構想に応じようとした中国内の親日派を取り込んで中国側の分裂を図ったのです。

これに応じた中国内の親日派**汪兆銘**は重慶を脱出して日本側につきました。**日本は汪兆銘の政府を南京につくらせ、「第二の満州国」をつくろうとしました。**しかし、汪兆銘に続く中国の有力者はなく、重慶で抵抗を続けている蒋介石政権に動揺を与えることはできませんでした。蒋介石政権に対してアメリカ・イギリス・ソ連が「援蒋ルート」という支援経路をつくって支援を開始したことから、戦争はさらに長期化していき、日中戦争の収拾の方向性を失った第1次近衛文麿内閣は総辞職します。

国民精神総動員運動の開始

日中戦争が拡大すると、日本政府は国民の動員を強めます。近衛文麿首相は、議会で「国民は国家のためにある」という発言を行い、国民を国家に従属させるという全体主義（ファシズム）化を図ります。

そして、同じような全体主義化を行っているイタリア・ドイツとの接近を深め、ソ連を仮想敵国にした同盟関係の日独防共協定を拡大し、日独伊の**三国防共協定**としました。近衛文麿内閣は、盧溝橋事件が始まるとすぐに「国民精神総動員運動」を開始し、「挙国一致」「尽忠報国」「堅忍持久」というスローガンを掲げ、県や市町村、会社、学校単位で運動を広げていきました。経済統制の法律も次々と出され、通常の国家予算をはるかに超える巨額の戦費の調達が図られました。

南京占領後も戦争は長期化したため、**国家総動員法**が制定され、政府は議会の承認なしに天皇の勅令によって戦争に必要な物資や人員の動員ができるようになりました。この国家総動員法は立憲主義や議会政治を無力化するものとなり、戦時体制が次第に強化されたのです。

ヨーロッパで始まった 第二次世界大戦

 刻々と変わる国際関係に内閣は混乱

　第1次近衛文麿内閣が総辞職すると、枢密院議長であった**平沼騏一郎**が近衛文麿の意向によって首相に就任します。平沼騏一郎が直面したのは近衛文麿内閣からの「宿題」になっていた外交問題でした。ドイツから「防共協定」を強化し「軍事同盟」にしようという提案を受けていたのです。満州方面からソ連の圧力を感じていた陸軍は推進を主張し、ドイツとの接近はイギリス・アメリカとの対立が進むと海軍は反対を主張し、平沼騏一郎内閣は板挟みになりました。

　満州方面で関東軍がソ連軍と衝突し、大きな損害を出した**ノモンハン事件**が発生したことや、アメリカが日米通商航海条約の破棄を通告してきたことの知らせも入り、国際情勢は次々と変化していきます。さらに、それまで日本との間にソ連を仮想敵国とした「防共協定」を結んでいたドイツが、突如ソ連と手を組んで「**独ソ不可侵条約**」を結んだことに混乱した平沼騏一郎内閣は「欧州情勢は複雑怪奇」という言葉を残して総辞職します。

 ドイツの軍事行動が始まる

　次の首相も、近衛文麿の意向が反映され、陸軍から**阿部信行**が就任します。ドイツが「独ソ不可侵条約」を結んだ理由はすぐに判明しました。ドイツとソ連の間にあったポーランドを分割占領するためでした。ポーランドに侵攻したドイツに対し、ドイツを警戒していたイギリスとフランスがドイツに宣戦布告し、**第二次世界大戦**が始まりました。阿部内閣は、ヨーロッパで始まったこの戦争に介入しないという方針を打ち出します。

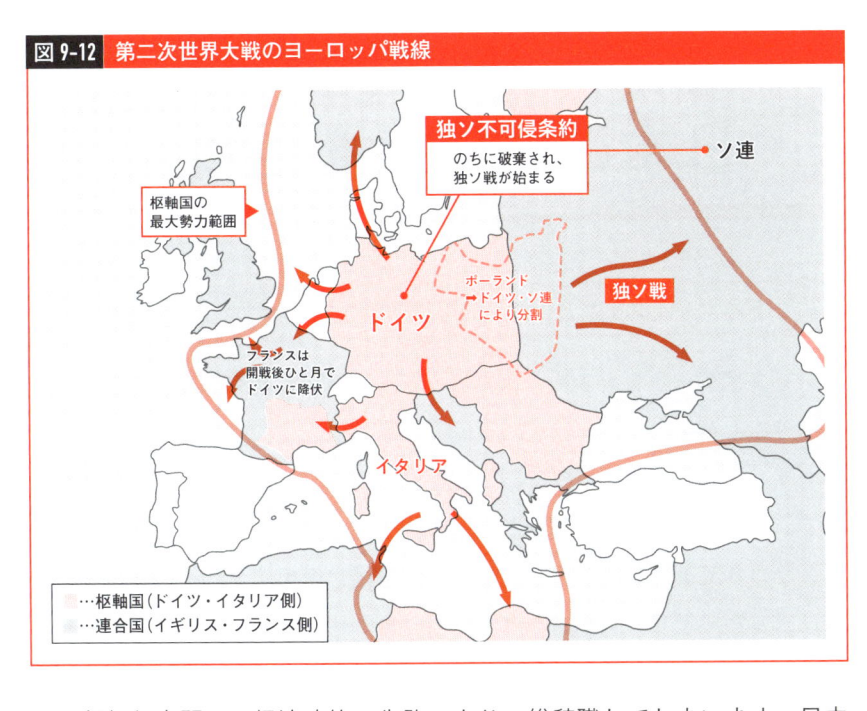

図 9-12　第二次世界大戦のヨーロッパ戦線

独ソ不可侵条約
のちに破棄され、独ソ戦が始まる

ソ連

枢軸国の最大勢力範囲

ポーランド
ドイツ・ソ連により分割

ドイツ

独ソ戦

フランスは開戦後ひと月でドイツに降伏

イタリア

…枢軸国（ドイツ・イタリア側）
…連合国（イギリス・フランス側）

第1章 縄文時代・弥生時代・古墳時代

第2章 飛鳥時代・奈良時代

第3章 平安時代

第4章 鎌倉時代

第5章 建武の新政・室町時代

第6章 戦国・安土桃山時代

第7章 江戸時代

第8章 明治時代

第9章 大正時代・戦争への道

第10章 戦後の日本

　阿部信行内閣は、経済政策の失敗により、総辞職してしまいます。日中戦争による物資不足が始まる一方、軍需産業を中心に巨額の予算を執行したため物価が上昇し、民衆は生活を圧迫されます。そこで政府は**価格等統制令**を出して物価の引き下げを図りますが、かえって政府に隠れて物資を高く売る闇取引が横行し、社会の混乱を招いてしまったのです。

深まっていくアメリカとの対立

　かわって首相となったのは海軍出身の**米内光政**でした。長引く日中戦争を打開するため、陸軍はアメリカ・イギリスによる蒋介石政権の支援を遮断する工作を行っていました。これに反発したアメリカは日本向けの物資の輸出制限を行いました。一方、ヨーロッパではドイツがフランスを屈服させており、その戦勝ムードに日本でも「ドイツと軍事同盟を結び、イギリス・フランスの植民地だった東南アジアに進出すべきだ」という意見が強くなり、親英米的とみられた米内光政内閣は、総辞職に追い込まれます。

近衛内閣の再登板、日本は南に歩を進める

 ドイツ、イタリアとの軍事同盟締結

　近衛文麿の再登板を求める勢力は、ドイツとの連携強化を求める勢力でもありました。

　ドイツはフランスのパリを占領し、イギリスを屈服させる勢いだったのです。その**勢いのあるドイツと同盟を組み、イギリス・フランス、そしてアメリカが支配する東南アジアや太平洋方面に進出する「南進政策」をとろうとしたのです。**そうすれば蒋介石を援助するルートも遮断でき、日中戦争の早期決着も図れます。この考え方に基づき、第2次近衛文麿内閣は成立後すぐに**北部フランス領インドシナ**（ベトナム北部）への軍の進駐を開始しました。

　このとき、ドイツはフランスを降伏させており、「フランス領インドシナ」はある意味「空席状態」にあったのです。それとともに**日独伊三国同盟**を結び、日本・ドイツ・イタリアの同盟関係を構成しました。

　アメリカはこの同盟関係によって日本の南進政策がさらに進むと反発し、日本に対しての輸出「制限」を輸出「禁止」に引き上げて対抗しました。

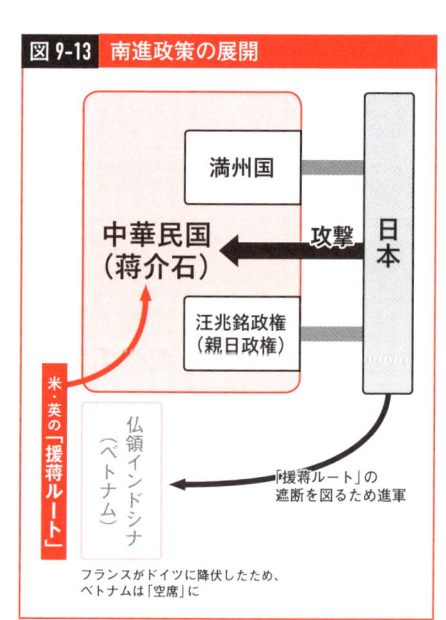

図 9-13　南進政策の展開

満州国

中華民国（蒋介石）　攻撃　日本

汪兆銘政権（親日政権）

米・英の「援蒋ルート」

仏領インドシナ（ベトナム）

「援蒋ルート」の遮断を図るため進軍

フランスがドイツに降伏したため、ベトナムは「空席」に

大政翼賛会の発足

　ドイツの躍進は日本の政治にも大きく影響を与えます。**日本でもドイツの「ナチス」のように強力な政党をつくり、その党の指導のもとで国民組織を1つにまとめようという運動が活発になりました。**近衛文麿内閣は「一国一党」を唱え、陸軍の支援のもとに「新体制運動」を推進しました。この運動に応じて次々に政党は解党して**大政翼賛会**という1つの政党にまとまり、近衛文麿自身がその総裁になりました。

　大政翼賛会はドイツのナチスの「一党独裁」のように強力な指導力は発揮しなかったものの、道府県や町内会などを補助組織として、国民の動員や戦時体制づくりに大きな役割を果たしたのです。

日ソ中立条約と対米交渉

　三国同盟を結んだ日本は、アメリカとの関係がさらに悪化します。そこで第2次近衛文麿内閣の外務大臣の松岡洋右はソ連と交渉し、日ソ中立条約を結びます。**独ソ不可侵条約、日独伊三国同盟と合わせて日独伊ソの4か国連合が成立すれば、アメリカ・イギリスと対抗できる戦力になり、アメリカをけん制できると考えたからです。しかし、戦況が滞ったドイツが独ソ不可侵条約を破棄してソ連に突如侵攻して独ソ戦が始まると、ソ連と交戦する可能性も発生し、複雑な外交関係に陥りました。**一方、アメリカとの戦争回避の交渉も続けられます。**近衛文麿首相の主眼は日中戦争の勝利にあり、アメリカとの関係悪化を望んではいませんでした**（石油や鉄類の7割近くをアメリカからの輸入に頼っていたためです）。近衛文麿はアメリカに対して強硬姿勢の外務大臣松岡洋右をおろして第3次近衛文麿内閣を組み直し、アメリカと戦争回避のための交渉をします。しかし、南部フランス領インドシナへ進軍した日本にアメリカは態度を硬化させ、日本企業や日本人がアメリカに置いていた資産の凍結と、石油輸出の禁止を行います。日米交渉は進展しないまま、近衛文麿内閣は総辞職します。

第1章 縄文時代・弥生時代・古墳時代
第2章 飛鳥時代・奈良時代
第3章 平安時代
第4章 鎌倉時代
第5章 建武の新政・室町時代
第6章 戦国・安土桃山時代
第7章 江戸時代
第8章 明治時代
第9章 大正時代・戦争への道
第10章 戦後の日本

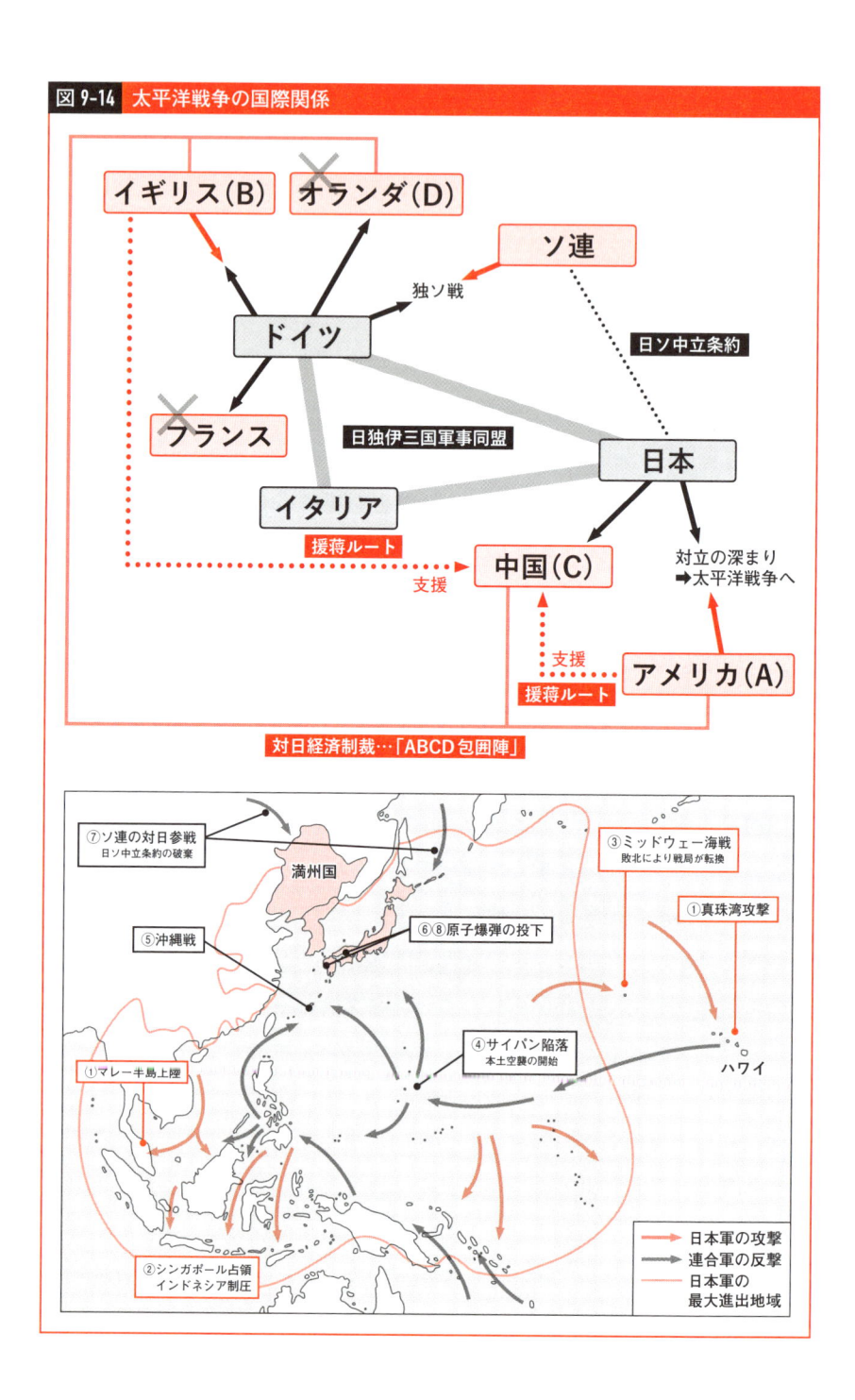

図 9-14　太平洋戦争の国際関係

イギリス(B)　オランダ(D)

ソ連

独ソ戦

日ソ中立条約

ドイツ

フランス

日独伊三国軍事同盟

イタリア

日本

援蔣ルート

中国(C)

対立の深まり
➡太平洋戦争へ

支援

支援

援蔣ルート

アメリカ(A)

対日経済制裁…「ABCD包囲陣」

⑦ソ連の対日参戦
日ソ中立条約の破棄

満州国

③ミッドウェー海戦
敗北により戦局が転換

⑤沖縄戦

⑥⑧原子爆弾の投下

①真珠湾攻撃

④サイパン陥落
本土空襲の開始

①マレー半島上陸

ハワイ

②シンガポール占領
インドネシア制圧

➡　日本軍の攻撃
➡　連合軍の反撃
　　日本軍の
　　最大進出地域

太平洋戦争の開戦で
戦争は世界的規模に

第1章 縄文時代・弥生時代・古墳時代

第2章 飛鳥時代・奈良時代・

第3章 平安時代

第4章 鎌倉時代

第5章 建武の新政・室町時代

第6章 戦国・安土桃山時代

第7章 江戸時代

第8章 明治時代

第9章 大正時代・戦争への道

第10章 戦後の日本

 ## ヨーロッパ戦線と太平洋の戦争がつながる

　第3次近衛文麿内閣の総辞職をうけ、陸軍大臣であった**東条英機**が首相になります。軍部を代表する東条英機首相は、アメリカに対しての交渉打ち切りと即時開戦を主張していました。**アメリカ・イギリス・中国・オランダのいわゆる「ABCD包囲陣」による経済封鎖によって石油の輸入の道の大部分が絶たれており、交渉が長引けば長引くほど日本の不利になると考えたのです。**アメリカも日本との戦争は避けられないと考え、国務長官のハルの覚書、いわゆる**ハル＝ノート**により、日独伊三国同盟の破棄、中国やフランス領インドシナからの全面撤退、満州国と汪兆銘政権の否認などを日本に求め、アジアを満州事変以前の状況に戻すことを要求します。

　これは、それまでのアメリカの要求の中でも最も強硬な要求で、実質的な最後通牒と考えた日本は、御前会議でアメリカ・イギリスとの開戦を決定しました。そして海軍は太平洋のアメリカの重要拠点であるハワイの**真珠湾**を、同じ日に陸軍はイギリス領の**マレー半島**を攻撃し、**太平洋戦争**が始まりました。3日後、ドイツ・イタリアもアメリカに宣戦を布告したので、ヨーロッパと太平洋の戦争がつながり、戦争は世界規模に発展します。

 ## 「大東亜共栄圏」の建設を目標にかかげる

　当初、戦況は日本の優勢で進み、開戦後半年たらずで日本は東南アジアの大部分を制圧しました。日本は太平洋戦争の目的を、アメリカ・イギリスの圧迫からの自衛と、近衛文麿時代に打ち出していた方針の「**大東亜共栄圏**」の建設と定めました。つまり、**欧米の植民地支配からアジアを開放**

し、日本を中心としてアジア人による東アジア・東南アジアの世界秩序を
つくっていく「解放戦争」の「大東亜戦争」だと称したのです。

深まっていく戦時体制

　東条内閣は挙国一致の体制を築くため、衆議院をいったん解散して総選
挙を行いました。この選挙は、政府が推薦した候補ばかりが多数当選した
ので、「翼賛選挙」といっています。民意を問う形式をとった上で、政府が
推薦する候補を国民が選んだことになったので、国民は東条英機内閣に「白
紙委任状」を与えたことになったのです。選挙後、政府の推薦を受けた議
員を中心にした政治結社の翼賛政治会が結成されました。こうして国会は、
翼賛政治会が絶対多数を占め、政府の決定を支持し、実行するだけの機関
になります。また、アジアの代表を東京に集めて「大東亜会議」も開催さ
れました。勢力圏にあった人々に「アメリカやイギリスからアジアを解放
し、共存共栄しよう」と、戦争の目的を共有し、戦況を有利に展開しよう
としたのです。しかし、資材、労働力で連合国に劣っている日本は、その
勢力圏の多くで資材や労働力の調達を優先し、圧政や人員の動員、物資の
徴発などが行われ、それに抵抗し抗日運動が始まる地域もありました。ま
た、いわゆる「従軍慰安婦」として女性が集められることもありました。

開戦から半年で訪れた戦局の転換点

　優勢だった戦況も、ミッドウェー海戦で日本が4隻の空母を失い敗北し
て以降、日本の不利にかたむきます。アメリカ軍は圧倒的な兵力・物量を
もって反攻を開始してきました。日本では学生を軍に召集する学徒出陣や
女性を女子挺身隊として軍需産業で働かせるなどの勤労動員が増加しまし
た。そして、日本が「絶対国防圏」と称し、死守すべき場所と定めていた
サイパン島がアメリカ軍の手に落ちると、その責任を取って東条英機内閣
は総辞職します。サイパンを得たアメリカは日本に直接爆撃機を飛ばせる
ようになり、日本の戦況は決定的に悪化することになりました。

ポツダム宣言を受諾し戦争が終わる

刻一刻と苦しくなる戦況

東条英機の次は陸軍大将の**小磯国昭**（こいそくにあき）が首相となりました。戦況はますます苦しくなり、講和も模索されていましたが、戦況を立て直してより良い条件での講和ができるように、**「決戦体制」による戦況の立て直し**が図られ、**結果的に戦争は長引くことになりました。**一方、世界ではヤルタ会議が開かれ、秘密協定としてソ連の対日参戦が決定されています。

サイパンからの米軍機による本土空襲が始まり、**東京大空襲**をはじめとした日本の主要都市は次々と爆撃にあい、児童が地方へ避難する学童疎開も行われました。そして、沖縄本島にアメリカ軍が上陸して**沖縄戦**が始まると、多くの島民が命を落としました。アメリカ軍が沖縄に上陸した直後、小磯内閣は総辞職しました。

ポツダム宣言受諾を決定づけたソ連の参戦

海軍出身の**鈴木貫太郎**（すずきかんたろう）が首相になった直後、先に降伏していたイタリアに続き、ドイツが無条件降伏したことで、日本だけが戦争を続ける状況になりました。アメリカ・イギリス・中国は**ポツダム宣言**によって日本に無条件降伏を求めますが、ソ連を通じての和平工作を考えていた日本は、はじめこのポツダム宣言を黙殺していました。アメリカは**広島**に**原子爆弾**を投下し、ソ連も対日参戦を決めて満州・朝鮮に軍を進め、関東軍を壊滅させました。さらに**長崎**にも**原子爆弾**を投下されると、決断を延ばしていた政府も昭和天皇の聖断をあおぎ、ポツダム宣言の受諾を決めました。天皇のラジオ放送で戦争終結が発表された2日後、鈴木内閣は総辞職します。

この章で私は、第一次世界大戦と第二次世界大戦という2つの戦争を扱いました。第一次世界大戦は日本に好景気をもたらし、中国進出の足掛かりとなった戦争でしたが、第二次世界大戦では太平洋戦争の敗戦国となりました。いずれも日本のみならず、交戦国でも、また、戦場となった国々でも、この2つの世界大戦により、はかりしれない犠牲がもたらされました。

　大きな戦争というものは、ひとりの政治家が「やろう」といって起こせるものでなく、それぞれの国がそれぞれの「理念」や「正義」を掲げて、国民の共感を得なければ総力戦を戦えるものではありません。太平洋戦争においての日本の「理念」とは、植民地支配されていたアジア諸国を欧米諸国から解放するということです。この理念に多くのアジア諸国が賛同し、結果的にはこの戦争を経て、日本の勢力下に入ったアジア諸国は欧米諸国から独立することができました。しかし、その勢力圏でのふるまいは支配的なものとなり、多くの国の人々に苦しみを与えたことも事実です。

　また、この戦争を「軍部の暴走」ととらえる人も多くいます。しかし、その「暴走」には、経営する企業や工場の海外市場がほしい財閥や、その企業や工場で働く労働者たちが軍部を支持し、国民の多くも戦争を望んでいたという経済的背景もあります。

　日本は「力こそ正義」と考えられていた帝国主義の時代に国際社会に加わったことから、欧米列強から自らを守り、海外に進出して列強と肩を並べるような国にしたい、それこそ「正義」だと考えられてきたという背景もあります。日本をとりまく様々な戦争についても、善悪の二元論に陥らず、多面的な視点から歴史的背景をとらえ、考えていくことが必要です。

　今後、グローバル化はさらに進み、世界は一体化していくでしょう。日本人、アメリカ人、中国人などと明確に区別できなくなり、1つの「世界人」としてお互いに影響を与え合う時代になりつつあります。このような時代において、歴史を知識として学ぶだけではなく、様々な角度から眺め、考えていくことは、現代に生きる私たちにとって必要な視点なのです。

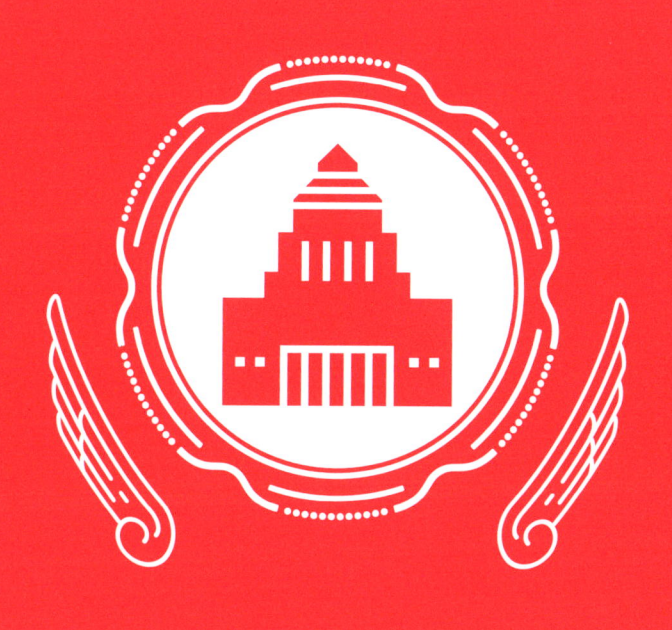

第10章

戦後の日本

第10章 戦後の日本 あらすじ

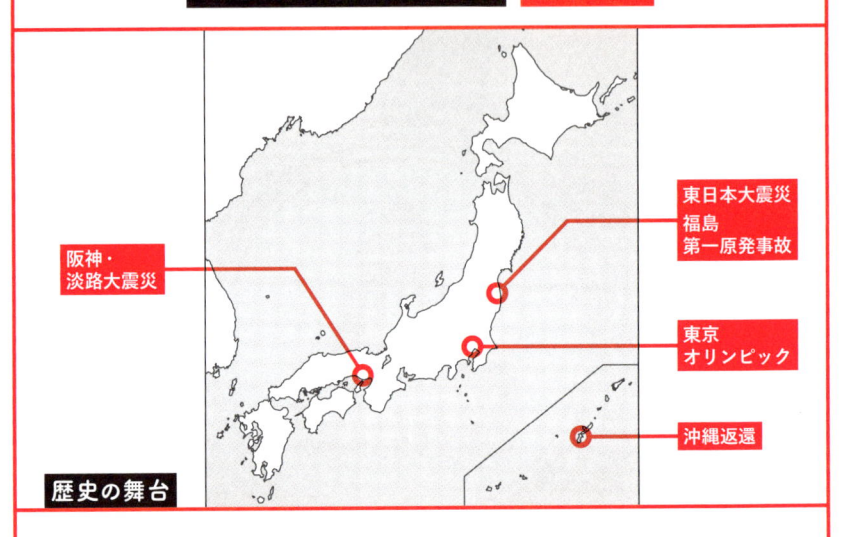

阪神・淡路大震災

東日本大震災
福島
第一原発事故

東京
オリンピック

沖縄返還

歴史の舞台

超大国アメリカとの関係を基礎に発展した「高度経済成長」の時代

　日本の戦後史は、アメリカを中心とした連合国軍の占領からスタートします。冷戦構造が深刻化する中、日本はアメリカ陣営の一角として独立を果たしますが、引き続きアメリカの強い影響下に置かれました。当初、日本の軍備を認めなかったアメリカが、占領政策を転換して日本の再軍備化を目指すようになったため、自衛隊と憲法という2つの存在の矛盾が発生します。

　一方、経済面では世界に類をみない発展を遂げますが、オイルショックを境に経済に陰りが見え始め、バブル崩壊後、景気後退の時代に突入します。グローバル化が進行する現在、日本が世界でどのような役割を果たすべきか、模索は続いています。

政治

GHQによって民主化政策がとられ、新憲法が成立します。独立回復後、アメリカとの安全保障体制を重視する政党との合同によって自由民主党が成立し、長期にわたって政権を担当しています。

経済

戦争で壊滅し、悪性のインフレに苦しんだ日本経済でしたが、朝鮮戦争の特需により好景気に転じ、高度経済成長といわれる目覚ましい発展を遂げました。しかし、バブル経済の崩壊以後、日本経済は停滞しました。

社会

戦後の社会不安が続く中、庶民たちは必死に復興を目指します。高度経済成長の時代には家電や自動車が急速に普及する消費社会が訪れました。現在、情報化社会やグローバル化が、人々の暮らしに浸透しています。

外交

冷戦構造の中、日本は親米路線を基本とした外交を展開し、ソ連、韓国、中国とは個別に国交を回復しました。冷戦構造が終結して世界が多極化するようになると、日本の国際貢献や安全保障体制をめぐる議論が活発になります。

第1章 縄文時代・弥生時代・古墳時代

第2章 飛鳥時代・奈良時代

第3章 平安時代

第4章 鎌倉時代

第5章 建武の新政・室町時代

第6章 戦国・安土桃山時代

第7章 江戸時代

第8章 明治時代

第9章 大正時代・戦争への道

第10章 戦後の日本

GHQによる占領が始まる

 ## 戦後処理にあたった初の皇族首相

　ポツダム宣言の受け入れにより、日本は連合国の占領を受けることになりました。そして、連合国軍最高司令官に任命されたアメリカの**マッカーサー**が日本に着任し、その司令部として「連合国軍最高司令官総司令部」、いわゆる「**GHQ**」を設置しました。

　ただし、ポツダム宣言の受諾を決めても、**降伏文書に調印するまでは正式に戦争が終わったわけではありません。アメリカの戦艦ミズーリ号上で、重光葵外務大臣によって降伏文書への調印が行われました**が、そのときの内閣が、東久邇宮稔彦王という皇族が組閣した**東久邇宮稔彦内閣**です。初の皇族出身の首相ですが、皇族という権威によって、国民に敗戦の事実を受け入れさせ、敗戦を受け入れられない軍人たちの暴発を防ごうとしたのです。終戦とともに戦地からの引揚げが始まり、中にはソ連に降伏した兵士がシベリアに抑留されたり、ソ連軍が満州に侵攻した際に一家離散し、中国残留孤児になったりするという混乱も見られました。また、昭和天皇とマッカーサーの会談が実現します。マッカーサーは天皇に戦争責任を追及せず、天皇も占領統治に協力を約束しました（のちに天皇は神格を否定するいわゆる「人間宣言」を行いました）。占領を始めたGHQと東久邇宮内閣は次第にうまくかみ合わなくなります。GHQは天皇制についての自由な議論の許可や治安維持法の廃止、政治犯・思想犯の即時釈放などのいわゆる「人権指令」を東久邇宮内閣に提示しました。天皇制の批判につながるこの指令を受け入れられず、東久邇宮内閣は総辞職します。わずか54日間の、史上最短の在職日数となりました。

民主化と非軍事化を図ったGHQの指令

第1章
縄文時代・弥生時代・古墳時代

第2章
飛鳥時代・奈良時代

第3章
平安時代

第4章
鎌倉時代

第5章
建武の新政・室町時代

第6章
戦国・安土桃山時代

第7章
江戸時代

第8章
明治時代

第9章
大正時代・戦争への道

第10章
戦後の日本

外交手腕が買われた首相

次の総理大臣には、**幣原喜重郎**が推薦されます。幣原喜重郎は戦前から協調外交を推進していた外交畑の人物であり、アメリカとの交渉をスムーズに行うことを期待されました。アメリカの要求であった政治犯の釈放や治安維持法の廃止などがすぐに実行されています。

占領のしくみも整えられました。占領政策の最高決定機関は、ワシントンに本部を置く**極東委員会**です。この極東委員会で決定された政策が、東京にあるGHQに伝達され、日本政府がGHQからの指令・勧告を受けながら政策を実行するという「間接統治」の形がとられました。GHQを補助する組織としてアメリカ・イギリス・ソ連・中国（中華民国）の4か国の代表からなる**対日理事会**が東京に設けられ、GHQは対日理事会と相談しながら占領政策を推進していくことになります。**沖縄・奄美・小笠原の各諸島はアメリカ軍の軍政下におかれ、千島列島はソ連の占領を受けました。**

GHQの方針を示した五大改革指令

GHQの占領政策の基本方針は、**日本の非軍事化と民主化でした。**戦争の直後だったので、アメリカを中心とするGHQは日本が再びアメリカに「リベンジ」をしてこないように、また、アメリカにとってのライバル、ソ連のような社会主義国側につかないようにする必要があったのです。

GHQは女性参政権の付与、労働組合結成の奨励、教育制度の民主化、秘密警察の廃止、経済機構の民主化という5つの改革についての指令とともに、新しい憲法の制定の指示を政府に出します。この指令に基づき、**女性**

の参政権を認め、選挙権を満20歳以上の男女に与えた新選挙法や、労働組合法が制定されました。また、戦前の軍国主義者や戦争協力者はその責任を問われ、合計21万人が仕事を辞めさせられました。

戦前経済の解体

五大改革指令の中心となったのが、財閥の解体と農地改革を中心とする経済機構の民主化でした。GHQは日本が海外への拡

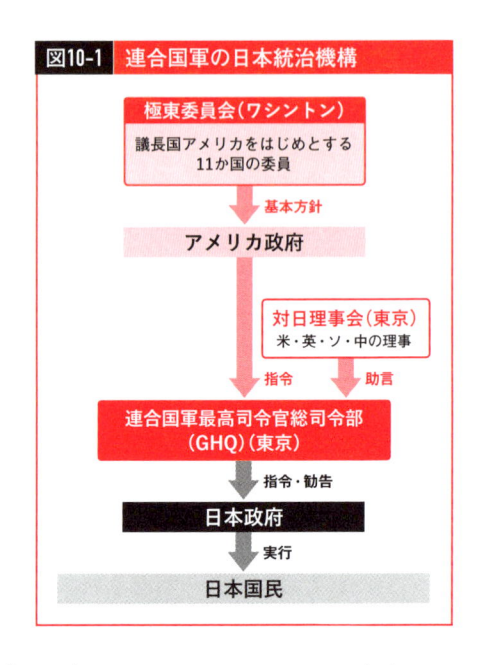

図10-1　連合国軍の日本統治機構

極東委員会（ワシントン）
議長国アメリカをはじめとする11か国の委員

基本方針

アメリカ政府

対日理事会（東京）
米・英・ソ・中の理事

指令　　助言

連合国軍最高司令官総司令部（GHQ）（東京）

指令・勧告

日本政府

実行

日本国民

張政策をとった理由が「財閥」と「地主」だと考えていたのです。事実、工場や商社など、様々な会社を所有しているオーナーの**「財閥」は、その商品の売り場を求めて軍や政府に大陸への進出を要求し、その財閥に株式の購入という形で資金を提供したのが地主層でした。**

また、資本家・地主層と、低賃金の労働者や小作の農民層の差が激しく、購買力のある中間層が十分ではないため、国内需要だけでは生産品を十分に売りさばけませんでした。そのため、いきおい海外市場に依存せざるを得ず、国策として海外進出を求めたという背景もあったのです。

さらには戦前、治安維持法などの思想統制を厳しくしたのも、こうした貧困層の不満が暴動や革命に向かう恐れがあったためです。

この状況を放置しておくと、戦前のような軍国主義化や、ライバルのソ連に共感する層の増加につながると考えたGHQは、財閥や地主を解体してその経済力を民衆の中に分散させ、購買力のある中間層を増やそうと考えたのです。財閥に関しては**財閥解体指令**を出し、15の財閥の資産の解体を指示しました。持株会社整理委員会の設置を決定し、財閥が抱えていた株

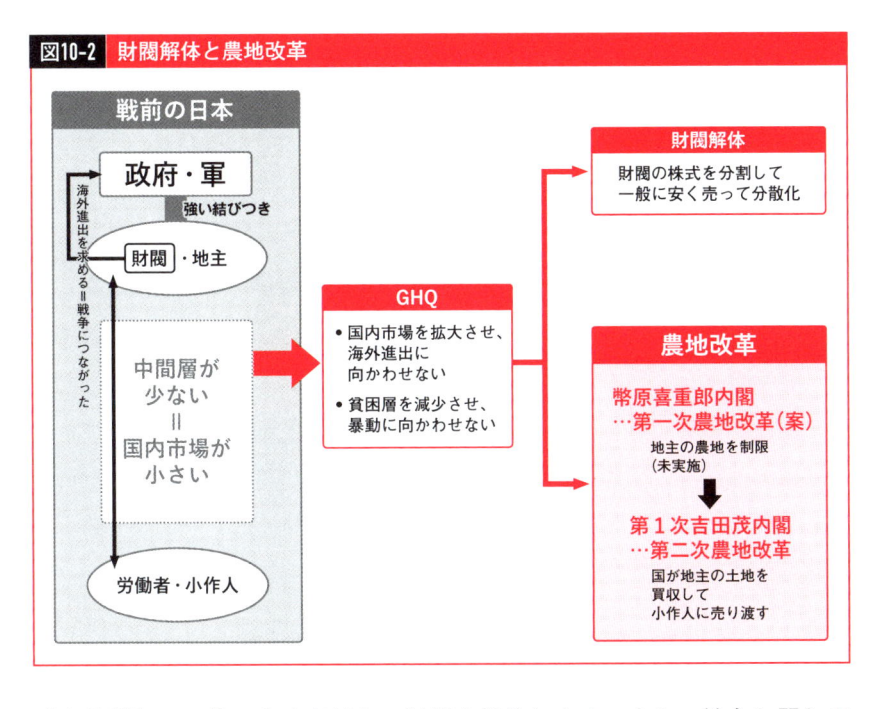

図10-2　財閥解体と農地改革

戦前の日本

政府・軍　━強い結びつき━

海外進出を求める＝戦争につながった

財閥・地主

中間層が少ない＝国内市場が小さい

労働者・小作人

GHQ
- 国内市場を拡大させ、海外進出に向かわせない
- 貧困層を減少させ、暴動に向かわせない

財閥解体
財閥の株式を分割して一般に安く売って分散化

農地改革
幣原喜重郎内閣
…第一次農地改革（案）
地主の農地を制限（未実施）

第1次吉田茂内閣
…第二次農地改革
国が地主の土地を買収して小作人に売り渡す

第1章　縄文時代・弥生時代・古墳時代
第2章　飛鳥時代・奈良時代
第3章　平安時代
第4章　鎌倉時代
第5章　建武の新政・室町時代
第6章　戦国・安土桃山時代
第7章　江戸時代
第8章　明治時代
第9章　大正時代・戦争への道
第10章　戦後の日本

式を分割して一般に安く売却し、財閥を解体します。また、地主に関しても不在地主（その土地の市町村に存在していない、自分は都市に住んで小作料だけをとっている地主）を認めず、その地に暮らす地主であってもその面積を制限するという**農地改革**を行いました。

悪性のインフレーションが発生

　この頃、戦地からの引揚げが始まります。戦争で日用品や食料がゆき渡っていないところに、満州国や中国、東南アジアから多くの兵士や一般の日本人が帰国して激しいモノ不足に陥りました。そして、物不足からくる「悪性」の激しいインフレーションが発生します。政府は**金融緊急措置令**を出し、国民の預貯金を差し押さえて引き出せないようにして、新しい紙幣を発行し、引き出すときには新しい紙幣を数百円だけに限定するという思い切った策でお金の流通量を絞り込みますが、問題は「カネ余り」ではなく、「物不足」だったため、効果は限定的でした。

「国民主権」を明示した新憲法の制定

　さらに、幣原内閣が取り組まなければならない大きな課題が、新しい憲法の制定でした。五大改革指令とともにマッカーサーは新しい憲法の作成を幣原喜重郎内閣に指示していたのです。

　幣原喜重郎内閣は、松本烝治国務大臣を中心に憲法の草案作成にあたらせますが、この草案は天皇に統治権を置くとともに、軍の存在も認めており、骨格自体は大日本帝国憲法に近いものでした。そこで、マッカーサーらは**主権が国民にあることを明示し、象徴天皇制と戦争放棄、そしていかなる軍の保持をも認めない**ことを盛り込んだ新しい憲法草案を日本側に提示しました。この草案をもとに日本政府が追加・修正したものが、日本国憲法となったのです。

 ## 政党政治が復活

　そして、戦争前に大政翼賛会に吸収された政党たちが再結成されます。太平洋戦争中の「翼賛選挙」の際に、「政党」寄りの立場だったために推薦が得られなかった議員たちを中心とした日本自由党、「軍部」寄りの立場だったため、翼賛選挙で推薦を得られた議員たちを中心とした日本進歩党、労働者や農民を中心とした戦前の「無産政党」たちがまとまった日本社会党、国家を改造してソ連のような社会主義国の建設を訴えた日本共産党などが主要な政党として結成されました。

　新選挙法による選挙が行われると、日本自由党が第一党になります。本来であれば日本自由党総裁の鳩山一郎が首相になるのですが、鳩山一郎は戦前、協調外交をとる浜口雄幸内閣や若槻礼次郎内閣を度々批判していたことから、GHQから軍国主義者とみなされて公職追放となっていたため、代わりに日本自由党の総裁となった吉田茂が首相になりました。

日本国憲法が公布され、天皇は「象徴」へ

第1章 縄文時代・弥生時代・古墳時代

第2章 飛鳥時代・奈良時代

第3章 平安時代

第4章 鎌倉時代

第5章 建武の新政・室町時代

第6章 戦国・安土桃山時代

第7章 江戸時代

第8章 明治時代

第9章 大正時代・戦争への道

第10章 戦後の日本

遠かった経済復興への道

吉田茂首相の当面の課題は、経済の復興でした。ただ、すべての産業に資金が回せるほど日本の経済には余裕がありません。そこで、吉田茂内閣は**復興の軸を石炭と鉄鋼に定め、その2つの産業に資金を最優先で回す**という**傾斜生産方式**を採用します。復興資金を供給するための機関として**復興金融金庫**を創設し、石炭・鉄鋼業に対する重点的な融資を行いました。このしくみは、重点を置いた産業には効果があったものの、復興金融金庫の巨額の融資により市場にお金が出回り、復金インフレというインフレーションが進行していき、物価はさらに上がることになりました。民衆に復興し始めたという感覚はまだなく、この物価の上昇に対し、身の回りのものを売りながら法外な値段の食料や必需品をヤミ市で手に入れる、という生活を強いられました。

こうした社会不安の中、民間よりも賃金上昇が遅れていた公務員の労働組合を中心とした多種多様な産業の労働組合が吉田茂内閣の打倒を訴え、多産業にわたる同時ストライキ、「ゼネラル＝ストライキ」を起こす計画を立てました。

しかし、労働者の意識を高め、社会主義革命につながりかねない事態だという理由で、GHQにより中止命令が出されてしまいます。

独占禁止法と第二次農地改革

幣原喜重郎内閣に続き、吉田茂内閣でも「財閥解体」と「農地改革」を進めています。財閥解体のほうは、健全な価格競争を促す**独占禁止法**が制

定され、少数の財閥による産業支配が起きにくいしくみづくりが図られます。一方、農地改革のほうは、幣原喜重郎内閣のときの改革が不十分だというGHQの勧告によって、国が地主の土地を買い上げ、小作人に安価に売り渡すことで、自作農の割合が9割近くまで向上しました。

政党内閣が制度化される

　第1次吉田茂内閣の最大の業績が**日本国憲法**の公布です。幣原内閣のときにつくられた草案が吉田内閣で審議され、新憲法として公布されました。「国家や権力を国民がつくった法がコントロールする」という「法の支配」の立場にたち、前文と第1条で天皇は国と国民統合の象徴とされ、国の政治の在り方を決定する力を国民が持つことが明示されています。また、主権在民・平和主義・基本的人権の尊重という3つの柱や、憲法9条に定められた戦力の不保持と交戦権の否認などを特徴としており、基本的人権に関しても、大日本帝国憲法では「法の範囲内」と定められ、法律によって制限が加わっていましたが、日本国憲法では「侵すことができない永久の権利」とされています。

　また、指名のルールがあいまいで、元老や軍部によって左右されていた総理大臣や国務大臣の決め方を、日本国憲法では「内閣総理大臣は、国会議員の中から国会の議決でこれを指名する」「国務大臣の過半数は国会議員の中から選ばれなければならない」と定めており、議会の多数党によって内閣が構成されるという政党内閣のルールが確立します。

東京裁判が始まる

　また、満州事変から太平洋戦争に至る一連の戦争を計画し、遂行した「平和に対する罪」とされた「A級戦犯」を裁く極東国際軍事裁判、いわゆる**東京裁判**が開始されました。この裁判は第2次吉田茂内閣のときに結審し、絞首刑7名などの判決が出されました。また、戦争犯罪者のB・C級戦犯も各地の軍事法廷で裁かれ、900人以上が死刑になりました。

新憲法のもと成立した2つの連立内閣

第1章
縄文時代・弥生時代・古墳時代

第2章
飛鳥時代・奈良時代・

第3章
平安時代

第4章
鎌倉時代

第5章
建武の新政・室町時代

第6章
戦国・安土桃山時代

第7章
江戸時代

第8章
明治時代

第9章
大正時代・戦争への道

第10章
戦後の日本

 ## 進まぬ経済復興の中誕生した社会党の首相

　日本国憲法のもとで行われた初の選挙では、労働者層や農民層に地盤があった日本社会党が勝利します。日本社会党の委員長である**片山哲**が首相になりますが、日本社会党143議席、日本自由党131議席、民主党126議席（日本進歩党を母体にした政党）という僅差になったため、社会党単独ではなく、社会党と第三党の民主党などの連立内閣となりました。

　社会党が第一党とはいえ、連立内閣なので、平等を積極的に推進する社会主義的な政策をあまりとれず、傾斜生産方式による産業再建を続けます。そのため、社会党の中でもソ連などの社会主義国家への改造を志向した「左派」が反発し（それに対して、民主主義という枠の中で平等な社会を実現しようというグループを社会党の「右派」といいます）、予算の否決に回ったため、議会運営に苦しんだ片山内閣は総辞職します。

 ## 議会運営と贈収賄事件に苦しんだ芦田内閣

　次に片山哲内閣連立を組んでいた民主党の**芦田均**が与党を引き継ぐ形で首相になります。連立内閣であり、しかも民主党が第一党ではなかったため、芦田均首相は議会運営に苦しみます。その上、復興金融金庫からの融資を優先的に受けようとした大手化学肥料メーカーの昭和電工が政治家や官僚に賄賂をばらまくという昭和電工事件が起き、この騒ぎの中で芦田均内閣は総辞職します。この間、日本自由党系の民主自由党に与党の民主党から脱党した議員が加わり、第一党となったため、次の総理大臣の指名選挙によって民主自由党を率いる**吉田茂**が再び首相になりました。

講和条約を結び国際社会に復帰した日本

 長期政権となった二度目の吉田茂内閣

　再び内閣を組織した吉田茂は、民主自由党が第一党ではあったものの少数だったため、野党の内閣不信任を受け入れた上で衆議院を解散し、総選挙を「やり直す」形にします。そして、民主自由党が圧勝した結果をうけ、吉田茂内閣は第5次内閣まで約6年間の長期政権を続けます。

 深まっていく冷戦構造

　ここで注目したいのが、**GHQの占領政策の転換**です。日本の占領は、実質的にアメリカによるものですが、アメリカをめぐる国際情勢が大きく変化し、日本の占領政策にもその影響が及ぶのです。

　第二次世界大戦後、世界には「冷戦」といわれるアメリカとソ連の二大陣営の対立構造が形成されました。アメリカは自由な経済活動を行う資本主義国のリーダーであり、ソ連は革命を起こして生産手段を国有化し、平等な世の中をつくろうという社会主義国のリーダーです。アメリカ側には西ヨーロッパの諸国がつき、ソ連側には東ヨーロッパの国々が従っています。そして、アジアも冷戦構造の中に組み込まれていくのです。

　中国では共産党と国民党との内戦の結果、共産党が勝ち、共産党による社会主義国の**中華人民共和国**が成立しました。敗れた国民党は、台湾に逃れて**中華民国**を名乗ります。日本の敗戦後、朝鮮半島はソ連とアメリカの分割占領をしばらく受けていたことから、南北の分断が固定化されました。その結果、北の**朝鮮民主主義人民共和国**と南の**大韓民国**という2つの国に分裂することになります。

アメリカ側に「台湾」「韓国」、ソ連側に「中国」「北朝鮮」がついたことで冷戦の対立の波が東アジアに本格的にやってくることになります。

🏛 日本を「防壁」とするための占領政策の転換

当初、GHQは、日本の「非軍事化」と「民主化」を中心に占領政策を進め、経済面においては資本の集中を防いで経済力を分散させようとしました。社会主義的な思想の持ち主に対しては、その思想を警戒しつつも、「様々な意見を持つ人の存在を認めるのも1つの民主化である」という観点から容認しました。しかし、冷戦構造が深まると、アメリカ軍の戦略拠点として、ソ連・中華人民共和国・北朝鮮という社会主義国に対峙する「防壁」の役割を日本に期待するようになります。

そのため、「改革」の成果を悠長に待っていられません。**日本の経済復興を急がせ、再軍備をさせて、いち早くアメリカにとって「役に立つ存在」になってほしいと思っていたのです。**また、その妨げになりそうな社会主

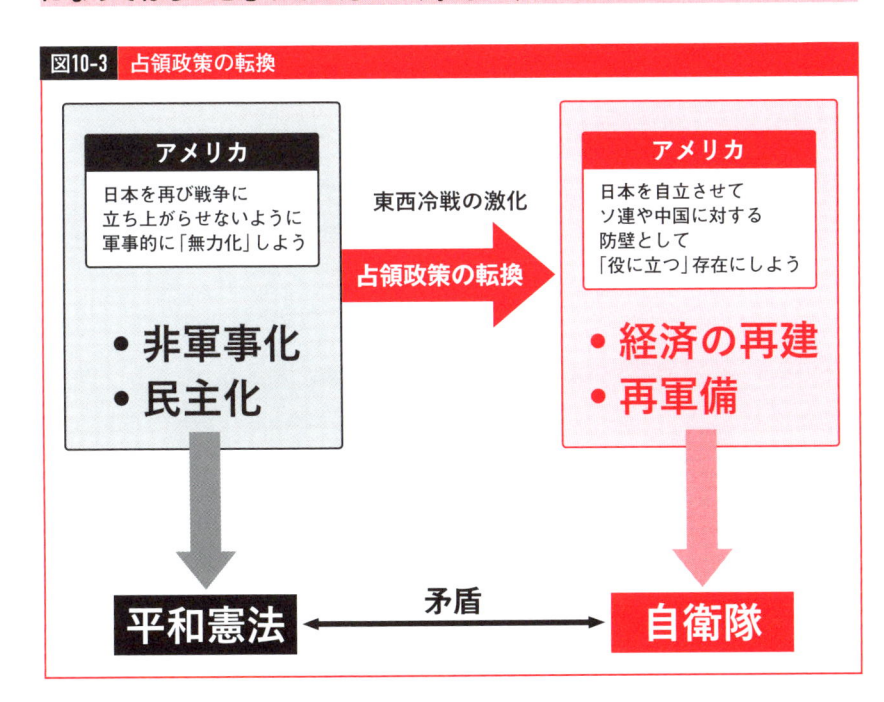

図10-3　占領政策の転換

アメリカ
日本を再び戦争に
立ち上がらせないように
軍事的に「無力化」しよう

- 非軍事化
- 民主化

東西冷戦の激化
占領政策の転換

アメリカ
日本を自立させて
ソ連や中国に対する
防壁として
「役に立つ」存在にしよう

- 経済の再建
- 再軍備

平和憲法 ◄──── 矛盾 ────► 自衛隊

第1章 縄文時代・弥生時代・古墳時代

第2章 飛鳥時代・奈良時代

第3章 平安時代

第4章 鎌倉時代

第5章 建武の新政・室町時代

第6章 戦国・安土桃山時代

第7章 江戸時代

第8章 明治時代

第9章 大正時代・戦争への道

第10章 戦後の日本

義者や共産主義者を排除しようということになったのです。

 ## 復興を急がせたアメリカの厳しい姿勢

　まず、経済面において、大企業を解体する方針を転換し、むしろ銀行を中心にした大企業に経済を牽引させることで復興を急がせるようになります。そして、アメリカ政府はGHQを通して、予算の均衡や徴税の強化などの財政引き締めを図る**経済安定九原則**を日本に指令します。

　アメリカは、すでに日本の復興のために多額の援助資金をつぎ込んでおり、それに加えて復興金融金庫が多くのお金を供給していたわけです。日本が戦後4年間で物価が100倍になるような猛烈なインフレに見舞われたのも、当然といえば当然のことのように思われたのです。

　そこで、銀行家のドッジという人物がアメリカの大統領の特使として来日し、**ドッジ＝ライン**という超均衡予算を組ませます。「収入が少ない家庭に支出を絞らせる」という意味合いの予算を組ませ、お金を節約させようとしたのです。この引き締めを実現する策として、公務員に対する賃下げや解雇が行われました。特に、国鉄では10万人規模の大量解雇が行われました。そうしたことの反発からか、国鉄総裁が轢死体で発見された下山事件や、中央線の三鷹駅で無人列車が暴走した三鷹事件、列車転覆事故の松川事件が起こりました。政府はこれらの事件を共産党が指導した国鉄の労働組合による犯行だと考え、共産党員が多数逮捕されました。現在でも、これらの事件の真相は明らかになっていません。

　ドッジの厳しい姿勢や緊縮財政によって、企業たちが自力で不採算事業や無駄を見直し、合理化を進めたという一定の効果はあったものの、金融引き締めによってデフレが進行し、お金の回りが悪くなった企業が倒産したり、社員の解雇を迫られたりして、明らかな不況になっていきます。

　その一方、アメリカは日本に対し、品目ごとに変えていた為替レートを全ての物品や取引において1ドル＝360円という円安の単一為替レートにして、日本が有利な条件で貿易できるようにします。こうしてアメリカは

「合理化と貿易促進の道筋はつけたから、あとは自己努力で復興せよ」というメッセージを送ったのです。

再軍備のきっかけとなった朝鮮戦争

このような不況の中で起きたのが**朝鮮戦争**です。

北朝鮮が韓国に侵攻を開始し、緒戦は北朝鮮の優勢に推移しました。アメリカ軍を主力とする国連軍は、出兵して韓国軍を支援します。日本の隣国で起きたこの戦争は、もちろん日本にも大きな影響を与えました。

まず、韓国やアメリカにとって敵側の北朝鮮など社会主義国に共感をもつ共産党や、社会主義思想を持つ人々への弾圧が強化されます。社会主義国のイメージカラーの「赤」を排除した、という意味でこの弾圧は「レッド＝パージ」といわれます。

そして、日本に駐留しているアメリカ軍が朝鮮半島に派遣されることから、アメリカ軍による治安維持の手が回らなくなる日本にマッカーサーは**「警察予備隊」**の創設を求めます。機関銃や自走砲、戦車などを含む、実質的に「軍」ともいえる「再武装」を要求したのです。

当然、憲法第9条の「戦力の不保持」と矛盾が生じますが、吉田内閣はこの要求を「あくまでも治安維持のための組織」ということで受け入れ、日本は再軍備に舵を切ったのです。

日本の主権回復と国際社会への復帰

朝鮮戦争が始まると、アメリカは日本との講和を急ぐようになります。「いつまでも日本の占領のために労力と経済力を割くよりも、自立させて協力させたほうがよい」という世論がアメリカ国内に高まっていたのです。

そこで、アメリカやイギリスが中心になって講和条約を作成し、日本との講和に持ち込もうとするのですが、アメリカ・イギリスなど資本主義国側が提案した講和条約をソ連などの社会主義国側が反対しました。日本国内でも、すべての交戦国と講和を行うべきだという「全面講和」論と、ア

第1章 縄文時代・弥生時代・古墳時代

第2章 飛鳥時代・奈良時代

第3章 平安時代

第4章 鎌倉時代

第5章 建武の新政・室町時代

第6章 戦国・安土桃山時代

第7章 江戸時代

第8章 明治時代

第9章 大正時代・戦争への道

第10章 戦後の日本

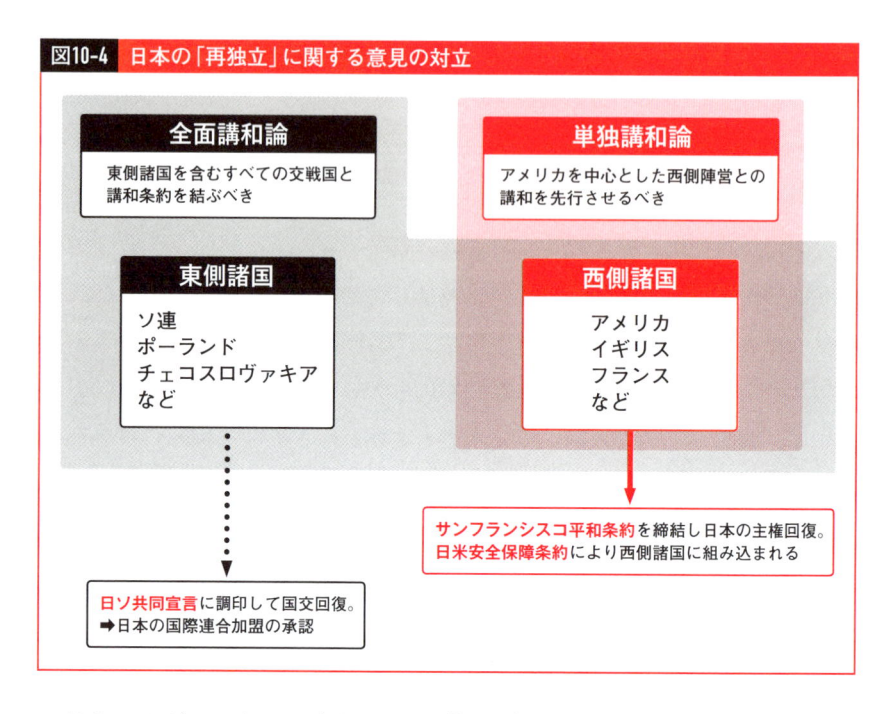

図10-4　日本の「再独立」に関する意見の対立

全面講和論
東側諸国を含むすべての交戦国と
講和条約を結ぶべき

単独講和論
アメリカを中心とした西側陣営との
講和を先行させるべき

東側諸国
ソ連
ポーランド
チェコスロヴァキア
など

西側諸国
アメリカ
イギリス
フランス
など

サンフランシスコ平和条約を締結し日本の主権回復。
日米安全保障条約により西側諸国に組み込まれる

日ソ共同宣言に調印して国交回復。
➡日本の国際連合加盟の承認

メリカ、イギリスなどを中心とする「西側」諸国との講和をまずは行うべきだという「単独講和」論が対立しますが、「アメリカとの経済・軍事的なつながりのもとで経済発展を優先したい」と考えた吉田茂内閣は、西側諸国との単独講和を選択します。

　サンフランシスコ講和会議によって**サンフランシスコ平和条約**が成立したことにより、日本は独立国として主権を回復し、国際社会に復帰します。

　日本は朝鮮の独立を承認するとともに、台湾や千島列島、南樺太などの領有権を放棄しました。また、沖縄や小笠原は引き続きアメリカの統治下に置かれることになりました。ただし、中国は中華人民共和国・中華民国のどちらが代表権をもつかでモメる可能性があったため、どちらも講和会議に招かれず（台湾の中華民国とは後で平和条約が結ばれました）、ソ連も調印に加わりませんでした。結果、日本と中華人民共和国、ソ連、そして北朝鮮と戦争中の韓国との国交は、あとで結ばれることになります。

アメリカの安全保障体制に組み込まれた日本

　サンフランシスコ平和条約と時を同じくして結ばれたのが、**日米安全保障条約**です。この条約によってアメリカ軍は日本の独立後も引き続き駐留し、東アジアの平和と日本の安全を守ることになりました。次いで**日米行政協定**も調印され、日本は駐留軍のために基地を提供し、その費用の分担も受け持ちました。吉田茂内閣はアメリカへの基地提供は認めましたが、それ以上の日本への軍備増強要求には反対していました。しかし、「日本を同盟国として安全保障体制に組み込みたい」という狙いを持っていたアメリカの軍備増強の要求により、警察予備隊は保安隊に改組されました。のちに海上の警備隊を統合し、航空部隊を新設し、**自衛隊**を発足させます。

　こうしたアメリカの要求をのまざるを得なかった動きに「対米追従」であるという抵抗が起きます。特に野党の社会党は講和条約と安全保障条約の意見の違いにより、「講和条約は賛成・安保条約には反対」という右派社会党、「講和条約にも安保条約にも反対」という左派社会党に分裂しました。

 ## 危機的な日本経済を救った「特需景気」

　ドッジ＝ラインの超緊縮財政によるデフレで経済危機にあえいでいた日本ですが、朝鮮戦争が、その危機を救うことになります。**戦争に使う物資の需要が一時的に高まる特需景気が起こり、繊維品や金属、機械の輸出が一気に伸びたのです。**ドッジ＝ラインによる企業の体質改善や円安の為替レートも有利に働き、一気に日本の経済危機が解消されたのです。

　吉田茂内閣は6年以上に及ぶ長期政権となりましたが、公職追放を解除されたもとの総裁、鳩山一郎（はとやまいちろう）が自由党に戻ると、自由党勢力が吉田派と鳩山派に2分されます。鳩山派は自由党から分離し、吉田茂と意見を異にする2政党と連合して日本民主党を結成します。

　衆議院の多数派を形成した日本民主党は吉田茂内閣に不信任案を提出し、吉田茂内閣は総辞職、**鳩山一郎内閣**が成立することになりました。

第1章 縄文時代・弥生時代
第2章 飛鳥時代・奈良時代
第3章 平安時代
第4章 鎌倉時代
第5章 建武の新政・室町時代
第6章 戦国・安土桃山時代
第7章 江戸時代
第8章 明治時代
第9章 大正時代・戦争への道
第10章 戦後の日本

自由民主党による
長期政権が始まる

 「保守合同」とよばれた自由民主党の成立

　吉田茂と鳩山一郎の対立の軸は、自衛隊と憲法、そしてアメリカをめぐる対立にありました。吉田茂と自由党は、アメリカの要求によって日米安全保障条約を結び、再軍備を行ったその首相とその与党なので、**「アメリカとの関係重視と再軍備容認、憲法改正をせずに『解釈』の範囲で自衛隊の存在を認めていく」** という意見を持っていました。対する鳩山一郎と日本民主党は、日米安全保障条約の意義を認めつつも、「対米追従」に陥らないためには、憲法改正を行い、再軍備をして「自立」すべきと考え、**「アメリカ一辺倒ではない『自主外交』、再軍備推進、憲法改正」** を唱えます。

　そして、もう1つの意見として、左右の社会党が共通してもつ、アメリカが要求してきた日米安全保障条約と再軍備そのものに反対する、という立場から憲法を守っていくべきと考える **「軍備そのものの反対、憲法改正反対」** という意見もありました。

　左右の社会党が講和問題の是非をまずは脇において「安保反対・再軍備反対・憲法改正反対」で再統一すると、日本民主党と自由党も **自由民主党** として合流し **「安保維持・再軍備容認または推進」** を唱え、憲法に関しては **「憲法改正」** を党の目標に掲げながらもその姿勢は議員によって幅があるという、現在につながる自由民主党の出発点になりました。そして、自由民主党とそれに同調する勢力の議席が3分の2弱、日本社会党とそれに同調する勢力の議席が3分の1強という、「二大政党ではあるが政権交代はなく、憲法改正の議論も進まない」というある種の「安定」ともいえる **55年体制** が成立しました。自由民主党は鳩山一郎首相を初代総裁に選出し、

以後40年近く自由民主党が政権を握り続けることになります。

日本を悩ませ続ける「矛盾」

　当初、アメリカは、日本に「再び歯向かうことのないように」徹底的な非武装化を行い、平和憲法をつくらせました。ところが、朝鮮戦争の勃発によってその政策を転換し、日本に再軍備させたのです。そのため、平和憲法と軍備との間に矛盾が生じることになりましたが、日本は憲法第9条を「専守防衛」という解釈にすることでその矛盾を吸収したのです。のちに、PKOへの参加や安全保障関連法の制定などで、自衛隊の活動範囲が広がり、憲法第9条との矛盾は拡大します。

　そこで、「憲法を変えて軍備を認めていく」のか、「憲法には手を付けずに解釈で矛盾を吸収していく」のか、「憲法に従って軍備そのものを否定する」のか、と、意見が分かれるようになります。

　戦後の日本は、日米安全保障条約のもとで防衛力をアメリカに頼りつつ、経済発展に集中できました。しかし、アメリカの軍事力に依存している状態では、当然、国際政治や経済で大きな発言力を持てません。憲法第9条を厳格に解釈して自衛隊を否定すれば、全面的に防衛力をアメリカに依存することになり、「自立」という面では一歩後退して日本の発言力はさらに低下します。自衛隊の活動範囲の拡大を憲法第9条の「解釈」を変えることで対応しようとすれば、今後も矛盾は拡大していくでしょう。自衛隊に自立した活動ができるようにして、アメリカの防衛力に依存しない体制をつくろうとするのであれば、憲法第9条を変え、自衛隊を憲法に明記するしかありません。吉田茂内閣から鳩山一郎内閣にかけて形成されたこのジレンマに、以後の日本は悩み続けることになります。

ソ連との国交回復と国際連合への加盟

　アメリカ一辺倒でない「自主外交」を唱える**鳩山一郎内閣**はソ連と交渉を行い、**日ソ共同宣言**に調印します。日本と、社会主義国の「親分」のソ

第1章　縄文時代・弥生時代・古墳時代

第2章　飛鳥時代・奈良時代

第3章　平安時代

第4章　鎌倉時代

第5章　建武の新政・室町時代

第6章　戦国・安土桃山時代

第7章　江戸時代

第8章　明治時代

第9章　大正時代・戦争への道

第10章　戦後の日本

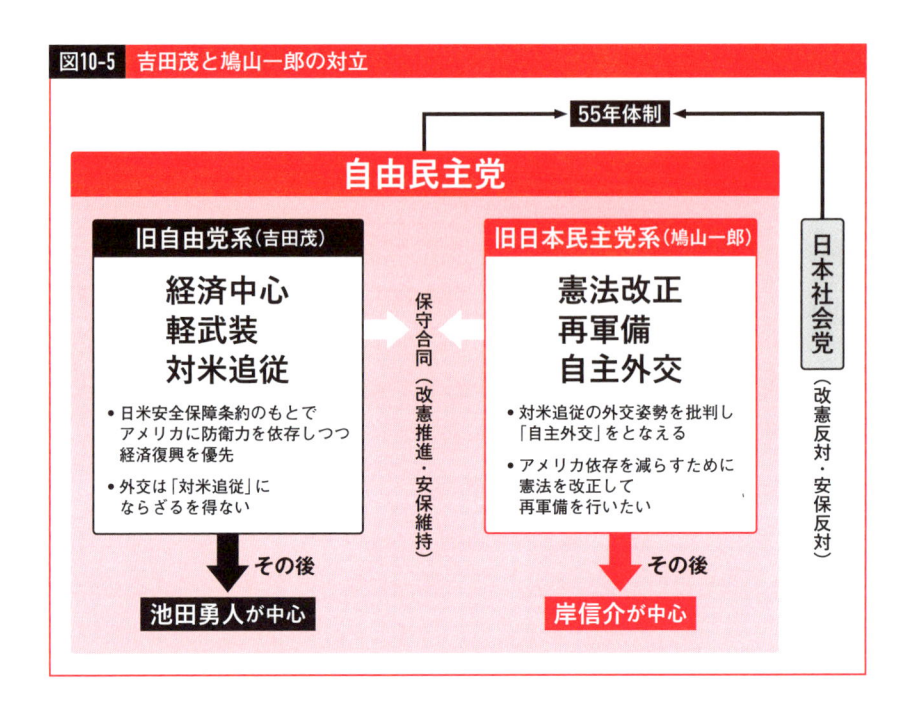

図10-5　吉田茂と鳩山一郎の対立

55年体制

自由民主党

旧自由党系（吉田茂）

経済中心
軽武装
対米追従

- 日米安全保障条約のもとで
アメリカに防衛力を依存しつつ
経済復興を優先
- 外交は「対米追従」に
ならざるを得ない

↓ その後

池田勇人が中心

保守合同（改憲推進・安保維持）

旧日本民主党系（鳩山一郎）

憲法改正
再軍備
自主外交

- 対米追従の外交姿勢を批判し
「自主外交」をとなえる
- アメリカ依存を減らすために
憲法を改正して
再軍備を行いたい

↓ その後

岸信介が中心

日本社会党（改憲反対・安保反対）

連が国交を回復したことで、東西両陣営に「渡りをつけた」ことになり、日本の国際連合加盟が実現します。この日ソ共同宣言はあくまで「宣言」であり、「条約」の調印をしたわけではありません。**ソ連、のちのロシアとの平和条約の調印は、いわゆる「北方領土」の領有問題の解決待ちとなっています。**日本は「日本固有の領土」である択捉島・国後島・歯舞諸島・色丹島の４島の返還を要求したのに対し、ソ連（ロシア）は択捉島・国後島はソ連の領土として決着済みであるという「平行線」がずっと続いています。共同宣言の調印後、戦前から戦中、戦後と政治の世界に長くあった鳩山一郎首相は、引退する形で内閣総辞職を決めました。

 ## 短命に終わった石橋湛山内閣

　鳩山一郎の引退をうけ、自民党総裁選で選出された**石橋湛山**（いしばしたんざん）が首相になります。しかし、組閣一月後に石橋湛山首相は病気にかかり、職務不能として辞任し、岸信介（きしのぶすけ）外務大臣が臨時の代理を務めることになりました。

アメリカとの新しい関係を模索した新安保条約

第1章
縄文時代・弥生
時代・古墳時代

第2章
飛鳥時代・
奈良時代

第3章
平安時代

第4章
鎌倉時代

第5章
建武の新政・
室町時代

第6章
戦国・
安土桃山時代

第7章
江戸時代

第8章
明治時代

第9章
大正時代・
戦争への道

第10章
戦後の日本

「奇妙な対立軸」ができた安保闘争

　岸信介はアメリカとの関係を重視しながらも、日米安全保障条約は対米従属的だと考え、その改定を目指します。安全保障条約とその後の日米行政協定において、日本はアメリカに基地を提供し、アメリカ軍の駐留を認めていたのに対し、アメリカ軍は「東アジアの安全に寄与する」と述べるにとどまり、日本を守る義務が明文化されておらず、不平等性があるというのです。また、安全保障条約の期限が明記されていないため、この不平等性をいつまでも引きずる可能性が生じてしまいます。

　そこで岸信介内閣はアメリカと新たに「**日米相互協力及び安全保障条約**（新安保条約）」の調印をします。新安保条約では共同防衛義務と日米の経済協力、そして日本の防衛力強化をうたい、条約期限は10年ごとに自動延長されることになりました。

　岸信介首相には「一方的に守ってもらうだけではアメリカに従属的にならざるを得ないので、日本も防衛力をつけ、『相互』に守りあうような条約にしたい」という意図があったのですが、反対派は「アメリカとの共同防衛を義務付けると、アメリカの戦争に日本が巻き込まれてしまう。この条約を結ぶこと自体が『対米従属』だ」と強硬に訴え、連日国会を取り囲んで反対を訴える「**安保闘争**」に発展します。一方は「アメリカに従属しないために日本も防衛力をつけたい」といい、一方は「アメリカに従属したくはないし、日本の防衛力の増強にも反対する」という「奇妙な対立軸」ができたのです。結果、見た目の日米同盟は強化されたことになり、以後の内閣はこの同盟関係を重視するスタンスをとります。

政治的対立よりも経済成長を重視した内閣

 ## 「有言実行」となった所得倍増計画

　岸信介内閣を引き継いだ池田勇人内閣（いけだはやと）は「寛容と忍耐」をスローガンにして、安全保障条約に関しての政治的な批判を辛抱強く聞きつつ、**高度経済成長**といわれる経済成長を背景に、「**所得倍増計画**」を打ち出して、政治面の対立を「棚に上げ」、安保闘争で高まった国民の不満を経済面で解消していこうとしました。「10年で給料を倍にします」という景気のよいスローガンのもと、経済政策が重視されます。**結果的に、経済はそれ以上のペースで成長し、「所得倍増」は実現されることとなりました。**

 ## 経済成長を後押ししたLT貿易

　経済を上向かせたい日本が市場として重視したのが、巨大な人口を抱える中華人民共和国です。当時、日本政府はアメリカをはじめとする西側諸国にならって、台湾の「中華民国」政府を唯一の中国政府と認め、社会主義国の一員である大陸の「中華人民共和国」と正式な国交を持っていませんでした。本格的な貿易ができなかった中華人民共和国に対して池田内閣は「政治的には国交を持たなくても、経済的にはつながりを持とう」と、政治と経済の分離を唱え、中国との正式な国家間貿易に準ずる、いわゆる「**LT貿易**」（エルティーぼうえき）を開始します。中国市場に参入するチャンスを得て日本の高度経済成長はさらに進んでいくのです。

 ## 先進国の仲間入りを果たした

　目覚ましい経済成長によって日本はGATT12条国から11条国へ、IMF14

条国から8条国へ移行します。貿易と為替の面で優遇措置が得られなくなり、貿易と為替の自由化が原則になりました。「優遇措置が得られない」というのは経済成長の証、ということです。

また、「先進国クラブ」ともいわれる**OECD**（経済協力開発機構）へも加盟することができました。世界の貿易と経済について影響力のある国同士が話し合う機関への加盟が認められたことで、日本は「先進国」の仲間入りを果たしたといえるでしょう。

アジア初のオリンピックは東京で開かれた

そして、アジア初のオリンピック、**東京オリンピック**が開かれました。オリンピックのために急ピッチで交通網の整備が行われ、東海道新幹線や首都高速道路が開通しました。オリンピックの開会式直後、池田勇人首相は病気による療養生活に入ったため、池田勇人内閣が総辞職し、後任の首相に**佐藤栄作**が指名されました。

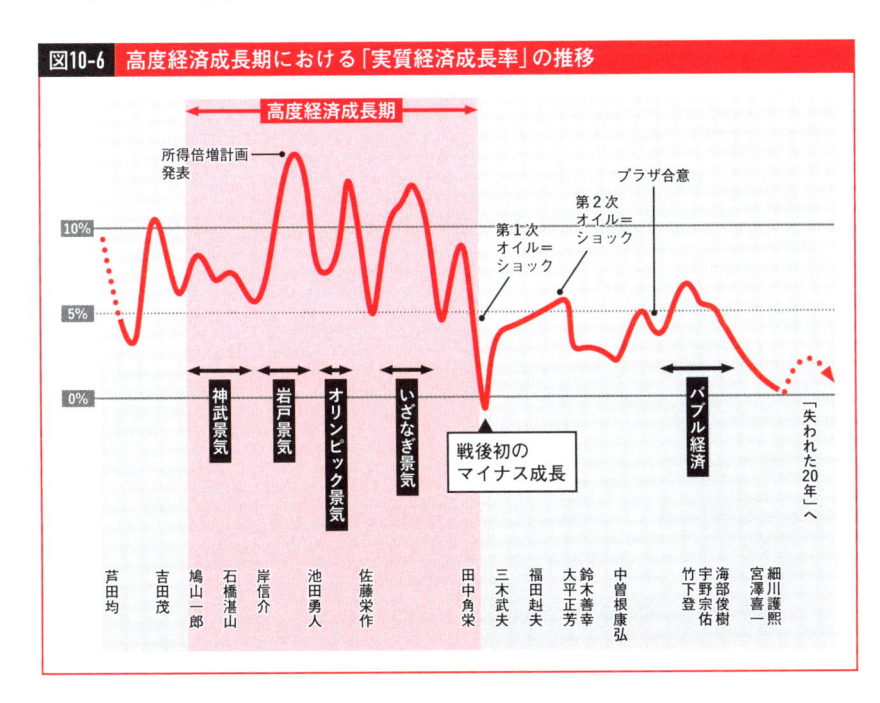

図10-6 高度経済成長期における「実質経済成長率」の推移

第1章 縄文時代・弥生時代・古墳時代
第2章 飛鳥時代・奈良時代
第3章 平安時代
第4章 鎌倉時代
第5章 建武の新政・室町時代
第6章 戦国・安土桃山時代
第7章 江戸時代
第8章 明治時代
第9章 大正時代・戦争への道
第10章 戦後の日本

戦後外交の整理を行った長期政権

韓国との国交が樹立

　池田勇人内閣は、4年4ヶ月にわたる長期政権でした。その間、外交問題を先送りにしていたため、佐藤栄作内閣は、外交問題から手をつけます。

　まず、韓国と**日韓基本条約**を結び国交正常化を行います。韓国の初代大統領だった李承晩は反日的政策をとりましたが、3代目の大統領の朴正熙に代わってから交渉が進展し、条約の締結が実現しました。この条約によって、日本は韓国政府を朝鮮にある唯一の合法的政府と認め、付属協定によって韓国に総額8億ドルの経済協力を行うこととし、代わりに韓国は対日請求権を放棄することになりました。

「核抜き・本土並み」の合意で返還された沖縄

　アメリカをめぐる国際関係にも、変化が見られました。アメリカが、ベトナムの社会主義化を防ぐためにベトナム戦争を起こし、それが苦戦に陥ると、圧倒的だったアメリカの国際的影響力に陰りが見えてきたのです。

　ベトナム戦争が注目されると、沖縄の基地負担の大きさがクローズアップされるようになります。ベトナム戦争の後方基地となった沖縄では、頻繁に爆撃機の離発着が行われ、中には墜落する爆撃機があったり、また、アメリカ軍兵士関連の事故や犯罪が増加したりとトラブルが続き、基地負担の大きさを再認識した沖縄の県民は**祖国復帰運動**を起こしました。

　沖縄に先んじて小笠原諸島も日本に返還されましたが、その際、それまでアメリカのものだった小笠原に対する核兵器の取り扱いはどうするのか、という質問に対して佐藤栄作首相が「核兵器を持たず、つくらず、持ち込

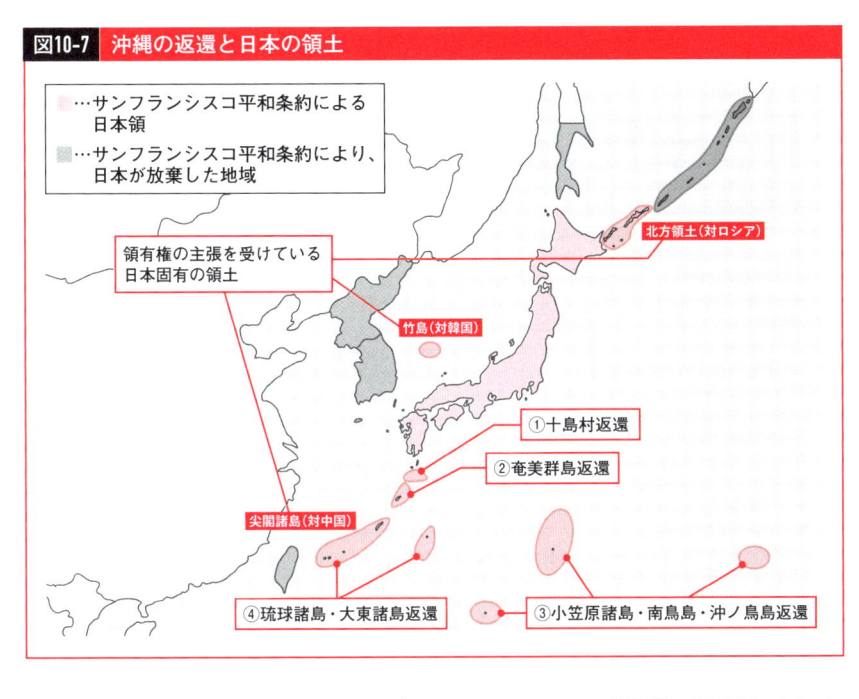

図10-7　沖縄の返還と日本の領土

- ▨…サンフランシスコ平和条約による日本領
- ▨…サンフランシスコ平和条約により、日本が放棄した地域

領有権の主張を受けている日本固有の領土

北方領土(対ロシア)

竹島(対韓国)

①十島村返還

②奄美群島返還

尖閣諸島(対中国)

④琉球諸島・大東諸島返還

③小笠原諸島・南鳥島・沖ノ鳥島返還

第1章 縄文時代・弥生時代・古墳時代

第2章 飛鳥時代・奈良時代

第3章 平安時代

第4章 鎌倉時代

第5章 建武の新政・室町時代

第6章 戦国・安土桃山時代

第7章 江戸時代

第8章 明治時代

第9章 大正時代・戦争への道

第10章 戦後の日本

ませず、というルールを適用する」といういわゆる「**非核三原則**」を打ち出しました。

　沖縄にはたくさんの米軍基地があります。アメリカは核兵器を沖縄に持ち込んでソ連から中国、東南アジアへの広範囲に「にらみを利かせたい」という意思がありましたが、最終的には沖縄にも非核三原則を適用し、本土と同じ施政権を適用する「核抜き・本土並み」の合意のもと、**沖縄返還協定**への調印がなされました。

　しかし、（沖縄以外にも）これ以後、核兵器を搭載したアメリカの艦船が日本に寄港した可能性は十分にありますし、日本が「非核三原則」を持っていても、実際はアメリカの「核の傘」に守られていることも事実です。

　佐藤栄作内閣は池田勇人内閣を超える７年８ヶ月にもわたる長期政権になり、沖縄の本土復帰が実現した直後、自民党総裁の任期切れとともに総辞職し、自民党総裁選で総裁に選ばれた**田中角栄**が総理大臣になりました。

派閥のトップが交代した「三角大福」の時代

中国との国交正常化を行った田中「角」栄内閣

　田中角栄内閣成立の少し前、アメリカ大統領**ニクソン**の動きによって、日本に２つの激震が走りました。日本のみならず、世界に大きな２つの変化を与えたので「**ニクソン＝ショック**」と呼ばれています。

　１つは、アメリカがそれまで対立していた中華人民共和国に突如訪問して国交をひらき、台湾の中華民国と国交を絶ったことです。ベトナム戦争が泥沼化したため、社会主義国陣営の中華人民共和国に仲介してもらう可能性を探ったのです。中華人民共和国が国連代表権を獲得した代わりに、中華民国は国連代表権を失い、アメリカとの国交も絶たれます。

　もう１つは、アメリカが金とドルの交換をやめ、金本位制を停止したことです。ベトナム戦争には莫大な費用がかかりました。金本位制をとっていたアメリカは戦費を支出しているうちに国内の金が大量に流出したのです。そこでアメリカは金本位制をやめ、「不換紙幣」を大量に印刷する「緊急輸血」に踏み切ったのです。

　もちろん、金との交換の裏付けがない紙幣の価値は下がりますので、実質的には「ドル安」になります。以後、アメリカで金本位制が復活することはありませんでした。この２つの「ショック」が、これまで中華民国と密接な関係を持ち、「円安・ドル高」の中で高度経済成長をしていた日本を揺るがしました。アメリカが中華民国との関係を絶ったことで、日本も中華民国との正式な国交を絶たざるを得なくなり（経済的・文化的な交流はもちろん続いています）、「円高・ドル安」が進行して、アメリカに輸出する日本製品が割高になり、当然のように貿易不振になりました。合わせて、

アメリカと中東諸国の関係悪化から発生した**オイル＝ショック**という原油価格の値上がりを受けて**経済成長率が初めてマイナスになり、高度経済成長は終わりを告げたのです。**また、米中関係の変化も受けて、日中関係が見直され、田中角栄内閣は中華人民共和国と**日中共同声明**を発表し国交をひらきました。

　各地で大型の公共事業を起こした田中角栄は親分肌と庶民派のイメージで人気がありましたが、金権体質の政治だと批判され、総辞職しました。

与野党の攻撃を受けた「三」木武夫内閣

　三木武夫はクリーンなイメージの首相でしたが、政府高官による大型の贈収賄事件であるロッキード事件の発覚で野党の一斉攻撃を受けます。三木武夫首相は積極的に事実を解明すると約束したものの、「それでは身内の自民党の余罪がバレてしまう」と、党内から「三木おろし」の風が吹いてしまい、与野党の総攻撃を受けて選挙に敗北し辞任しました。

景気対策を推進した「福」田赳夫内閣

　福田赳夫首相は手堅い政権運営を行い、低迷した景気の回復に努めましたが、党内の多数派獲得工作に失敗し、総裁選で田中角栄のバックアップを受けた大平正芳が当選し、首相が交代します。

消費税導入を訴えた「大」平正芳内閣

　第2次オイル＝ショックに直面した**大平正芳内閣**は財政再建のため、間接税の「一般消費税」の導入を訴えますが、反対を受けてとり下げることになります。大平首相の急死により、鈴木内閣が成立しました。

歳出の削減を図った鈴木善幸内閣

　鈴木善幸首相は財政難の解消のために、歳出の削減に重点を置いた改革を行おうとしますが、総裁選目前に辞任を表明し内閣総辞職となりました。

第1章 縄文時代・弥生時代・古墳時代
第2章 飛鳥時代・奈良時代
第3章 平安時代
第4章 鎌倉時代
第5章 建武の新政・室町時代
第6章 戦国・安土桃山時代
第7章 江戸時代
第8章 明治時代
第9章 大正時代・戦争への道
第10章 戦後の日本

バブル経済をもたらした プラザ合意

 ## 円高不況となったプラザ合意

　中曽根康弘首相は、「戦後政治の総決算」を唱えて**行財政改革**を積極的に推進します。収益性の向上のため、電電公社をNTT、専売公社をJT、そして国鉄をJR、と次々と民営化し、大型間接税の導入を唱えました。

　ニクソン＝ショックやオイル＝ショック以降、鉄鋼・造船・石油化学のような昔ながらの重化学工業は停滞しましたが、代わりに自動車や半導体などの新しい産業が伸長し、日本の貿易は再び黒字に転じました。このとき、アメリカの財政は軍事費を拡大して慢性的な赤字になっており、その上、日本との貿易も大幅な赤字という「双子の赤字」を抱えていました。

　そのため、アメリカはイギリス、西ドイツ、フランスに日本を加えた会議を行い、日本に妥協を迫り、「不当」な円安を改めて、大幅な円高に為替相場を誘導するという「**プラザ合意**」がなされました。米英独仏という経済大国4か国が協調介入した結果、日本円は合意前の1ドル240円程度から、合意後の2年間で120円ほどになりました。実質、日本製品は世界市場で2倍の値上がりになったため、物が売れない「円高不況」が訪れます。

 ## バブル経済の始まり

　そこで、日本は「低金利政策」をとります。銀行からの貸し出し金利を下げ、企業がお金を借りやすくすることで企業に資金を供給しようとしたのです。この資金で企業は工場の海外移転などを行い、不況を脱することができました。金利の引き下げにより、企業のみならず、誰でも低金利でお金を借りられるようになりました。すると、低金利でお金を借りて、土

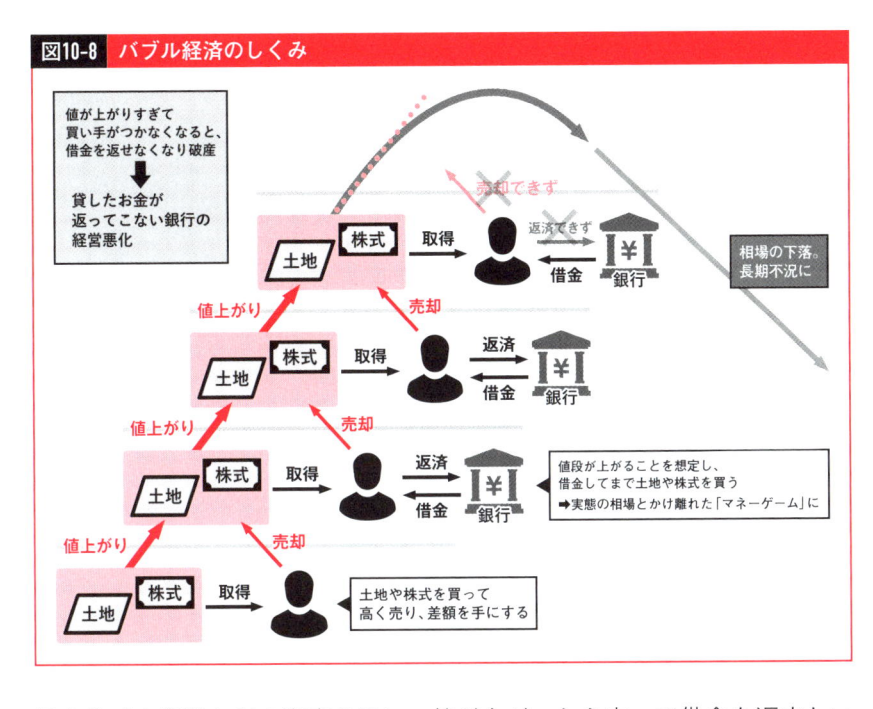

図10-8　バブル経済のしくみ

値が上がりすぎて買い手がつかなくなると、借金を返せなくなり破産
→ 貸したお金が返ってこない銀行の経営悪化

売却できず

相場の下落。長期不況に

土地　株式　取得　返済できず　借金　銀行

値上がり　売却

土地　株式　取得　返済　借金　銀行

値上がり　売却

土地　株式　取得　返済　借金　銀行
値段が上がることを想定し、借金してまで土地や株式を買う
→実態の相場とかけ離れた「マネーゲーム」に

値上がり　売却

土地　株式　取得
土地や株式を買って高く売り、差額を手にする

地や株式や債券などの資産を買い、値が上がったら売って借金を返すという「投機」が日本中で行われるようになり、土地や株価が実際の資産価値以上に高騰しました。そして、土地や資産を高値でつかみ、次の買い手が見つからなかった者が損をかぶり、借金を返せず会社が倒産、貸金が返ってこない金融機関も倒産という連鎖倒産が起きました。「泡がはじけるように」好景気が消えたこの経済状況を「**バブル経済**」といいます。その後、日本は「失われた20年」ともいわれる景気低迷の時代に突入していくのです。

消費税導入と「平成」の始まり

竹下登内閣は大平正芳内閣からの「宿題」だった大型間接税の導入に取り組み、「**消費税**」を導入します。竹下内閣は政財界を巻き込む贈収賄事件のリクルート事件の余波で退陣を余儀なくされました。この竹下内閣の時代に昭和天皇が崩御され、「**平成**」の世の中になります。

第1章　縄文時代・弥生時代

第2章　飛鳥時代・

第3章　平安時代

第4章　鎌倉時代

第5章　建武の新政・室町時代

第6章　戦国・安土桃山時代

第7章　江戸時代

第8章　明治時代

第9章　大正時代・戦争への道

第10章　戦後の日本

課題が山積した「平成」の30年

 ## バブルの崩壊と55年体制の終わり

　平成に入ってから初めて成立した**宇野宗佑内閣**は、首相の女性問題からすぐに総辞職したため、**海部俊樹内閣**が成立します。

　海部内閣は、湾岸戦争の際、自衛隊の派遣に消極的でした。湾岸戦争支援に90億ドルを支出しますが「人を出さずにカネを出す」と日本が批判されたことから、自衛隊の海外派遣の検討が始まりました。この海部内閣のときにバブル崩壊が始まり、日本は「失われた20年」に突入します。

　宮澤喜一内閣は**PKO協力法**を成立させ、自衛隊の海外派遣という形での国際貢献を開始します。バブルの崩壊による混乱と、佐川急便事件やゼネコン疑惑などの政治とカネの問題が集中し、内閣不信任案が可決されました。自民党も分裂して新党が形成され、「信を問う」形で衆議院の解散総選挙が行われた結果、自民党は敗北します。非自民党系の8党が共同すれば自民党を上回る勢力になったため、自民党は結党以来、初めて政権の座を降りることになり、55年体制は終わりを告げたのです。

 ## 大きな災害と事件により安全神話が崩壊した

　日本新党から首相となった**細川護熙内閣**は消費税の廃止と国民福祉税の導入を検討しますが、多数政党の連立内閣だったため、導入への足並みが揃いませんでした。細川護熙首相の、特定企業からの多額の借入金を自民党が問題視して予算の審議を拒否したため政治が滞り、内閣は総辞職します。新生党の**羽田孜内閣**が連立を引き継ぎますが、社会党と新党さきがけの2党が連立を離れ、約2か月の短命内閣に終わります。

この、連立から離れた社会党と新党さきがけの2つに声をかけたのが自民党です。政権に復帰するためにかつてのライバル、社会党と手を組んだ自民党のしたたかさに世の人は驚くことになりました。首相になったのは社会党の委員長だった村山富市です。社会党といえば、自衛隊の存在に反対、日米安全保障体制も反対、ということを主張し、自民党とずっと対立を続けていた政党でした。しかし、政権を担当した**村山富市内閣**は、現実に合わせる形で「日米安全保障体制は必要」「自衛隊の存在も憲法の解釈で容認」ということを表明し、社会党の路線を大きく変えました。

また、戦後50年の節目に当たる年を迎え、太平洋戦争と植民地支配に対して反省と謝罪を行ったいわゆる「村山談話」を発表しています。この内閣のときに**阪神・淡路大震災**、地下鉄サリン事件と大きな災害や事件が起き、危機管理体制に批判の声が起こり、また、バブル崩壊を受けて危機に陥った住宅金融専門会社（住専）を公的資金を注入して救済する策を批判され、村山内閣は自民党に政権を譲る形で総辞職しました。

こうして、自民党の党首が再び首相に返り咲きます。このときの内閣が**橋本龍太郎内閣**です。村山内閣からの懸案事項だった住専の不良債権処理問題や消費税の引き上げに取り組みますが、アジアの通貨危機が発生していたところに消費税を上げるというタイミングの悪さが手伝い、金融機関の破綻が相次ぐことになりました。また、日米関係では普天間飛行場の移設条件付きの返還が決められ、日米間で東アジア情勢の急変の際の日米防衛協力のありかたを定めた「新ガイドライン」が定められました。

🏛 構造改革に取り組んだ自公政権

金融危機をうけて橋本龍太郎首相が辞任した後、**小渕恵三内閣**が成立します。小渕恵三首相は温和な性格で調整がうまく、大型予算を組んで景気回復を図るとともに、公明党と連立を組むことで政権の安定を図ります。

小渕内閣は新ガイドライン関連法を成立させ、自衛隊の米軍への後方支援活動を可能にしました。景気がやや上向き、成果が出始めた小渕内閣で

第1章 縄文時代・弥生時代・古墳時代

第2章 飛鳥時代・奈良時代

第3章 平安時代

第4章 鎌倉時代

第5章 建武の新政・室町時代

第6章 戦国・安土桃山時代

第7章 江戸時代

第8章 明治時代

第9章 大正時代・戦争への道

第10章 戦後の日本

したが、小渕恵三首相の突然の死によって総辞職することになり、**森喜朗内閣**に引き継がれます。しかし、この内閣は短命に終わり、自民党総裁選で圧倒的な支持を集めた小泉純一郎が総理大臣になります。「自民党を壊す」というフレーズで注目され、圧倒的な支持を集めた**小泉純一郎内閣**は規制緩和や行政・財政の構造改革に取り組み、郵政民営化などの一定の成果をあげました。また、北朝鮮に日本人拉致を認めさせ、5人の帰国を実現しています。総裁の任期満了により小泉純一郎首相が退陣し、成立したのが**安倍晋三内閣**です。憲法改正に積極的に取り組む姿勢を見せ、憲法改正のための国民投票法を成立させますが、健康問題から退陣し、短命内閣となりました。続く**福田康夫内閣・麻生太郎内閣**も短命に終わり、アメリカ発の「リーマン・ショック」といわれた経済危機などもあって、次第に政治の閉塞感が感じられるようになっていきます。

民主党政権から安倍政権へ、そして「令和」へ

そのタイミングで選挙に勝利したのが当時、最大の野党だった民主党です。野党が選挙で勝利して単独過半数を獲得したのは初めてのことでした。マニフェスト（政権公約）を掲げて成立した**鳩山由紀夫内閣**は「事業仕分け」といわれた行政改革により予算を捻出し、政治改革を行いますがうまくいかず、普天間基地の移設問題で海外・県外への移設の実現も断念して辞意を表明、政権は**菅直人内閣**に引き継がれます。菅直人首相の在任中に起きたのが**東日本大震災**と福島原発事故です。事故の対応への批判が集まり、国民の信頼を失った菅直人は総辞職し、代わって民主党の**野田佳彦内閣**が成立しました。消費税の段階的増税が衆議院で可決されますが、民主党政権に対する批判の声が高まり、衆議院総選挙で国民の「信を問う」形にしたのですが、大敗して民主党は政権を失います。再び自由民主党が政権を取り戻し、**安倍晋三内閣**が再び成立します。安倍内閣は集団的自衛権の容認を閣議決定し、経済面ではいわゆる「アベノミクス」を推進し、大幅な金融緩和を行い、デフレ脱却に努めました。

おわりに

　この本を書いている最中、元号が平成から令和に変わりました。「令和」とは、「万葉集」の一節にある、奈良時代に大伴旅人という人物が大宰府で行った、「梅花の宴」の中で詠まれた和歌の歌集の「序文」にある言葉です。私が生まれ育った福岡の太宰府が、新しい元号の由来の地になったのは、誇らしいことだと思います。

　街並みや人々の生活様式、ファッションなどの画一化が進んでいる現在、郷土の歴史を知ることはとても大切だと考えています。たとえば、私が居住している志免町には、国の重要文化財となっている炭鉱の大きな竪坑跡があります。この炭鉱は、海軍や国鉄へ燃料を供給することで、日本の近・現代を長らく支えてきました。この例に限らず、歴史遺産は、日本の至るところに驚くほど多くあります。

　歴史遺産の背景を知ると、その地域に愛着がわきますので、自分の出身地や旅先の歴史遺産をぜひ積極的に訪ねてみてください。その地にしかない歴史や文化財から、きっと様々なことを感じ取れると思います。

　日本の歴史の「ストーリー」を頭に入れ、地域の歴史の魅力を再発見することは、人生を豊かにすることにつながります。また、地域社会においては観光資源にするきっかけにもなります。本書がそのような歴史への「興味の扉」になることを願っています。

　最後になりましたが、埼玉県立坂戸高等学校、福岡県立太宰府高等学校、福岡県立嘉穂東高等学校、福岡県公立古賀竟成館高等学校、福岡県立博多青松高校の皆さん、本当にありがとう。本書の「ストーリー」は皆さんとの日々の授業の中で培われました。深く感謝をしたいと思います。

2019年 8 月

山﨑圭一

巻末付録

- 文化史
- 日本史年表

飛鳥文化

～国際色豊かな日本最古の仏教文化～

建築
法隆寺金堂・五重塔・中門・回廊

工芸
法隆寺玉虫厨子
中宮寺天寿国繍帳

彫刻
飛鳥寺釈迦如来像
法隆寺金堂釈迦三尊像
法隆寺百済観音像
広隆寺半跏思惟像
中宮寺半跏思惟像

 # 白鳳文化

～唐初期の影響を受けた生気ある仏教文化～

文芸	
額田王・柿本人麻呂	和歌の形式を整える

建築
薬師寺東塔

絵画
法隆寺金堂壁画
高松塚古墳壁画

彫刻
薬師寺金堂薬師三尊像
薬師寺東院堂聖観音像
法隆寺阿弥陀三尊像
興福寺仏頭

 # 天平文化

～唐の盛期の影響と国家仏教の展開～

歴史・地理	文芸	建築
『古事記』	『懐風藻』(最古の漢詩集)	東大寺法華堂
『日本書紀』	『万葉集』(最古の和歌集)	唐招提寺金堂・講堂
『風土記』		

彫刻	絵画	工芸
東大寺法華堂不空羂索観音像	正倉院鳥毛立女屏風	螺鈿紫檀五絃琵琶
東大寺法華堂日光・月光菩薩像	薬師寺吉祥天像	百万塔陀羅尼
唐招提寺鑑真像		
興福寺八部衆像(阿修羅像など)		

弘仁・貞観文化

～文芸で国家の隆盛を実現しようという文章経国の思想と密教文化～

文芸	
勅撰漢詩文集（『凌雲集』『文華秀麗集』『経国集』）	
空海	『性霊集』

建築
室生寺金堂・五重塔

彫刻
室生寺金堂釈迦如来像
観心寺如意輪観音像

絵画
教王護国寺両界曼荼羅
園城寺不動明王像

国風文化

～日本の風土や心情にあった優雅な王朝文化～

文学	
『古今和歌集』	
『竹取物語』	
『伊勢物語』	
紫式部	『源氏物語』
紀貫之	『土佐日記』
清少納言	『枕草子』

建築
平等院鳳凰堂

彫刻
平等院鳳凰堂阿弥陀如来像

絵画
高野山聖衆来迎図

院政期文化

～地方や庶民が文化の担い手となりはじめた～

歌謡	
後白河上皇	『梁塵秘抄』

説話
『今昔物語集』

歴史・軍記物語	建築	絵画
『大鏡』	中尊寺金色堂	源氏物語絵巻
『今鏡』	白水阿弥陀堂	鳥獣戯画
『将門記』	富貴寺大堂	平家納経
『陸奥話記』	三仏寺投入堂	扇面古写経

鎌倉文化

～質実剛健、写実的な武家文化と伝統的な公家文化の複合文化～

文学・和歌	
『新古今和歌集』	
源実朝	『金槐和歌集』
西行	『山家集』

文学・随筆	
鴨長明	『方丈記』
兼好法師	『徒然草』

文学・軍記物語
『保元物語』
『平治物語』
『平家物語』

建築
東大寺南大門
円覚寺舎利殿
三十三間堂

彫刻
東大寺南大門金剛力士像
興福寺無著・世親像

絵画
一遍上人絵伝
蒙古襲来絵巻

 南北朝文化

～南北朝それぞれが軍記物や歴史書で正統性を主張～

軍記物・歴史書
『太平記』
『神皇正統記』
『梅松論』

庭園
天龍寺庭園
西芳寺庭園

連歌	
二条良基	『菟玖波集』
	『応安新式』

有職故実	
後醍醐天皇	『建武年中行事』
北畠親房	『職原抄』

 北山文化

～足利義満のもと花開いた武家・公家の融合文化～

建築
鹿苑寺金閣

絵画	
如拙	瓢鮎図
周文	寒山拾得図

能・狂言	
大和猿楽四座（観世・宝生・金春・金剛）	
世阿弥	『風姿花伝』

文学	
義堂周信	五山文学
絶海中津	

 東山文化

～足利義政が中心となり禅の精神性と芸術性が文化に反映～

建築
慈照寺銀閣・東求堂同仁斎

連歌	
宗祇	『新撰菟玖波集』
宗鑑	『犬筑波集』

庭園
龍安寺庭園
大徳寺大仙院庭園

芸能
『閑吟集』

絵画	
雪舟	四季山水図巻

有職故実	
一条兼良	公事根源

茶道	
村田珠光	侘茶を創始
竹野紹鷗	侘茶を継承

桃山文化

～豪華、壮大な天下人たちの文化～

建築
姫路城
二条城二の丸御殿
妙喜庵待庵

絵画	
狩野永徳	唐獅子図屏風・洛中洛外図屏風
長谷川等伯	松林図屏風

茶道	
千利休	侘茶を大成

芸能	
出雲阿国	かぶき踊り

寛永期文化

～桃山文化を受け継いだ江戸初期の文化～

建築
桂離宮
修学院離宮
日光東照宮

絵画	
俵屋宗達	風神雷神図屏風
狩野探幽	大徳寺方丈襖絵

文学	
松永貞徳	貞門俳諧

工芸	
本阿弥光悦	舟橋蒔絵硯箱

学問	
藤原惺窩・林羅山	朱子学を教授

元禄文化

～大坂・京都で栄えた華やかで人情味のある町人文化～

文芸	
松尾芭蕉	『奥の細道』
井原西鶴	『好色一代男』 『日本永代蔵』
近松門左衛門	『曽根崎心中』 『国姓爺合戦』

絵画	
尾形光琳	燕子花図屏風
菱川師宣	見返り美人図

工芸	
尾形光琳	八橋蒔絵螺鈿硯箱

建築
東大寺大仏殿

朱子学	
林鳳岡	幕府の初代大学頭
木下順庵	加賀の前田家に 仕える
山崎闇斎	垂加神道を創始

陽明学	
中江藤樹	日本の 陽明学の祖
熊沢蕃山	『大学或問』

古学	
山鹿素行	朱子学を批判
荻生徂徠	経世論を展開

 ## 宝暦・天明期文化

～幕藩体制の動揺を背景に新しい学問・思想が流行～

文芸	
山東京伝	洒落本『仕懸文庫』
恋川春町	黄表紙 『金々先生栄花夢』
与謝蕪村	蕪村七部集
柄井川柳	誹風柳多留
竹田出雲	仮名手本忠臣蔵

浮世絵	
喜多川歌麿	婦女人相十品
東洲斎写楽	役者絵・相撲絵

文人画	
池大雅・ 与謝蕪村	十便十宜図

洋学	
平賀源内	寒暖計・エレキテル
杉田玄白	『解体新書』

 ## 化政文化

～江戸の町人たちが担った渋みや粋を重んじる「通好み」の文化～

文芸	
十返舎一九	滑稽本『東海道中膝栗毛』
為永春水	人情本『春色梅児誉美』
柳亭種彦	合巻『偐紫田舎源氏』
曲亭馬琴	『南総里見八犬伝』
小林一茶	『おらが春』

絵画	
葛飾北斎	富嶽三十六景
歌川広重	東海道五十三次
渡辺崋山	鷹見泉石像

明治文化

～文明開化の展開・欧米化とナショナリズムの摩擦～

西洋思想の紹介	
福沢諭吉	『西洋事情』『学問のすゝめ』
中村正直	『西国立志編』
中江兆民	『民約訳解』

文学：写実主義	
坪内逍遙	『小説神髄』
二葉亭四迷	『浮雲』

文学：ロマン主義	
森鷗外	『舞姫』
樋口一葉	『たけくらべ』

文学：自然主義	
島崎藤村	『破戒』
田山花袋	『蒲団』

文学：反自然主義	
夏目漱石	『吾輩は猫である』

文学：詩歌	
島崎藤村	『若菜集』
土井晩翠	『天地有情』
上田敏	『海潮音』
北原白秋	『邪宗門』

文学：短歌・俳句	
正岡子規	『病牀六尺』
与謝野晶子	『みだれ髪』
石川啄木	『一握の砂』『悲しき玩具』

建築	
コンドル	ニコライ堂
辰野金吾	日本銀行本店

彫刻	
高村光雲	老猿
荻原守衛	女

自然科学	
北里柴三郎	細菌学の研究
志賀潔	赤痢菌の発見
高峰譲吉	アドレナリンの抽出
鈴木梅太郎	オリザニンの抽出
牧野富太郎	植物の分類法

洋画	
高橋由一	鮭
浅井忠	収穫
黒田清輝	読書
青木繁	海の幸

日本画	
狩野芳崖	悲母観音
橋本雅邦	龍虎図
菱田春草	黒き猫

 ## 大正・昭和前期の文化

～大正デモクラシーの影響を受けた大衆文化～

文学：白樺派	
武者小路実篤	『友情』
志賀直哉	『暗夜行路』

文学：新思潮派	
芥川龍之介	『羅生門』
菊池寛	『恩讐の彼方に』

文学：プロレタリア文学	
小林多喜二	『蟹工船』
徳永直	『太陽のない街』

文学：新感覚派	
川端康成	『伊豆の踊子』
横光利一	『日輪』

文学：新興芸術派・新心理主義	
井伏鱒二	『山椒魚』
堀辰雄	『風立ちぬ』

文学：戦争文学	
石川達三	『生きてゐる兵隊』
火野葦平	『麦と兵隊』

文学：大衆文学・児童文学	
中里介山	『大菩薩峠』
宮沢賢治	『風の又三郎』

絵画	
横山大観	生々流転
岸田劉生	麗子微笑

自然科学	
野口英世	黄熱病の研究
湯川秀樹	中間子の理論

彫刻	
高村光太郎	手

建築	
辰野金吾	東京駅

戦後の文化

~アメリカの大衆文化の影響を受けて従来の価値観が転換~

文学	
太宰治	『斜陽』
坂口安吾	『堕落論』
大岡昇平	『俘虜記』
谷崎潤一郎	『細雪』
三島由紀夫	『仮面の告白』
石原慎太郎	『太陽の季節』
大江健三郎	『飼育』
松本清張	『点と線』

大衆文化	
黒澤明	映画「羅生門」
美空ひばり	戦後の国民的歌手
手塚治虫	アニメ「鉄腕アトム」

 現代の文化

~高度経済成長を背景に大量生産、大量消費の大衆文化が発達~

文学	
村上春樹	『ノルウェイの森』
よしもとばなな	『キッチン』
俵万智	『サラダ記念日』

漫画	
藤子不二雄	「ドラえもん」

長編アニメ映画	
宮崎駿	「千と千尋の神隠し」

日本が生んだ新技術
ウォークマン(携帯用カセットプレーヤー)
ファミリーコンピューター(家庭用ゲーム機)

年号	出来事	参照ページ
約1万年前	**地球の温暖化** 更新世から完新世に移行し縄文時代が始まる	序章 P29
57	**倭の奴国王が後漢に入貢** 「漢委奴国王」の「金印」を授かる	第1章 P41
107	**倭の国王帥升が後漢に入貢する** 生口(奴隷)160人を後漢に献上	第1章 P41
239	**卑弥呼が魏に使いを送る** 「親魏倭王」の称号を受ける	第1章 P42
478	**倭王の武が宋に使いを送る** 日本と朝鮮半島の軍を束ねる将軍としての称号を授かる	第1章 P46
527	**磐井の乱** 地方の反乱を平定して王権が安定する	第2章 P53
587	**蘇我馬子、物部守屋を滅ぼす** 仏教受容をめぐる論争に決着をつけ、蘇我氏の時代が訪れる	第2章 P54
604	**憲法十七条** 豪族たちに官僚としての自覚を求める	第2章 P55
607	**遣隋使に小野妹子を派遣** 臣下として従属しない方針が、隋の皇帝からは無礼とされる	第2章 P56
645	**乙巳の変** 中大兄皇子と中臣鎌足が蘇我蝦夷・入鹿を滅ぼし蘇我氏の時代が終わる	第2章 P58
646	**改新の詔** 公地公民制や新しい税制など、新政府の方針が示される	第2章 P59
663	**白村江の戦い** 唐・新羅連合軍に大敗し、防衛策が図られる	第2章 P60、P61
672	**壬申の乱** 古代日本最大の皇位継承争いに大海人皇子が勝利する	第2章 P62、P63
701	**大宝律令** 律令制度による政治のしくみが整う	第2章 P66、P67
708	**和同開珎の鋳造** 「本朝十二銭」の始めとなる本格的な銭貨が鋳造される	第2章 P70
710	**平城京遷都** 唐の長安にならった壮大な都への遷都が行われる	第2章 P71

年号	出来事	参照ページ
723	**三世一身の法** 公地公民制が緩められ、耕地の拡大が図られる	第2章 P73
729	**長屋王の変** 藤原四子の策謀で長屋王が自殺に追い込まれる	第2章 P74
740	**藤原広嗣の乱** 橘諸兄政権に対して巻き返しを図った藤原広嗣が乱を起こす	第2章 P74、P75
743	**墾田永年私財法・大仏造立の詔** 国家の安定を図るため、聖武天皇の重要政策が打ち出される	第2章 P75、P76
764	**恵美押勝の乱** 道鏡と対立した恵美押勝が反乱を起こす	第2章 P78、P79
784	**長岡京遷都** 仏教勢力から離れるために新しい都に移される	第3章 P84
794	**平安京遷都** 長岡京から再遷都されたが、未完の都に終わる	第3章 P85
810	**平城太上天皇の変** 皇位をめぐる「兄弟喧嘩」は弟の嵯峨天皇の勝利に終わる	第3章 P87
842	**承和の変** 藤原良房が北家の優位を確立し、他氏の勢力を排除する	第3章 P89
866	**応天門の変** 伴善男を流罪に追い込み、伴氏を没落させる	第3章 P89、P90
894	**遣唐使派遣の中止** 中国風の文化の流入が減少し、文化の国風化がすすむ	第3章 P91
902	**延喜の荘園整理令** 醍醐天皇により班田収授の再建が図られたが不調に終わる	第3章 P93
939	**平将門の乱** 関東を根拠地とする武士の大規模反乱がおきる	第3章 P94
969	**安和の変** 源高明が左遷され、以後は摂政・関白がほぼ常置となる	第3章 P96
1051	**前九年合戦始まる** 源頼義が陸奥の安倍氏を討ち、源氏の名声が高まる	第3章 P102
1052	**末法元年** 「人も世も最悪」となると言われ、浄土教流行の背景となる	第3章 P101

年号	出来事	参照ページ
1069	**延久の荘園整理令** 後三条天皇が荘園制にメスを入れ、「荘園公領制」が始まる	第3章 P103
1083	**後三年合戦** 東北の清原氏一族の内紛を源義家が平定する	第3章 P105
1086	**院政の開始** 白河上皇が堀河天皇に位を譲り、院庁を開いて実権を握る	第3章 P104、P105
1156	**保元の乱** 崇徳上皇と後白河天皇の争いに藤原氏・源平の各勢力が分かれて争う	第3章 P108
1159	**平治の乱** 平清盛と源義朝、ライバルの戦いを平清盛が制する	第3章 P109
1167	**平清盛太政大臣就任** 平清盛が公家のトップにも登りつめ、平氏勢力の絶頂期が訪れる	第3章 P110
1185	**壇の浦の戦い・源頼朝が守護・地頭の任命権を得る** 源頼朝が平氏を滅ぼし、鎌倉幕府の基礎が確立する	第3章 P112、第4章 P116、P117
1192	**源頼朝が征夷大将軍に就任** 名実ともに源頼朝が武士の統率者となる	第4章 P116、P117
1221	**承久の乱** 後鳥羽上皇が勢力の挽回を図り幕府と対決する	第4章 P119
1232	**御成敗式目制定** 室町時代にも続く武家の基本法が制定される	第4章 P120
1274	**文永の役** 元軍が博多湾に大挙して上陸する	第4章 P124
1281	**弘安の役** 再び元軍が来襲するが、暴風雨により大損害を受ける	第4章 P125
1285	**霜月騒動** 内管領平頼綱が御家人の安達泰盛を滅ぼす	第4章 P126
1334	**建武の新政** 後醍醐天皇が天皇への権限の集中を図る	第5章 P132
1336	**建武式目の発表** 足利尊氏が政治方針を発表し、幕府の基礎をつくる	第5章 P134
1392	**南北朝の合体** 足利義満が南朝と交渉し、長年続いた争乱を終わらせる	第5章 P136

※大学受験対策として「覚えておきたい年代」をまとめています
※歴史の重要な転機や転機となった反乱や戦争などの出来事を中心に選んでいます

年号	出来事	参照ページ
1441	**嘉吉の変** 赤松満祐が「くじ引き将軍」足利義教を殺害する	第5章 P140
1467	**応仁の乱** 将軍家の後継争いに守護大名たちの争いが加わり、大乱となる	第5章 P142, P143
1488	**加賀の一向一揆** 本願寺の勢力が守護の富樫政親を倒す	第5章 P144
1543	**鉄砲の伝来** ポルトガルから伝えられた新兵器が戦術を一変させる	第6章 P153
1549	**キリスト教の伝来** キリスト教宣教師が南蛮文化を日本にもたらす	第6章 P153
1576	**安土城の築城** 織田信長の超越的権威を示す巨城が築かれる	第6章 P155
1582	**本能寺の変・山崎の合戦** 織田信長から豊臣秀吉へ、権力のバトンが渡される	第6章 P155, P156
1588	**刀狩令** 身分を固定化し、兵農分離が進む	第6章 P158
1590	**豊臣秀吉が全国を統一** 伊達政宗を服属させ、天下が豊臣秀吉のものとなる	第6章 P156, P157
1592	**文禄の役** 漢城・平壌を占領したが、次第に戦況が膠着する	第6章 P157, P158
1597	**慶長の役** 2度目の朝鮮出兵は豊臣秀吉の病死により撤兵が行われる	第6章 P157, P158
1600	**関ヶ原の戦い** 「天下分け目」の戦いは徳川家康の勝利に終わる	第6章 P160
1603	**徳川家康が征夷大将軍に** 江戸に幕府が置かれ、長期政権の礎ができる	第7章 P164
1615	**大坂夏の陣** 豊臣家が滅亡し、長い戦乱の時代が終わる	第7章 P165
1635	**武家諸法度（寛永令）** 大名たちに参勤交代が義務付けられる	第7章 P166
1637	**島原の乱** 島原・天草の領主の過酷な支配にキリスト教徒が中心になり反乱を起こす	第7章 P173

年号	出来事	参照ページ
1639	**ポルトガル船の来航禁止** オランダ以外のヨーロッパ船の来航はすべて禁止となる	第 7 章 P174
1716	**徳川吉宗の将軍就任** 「米将軍」として享保の改革を行い幕府財政の再建にあたる	第 7 章 P182
1772	**田沼意次の老中就任** 経済活動の活性化を図ったが賄賂政治が横行する	第 7 章 P185
1787	**松平定信の老中就任** 徳川吉宗の孫が寛政の改革を主導する	第 7 章 P187
1792	**ラクスマンの来航** ヨーロッパ列強との接触がここから始まる	第 7 章 P188
1841	**天保の改革** 水野忠邦の幕政改革は不調に終わる	第 7 章 P192
1853	**ペリーの来航** 4 隻の黒船が日本の歴史を激動の近代に導く	第 7 章 P195
1858	**日米修好通商条約・安政の大獄** 井伊直弼に対する批判が弾圧を招く	第 7 章 P200、P201
1860	**桜田門外の変** 井伊直弼が水戸浪士に暗殺され、幕府の権威がさらに衰える	第 7 章 P201
1864	**禁門の変** 長州による京都の奪回が失敗に終わる	第 7 章 P204
1867	**大政奉還・王政復古の大号令** 江戸幕府の長い歴史はここに終わりを告げる	第 7 章 P207
1871	**廃藩置県** 明治政府による強力な中央集権化政策が断行される	第 8 章 P214
1873	**地租改正条例** 政府の財政の基礎が固まったが、農民の負担は変わらなかった	第 8 章 P218
1881	**明治十四年の政変・国会開設の勅諭** 10年後の国会開設に向けて日本が動き出す	第 8 章 P227、P228
1889	**大日本帝国憲法の発布** 日本はアジアで初めての近代的立憲国家となる	第 8 章 P236
1894	**日清戦争** 朝鮮をめぐる清との戦いは日本の勝利に終わる	第 8 章 P242

年号	出来事	参照ページ
1902	**日英同盟** ロシアの南下を阻止するため日本とイギリスが手を組む	第8章 P250
1904	**日露戦争** 初の列強との戦争に大苦戦するが日本が辛勝する	第8章 P251
1910	**韓国併合** 朝鮮総督府が設置され、韓国は日本の一部となる	第8章 P256
1923	**関東大震災** 首都を襲った大地震は震災恐慌を招き恐慌の連鎖が訪れる	第9章 P272
1925	**普通選挙法・治安維持法** 国民の権利が拡大したと同時に政府批判の芽も摘まれる	第9章 P275
1931	**満州事変** 柳条湖事件から始まった関東軍の軍事行動が満州全土を制圧する	第9章 P285
1937	**日中戦争** 盧溝橋事件から戦線は拡大し泥沼の長期戦となる	第9章 P293
1941	**太平洋戦争** 真珠湾攻撃からアメリカとの全面戦争が始まる	第9章 P301
1945	**ポツダム宣言受諾** 日本は降伏し連合軍に占領される	第9章 P303
1946	**日本国憲法の公布** 国民主権と戦争の放棄が憲法に明記される	第10章 P312
1951	**サンフランシスコ平和条約・日米安全保障条約** 日本は独立を回復したが冷戦構造に組み込まれる	第10章 P320、P321
1964	**東京オリンピック** 日本でアジア初のオリンピックが開かれる	第10章 P327
1972	**沖縄本土復帰** アメリカ合衆国の27年にわたる沖縄統治が終わる	第10章 P329
1985	**プラザ合意** 日本円への協調介入がバブル経済の原因となる	第10章 P332
1995	**阪神・淡路大震災** 大都市を襲った地震で日本の「安全神話」が崩れる	第10章 P335
2011	**東日本大震災** 東北・関東の沿岸を襲った未曾有の大災害となる	第10章 P336

著者プロフィール

山﨑圭一（やまさき・けいいち）

福岡県立高校教諭。1975年、福岡県太宰府市生まれ。早稲田大学教育学部卒業後、埼玉県立高校教諭を経て現職。昔の教え子から「もう一度、先生の世界史の授業を受けたい！」という要望を受け、YouTubeで授業の動画配信を決意。2016年から、200回にわたる「世界史20話プロジェクト」の配信を開始する。現在では、世界史だけでなく、日本史や地理の授業動画も公開しており、これまでに配信した動画は500本以上にのぼる。

授業動画の配信を始めると、元教え子だけでなく、たちまち全国の受験生や教育関係者、社会科目の学び直しをしている社会人の間で「わかりやすくて面白い！」と口コミが広がって「神授業」として話題になり、瞬く間に累計再生回数が1200万回を突破。チャンネル登録者数も4万5千人を超えている。著書に、『一度読んだら絶対に忘れない世界史の教科書』（小社刊）がある。

公立高校教師YouTuberが書いた
一度読んだら絶対に忘れない
日本史の教科書

2019年 9 月14日　初版第 1 刷発行
2025年 7 月30日　初版第39刷発行

著　者	山﨑圭一
発行者	出井貴完
発行所	SBクリエイティブ株式会社
	〒105-0001　東京都港区虎ノ門2-2-1
装　丁	西垂水敦（Krran）
本文デザイン・DTP	斎藤 充（クロロス）
地図	斉藤義弘（周地社）
編集担当	鯨岡純一
特別協力	赤嶺朋香、岡部宇秀、岡本直大、上條光騎、黒木遥太、中島龍平、西本友朗、根芝尚吾、林 悠吾、藤岡亮平、森山翔太、藤 芳成、山口大学人文学部歴史学コースの皆さん
印刷・製本	三松堂株式会社

本書をお読みになったご意見・ご感想を下記URL、QRコードよりお寄せください。
https://isbn2.sbcr.jp/01454/